主 编／孙长永　　副主编／闫召华　郭 烁

刑诉青年说

New Youth in Criminal Procedure Law

第一季

全国青年刑诉学者
在线系列公开课

National Online Series Open Courses of
Young Scholars in Criminal Procedure Law
Season 1

北京大学出版社
PEKING UNIVERSITY PRESS

主　编　孙长永
副主编　闫召华、郭　烁

主　办
教育部刑事诉讼法课程虚拟教研室
西南政法大学诉讼法与司法改革研究中心

协　办
北京市盈科律师事务所
北京尚权(厦门)律师事务所
重庆坤源衡泰律师事务所
重庆西南政法大学教育基金会
北大法宝学堂

序

为贯彻落实国家"十四五"教育发展规划有关部署,加快虚拟教研室建设,经各地各高校和教育部高等学校教学指导委员会推荐、专家综合评议,教育部按相关工作程序确定并于2022年2月公布了首批虚拟教研室建设试点名单。我所负责的西南政法大学刑事诉讼法课程虚拟教研室有幸入选。

根据《教育部办公厅关于公布首批虚拟教研室建设试点名单的通知》(教高厅函〔2022〕2号),虚拟教研室试点项目的建设目标是"以立德树人为根本任务,以提高人才培养能力为核心,以现代信息技术为依托,探索建设新型基层教学组织,打造教师教学发展共同体和质量文化,引导教师回归教学、热爱教学、研究教学,提升教育教学能力,为高等教育高质量发展提供有力支撑",其重点建设任务是"创新教研形态""加强教学研究""共建优质资源""开展教师培训"四项。接到上述通知后,我们立即按照要求开展了一系列虚拟教研活动,包括:组织本虚拟教研室成员录制课程导学视频、策划实施"全国青年刑诉学者在线系列讲座"(第一季)、安排骨干教师开设课程思政示范公开课、主办"面向新时代刑事诉讼法本科教学改革高端论坛",等等,收到了意想不到的积极效果。

近年来,刑事司法体制改革深入展开,以审判为中心的诉讼制度改革、认罪认罚从宽制度改革等稳步推进,逐步形成了具有中国特色的刑事诉讼法律制度体系。面向未来,如何将习近平法治思想更好地贯彻到中国特色刑事诉讼法治实践当中,成为新时代刑事诉讼法治建设亟待研讨的重要课题。在此背景下,广大青年刑诉学者需勇担责任,立足国情,关注实际,对于刑事诉讼立法及实施中的热点、重点、难点问题发出青年刑诉学者的时代强音,为刑事程序法治建设做出应有贡献。有鉴于此,我们创建了一个由青年刑诉学者"扮演主角"的线上年度系列讲座,希望借助国家级虚拟教研室平台,联系全国高校中的刑事诉讼法学青年教师,实现跨校、跨地域的教学科研交流,促进优质学习资源的共建共享,以此带动刑事诉讼法学领域广大青年教师教学科研能力的全面提升。根据虚拟教研室的方案,这个系列讲座主要采用线上形式,由北大法宝学堂负责讲座的直播。每年5—7月间邀请10位教学科研水平较高的青年刑诉学者作10场讲座,另外邀请2位刑诉名家分别作一场开幕讲座和闭幕讲座,合计每年12场。除主讲人外,每场讲座还将邀请3~4位知名学者或者实务专家担任主持人和与谈人。第一季系列讲座已于2022年5月4日至7月6日成功开展,社会反响很好。本书即由第一季系列讲座的录音整理稿汇编而成。

在第一季系列讲座中,我除担任开幕讲座的主讲人外,还全程听完了后续的每一场讲座。其间,收到很多朋友的微信和电话,他们对讲座的选题和内容总体上给予了充分肯定。有的朋友甚至主动提出,可否免费安排他主讲一次,因为"影响实在太大了"。听后让人非常感动!书稿出来之后,我又粗略浏览了一遍。结合听讲座时的感受,我觉得本书有三个特点:第一,选题的覆盖面较宽,而且均具有重要的理论价值和现实意义,有的还属于当前的学术前沿问题,比如区块链证据的存证问题等;第二,内容上普遍有一定的创见,分析说理有相当的深度,不只是对现有知识的"虚拟传播";第三,分析论证过程中注重中国的"问题意识",显示了中国青年刑诉学者努力构建中国自主知识体系的责任担当。因此,我非常高兴地把本书推荐给广大读者。

虽然我不久前已经离开了工作了三十多年的西南政法大学,在组织关系上已经不能再担任这个虚拟教研室的负责人,但我仍将是这个教研室的成员之一,仍将继续积极参与该教研室的虚拟教研活动。衷心感谢学界、实务界、教育管理部门以及媒体的各位新老朋友对西南政法大学刑事诉讼法课程虚拟教研室工作的热情关心和大力支持!让我们共同努力,把"全国青年刑诉学者在线系列讲座"继续办下去,把刑事诉讼法课程虚拟教研室继续办好,为推动中国高等教育现代化和法治现代化做出新的、更大的贡献。

上海交通大学凯原法学院讲席教授
中国刑事诉讼法学研究会副会长
孙长永
2024年2月

目　录

开幕讲座　少捕慎诉慎押刑事司法政策与人身强制措施制度的完善 / 001

第一讲　"两法衔接"视角下的《监察法实施条例》/ 059

第二讲　法庭质证程序原理 / 086

第三讲　报复性起诉的识别与治理 / 118

第四讲　路在何方：从刑事诉讼法到未成年人司法 / 153

第五讲　司法改革语境下的证据裁判原则及其反思 / 198

第六讲　委托辩护与法援辩护冲突的职业伦理问题 / 236

第七讲　量刑建议的前世与今生 / 269

第八讲　反思与前瞻：我国刑事案件人民陪审员制度改革 / 315

第九讲　认罪认罚从宽制度的中国性 / 361

第十讲　区块链存证的原理与审查 / 410

闭幕讲座　证据要素分析与实践应用 / 451

开幕讲座
少捕慎诉慎押刑事司法政策与人身强制措施制度的完善

主讲人　孙长永　上海交通大学教授
主持人　姚　莉　中南财经政法大学教授
与谈人　陈卫东　中国人民大学教授
　　　　张建伟　清华大学教授
　　　　刘梅湘　西南政法大学教授
时　间　2022 年 5 月 4 日 19:00—22:00

主持人：姚　莉

各位专家教授、各位同人，大家晚上好！长永教授大家应该都非常熟悉了，他是上海交通大学教授、博士生导师、法学博士。他入选了第二批国家"万人计划"哲学社会科学领军人才，是全国文化名家暨"四个一批"人才，现任西南政法大学学位委员会副主席（此书出版时已任上海交通大学凯原法学院讲席教授——编者注），诉讼法学国家重点学科带头人，刑事诉讼法国家级教学团队负责人，中国刑事诉讼法学研究会副会长。他曾任西南政法大学党委常委、副校长，国务院学位委员会第六届、第七届法学学科评议组成员。长永教授是我们这次活动的主办方——教育部刑事诉讼法课程虚拟教研室的负责人。这次讲座是我们"全国青年刑诉学者在线系列讲座"的开幕式，我们要高效利用。

我们也很荣幸地邀请到几位重量级的与谈嘉宾，他们分别是：中国人民大学教授、中国刑事诉讼法学研究会常务副会长、教育部"长江学者"陈卫东；清华大学教授、目前在最高人民检察院第一检察厅挂职副厅长的张建伟；西南政法大学教授，也是西南政法大学的刑事检察研究中心主任刘梅湘。

我是姚莉,来自中南财经政法大学。

长永教授这次讲座的主题是"少捕慎诉慎押刑事司法政策与人身强制措施制度的完善"。众所周知,这个问题长永教授有着长期的、深入的研究,成果非常丰硕。现在我们就把话筒交给长永教授,大家在线欢迎一下。

主讲人:孙长永

好,谢谢姚莉教授的热情介绍,也感谢卫东教授、建伟教授、梅湘教授牺牲休假的时间来参加我们虚拟教研室的活动。我这个讲座只是一个"暖场"活动,是为郭烁等这一批年轻的学者做准备的。今晚我想利用有限的时间,给大家汇报一下我关于"少捕慎诉慎押刑事司法政策与人身强制措施制度的完善"这个主题的一些初步的想法。

人身强制措施制度是国家治理体系的重要组成部分,这个制度能够反映公权力和人身自由之间的紧张关系,也可以说,人身强制措施制度的完善程度是国家治理体系和治理能力现代化以及人权保障水平的一个重要指标。按照中央的部署,到 2035 年,我国要基本实现国家治理体系和治理能力现代化,到新中国成立 100 周年的时候要全面实现国家治理体系和治理能力现代化。2021 年 4 月,中央全面依法治国委员会已经把"坚持少捕慎诉慎押刑事司法政策,依法推进非羁押强制措施适用"列入了年度工作要点,作为一个重大的改革举措推出。同年 6 月,《中共中央关于加强新时代检察机关法律监督工作的意见》明确将"严格依法适用逮捕羁押措施,促进社会和谐稳定"作为检察机关的一项重要战略任务。这是党中央为了推进国家治理体系和治理能力现代化的实现而提出的一项重大战略部署。

为了落实这个部署,最高人民检察院已经采取了一系列举措,包括:2021 年 7 月部署在全国开展为期 6 个月的羁押必要性审查活动;同年 8 月印发实施《人民检察院羁押听证办法》,对羁押听证相关问题作出明确的规定。2022年年初,最高检又决定把羁押必要性专项审查活动延迟一年至2022年年底。现在,各地公安司法机关已经根据这个政策的精神,进行了积极的实践和探索,也取得了初步的成效。最高检也在牵头中央各政法部门制定相关规范性文件。

在这个背景之下,确实有必要来研究一下,这个政策究竟应该怎么理解、怎么贯彻?从这个政策内容来说,要限制逮捕羁押措施的适用,扩大非羁押强制措施适用,究竟怎么才能做得到?这是学界亟待研究的问题,也是我想讨论的主要内容。我简要报告以下几个方面的问题,内容比较全。但是不一定每个问题都能讲得比较细。

一、少捕慎诉慎押刑事司法政策的内涵和要求

首先,第一个问题是少捕慎诉慎押刑事司法政策的内涵和要求。这个政策是在最高检提议下,党中央确定的一项重大的刑事司法政策。这个政策的确立有三个背景:第一个背景是我国犯罪结构、刑罚结构的轻缓化。按照最高检的工作报告,1999年到2019年,检察机关起诉的严重暴力犯罪人数量从16.2万人降到6万人,年均下降4.8%;判处3年有期徒刑以上刑罚的人数比例,从45.4%降到21.3%。法定最高刑只有拘役的醉驾案件数量,占到刑事案件数量的20%左右。另外,还有一些轻微犯罪越来越多地入刑,因为刑法开始采取积极主义的立法政策,相应地,刑法中的轻微罪名也越来越多。按照比例原则的要求,对这样一些犯罪严格限制适用逮捕羁押措施可以说是大势所趋。第二个背景是认罪认罚从宽制度全面普遍的适用。最近两年,全国检察系统审查起诉阶段认罪认罚从宽制度的适用率已经稳定保持在85%以上。这个制度实施以后,对于羁押措施的适用应该会有重要的影响。少捕慎诉慎押政策有利于加强人权司法保障、提高司法效率、节约司法成本,在更大程度上实现司法公正和司法效率的有机统一,它跟认罪认罚从宽制度是能够配合使用的。第三个背景是,我们以前高度依赖口供,现在侦查技术水平越来越高了,侦查办案对口供的依赖有所降低。而且随着手机定位、路面监控、"非羁码"等电

子监控手段的应用,公安司法机关对没有被逮捕羁押的一些嫌疑人、被告人的实际控制能力大幅度提升,所以减少适用羁押措施的条件已经具备。在这种背景下,中央确立了这样一个刑事司法政策。应该说这个政策的确定,真正践行了以人民为中心的发展思想,是全面推进依法治国、适应经济社会发展的重大举措,也是对长期以来我们强制措施功能异化、过度依赖逮捕羁押措施的一种纠偏,所以我觉得这个政策的确立意义重大,影响深远。

那么究竟该怎么理解它?现在有不同的意见。我个人的意见是:"少捕"是指在刑事诉讼中尽量少逮捕人,并且严格把逮捕措施限定为确保刑事诉讼顺利进行的一种保障性措施,使非羁押性强制措施成为保证刑事诉讼顺利进行的主要方式。"慎诉"是指严格掌握提起公诉的实体条件和证据标准,对符合起诉条件的案件,如果检察院根据案件事实、情节以及嫌疑人的具体情况和认罪认罚态度,认为不起诉更加有利于维护公共利益和嫌疑人、被害人个人合法权益,有利于促进经济社会发展、修复社会关系的,要尽量适用不起诉手段(包括附条件不起诉)终止诉讼。所谓"慎押",是指在少捕的基础之上,要通过落实捕后羁押必要性审查制度、保证被逮捕人等申请变更强制措施的权利、严格限制羁押期限延长等措施,尽量缩短未决羁押期限,减少未决羁押人数。这个政策的核心思想、核心精神和基本要求,是坚持人身强制措施的诉讼保障功能定位,尽可能把非羁押性强制措施作为刑事诉讼的常态,把逮捕、羁押作为保障诉讼顺利进行的最后手段;同时运用相对不起诉、附条件不起诉等手段,及时终止诉讼,有效化解社会矛盾,杜绝以逮捕绑架起诉和审判的现象,最大限度地减少、转化社会对立面,增强社会稳定的内生动力。

这是我的理解,但是现在理论界、实务界对这个政策的理解有两点争议。

第一个争议点,政策的适用范围究竟有没有限制?是普遍适用于所有的犯罪案件还是重点适用于轻罪案件?有一种观点认为,这个政策主要是指对绝大多数轻罪案件该宽则宽,慎重羁押,慎重追诉,对于那些危害国家安全、暴力犯罪、涉黑涉恶重点案件以及情节虽然轻,但是情节恶劣、拒不认罪的案件,当严则严,该捕即捕,该诉即诉,从严打击。这个理解把政策的落脚点集中于轻罪案件,我觉得是有现实依据的,因为政策提出的背景也考虑到我国的犯罪结构、刑罚结构的变化。但是,这种观点混淆了"少捕慎诉慎押"刑事司法政策与"宽严相济"刑事司法政策的界限,人为地限制了少捕慎诉慎押刑事司法政策的适用范围,它背后的指导理念是"有罪推定",在实践当中是不宜这样来理解的。因为少捕慎诉慎押刑事司法政策的适用范围不应该有限制,不能以涉嫌的或者指控的犯罪轻重来区别对待,我的理由有三项。第一个理由是,如果把重罪案件排除在政策适用范围之外,是违反法律关于逮捕社会危险性条件的规定。因为《刑事诉讼法》第81条规定涉嫌或者指控的犯罪轻重是判断社会危险性大小的一个因素,而不是唯一因素。检察机关贯彻少捕慎诉慎押刑事司法政策第一批典型案例中"徐某故意伤害案"和"廖某危害珍贵、濒危野生动物、非法狩猎案"很能说明问题。"徐某故意伤害案"的犯罪程度比较轻,一对同居男女,男的把女的打伤了,构成轻伤罪,但是他有多次威胁女方的行为,而且被抓获以后也拒不认罪,检察院认为他有可能重新对被害人实施犯罪行为,他是有危险性的,但这个罪行很轻,所以判得很轻。"廖某危害珍贵、濒危野生动物、非法狩猎案"涉及的是一个重罪,涉嫌危害濒危动物,这个罪的判刑应该在5年有期徒刑以上,实际上最后判的也是5年有期徒刑以上,但是这个人没有犯罪前科,表现很好,案件的证据已经固定了,他的认罪态度也很好,所以检察院就没有批捕,但这是一个重罪案件。所以不能仅仅看罪行来决定是少捕还是慎诉,抑或慎押。

第二个理由是,重罪案件如果被排除在政策适用范围之外,违反无罪推定原则的基本精神。因为无论从历史上看,还是从现实的经验教训来看,越是重罪案件,越是要强调慎捕、慎诉、慎押,因为重罪案件一旦错捕、错押,形成有罪的思维定式后,很可能导致错诉、错判,给嫌疑人、被告人和他们的家庭带来灾难性的后果,给司法公信力造成巨大损害。大家想一想,党的十八大以来纠正的那些重大的冤错案件,哪一个案件不是从错捕开始?

第三个理由是,如果把少捕慎诉慎押刑事司法政策的适用范围限定为"轻罪",是不符合司法实践需要的。因为这些年,最高检从少捕慎押理念出发,已经大力倡导对涉嫌犯罪的科技骨干、企业经营者尽量不采取逮捕和羁押措施,但这些人涉嫌的犯罪不一定是轻罪。所以如果把这个政策适用范围只限定为轻罪,那这个政策不就成了国家对被追诉人的一种"恩赐"了吗?需要企业经营者发展经济,需要科技骨干进行科技攻关的时候就对你轻一点,那其他没这个能力的人,是不是就可以从重了?这就不是基于国家长治久安的需要和贯彻以人民为中心的发展思想的稳定司法政策。所以从这三个理由来说,我觉得不应该在适用范围上有限制。

第二个争议点,少捕慎诉慎押刑事司法政策与宽严相济刑事司法政策究竟有什么关系?两者都是刑事政策。有一种观点很有代表性,认为少捕慎诉慎押刑事司法政策是宽严相济刑事政策在刑事诉讼程序当中的具体要求。按照这种观点,对轻罪案件"不捕不诉就是从宽",对严重犯罪案件"批捕起诉就是从严"。刚才我讲第一个争议点的时候引用了这个观点,其实它也是这个意思。这个观点应该是由来已久的,最高检在2007年发布的《关于在检察工作中贯彻宽严相济刑事司法政策的若干意见》中就已经提出,要把"严格把握'有逮捕必要'的逮捕条件,慎重适用逮捕措施"作为贯彻宽严相济刑事司法政策的具体措施之一,也就是逮捕不逮捕可以用宽严相济刑事司法政策调节。我觉得这个观点存在两个问题。

第一个问题是混淆了逮捕和起诉的性质。起诉是追诉犯罪的手段,在程序法定原则之下,没有经过依法起诉审判,是不能给任何人定罪判刑的。所以起诉政策可以有宽严之分,起诉裁量权可以根据政策需要进行调整。但是逮捕是一种诉讼保障措施,不是追诉犯罪的手段,更不应该具有惩罚性。对被追诉人适用逮捕、羁押还是取保候审,根本依据是他妨碍或者逃避刑事诉讼的社会危险性的大小:如果危险性大,采取取保候审等措施不足以防止，那就需要逮捕，否则就可以取保候审或者具结释放。即使在逮捕的必要性判断上，检察机关有一定的裁量权，这也不是宽严相济刑事司法政策意义上的系统性从严或者从宽，而是个案判断时不可避免的个别化的裁量。如果系统性地要求对一部分人必须批捕，对另外一部分人尽量不捕，而不是在无罪推定原则下一律少捕慎押，实际上是把逮捕作为追诉犯罪甚至惩罚犯罪的手段，与逮捕措施的功能定位是背离的。

第二个问题是这种观点隐含着有罪推定的前提。一旦将强制措施的适用与宽严相济刑事司法政策直接挂钩，认为"逮捕就是从严、取保就是从宽"，必然隐含有罪推定的前提，就像"坦白从宽、抗拒从严"一样，前提一定是有罪推定，因为如果在法律上把所有被追诉人都视为无罪的人，那就不存在坦白不坦白的问题。逮捕的实质根据是"犯罪嫌疑"以及基于这种嫌疑而可能产生的逃避或者妨碍刑事诉讼的社会危险性，不是确定无疑的"犯罪"。逮捕所需要的社会危险性也不是犯罪的社会危害性。如果以无罪推定的理念为指导，对逮捕社会危险条件的判断就不应当存在系统性的"宽"和"严"的问题，而只是个案中的大小问题。所以我的结论是：在人身强制措施的适用上，特别是在逮捕羁押手段的适用问题上，不能够提宽严相济，起诉不起诉由宽严相济刑事司法政策调整是可以的，但少捕慎押不存在宽严相济的问题。

二、人身强制措施制度适用中存在的问题

第二个大问题，现在的人身强制措施制度在适用当中究竟存在一些什么问题？这是我们讨论怎么样贯彻这个政策的前提。习近平总书记在2009年《坚持和完善中国特色社会主义制度 推进国家治理体系和治理能力现代化》这篇文章中提出了一个很重要的观点，他认为新中国成立70年来，我们党领导人民创造了世界所罕见的两大奇迹，一个是经济快速发展，一个是社会长期稳定，这两大奇迹已经被吸收在十九届六中全会通过的决议里。我们用几十年的时间走完了发达国家几百年走过的工业化历

程,创造了经济快速发展和社会长期稳定两大奇迹。我个人觉得,我国人身强制措施制度乃至整个刑事司法制度不断发展完善,对创造这两大奇迹肯定发挥了重要的支撑作用。我们的人身强制措施制度经1996年、2012年和2018年三次立法修改,每一次都有进步,在适用条件、适用程序上不断完善,适用过程中也逐步向规范、人道、公正的方向转变,基本符合刑事诉讼的一般规律。日本有一个著名的法学家叫高田卓尔,他说:"近代以来的人权思想,主要是以刑事程序中强制措施的控制或合理化为中心展开的。而且在大陆法中,以法国大革命后'改革后的刑事诉讼'为起点(也就是我们中国所讲的职权主义诉讼为起点),立法和实践中的这种倾向被不断强化。在这个意义上可以说,刑事诉讼的历史也就是强制措施本身不断受到限制的历史。"我们翻开近代法治史可以发现,近代以来对人身自由和安全的法律保障的主要目的在于防止恣意或者非法地剥夺或限制人身自由。人身强制措施作为人身自由和安全法律保障制度的重要组成部分,制度设计也好、实践运作也好,都得从整体目的的要求出发。如果对照这个目的来看,我国的人身强制措施制度适用存在三个明显的问题。

(一)未决羁押率高

第一个问题是我国的逮捕羁押人数过多,未决羁押率过高,以至于犯罪嫌疑人、被告人在羁押状态下等候侦查、审查起诉和审判成为一种常态。在比较法上,观察未决羁押的人数多还是少有三个指标:第一个指标是羁押候审人数占被告人总人数的比例。第二个指标是未决羁押人数在国家和地区总人口中的比例,通常以十万人口为单位。这两个比例越低,说明社会的治理能力以及对于公民人身自由安全的保障水平越高。第三个指标是未决羁押人数占监管场所关押总人数(包括未决和已决在内的总的人数)的比例。这个指标容易受到诉讼效率和刑罚轻重的影响,因为效率低的国家未决犯比例肯定就高,所以我不太愿意用这个指标。我准备用前面两个指标给大家报告一下我国的情况,比较一下。

应该说，法治国家普遍根据无罪推定原则和联合国《公民权利和政治权利国际公约》严格限制未决羁押的适用。比如《意大利刑事诉讼法》规定了八种人身强制措施，要求采取人身自由强制措施必须以有重大犯罪嫌疑且原则上应当处 3 年有期徒刑以上刑罚为前提，其中羁押手段原则上只适用于应处 5 年有期徒刑以上刑罚的案件。这个条件是很高的，所以实际上意大利的预防性羁押手段用得很少，比例很低。

我让学生从意大利司法部网站上统计了一下，2015—2019 年的预防性羁押措施在所有的人身强制措施当中的比例是越来越低的（见表0-1）。预防性羁押人数占被告人人数比即使在 2017 年、2018 年、2019 年这三年也就是一点零几的样子，实际预防性羁押人数应该是 2018 年最多，达到了 32507 人。

表 0-1　意大利预防性羁押人数及比例一览表（2015—2019 年）

年度（年）	2015	2016	2017	2018	2019
人身强制措施总人数（人）	35332	48527	74705	86697	94197
预防性羁押人数（人）	16781	20804	30404	32507	32244
预防性羁押占比（%）	47.50	42.87	40.70	37.49	34.23
法院刑事收案人数（人）	2697461	2731971	2787889	3002277	3201379
人身强制措施适用率（%）	1.31	1.78	2.68	2.89	2.94
预防性羁押率（%）	0.62	0.76	1.09	1.08	1.01

我国学者经常引用的《德国刑事诉讼法》第 112 条、第 113 条，规定有重大犯罪嫌疑且具备羁押理由的，才能命令羁押。羁押理由有三个：第一个是有逃亡之虞或者已经逃亡；第二个是有妨碍调查事实真相之虞；第三个是危险犯有再犯之虞。这是《德国刑事诉讼法》规定的三个羁押的理由，而且对于只能判处 6 个月以下自由刑或者 180 日以下日额罚金的行为人，只能以有逃亡之虞为由命令羁押。在司法实践当中，德国法院批准羁押的原因主要是第一项，即有逃亡之虞，另外两项适用得很少。

2006年、2013年、2017年的数据在德国司法部和消费者保护部的网站上可以下载(见表0-2)。德国的被告人有两种:一种是正式起诉的;一种是申请处罚令的,也即判处一年以下自由刑缓刑和罚金刑的案件。正式起诉案件中,被告人的羁押率只有4%~6%,所以德国的羁押率是很低的。

表0-2 德国未决羁押人数及比例一览表

(2006年、2013年、2017年)

年度(年)	2006	2013	2017
正式起诉被告人数(人)	560427	455510	424049
申请处罚令被告人数(人)	581713	527228	531795
定罪或其他判决人数(人)	732003	754226	694566
判刑人数(人)	575152	596274	486305
判处监禁刑实刑人数(人)	41324	37828	35316
批准羁押人数(人)	24352	25135	29558
正式起诉被告人的羁押率(%)	4.35	5.52	6.97
定罪或其他判决人数羁押率(%)	3.33	3.33	4.26
监禁刑实刑人数羁押率(%)	58.93	66.45	83.70

那么日本呢?日本检察厅2018年查处了301649名犯罪嫌疑人,其中拘留108881人,占犯罪嫌疑人总数的36.1%。法官批准羁押的人数就更少了一些,是95079人,占31.5%,2019—2020年是31.2%。1989—2020年这30年间,日本的诉前羁押率(相当于我国的侦查羁押的比例)总体上还是在增长,但是即使最高的时候它也只有31.8%(在2017年),它的比例都是很低的。

相比之下我国的未决羁押率就很高。我国的非羁押性强制措施的适用率比较低,从2016年10月到2018年9月,我国的认罪认罚从宽制度试点实行已有两年,这两年期间,全国18个试点城市的案件有20多万件,其中犯罪嫌疑人、被告人被取保候审的案件数占42%,被监视居住的案件数占1.31%,两者加起来也只有43.31%,这里的基数是认罪认罚的案件,不是所有案件。2013—2017年,根据裁判文书的大数据分析,全国范围内被告人的取保候审率最高的时候也只有49.23%,不到一半。当然各个地方差异是比较大的,而且最近几年因为认罪认罚从宽制度的实施,取保候审率和监视居住率已有不同程度的提升。

我统计了三个地区,一个是东部沿海的计划单列城市的市中区,一个是中部计划单列城市、省会城市的城区,还有一个是西部大城市的主城区。如表0-3所示,东部城市的取保候审率和中部城市的取保候审率差不多,在65%、66%左右。西部城市取保候审率只有35.39%,当然它的监视居住率高一些,但是加在一起也没有东部城市高。所以取保候审、监视居住的比例各个地方的差异是很大的。

表0-3 东中西部三个市区适用取保候审、监视居住情况对照表

地区	年度(年)	2016	2017	2018	2019	2020	2021	合计
东部 N市 B区	被告人总人数(人)	—	958	656	763	718	263	3358
	取保候审人数(人)	—	656	458	435	444	194	2187
	取保候审率(%)	—	68.48	69.82	57.01	61.84	73.76	65.13
	监视居住人数(人)	—	23	12	22	8	3	68
	监视居住率(%)	—	2.40	1.83	2.88	1.11	1.14	2.03
中部 Z市 Z区	被告人总人数(人)	436	—	—	657	361	200	1654
	取保候审人数(人)	310	—	—	433	216	140	1099
	取保候审率(%)	71.10	—	—	65.91	59.83	70.00	66.44
	监视居住人数(人)	18	—	—	8	7	1	34
	监视居住率(%)	4.13	—	—	1.22	1.94	0.50	2.06
西部 C市 Y区	被告人总人数(人)	1604	—	—	1819	1894	501	5818
	取保候审人数(人)	439	—	—	612	819	189	2059
	取保候审率(%)	27.37	—	—	33.64	43.24	37.72	35.39
	监视居住人数(人)	267	—	—	428	609	100	1404
	监视居住率(%)	16.65	—	—	25.53	32.15	19.96	24.13

从逮捕和审前羁押来说,我国没有公开的权威数据说明审前羁押有多少,我是用批捕人数与起诉人数之比——捕诉率来衡量我国的审前羁押人数,所以下面用的概念主要是捕诉率。从1996年《刑事诉讼法》实施以来,全国的捕诉率整体上是下降的,但仍一直处于高位。2013—2016年,决定批准逮捕的人数略有减少,其他时间整体上捕诉率是增高的。2013—2019年,全国的平均捕诉率高达62%,直至近三年来才下降到60%以下。1997年开始,逮捕的人数比起诉的人数还要多,从2002年开始降至91%,这是大幅的下降。到2012年《刑事诉讼法》实施的时候已经降至68.7%。从2013年开始一直到2018年,捕诉率都是百分之六十几。只有2019年、2020年、2021年,这三年下降到60%以下,但是2020年和2021年的情况很特殊,因为受疫情影响,包括2022年,大家都不愿意采取羁押措施,因为它有很多的限制。在逮捕条件里面有一条是"可能判处徒刑以上刑罚",但是对被逮捕人,徒刑以上刑罚的适用率是很低的,1997—2019年平均适用率就是68.2%。这意味着什么?这意味着全国有超过30%的逮捕羁押,不符合法律规定的关于"可能判处徒刑以上刑罚"的法定要求。实际上还有大量的被逮捕人,在侦查阶段就已经被撤销案件或者在审查起诉阶段就决定不起诉了,还有一些是判无罪的,所以我国的羁押率是很高的。

虽然从全国来说捕诉率是不断下降的,但是各个省市的差别很大。我统计了一下,2018年全国有10个省市捕诉率在70%以上,其中广西、广东、新疆、西藏四个省(自治区)的捕诉率还超过80%。只有甘肃、安徽、内蒙古、山西、山东、江苏不到50%,山东、江苏特别低。最近两年,捕诉率又有所下降,其中,山东和江苏都在百分之二十几。

表0-4是2008—2021年广东、四川、浙江、江苏四个省的捕诉率变化对照表,大概代表了全国的四个梯队。广东属于第一梯队,羁押的人数比较多,因为案件也很多,也很特殊,所以广东的羁押率是比较高的。四川为第二梯队,浙江是第三梯队的,最低的就是江苏,2020年和2021年都是百分之二十几,很低。不同的省份之间的差异还是比较大的。但整体上我国

的羁押率比较高。

表0-4 粤川浙苏四省捕诉率(%)变化对照表

年度(年)	广东	四川	浙江	江苏
2021	61.53	47.91	36.56	24.80
2020	70.87	—	39.73	24.11
2019	78.02	59.70	39.73	—
2018	84.11	60.39	52.08	40.30
2017	81.17	58.03	48.33	34.37
2016	81.97	58.32	44.92	34.93
2015	84.07	65.45	51.69	36.37
2014	89.49	64.13	55.59	39.41
2013	94.89	64.6	57.73	47.24
2012	91.05	70.09	62.57	54.95
2011	95.93	81.45	75.59	59.65
2010	100.66	81.32	79.88	65.14
2009	102.02	85.64	79.07	66.35
2008	102.74	80.77	81.12	64.75

从羁押率高的另一个指标——未决羁押人数在每十万人口中的占比来看，我国也居于高位。按照伦敦大学研究所的统计，截至2020年2月，全球217个国家和地区中未决羁押总人数是291万人(不包括我国及几个小国家)。其中52%的国家和地区，每十万人口中的未决羁押人数在40人以下，世界均值是十万人口中未决羁押人数是38人。各洲每十万人口中未决羁押人数的比值差别很大，美洲最高，是97人；大洋洲最低，是23人；亚洲是30人，与世界平均值相比，整体上要低一点点。2020年以来，全世界未决羁押的人数增长率超过30%，比同期世界人口的增长率多5%。

有一个29个国家和地区的每十万人口中的未决羁押人数表。这个表很有意思。有未决羁押率高的国家，像美国、菲律宾、土耳其、巴西。在亚洲，菲律宾的未决羁押率是比较高的，孟加拉国的未决羁押率算比较低的。俄罗斯在2000年时每十万人口中的未决羁押人数是160人，2015年变成了82人，到现在2020年2月只有67人，低很多了。我国澳门特别行政区是39人，我们隔壁邻居韩国是38人。意大利是31人，我国香港特别行政区是26人，我国台湾地区是21人。日本是最低的，2010年开始到现在都是个位数，现在每十万人口中未决羁押的人数只有5人。从世界上来看，主要的国家和地区的羁押率是比较低的。

2000—2019年，我国逮捕人数从715000人增加到1088000人，增幅是52.17%，远远高于同期世界未决羁押人数的增幅，也远远超过同期我国人口的增幅。我国每十万人口中逮捕人数在1997年只有43.49人，尽管那时我国的捕诉率、捕判比均超过100%；而后便开始增长，至2016年时，降至十余年来的低位，为60.92人，但2017—2019年分别反弹达到了77.8人、75.72人和77.1人，均是世界均值的两倍以上，既高于英、法、德、意这些西方发达国家，也高于亚洲邻国韩国、日本、印度尼西亚、孟加拉国。与总人口相当的印度相比，2019年我国的逮捕羁押人数是印度未决羁押人数的3.36倍，逮捕羁押人数的人口占比大约是印度的3.2倍。如果要把逮捕前的刑事拘留和监察留置算进去，我国每十万人口中的未决羁押人数占比还要更高。因为我国的逮捕大部分都从拘留和留置转化而来，拘留和留置的期限并不是只有两三天，我国的拘留可以达到一个月零七天，留置是三个月（还可以延长三个月），有可能达到六个月，所以把这些都算上，未决羁押人数就更多了。这么高的未决羁押率，我觉得违反了"被告人在羁押状态下等候审判不应当作为一般规则"的国际刑事司法准则，也容易在刑事诉讼内外产生巨大的负面影响或者危害。

我梳理了一下，羁押率过高大致上有六大危害：第一，容易导致侦查机关过度依赖通过逮捕羁押手段获取犯罪嫌疑人口供，甚至可能因此而错失及时收集、固定客观证据的良机。第二，不合理地限制了没有羁押必要的犯罪嫌疑人、被告人准备辩护的能力和条件。因为被关了，想请律师、收集证据、提供证据都有困难。第三,可能对在押犯罪嫌疑人、被告人的身心健康带来不可逆转的损害,甚至造成犯罪恶习的交叉感染。这个主要是因为关在看守所,条件不足。第四,不适当地剥夺了没有羁押逮捕必要的被追诉人为经济社会发展继续做贡献以及持续照顾家庭的机会,浪费了其人力资源,增加了其本人和家庭的负担。因为关在看守所的人大部分都是中青年,他们是家庭里面主要的经济来源,很多人本来是可以一个月挣个三四千元照顾家庭的,现在进去了不仅挣不到钱了,家里还要为了他贴钱,所以他本人和他的家庭的经济负担就会很重。第五,更重要的是我们国家还要花钱来养他,所以人为地推高了国家为关押犯罪嫌疑人、被告人而产生的直接和间接成本,浪费了有限的公共资源。第六,在一些政策法律界限比较模糊、争议较大的经济犯罪案件中,增加了错诉、错判的风险,损害企业家和科技人员的人身、财产安全和企业的正常经营活动,恶化内外资企业的营商环境,进而对经济的持续健康发展乃至国家形象产生不良的影响。有的涉案企业家,完全配合公安机关的调查、检察机关的审查,但是他不承认自己犯了罪,结果办案机关还是把他抓了,这对企业的经营活动影响很大。

(二) 未决羁押期限过长

第二个问题是未决羁押期限过长,这是一个老问题。《公民权利和政治权利国际公约》第9条第3项规定,"任何因刑事指控被逮捕或拘禁的人,应被迅速带见审判官或其他经法律授权行使司法权力的官员,并有权在合理的时间内受审判或被释放"。人权事务委员会还专门作了说明,要根据个案情况进行评估,考虑案件的复杂性,如果时间比较长,法官要考虑替代的办法。为了防止不合理的、长期的羁押,法治国家普遍采取了两项措施:第一项是明确规定不同诉讼阶段未决羁押的具体期限或者未决羁押的累计期限以及延长羁押期限的程序;第二项是明确要求司法机关定期对未决羁押进行复查或者给予被羁押人申请司法审查、要求变更或者释放的权利。比如《德国刑事诉讼法》第121条规定,待审羁押一般不超过6个月,如果初审法院认为有必要或者检察官申请继续羁押,要由高等法院言词审理过后作出裁定。

实践当中,德国75%左右的案件的未决羁押期限在半年以内(见表0-5)。大家看2006年的数据:1个月以内的人数占比为25.8%,1个月至3个月的人数占比为24.1%,3个月至6个月的人数占比为25.6%,加起来是不是75%左右。2017年大致上也差不多。

表0-5 德国待审羁押期限一览表(2006年、2013年、2017年)

年度(年)	待审羁押人数(人)	1个月内人数(人)及占比(%)		1～3个月人数(人)及占比(%)		3～6个月人数(人)及占比(%)		6～12个月人数(人)及占比(%)		1年以上人数(人)及占比(%)	
2006	24352	6272	25.8	5869	24.1	6227	25.6	4485	18.4	1499	6.2
2013	25135	5932	23.6	6284	25.0	7214	28.7	4366	17.4	1351	5.4
2017	29558	5734	19.4	7094	24.0	8867	30.0	5942	20.1	1898	6.4

《日本刑事诉讼法》规定的侦查羁押和审判羁押是分开的。侦查羁押是诉前的,一般不超过10天,经过批准再延长一次,延长时间也不能超过10天,两个加在一起有20天;有四类特定的犯罪案件经过再次审批,还可以加5天,最长是25天。但是实际上近些年来,10日以内的诉前羁押大概占30%以上,20日之内的几乎是100%(如表0-6所示)。起诉之前对犯罪嫌疑人的羁押,从提请逮捕开始算不超过20天。提请逮捕之前,日本警察的拘留权只有最高24小时,所以日本的诉前羁押时间很短。审判阶段,法律规定日本对被告人的羁押不得超过2个月,有特殊必要的可以附理由裁定延长,每隔1个月可以延长一次,但是除特殊情况之外,只能延长一次,也就是3个月,而且被告人和辩护人可以申请撤销羁押或保释。实践当中,日本大多数被告人的羁押不超过3个月。比如,2018年地方法院批准羁押的第一审普通程序被告人36957人,实际关押1个月以内的8655人,关押2～3个月的19858人,合计占到77.15%,保释的占30.77%。简易法院批准羁押3个月以内的占92.66%,实际关押超过3个月的只有百分之七点几,所以日本的羁押期限从诉前到诉后总体上都是比较低的。

表 0-6 日本诉前羁押期限一览表

年度(年)	诉前羁押人数(人)	5日以内人数(人)	6~10日以内人数(人)	10日内羁押率(%)	11~15日人数(人)	16~20日人数(人)	20日内羁押率(%)	21~25日人数(人)	超过25日人数(人)
2016	102107	1199	36281	36.71	4836	59713	99.92	15	63
2017	97372	1305	33496	35.74	4775	57703	99.90	7	86
2018	95098	1307	31269	34.26	4533	57882	99.89	19	88
2019	90377	1391	30781	35.60	4725	53402	99.91	5	73
2020	87826	1335	29229	34.80	4188	52967	99.88	24	83

与我国的羁押期限相比，可以看出两个问题：第一，我国法定羁押期限长，而通过羁押必要性审查变更逮捕措施的比例又太低，所以我国实际上大部分案件逮捕过后是"一押到底"的，这导致大量的羁押缺乏正当的依据和延续的必要性，违反了比例原则。第二，超期羁押和久押不决的现象屡禁不止，违反羁押法定原则。就法定羁押期限来看，我国《刑事诉讼法》对逮捕后的侦查羁押期限有明确规定，但是在起诉阶段、审判阶段没有规定，而是将其与办案期限结合在一起。即使是侦查羁押期限的规定，也主要是从侦查需要的角度考虑的。被追诉人实际上被关押多久，在法定的办案期限之内完全根据"办案需要"，与被逮捕时候的社会危险性是没有关系的。

从实践中来看，犯罪嫌疑人、被告人的未决羁押期限普遍是比较长的，我做了一些统计，学界也做了一些研究。一个是"捕后侦查羁押期限"比较长。2012年《刑事诉讼法》实施以后，对犯罪嫌疑人、被告人在一审判决以前的羁押期限是不断增加的，平均羁押期限在2016年是159.25天，2017年降至154.67天，超过5个月。虽然这个统计下了很多功夫也很有说服力，但是毕竟是通过裁判文书统计出来的，那些侦查阶段撤销案件、审查起诉阶段决定不起诉的案件、审判阶段因为"程序逆转"倒回到起诉阶段的案件以及其他隐性的"超期"羁押案件是统计不出来的。有一个数据我希望各位网友、学者、同学一定要关注，我国起诉人数跟判决人数的差距是很大的,现在很多人没重视这个问题。根据 1998—2013 年的《中国法律年鉴》,1997—2012 年法院的生效判决中累计人数只有 13189529 人,同一个时间段检察院起诉的人数是 15241941 人,两者差额在 2052412 人,平均每年差 13.68 万人,这是 1996 年《刑事诉讼法》实施期间的数据。2012 年《刑事诉讼法》实施以后的差距更大,2013—2019 年,全国检察机关提起公诉累计人数是 10900439 人,而法院判决的累计人数只有 9156743 人,相差 1743696 人,平均每年相差 29 万人。即使是最近两年,加在一起也有 7.8 万被告人被起诉而没有被判决。这些案件哪去了?从公开文书里面根本就看不出来。所以我个人觉得从这些数据推断,大量的长期羁押、超期羁押等在公开的裁判文书中是无法得到体现的。最近几年,由于认罪认罚从宽制度的适用率提高了,检察院又开始搞"案件比"考核,所以捕后羁押期限有所缩短,这个我们要实事求是,充分肯定。但是适用普通程序审理的案件,羁押期限仍然是很长的,特别是案件在进入二审以及要发回重审的情况下,那就更厉害了。这是逮捕期限。

另一个期限是我们学界往往忽视的刑事拘留以后的羁押期限过长。以"三类案件"为由延长提请逮捕期限的比例过高,甚至存在违法羁押的情形。我在 2012 年《刑事诉讼法》实施过后做过调研,在对东、中、西部三地的裁判文书进行统计后发现,三地犯罪嫌疑人的刑拘期限平均分别是 25.15 日、15.38 日和 22.34 日,都超过了法律规定的一般不得超过 10 天、14 天的期限。

那么最近几年情况怎么样?我也统计了三个地区,西部 C 市 Y 区城区,2018—2021 年刑事拘留 15 天到 37 天的比例都在 50% 左右,分别是 47.24%、54.40%、50.73%、48.45%,平均下来应该超过 50%。人均刑拘期限超过 21 天,最长的一个人被关了 222 天。中部地区要好一点,刑事拘留 15 天到 37 天的比例不到 40%,人均的刑拘期限在 15 天左右,平均下来大概 16 天的样子,最长的有 75 天。东部地区沿海的一个计划单列城市的城区,刑事拘留天数 15 天到 37 天的比例比西部还高,平均下来达到 50%,人均平均期限也是 20 余天。所以这个结论意味着什么?从 1996 年《刑事诉讼法》授权公安机关对"三类案件"拘留过后可以延长到一个月内提请逮捕的规定实施以后,公安机关到现在都在不正常地扩张这个权力,因为不仅仅15天到37天这个比例用得多,而且还有超过37天的,所以刑拘的期限是很长的。

逮捕也好,刑拘也好,这些人身强制措施适用期限长,会产生更加严重的危害。因为它可能"绑架"起诉和审判,既不符合新时代人民群众对公平正义的美好期望,也不符合国家治理体系和治理能力现代化的要求。

至于超期羁押,本来就是违法的,可以说是我们国家的一大"顽症"。超期羁押是最高检每年在工作报告里面都要检讨的。我统计了1998—2020年最高人民检察院检察长的工作报告,20世纪90年代我国每年超期羁押7万多人,2000年降至6万多人。1998—2012年检察院监督的各个环节的超期羁押总共30多万人,后来经过监督越来越少。但是2017年的工作报告里面,"持续监督久押不决案件经各政法机关努力,2013年核查出的羁押3年以上未决羁押案件4459人,至去年全国两会时下降为6人,去年10月全国清零",2013年开始清理到2016年10月份才清理完毕,用了3年。那清理完了是不是就没有了呢?不是的,2018年又"坚持不懈清理久押不决案件"。最近的一次是2020年的工作报告里面提出来的,"常态化清理久押不决案件,对侦查、审判环节羁押5年以上未结案的367人……"大家注意这里是5年以上未结案的,5年以下多少不知道。"367人已逐案核查,已经纠正189人",那还剩下100多人呢?不知道了,没有下文了。所以超期羁押的问题在实践当中应该说是很严重的,最高检也感到很头痛,纠正起来比较困难。

我总结了一下,超期羁押有两大特点:第一个是顽固性很强,"前清后超"的现象屡禁不绝;第二个是纠正难度很大,尤其是侦查、审判环节的超期羁押。因为超期羁押的清理部门主要是检察院,检察院首先管好自己,自己这个环节不要拖期。但是要想把公安的侦查环节、法院审判环节的超期羁押监督掉是很不容易的。比如最高检曾经公布过一个案件:徐州有一个故意伤害案,被追诉人叫徐辉,被判了死缓,后来在最高检的监督之下,高级人民法院指定中级人民法院再审,中院已经启动再审过后7年多,在最高检的多次介入干预之下,最后才宣判被告人无罪。就是说,明明已经知道这个人搞错了,还给他关了5年多,所以这个纠正难度确实非常大。我记得原来最高检的一个副检察长叫赵登举,在20世纪90年代代表最高检提出来,"超期羁押本质上就是非法羁押",是非法侵害公民人身自由的一种行为。按照1999年最高人民检察院公布的《关于人民检察院直接受理立案侦查案件立案标准的规定(试行)》,一个普通的公民非法剥夺他人人身自由超过24小时,或者是非法拘禁3人次以上,就达到了非法拘禁的立案条件,应当受刑事追究。但是公安司法机关以"超期羁押"的名义非法拘禁几千甚至几万人,长期以来却受到默认,有的被告人被违法超期羁押几个月甚至几年,但很少有执法人员因此受到刑事追究。

我在裁判文书网上搜索很久,就搜到一个案件:一个公安局的副局长,在检察院不批准逮捕的情况下仍然批准延长拘留期限,拘留后还按照"三类案件"延长羁押期限,导致这个嫌疑人被关了20天,这个案件被判了滥用职权罪。其实也有比这个更严重的,像张友三案件,这个案件发生在河南。一审张友三被判了拘役5个月,申诉再审过后维持原判,然后他又上诉,在上诉过后才改判无罪。张友三是一个公安的侦查人员,检察机关将某个案件退回了两次要求补充侦查,他都把侦查的材料报给了检察院,结果检察院又觉得这些证据还是不够,第三次要求补充侦查。张友三没有按照检察院的要求进行补充侦查,结果被检察院指控玩忽职守罪,原审法院最后认定张友三构成犯罪。为什么构成犯罪呢?因为这个案件引起了被害人的上访,大家看原审法院判决怎么说的,"身为国家机关工作人员,在承办嫌疑人马长谦故意杀人案件工作中严重不负责……不正当履行职责,对案件长期放弃侦查,致使嫌疑人被长期超期羁押,引起被害人家属多次上访,造成社会恶劣影响的事实清楚,证据充分,构成玩忽职守罪"。给他定了这个罪名后判了拘役5个月。但是最后改判的时候,二审法院怎么认定的?"县检察院应当在法定期限内作出决定的情况下没有作出决定,办案期限超期,并违法要求县公安局第三次补充侦查,这才是造成马长谦案长期超期羁押、案件久押不决的主要原因。公诉机关关于被告人张友三的长期放弃侦查,致使原告的另外一个案件的被告人被超期羁押、久押不决的指控没有根据",最后宣告他无罪。但是这个案件当中就没有人该承担责任吗?没有。所以超期羁押的问题很难得到控制,几乎很少有人受到追究的。

至于有多少人尽管根据事实和法律应该判无罪,但是因为已经逮捕羁押了,法院最终作了有罪判决;又有多少人尽管确实有罪,依法也应当予以逮捕,但是不应当受到长期羁押,可是法院最后比照捕后羁押期限判刑,就是"押多久判多久",这个我们根本没法调查。这样的情况,我们的法官、检察官似乎都习以为常,辩护律师也无可奈何。

(三)人身自由受到非法侵害的被追诉人缺乏有效的救济

第三个问题是嫌疑人、被告人享有的人身自由受到非法侵害时缺乏有效的救济。其实立法都有规定,比如《刑事诉讼法》第117条第1款第1项规定,采取强制措施法定期限届满,不予释放、解除或者变更的,被追诉人和辩护人都可以向作出决定的司法机关申诉、控告;第95条规定,犯罪嫌疑人、被告人被逮捕后,检察院应当进行羁押必要性审查;第97条规定,嫌疑人、被告人及其法定代理人、近亲属、辩护人都可以申请变更强制措施,公检法收到申请后3日内就应当作出决定;第98条规定,被羁押的案件不能在法定期限内办结的,需要继续查证的,可以取保候审或监视居住,否则就应该释放犯罪嫌疑人、被告人。但是所有的救济措施都有个共同特点,羁押也好,释放也好,完全取决于办案机关,也就是被追诉人即使控告、申诉,也只能向决定机关去控告、申诉,申请变更强制措施也是向公安机关提出申请,羁押必要性审查向批准羁押的检察院申请,所以这个效果肯定是有限的。比如刑拘,现在普遍至少一半的案件被延长到30日才提请逮捕,还有在一些地方被作为经验进行介绍的"刑拘直诉",其实是违法的。

如果被拘留人向公安机关申诉或者向检察院控告,能不能改变非法拘禁状态?我觉得很难。再以捕后羁押必要性审查为例,这是2012年《刑事诉讼法》修改时增加的一项制度,当时的目的是解决"一押到底"的问题,我国检察院也做了积极的探索。从 2013 年开始,全国检察机关开展羁押必要性审查后提出释放或者变更强制措施的比例是 2.72%,2014 年、2015 年分别是 3.81% 和 3.35%,2018 年是 6.07%,2019 年接近 7%,每年都有所增加,但是总体比例其实是很低的。与我国犯罪结构、刑罚结构以及我国这么高的捕诉率相比,羁押必要性审查的启动率、变更率其实很低。我专门做了一个实地调研,找了一个大城市的三家基层人民检察院,调研了两年半。两年半期间,这三家检察院共逮捕了 6886 人,起诉了 12007 人,捕诉率有 57.35%,不算低;但是真正通过羁押必要性审查的只有 318 人,启动率是 4.62%;审查后建议变更强制措施或者释放的是 100 人,公安机关和法院采纳 90 人,检察院自行变更强制措施或者释放 29 人,加在一起 119 人,占被逮捕总人数的 1.73%,远远低于 2019 年全国平均数。其中一位检察官,还是一个资深检察官,他说:"我们实践当中肯定是重视不够的,如果不是为了考核,我们都不会主动开展羁押必要性审查,也忙不过来。"2021 年 7 月 1 日,最高人民检察院在全国组织开展羁押必要性审查专项活动,为期 6 个月,而且选了三类重点案件开展全流程、全覆盖的羁押必要性审查:一是法定刑在 3 年以下有期徒刑的在办羁押案件;二是涉民营企业经营类犯罪在办羁押案件;三是犯罪嫌疑人、被告人及其法定代理人、近亲属或者辩护人提出羁押必要性审查申请的在办羁押案件。半年过后,最高检没公布结果,我估计这个效果可能不是特别理想,所以最高人民检察院又决定将专项活动延长一年,而且扩大到所有在押案件。这个活动非常有价值,我是很看好的,我也相信最高检下这么大的气力一定会有成效。

三、人身强制措施制度适用问题产生的原因

那怎么来看上述这些问题?产生这些问题的原因到底是什么?我想了很久,怎么样来说这个原因,才能让大家信服,我觉得有这么几条。

(一)人身强制措施制度的功能定位失准,强制到案与羁押候审措施缺乏应有的区分

首先,研究刑诉法的都知道,人身强制措施的诉讼保障功能主要体现在防止犯罪嫌疑人、被告人逃跑,防止其干扰证人作证以及妨碍调查事实真相或者实施新的犯罪。也就是《德国刑事诉讼法》第112条、第113条规定的逃亡之虞、妨碍调查真相之虞和再犯之虞。这是实施人身强制措施的主要顾虑,人身强制措施就防止这几条危险。这几种功能就意味着立法应把拘捕、拘传这种强制到案的措施与羁押候审的措施有所区别,对未决羁押的理由、程序、变更等作出符合无罪推定、正当程序等法治原则的明确规定,而且要排除把羁押作为预备定罪和惩罚性手段使用的可能性。

但是从我国刑拘条件、逮捕条件的设计,到延长羁押期限的各项规定,再到捕后羁押必要性审查的规定来看,我国的逮捕羁押制度的主要功能不在于以"强制候审"为核心的"诉讼保障",而更多地是为了震慑犯罪、维护稳定以及预备定罪、预支刑罚、确保追诉成功,未决羁押的实体惩罚功能远远大于其诉讼保障功能,我觉得这是我国逮捕羁押手段普遍化和一定程度的恣意化的一个重要的原因。比如从逮捕的适用来看,我国一向强调要"打击优先",这个理念到现在仍然存在。"重实体轻程序,重打击轻保护",逮捕多少人是检察机关的业绩,每年《最高人民检察院工作报告》为什么要报告逮捕多少人?大家关注的不是人数,而关注的是多少人前面的表述:"围绕什么,逮捕多少人、起诉多少人。""捕得准""诉得稳""判得下"是批准、决定逮捕的实践标准,"逮捕、起诉就是从严,不捕、不诉就是从宽"是我们检察机关履行逮捕起诉职责的基本行为准则,直到今天还是这样。

其次,逮捕的事实条件从1979年以来一直要求检察机关在决定逮捕时以犯罪嫌疑人"构成犯罪"而不是"有重大犯罪嫌疑"为前提,所以逮捕有明显的预备定罪功能。

再次,拘留、逮捕既有强制到案功能,又有重要的查证保障功能和追诉保障功能。因为可以延长拘留期限的所谓"流窜作案、多次作案、结伙

作案"条件明显超过了强制到案的要求,它是针对犯罪嫌疑人的;延长侦查羁押期间的法定条件也是"在规定期限内不能侦查终结"。在审查起诉阶段可以依法退回补充侦查两次,在审判阶段可以延期审理,甚至在二审发回重审以后程序还会"倒流"到侦查阶段继续补充侦查,这都是为了保证已经逮捕的案件最终能够达到定罪判刑的条件,至于被追诉人到底要不要继续羁押,则在所不问。

最后,逮捕还具有一定的预支刑罚功能,捕后羁押必要性审查也无法改变这一点。我们法律上规定"可能判处有期徒刑以上刑罚"才能够逮捕,现在基本上变成了"只要可能判处徒刑以上刑罚,就应当被逮捕"。所以实践中存在"逮捕绑架起诉和审判",这正是逮捕预备定罪和预支刑罚功能的生动体现。

(二)拘留、逮捕制度的立法设计未能贯彻无罪推定原则、比例原则、正当程序原则和权力制衡原则

其一,拘留、逮捕条件的设定不符合无罪推定和比例原则的精神。是否符合逮捕条件的判断主观性太强,尤其是社会危险性。比如,侦查机关的拘留期限按照现在的规定可以达到1个月,这是明显违反比例原则的。逮捕要求以"构罪"为前提,这是导致刑拘时间长的重要原因;逮捕以可能判处的推测刑罚为条件,这个刑罚条件(有期徒刑以上刑罚)要求太低;社会危险性条件有五个,几乎是无所不包的;而径行逮捕设置了社会危险性推定且不容反驳,违反无罪推定原则。

其二,刑事拘留后延期提请逮捕、审查逮捕、延长捕后羁押期限、羁押必要性审查的程序设计不符合正当程序的要求。首先,公安机关提请审查逮捕意见书、提请延长侦查羁押期限意见书及其支撑证据材料,犯罪嫌疑人和辩护律师无从知晓,公诉方根本不告诉被追诉方。其次,绝大多数犯罪嫌疑人在审查逮捕阶段没有辩护律师,即使是符合法律援助条件的犯罪嫌疑人也难以及时获得法律援助律师的帮助,逮捕决定的作出主要靠侦查机关移送的材料,所以它的信息来源单一。再次,检察机关讯问犯罪嫌疑人以及听取律师意见,都不是审查逮捕、开展羁押必要性审查、延

长侦查羁押期限的必经程序,法律上没有要求所有案件都要讯问犯罪嫌疑人。尽管我们少数地区已经做到了全覆盖,但它有时不是保证被告人权利的全覆盖,而是走个程序。继次,存在批准决定逮捕书、逮捕通知书均无关于逮捕理由的具体说明,延长羁押期限甚至都不通知被羁押人及其辩护人。检察院的逮捕决定书很简单——"报的哪个案件符合《刑事刑诉法》第81条关于逮捕条件的规定,决定批准逮捕嫌疑人,请依法立即执行。执行情况三日以内通知本院"。这是对公安机关说的,不是对犯罪嫌疑人说的。那么对犯罪嫌疑人家属说的什么呢?公安局会送一个逮捕通知书,通知某某家属"经某检察院批准,我们已于某年某月某时对涉嫌某罪的某某执行逮捕,现在关在某处,位于某个地方",这是公安局的通知,就是向家属告知罪名。那么被逮捕人知不知道他为什么被逮捕呢?也不知道。逮捕证是要出示,要他签字的,但逮捕证上也只是告诉他涉嫌什么罪,比如诈骗,不会告诉犯罪嫌疑人是为什么。这是我们的逮捕决定,不仅"原告"直接抓被告,而且抓人"不讲理"。最后,公安机关认为检察院不批准逮捕的决定有错误的时候,有权复议、复核,但是如果犯罪嫌疑人及其辩护律师对检察机关批准逮捕的决定不服,却没有救济途径,这是程序上的问题。

其三,作为公诉机关的检察机关,同时负责批准、决定逮捕犯罪嫌疑人,自己决定或者批准延长侦查羁押期限,自己负责审查继续羁押"对手"的必要性,这违反了逮捕羁押审查中立性的基本原理,难以避免权力滥用。

《公民权利和政治权利国际公约》第9条是有明确规定的,这个规定很完整,其第3项规定:"任何因刑事指控被逮捕或拘禁的人,应被迅速带见审判官或其他经法律授权行使司法权力的官员,并有权在合理时间内受审判或被释放。等候审判的人受监禁不应作为一般规则……"也就意味着,凡是被拘捕就是强制到案的人,要尽快被带到法官或者是其他依法行使司法权力的官员那里。我国检察系统有多人认为,检察官是经法律授权行使司法权力的官员,我在文章里面曾经说过,这属于"自言自语"。联合国的人权事务委员会是怎么解释的?委员会说:"行使批准羁押权力的官员即使不是法官,也必须具有类似法官的相对独立性和客观中立性,即必须独立于行政机关、独立于当事人。凡是在批准拘捕和命令羁押时不能独立作出决定的官员,以及可能或者实际上继续作为公诉机关的代表参加同一案件的后续诉讼活动的官员,都不符合独立性和中立性的要求。"联合国经济和社会理事会的专家组到我国考察过三次,呼吁我国要"对关于羁押的法律进行重新审查。要么赋予被授权作出逮捕决定的检察官必要的独立性,以便符合'法律授权行使司法权力的司法官员'的标准,要么将决定或批准逮捕权由检察官转交法院行使"。但我们没有理会,当然我们有我们的特殊情况。但是最起码要"理解"联合国人权事务委员会的解释。1996—2018年,联合国人权事务委员会根据个人来文审查了来自匈牙利、土库曼斯坦、俄罗斯等国家的很多申诉,在这些意见里面都明确指出了检察官不符合这个要求。

(三)取保候审、监视居住的约束力有限,难以发挥羁押替代作用

2012年修改《刑事诉讼法》的时候,对取保候审、监视居住的适用条件和程序进行了区别对待,当时大家对取保候审、监视居住的期望很高,希望能够减少逮捕羁押手段。我调研了一下,2013年开始,全国的捕诉率还是在慢慢下降的,应该说立法者的愿望得到了一定程度的实现。但是取保候审、监视居住在实际执行过程中对犯罪嫌疑人、被告人的约束力有限,难以保证诉讼活动的顺利进行,因此我们办案人员不敢用、不放心。所以到2019年年底为止,全国的非羁押性强制措施适用率都不到一半,羁押状态下等候审判仍是常态。

(四)审查逮捕的实施机制和责任追究机制倾向积极批准逮捕

首先,从审查逮捕的工作机制上看,侦查监督部门和公诉部门本来是分开的,即使在特定情况下侦查监督部门负责批捕,还是在同一个检察长领导之下,逮捕权运用一直服务于侦查工作需要。2019年开始,全国开始搞"捕诉一体",审查逮捕的独立性完全没有了。"我"作为检察官,"我""捕"了还要"诉","诉"不了的"我"肯定不"捕"了,"我"要"捕"了就一定

要能"诉"出去,那逮捕纯粹是为公诉服务了。

其次,从考核机制上来说,公安机关不仅追求"打击人数",而且追求刑拘以后的批准逮捕率;检察院也曾经长期追求逮捕人数,至今仍把强制措施的适用与宽严相济刑事司法政策直接挂钩,一提到要"从严打击"的犯罪,必然以逮捕了多少人作为业绩进行展示,与起诉人数同等对待。最近两年我们的政法队伍教育整顿,"不捕不诉"的情况是审查检察工作质量的一个重点。如果这种考核评价机制不变,少捕慎诉慎押的刑事司法政策很难得到一线检察官的真诚拥护。

最后,从错捕的认定和责任追究机制来看,相关规定事实上也鼓励检察官积极批准逮捕。根据最高检2010年发布的《人民检察院审查逮捕质量标准》第25条、第26条之规定,在犯罪嫌疑人符合逮捕的事实条件的情况下,不批准逮捕,后来经过上级检察院审查过后又能逮捕了,那就要承担"错不捕"的责任;但是批准逮捕过后,如果没有判处徒刑以上的刑罚,最多只是"办案质量有缺陷",没有什么明显不利后果,所以对一个理性的检察长来说,积极批准逮捕才是"明智"的选择。当然,公安机关侦查破案还是很依赖口供的,尤其是羁押状态下讯问,日本叫"人质司法",我国其实也存在类似的问题。而法院对被告人没有被逮捕的案件有时候还拒绝受案。在这种情况下,"两兄弟"都希望检察院逮捕,那检察院怎么办呢?所以那就捕吧,要配合一下。另外,《最高人民法院、最高人民检察院关于办理刑事赔偿案件适用法律若干问题的解释》第6条规定,对"部分罪名不成立,监禁期限超出再审判决确定的刑期"的国家赔偿责任,仅仅以"再审改判"为限,如果二审改判了部分无罪,不予赔偿。这是非常不利于遏制超期羁押的。我查到了两个非常奇葩的案例,有一个人一审的时候被认定犯了两个罪,两个罪数罪并罚是5年有期徒刑,然后他上诉,被发回重审,发回重审以后,又判了合并执行4年有期徒刑,给他减轻了一点。他又上诉了,上诉到了中院,中院审理后将他原判中的重罪撤销了,留下一个轻罪,改判10个月。那么这个人最后被多关了多久呢?刑期只有10个月,实际超期羁押超过终审判决确定的刑期677天,接近2年。所以他就申请赔偿,但是最后安徽省高级人民法院赔偿委员会不认可,觉得他的赔偿要求不符合现在的规定。不予赔偿的决定里面讲的是,"实际羁押超过二审确定刑期,但该羁押行为属于整个诉讼活动过程中,法院作出生效判决前,对嫌疑人的羁押,是司法机关根据《刑事诉讼法》的规定,保障诉讼顺利进行的程序措施,不属于强制规定明确的二审改判无罪、再审改判无罪和改判部分无罪的情形,申请赔偿没有依据"。还有一个河北的案件比这个还要奇葩。这个人也是犯了两个罪,开始被判了两年半,经过三次发回重审,最后把重罪抹掉,另一个罪给他定为免予刑事处罚。但是他实际被关押了多久呢?关押了730天,就是整整2年时间!他申请赔偿,但赔偿委员会跟刚才那个安徽省高级人民法院的赔偿委员会意见是完全一致的,"没有依据"。大家想一想,这样的案件不赔偿,它的后果是什么?除当事人受损之外,对于公检法机关来说,只要最后判个免予刑事处罚,超期羁押多久都合法,国家都不承担责任。这是纵容超期羁押。

四、完善人身强制措施制度的总体思路

下面讲一讲完善思路,也即,按照少捕慎诉慎押的刑事司法政策,怎么解决这些问题。我觉得问题谈完了,大家心情都很沉重。分析了原因,各位心情更沉重。因为这些问题都是老问题,没有多少是新问题,要全面解决这些问题,肯定是一个漫长的过程。按照少捕慎诉慎押的刑事司法政策要求,对这个政策制度的完善,总体上要坚持以下思路。

(一) 尊重诉讼规律,恪守刑事司法基本准则

为什么要这样说?前面我讲了近代以来人身自由与安全法律保障的主要目的是防止恣意地和非法地剥夺限制人身自由。国际公约、各个国内法为了贯彻这个意图,都作了相应的规定。大家对经过实践检验的一些刑事司法原则是达成共识的,这些原则凝聚了人类法治文明的发展成果,体现了刑事诉讼的一般规律。

我国少捕慎诉慎押的刑事司法政策应该说反映了中国特色社会主义新时代的特殊要求,但是又高度契合了刑事诉讼的一般规律。认真落实

这些原则,要尊重诉讼规律,要恪守刑事司法基本准则,至少四项准则是要遵守的。

第一,要坚持"未经法院依法审判不得确定有罪"的原则。这是无罪推定原则在我们国家刑事司法中的体现,也可以说这就是我们国家的无罪推定。这个原则是适用所有强制措施的基础性原则。按照这个原则,对任何犯罪嫌疑人、被告人采取强制措施都要有正当根据,要遵守正当程序,而且其期限应当尽可能地短暂,因为他是无罪的。立法要求批准逮捕要以"有证据证明有犯罪事实"为前提,并不是说批准逮捕的这些犯罪嫌疑人、被告人肯定就是有罪的。同样,立法要求被逮捕的人要"可能判处徒刑以上"的刑罚,并不意味着凡是可能判处实刑的犯罪嫌疑人、被告人都要逮捕。公安司法人员只有深刻领会无罪推定原则的精神实质,严格区分"犯罪嫌疑"和"犯罪"的界限,切实转变有罪推定、重打击轻保护等传统司法理念,才能避免把强制措施作为惩罚性手段使用,恢复强制措施的诉讼保障定位。我之所以反对把强制措施的适用与宽严相济刑事司法政策混在一起,关键就在于只要混在一起,"惩罚性手段"的观念就扭转不过来,无罪推定原则就得不到贯彻。

第二,要坚持法定原则,包括罪刑法定原则和程序法定原则。罪刑法定原则对适用强制措施的要求是,凡是刑法没有明令禁止的行为,我们的专门机关不能够以涉嫌犯罪为由启动刑事程序,更不得采取强制措施,特别是不能把正常的民间借贷、合法的融资行为以及正当防卫行为作为犯罪处理。程序法定原则对人身自由强制措施的要求包括两个方面:一是强制措施的种类、适用条件、程序、方式、期限、违法后果要由正式的法律作出明确规定,不能用违反法律规定的政策、违反法律的司法解释或者地方性规则等作为依据;二是公安司法人员要贯彻法治原则,严格遵守法律规定,否则应当承担违法适用强制措施的法律后果。

第三,要坚持比例原则。比例原则是公法领域通行的原则,就适用人身强制措施而言有三项要求:一是只能是出于诉讼保障的正当目的来适用强制措施,不能为了促成调解、和解或者迫使犯罪嫌疑人、被告人认罪认罚而适用强制措施;二是只有在不采取某种强制措施就不足以防止犯罪嫌疑人、被告人逃避、妨碍诉讼或者继续犯罪时才能适用某种强制措施,这叫必要性;三是适用强制措施的种类、期限、方式等,要跟涉嫌的犯罪的严重程度、妨碍诉讼或者逃避诉讼的危险性大小成比例,要把这个期限控制到最短,我们叫相称性。按照这些原则的要求,如果要贯彻少捕慎诉慎押的刑事司法政策,公安、司法机关要重点对拘留、逮捕等措施的适用予以严格限制。政策的最终效果要体现在提请逮捕率、批准或决定逮捕率、羁押后变更强制措施率、羁押期限控制等方面,最大限度地降低羁押率、减少羁押人数。

第四,要遵守正当程序原则。这是一个常识,限制人身自由时要遵守正当程序,这是正当程序原理的来源,正当程序原理发源于限制人身自由的法律演变过程中。这也是国际公认的刑事司法准则。

按照现在有效的国际规则,对正当程序有六项要求:一是任何人被拘捕时,应被告知被拘捕的理由,并被迅速告知对他提出的任何指控;二是任何人被拘捕、羁押或指控的时候,都有权为自己辩护,必要时依法由律师协助;三是任何人被拘捕后应被迅速带见审判官或者其他经法律授权行使司法权力的官员;四是如未得到司法机关或其他当局审问的有效机会,任何人不受羁押;五是对任何羁押命令及其理由,被羁押人及其律师有权获得及时、完整的通知;六是任何因拘捕或者羁押被剥夺自由的人,有资格向法庭提起诉讼,以便法庭能不拖延地决定拘禁他是否合法以及如果不合法时命令予以释放。也就是申请司法审查。

这些要求得到了缔约成员的遵守,对遏制恣意的和无根据的拘捕、羁押起到了积极作用。我国公安司法机关在适用强制措施时一定程度上也遵守了正当程序的要求,不是完全没有。比如《刑事诉讼法》第88条规定,在实践中也做了,审查批捕的时候要听取犯罪嫌疑人律师的意见,现在也比较强调公开听证,这个显然是正当程序的体现。但是,由于多方面的原因,现在的制度规定也好、实践操作也好,离正当程序还有一定的差距。所以在贯彻政策的过程当中,要在制度允许的范围内尽可能的在实施机制或操作程序方面向正当程序靠拢,不断增强我国人身强制措施制度的公正性。

(二)立足中国国情,从技术到制度稳步前进

我国从改革开放以来,在中央的坚强领导之下,探索了一条有中国特色的渐进式改革开放之路,这个得到了世界的公认,成绩也是举世瞩目的。与此相适应我国改革开放以来的法治建设也经历了从"有法可依"到"全面依法治国"的渐进式发展过程,而且同样取得了举世瞩目的成就。具体到诉讼制度发展和司法改革方面,从1996年修改《刑事诉讼法》开始,我国基本上采用了一种被学界提炼为"相对合理主义"的颇具实践理性的总体策略。这个理论认为,我国的法治建设和司法改革既要承认和接受具有公理性、普适性的基本法治原则,又要充分认识到各种现实条件的约束;基于初级阶段的国情,可行、有效的司法改革和司法操作应当采取渐进、改良和逐步推进的方法,从技术性改良走向制度性变革。

就人身强制措施制度来说,2012年修改后的《刑事诉讼法》在制度设计上有明显的改进,2018年修法确立的认罪认罚从宽制度以及现代科技手段在强制措施审查决定和执行过程中的应用,为降低羁押率、减少羁押人数提供了便利条件。在现行制度下,应该说降低羁押率、压缩羁押期限有很大的操作空间。比如,江苏省早在2018年刑事案件数量处在全国第三位的情况下,羁押率已经被控制在34.9%,全国最低。2018年下半年到2020年10月,山东省2018—2020年的审前羁押率分别控制到40.2%、38.7%、30.6%,均低于全国平均数,而且逐年下降;更重要的是,侦查机关提请逮捕率为44.5%,也低于全国平均数。最近两年受疫情影响,大家生活上受到很大的冲击,我们政法机关办案也受到很大冲击。但是杭州的政法机关却发挥他们的聪明才智,发明了一个叫"非羁码"的系统对适用非羁押性强制措施的犯罪嫌疑人、被告人进行监管,这个效果非常好,使用"非羁码"进行监管的人没有一个失控、违规。如果能够把这些先进经验推广到全国,在羁押措施的各个环节进行严格把关,我相信我们一定能够在保障刑事诉讼顺利进行的前提下,把未决羁押率和羁押期限降下

来,实现少捕慎诉慎押刑事司法政策的预期目标。

最高人民检察院今年第一季度的办案数据已经公布了。按照这个数据,全国的"捕诉率"降到了43.47%,比2021年下降了将近6个百分点,这说明这个政策的效果正在显现。也就是说,在现有制度下,政策的实施是有空间的,已经在显示效果了。

(三)坚持系统思维、目标导向,统筹协调各方关系

因为这个政策的核心目标是要在保障诉讼顺利进行的前提下,减少羁押逮捕手段的适用,扩大非羁押性强制措施的适用,构建"以非羁押为原则、以羁押为例外"的刑事诉讼新格局。要发挥政策的功效,如果没有系统思维,不结合目标导向,不协调好各方关系,是很难做好的。

我总结了"四重"关系,在本人发表在《中国刑事法杂志》2022年第2期的《少捕慎诉慎押刑事司法政策与人身强制措施制度的完善》里已经说了,我这里简单提一下:

第一,保障人权和保护社会、保障诉讼顺利进行之间的关系。简单来说,少捕慎押不是不捕不押,该捕的还是要捕,该押的还是要押。千万不要认为不捕不诉,不捕不押,就是不处理了,不能这么说。

第二,少捕慎诉慎押与认罪认罚之间的关系。最高检现在也很重视这个,强调这两者之间要配套适用。因为认罪认罚对少捕慎诉慎押肯定是有帮助、有促进的。但是在执行中要注意不能把是否认罪作为逮捕不逮捕的唯一依据。少捕慎押不能变成"认罪的就可以不捕不押,不认罪的必捕必押",那就有问题了。更不能利用逮捕来迫使犯罪嫌疑人、被告人认罪认罚,那就违反了认罪认罚从宽制度本身的价值取向。

第三,要协调好检察机关主导与相关单位协作配合之间的关系。因为羁押涉及公检法司各机关,检察院只是批准决定逮捕的机关,公安机关有提请逮捕权、执行逮捕权,法院有决定逮捕权、羁押必要性审查权、受理申请变更强制措施的权利,司法行政人员负责判决的执行。所以各机关一定要协调配合,检察院当然要发挥主导作用,但这个关系搞不好就很难形成合力。

第四，人身强制措施的适用与起诉和审判之间的关系。现在的关键是，起诉和审判的结果肯定是影响强制措施的，因为符合逮捕要求的是"可能判处徒刑以上刑罚"。但现在的问题是，逮捕绑架起诉和审判怎么解决？我觉得逮捕要严格遵守法定条件，坚持少捕慎诉，那起诉和审判也要贯彻这个精神，就是起诉不受逮捕的影响，哪怕前面逮捕了，起诉的时候发现不够起诉条件的，还是要作不诉的决定。审判也是一样，虽然逮捕了但该无罪的就是无罪，该判缓刑的判缓刑，不能说前面被羁押那么久，判缓刑的被告人出去会找麻烦，不可以，该怎么样就怎么样。更不能够为了逃避国家赔偿责任，本来应该判无罪却判个免予刑事处罚，这完全是侵害公民人身自由，是不能容忍的。

五、完善人身强制措施制度的解释论路径

下面我简单讲一讲怎么样实施。现有制度之下，贯彻少捕慎诉慎押刑事司法政策，关键是要转变司法观念、坚持人身强制措施的诉讼保障功能，在这个前提之下，尽量减少拘留、逮捕等羁押性强制措施的适用，尽量扩大非羁押性强制措施的适用，并且要完善相关的实施机制。

（一）减少羁押性强制措施的适用

1. 依法规范刑事拘留的适用，严格控制提请逮捕的数量和质量

第一，侦查机关适用刑事拘留，必须坚持法定条件和程序，不得超越法律规定，随意拘留任何人或延长拘留期限。对不是"现行犯"的犯罪嫌疑人，严禁"先抓人、后办手续"。因为《公安机关办理刑事案件程序规定》第125条规定，拘留必须出示拘留证明，现行犯出示不了拘留证，可以先把人抓了再办手续，非紧急情况下的犯罪嫌疑人是不可以先行拘留的，更不允许超过拘留的法定期限，拘留几十天甚至几百天，这是完全违法的。

第二，刑事拘留的决定和执行情况要接受检察院的法律监督。特别是拘留后延长至30天才提请逮捕的，检察机关要重点监督，如果发现违法行为，要纠正。如果公安机关可以随意拘留一个公民，那我国《宪法》第37条关于"公民的人身自由不受侵犯""任何公民，非经人民检察院批准或者

决定或者人民法院决定,并由公安机关执行,不受逮捕"这些规定,不就成了空文了吗?

第三,现在各个地方作为经验推广的"刑拘直诉"是缺乏法律依据的,不应该被延续。法律规定刑事拘留后应在 24 小时内讯问,发现不应当拘留的应当释放,需要提请逮捕的 3 日之内提请,必要的时候延长 1~4 日,特殊情况下可以延长到 30 日,检察院 7 日之内作出批准逮捕或者不批准逮捕的决定。规定很清楚,就是只有需要提请逮捕的人才可以拘留达到 3 天、达到 7 天、达到十几天、达到一个月;不是为了提请逮捕的,拘留期限只有 24 小时。但是,"刑拘直诉"不太可能做到 24 小时就起诉,至少我觉得很难。

第四,严格控制刑拘后提请逮捕案件的数量和质量。公安机关应当在提请逮捕的时候提供证据证明犯罪嫌疑人符合逮捕条件,对不符合逮捕条件的不得提请逮捕,更不能仅仅为了借用办案时间、完成考核指标而提请逮捕。我个人建议,凡是公安机关拘留过后拟提请逮捕的案件,检察院都应当提前介入,在证据收集上给予指导;不符合逮捕条件需要继续侦查的,公安机关应当及时变更强制措施。现在公安机关和检察院设立了"侦查监督与协作配合办公室",办公室应该在这个方面发挥积极的协调作用。

第五,刑事拘留的数据,我觉得要像逮捕、起诉、判决书一样,定期公开,接受社会的监督。现在刑事拘留数据是保密的,进行研究都找不到这个数据,这很不正常。全国每年抓了多少人、抓了多少次、关了多久,这些数据都应该公开。我认为,公安系统应该向检察院学习,检察院逮捕数据每年都公开,虽然还不完整,但这个比较好。

2. 以社会危险性条件为核心,严格控制逮捕羁押措施的适用

第一,要准确把握一般逮捕的社会危险性条件。对逮捕羁押的控制,检察机关最重视逮捕条件的把握问题,《人民检察院刑事诉讼规则》里把可能实施新的犯罪、可能威胁证人作证、可能逃跑等都做了细化,这个细化有指导作用。现在检察院已经在研制社会危险性量化评估系统,前

段时间我们还开了一个专题研讨会,最高检的相关部门负责人也介绍了情况,我觉得效果不错。我建议试点范围扩大一点,总结推广这个经验,坚决杜绝"构罪即捕",有效降低批捕率,避免完全凭经验判断、主观判断,要有一点客观的软件系统的辅助。

第二,严格控制"径行逮捕"的适用。2012 年修改《刑事诉讼法》时我觉得有一个问题是没有经过认真论证的,就是"径行逮捕",当时讨论得很少。《刑事诉讼法》第 81 条第 3 款规定,"对有证据证明有犯罪事实,可能判十年有期徒刑以上刑罚的,或者有证据证明有犯罪事实,可能判处徒刑以上刑罚,曾经故意犯罪或者身份不明的,应当予以逮捕"。我调研了一下,许多地方的"径行逮捕"比例都达到了 40% 以上,主要原因是"曾经故意犯罪"的情况比例达到 80% 以上。但是"径行逮捕"规定,"有证据证明存在犯罪事实可能判处徒刑以上刑罚,曾经故意犯罪或者身份不明的就应该逮捕",曾经故意犯罪是什么时候犯罪?5 年前?10 年前?未成年期间故意犯罪的,行不行?这些都是模糊的。这个规定设置了"社会危险性的推定",只要达到这个条件检察院审查批捕的时候就不需要再考虑社会危险性条件,而是完全机械地对照这个规定,违反无罪推定原则。特别是对曾经故意犯罪的嫌疑人,一律径行逮捕,违反比例原则。因为现在的轻刑率达到 83%,被判处 1 年以下刑罚的案件超过 34%,还有很多是未成年时期发生的,而对未成年人,法律规定了要对犯罪记录进行封存,这些怎么能够作为前科来径行逮捕呢?所以我建议:一是对径行逮捕的"曾经故意犯罪"条件,要作限制性解释。成立故意犯罪,要达到累犯的程度,就是前面的案件是故意犯罪,这个案件也是故意犯罪才可以。如果以前成立故意犯罪,现在犯过失犯罪,没有社会危险性或者虽然有一定的社会危险性但达不到逮捕条件的,还是不应该逮捕。未成年期间的故意犯罪不能作为前科来算,那些前科已经封存了,不能再作为"曾经故意犯罪"来认定。二是对符合径行逮捕条件但没有羁押必要性的犯罪嫌疑人,可以考虑监视居住,因为法律明确规定符合逮捕条件才能监视居住。三是把径行逮捕的犯罪嫌疑人作为羁押必要性审查的重点对象,以便逮捕后尽快将其变更为非羁押性强制措施。

第三,捕后羁押必要性审查应当对所有在押案件实行"全覆盖"。现在最高人民检察院接受了这个建议。而且检察机关和法院都应当在各自的办案环节依职权定期进行羁押必要性审查。我希望最高人民检察院牵头制定的文件,要对羁押必要性审查的频次作出明确的规定,比如可能判处3年有期徒刑以下刑罚的被告人,逮捕后1个月内就要审查,每隔1个月能不能审查1次?逮捕的被告人涉嫌的犯罪要判处3年有期徒刑以上的,2个月审查1次行不行?批准延长羁押期限的时候再来审查。案件进入审查起诉、一审、二审阶段以及二审发回重审或者延长审判期限的时候,都应该审查1次,不能自动延长羁押期限。

第四,检察机关在批准延长侦查羁押期限以及上级检察院在批准延长羁押期限时,要对逮捕必要性进行实质审查,这个非常重要。《人民检察院刑事诉讼规则》第312条我是非常拥护的,该条第1款规定:"犯罪嫌疑人虽然符合逮捕条件,但经审查,公安机关在对犯罪嫌疑人执行逮捕后二个月以内未有效开展侦查工作或者侦查取证工作没有实质进展的,人民检察院可以作出不批准延长侦查羁押期限的决定。"如果让我来写这个规定,不是"可以"不批准,而是"应当"不批准。如果不认真侦查,为什么要延长侦查羁押期限呢?这样就牺牲了犯罪嫌疑人的利益,这不合适,法院延长审判期限也应该这样。

第五,侦查期间发现"另有重要罪行"而重新计算侦查羁押期限的时候,应当经过检察机关批准,不应由公安机关自行决定。现在最高人民法院、最高人民检察院、公安部等《关于实施刑事诉讼法若干问题的规定》中对这种情况进行了规定,侦查机关发现另有重要罪行的由侦查机关决定,不需要检察机关批准。《关于实施刑事诉讼法若干问题的规定》的这个解释违反了《宪法》关于逮捕权配置的规定,为什么?它这样规定实际上是把"另有重要罪行"的案件直接作为径行逮捕的情形,把径行逮捕权给了公安机关,公安机关怎么能行使决定逮捕权呢?在这个解释没有修改之前,我建议检察院在公安报备的时候,要对报备材料进行认真审查,切实监督纠正违法重新计算侦查羁押期限的这种情况。

3.在审查逮捕、羁押必要性审查、延长羁押期限过程中贯彻正当程序原则

现在这些程序,例如"告知"和"听审"这些正当程序的基本要素还有一些欠缺。这些其实主要不是制度问题,是"维稳"的思维和司法陋习造成的。中央要求"努力让人民群众在每一项法律制度、每一个执法决定、每一宗司法案件中都能够感受到公平正义"。我觉得公检法司几家机关要积极转变观念,探索创新举措。怎么办?

首先,把听取被追诉人及其律师的意见作为批准逮捕、延长侦查羁押期限和进行羁押必要性审查的必经程序,没有听取意见不能作决定,必要的时候进行听证。

其次,律师在审查逮捕和侦查阶段应当有权查阅公安机关提请逮捕意见书、提请延长侦查羁押期限意见书以及所依据的证明材料,还有重新计算侦查羁押期限的备案审查材料。没有辩护人的犯罪嫌疑人,检察院应当通知值班律师进行帮助,值班律师与辩护律师享有同等权利。

再次,检察院批准、决定逮捕犯罪嫌疑人以及法院决定逮捕被告人,检法两家决定继续羁押或者延长羁押期限,都应当在逮捕决定书、继续羁押决定书、批准延长羁押期限决定书中说明批准或者决定逮捕、继续羁押或延长羁押期限的具体理由和法律依据,不能笼统地按照法律规定来"抄",而是要分类,"个别化地"告知被追诉人和法定代理人及其近亲属和律师。被逮捕人和近亲属、律师也有权要求检察院和法院告诉他们理由。你抓了"我",你都不告诉"我"你为什么抓"我",只告诉"我"一个法律规定,法律规定是对所有人的,"我"到底为什么被逮捕?你不能只告诉"我"一个罪名啊,即使有罪也不一定就应该被逮捕,是不是?我觉得检察院应该有所行动。

最后,切实保障被逮捕人及其律师对无根据的或者非法羁押在诉讼内的救济权。凡是不能在法定期限内办结的案件,公安司法机关要及时变更和撤销强制措施。审查起诉阶段经过两次补充侦查依然不符合起诉

条件的,检察院应依法决定不起诉,犯罪嫌疑人在押的,要及时撤销和变更强制措施。重大复杂案件,法院在审判阶段如果羁押超过一定期限不能结案,那就要变更强制措施。

(二)适度扩大非羁押性强制措施的适用

1. 扩大取保候审的适用范围

首先,要确保对确有必要采取强制措施的被追诉人,优先适用取保候审。不能因为户籍地、职业等因素限制取保候审。对罪行较轻且认罪认罚的被追诉人以及未成年、老年的被追诉人,可以探索具结释放。强制措施不是办理刑事案件的必经程序,没有哪一条规定说所有的犯罪嫌疑人、被告人都要采取强制措施。只有在需要采取强制措施的情况下才采取,而且要优先适用取保候审。

其次,对保证金保证案件,要把保证金解释为"可以发挥担保作用并且随时可以没收或者变现的财产",改变目前保证金只能"以人民币缴纳"的操作规则,允许被取保候审人以实际价值相当甚至超过保证金额度的有价证券、车辆、常住房屋以外的房屋等财产形式进行担保,而且还可以探索由专业公司代为交纳保证金的担保方式。

最后,对保证人保证的案件,保证人的范围不能限于近亲属、监护人,应当允许有关单位指定专人来提供保证人,并且由保证人所在单位承担连带保证责任。

2. 依法规范、慎重适用监视居住

我不主张监视居住的范围适用过大,因为我们2012年修改《刑事诉讼法》的时候,把监视居住跟取保候审分开了,当时期望很高,但是监视居住在执行中有可能成为变相羁押。所以在贯彻少捕慎诉慎押刑事司法政策时,对监视居住,既要规范适用也要慎重适用。

规范适用就是严格遵守法定条件,要以"符合逮捕条件"为前提,只是符合取保候审条件但没有保证人、交不起保证金的监视居住,要严格限制、严格解释,不能随便扩大范围。慎重适用,就是尽量不适用"指定居所监视居住",无论是不是"恐怖活动犯罪案件""危害国家犯罪案件",指定居所监视居住是万不得已的办法,尽量不用。

3. 强化取保候审、监视居住的诉讼保障功能

扩大非羁押性强制措施的适用,关键是要强化取保候审、监视居住的诉讼保障功能。我们现在用得少,根本问题是执行过程中约束力有限,诉讼活动很难得到顺利的保证,所以办案人员不愿意用。所以现在贯彻这个政策就应该把强化非羁押性强制措施诉讼保障功能作为重点。我有以下几点建议:

第一,专门机关要全面充分地履行告知义务,避免因被取保候审、监视居住人不知情而违规;

第二,要健全管控措施,创新执行监督方式,特别是用电子手环、非羁码这样一些电子监控系统来进行管控,这样降低了监管的成本,也强化了执行的力度;

第三,还要落实异地执行责任,特别是不在本地执行的,户籍地的有关机关要予以协助;

第四,要适当加大"脱保"的惩戒力度,比如被取保候审人在取保候审期间跑掉了,如果再次取保,保证金肯定要增加,情节严重的,该捕还是要捕。如果最后确实定了罪,诉讼期间表现不好的话是一个认罪态度问题,可以考虑从重处罚。

(三)完善审查逮捕工作机制、考核机制和非法羁押的责任追究机制

1. 废止"捕诉一体"办案机制,成立专门的审查逮捕机构

这个观点在我那篇《少捕慎诉慎押刑事司法政策与人身强制措施制度的完善》文章里被删掉了。这个观点我还是很看重的,我主张在现有的捕诉部门以外,单独设置一个统一负责审查逮捕、进行羁押必要性审查、受理变更强制措施申请、重新计算或者延长羁押期限审批及立案监督、刑拘备案审查、侦查监督等工作的一个专门机构,比如交给执行监督部门,适当体现审查逮捕等相关职能的相对独立性和中立性。"捕诉一体"当然不违法,因为它是个工作机制,法律既然把逮捕权给了检察院,检察院怎么行使是检察院自由裁量的问题,而且确实从追诉的角度来说,它有

提高追诉效率的作用。但是审查逮捕以及相关的羁押必要性审查应该由客观中立的机关来做,它具有人权保障的职能,把这个职能与以追诉犯罪为使命的公诉职能统一交给一个检察官、一个办案组来负责,必然导致审查批捕和相关羁押必要性审查职能成为公诉职能的附庸,审查批捕和相关羁押必要性审查作为独立的人身自由保护程序而存在的价值被严重削弱,而且还进一步强化了逮捕羁押措施的惩罚性,这是严重背离正当程序精神的,也不符合少捕慎诉慎押刑事司法政策的价值取向。

2. 完善审查逮捕质量标准,健全审查逮捕考核机制

质量标准、考核机制是指挥棒,特别是基层院受这个指挥棒影响很大,对公安机关也有辐射作用。按照少捕慎诉慎押刑事司法政策的要求,凡是批捕后被撤销、不起诉(不包括相对不起诉)、判决无罪的案件,逮捕决定没有写明具体逮捕理由的案件,以及对不宜羁押且没有逮捕必要的嫌疑人批准逮捕的案件,我觉得都应当按"错捕"论处。但无论是"错捕"还是"错不捕",只是表明国家对相应的逮捕、不捕决定应当承担责任,不能简单地归责于具体的办案检察官,因为谁去办都会出现这些问题。相反从实践当中来看,"错捕"也好,"错不捕"也好,主要是逮捕条件把握不准这个认识因素造成的。所以对逮捕质量问题,要确立一个底线标准,除非主办检察官和相关领导对"错捕""错不捕"存在故意或者重大过失,否则不得追究其法律责任。检察院已经决定不批准逮捕的,若公安机关还要批准延长拘留的期限,继续拘留羁押犯罪嫌疑人,那么则需要被追责。相应地,公安机关应该放弃对批捕率的追求,放弃"打击处理数"的目标考核。对取保候审、监视居住的犯罪嫌疑人、被告人"脱保"或"脱管"的,要设置一定的"容忍率",只要不是故意放弃坚守自己的工作或者存在重大过失,即使犯罪嫌疑人"脱保"了,也不能轻易追究执行人的责任。

3. 完善非法羁押的责任追究机制

为了保障公民人身自由不受非法侵害,维护宪法权威,司法人员在办理提请逮捕、审查逮捕、羁押必要性审查、延长羁押期限等案件当中,违反法定程序或者超过法定期限,以及办案人员违反法定程序致使被追诉人超期羁

押的,比如不该退回补充侦查而退回补充侦查、不该发回重审而发回重审,导致犯罪嫌疑人、被告人被长期羁押、超期羁押的,应该追究责任。其中,因超期羁押"久押不决"构成玩忽职守罪的,应当依法追究刑事责任。我还建议修改《最高人民法院关于适用〈中华人民共和国刑事诉讼法〉的解释》(以下简称《刑诉法解释》),对于二审或者再审否定原判认定的部分罪名,导致有罪的人先行羁押的期限超过最终刑期的情况,应该统一纳入国家赔偿范围。如果将两个罪中的重罪否定了,只剩下一个轻罪,原本因为重罪才羁押那么久,现在重罪被改无罪,凭什么不赔呢?这个是说不过去的。

六、未来的发展方向

刚才从解释论的角度来说,我提了三个方面的建议。但是我的《少捕慎诉慎押刑事司法政策与人身强制措施制度的完善》文章里面只讲到解释论,没有讲更多,我再来扩展一点点,讲讲未来的发展方向问题。总体思路是从技术到制度,但是任何改革如果只是技术性改良,缺乏制度性变革,它的成效都是有限的。"从技术到制度"作为一种改革策略,往往是一种无奈的选择。我国人身强制措施适用中存在的问题,原因不仅在于司法观念、工作机制、考核机制、追责机制等方面的"不适应",还包括立法规定本身的"不合理"。因此,解释论路径在一定时间内可以取得积极的成效,但不足以解决制度本身存在的问题。比如前文提及的批准逮捕权、侦查羁押期限延长权、羁押必要性审查权的配置违反羁押审查者中立的权力制衡原理的问题,径行逮捕的立法缺陷问题,批准逮捕决定不受司法审查问题,等等,都是导致羁押人数多、羁押期限过长的重要原因,而这些问题仅仅通过解释论是无法得到彻底解决的。最终仍然要在总结司法经验教训的基础上修改立法。"从技术性改良到制度性变革",技术性改良是"打前站"的。通过技术改良积累经验,凝聚共识,最终实现制度性变革,才是改革成功的真正标志。

而少捕慎诉慎押刑事司法政策的着力点在于"少"和"慎"。它是要呼吁公安司法机关自己要慎重地行使逮捕羁押权力,不要求改变现行的制度安排。所以其实施的力度和效果终归是有一定限度的，即使完全站在解释论的立场上，这个政策的贯彻落实，可能也会受到部门利益的抵制。我举两个例子。

第一个例子，现在逮捕决定"不讲理"。我有一个观点：在《刑事诉讼法》规定的所有司法决定当中，逮捕决定是最"不讲理"的司法决定，法院判决一个被告人1个月、2个月的拘役甚至管制都要详细说明事实根据和法律依据，检察院批准一个人附带2个月以上羁押期限的逮捕却不说理，只告诉一个罪名。相反，如果犯罪嫌疑人、被告人、法定代表人、近亲属、辩护人要申请羁押必要性审查，检察院却要求申请人说明不需要羁押的理由，有证据、有材料的要提供。这两个一比较，检察院完全颠倒了自由和羁押的关系，就是"我"逮捕你不需要告诉理由，但你要说不应该逮捕就要说理由是什么，哪有这样的道理呢？如果要切实贯彻少捕慎押政策，检察院应当在批准逮捕决定书中说明具体理由，并且逮捕通知书要告知被逮捕人及其近亲属和辩护律师，或者直接将逮捕决定书送达被逮捕人及其近亲属和辩护律师，以便于被逮捕人寻求司法救济。而且说理本身会督促检察院更加准确地把握逮捕条件，尽可能避免采取逮捕、羁押措施。但是目前检察院是"超级强势"的，它可不可能改变几十年来沿用下来的批捕决定不说理的"习惯"呢？我希望如此，而且我建议现在就开始试点。

第二个例子，现在刑事司法实践中还有一个非常奇怪的剥夺人身自由的制度，叫"换押"，法律上是没有的。最高法、最高检、公安部发布了《关于羁押犯罪嫌疑人、被告人实行换押制度的通知》，按照这个制度，检察院批准决定逮捕的犯罪嫌疑人，到了审判阶段，法院不需要重新决定要不要逮捕，而通过"换押"实现对被告人的继续羁押，羁押期限连续计算。也就是说，一个中立的司法机关直接认可了公诉机关"原告抓被告"行为的法律效力。但是根据公检法三家的法律解释，对取保候审、监视居住的适用，侦查、起诉阶段的相关决定在起诉阶段和审判阶段没有当然的效力，相关期限在各阶段也是单独计算的，也就是说后面的机关要重新决定。那为什么逮捕、羁押不需要重新审查决定，特别是审判阶段就自动延续它的效力了呢？按照少捕慎押政策的要求，法院至少要建立羁押必要性审查制度，重新审查继续羁押被告人有没有必要。而且根据《刑事诉讼法》第97条的规定，法院也有义务对申请变更强制措施的案件进行重新审查，受理申请审查就是羁押必要性审查。但是如果立法不作修改，目前已经习惯了"一般应当采纳"的人民法院可能会忽略这样的程序意识和"法治自觉"。所以近期，我们当然应该积极推进少捕慎押政策落实到位，尽可能减少拘捕羁押措施的适用，但从长远来看，只有通过制度性变革才能真正解决问题。

以上就是我的基本观点。少捕慎诉慎押刑事司法政策，是一项符合司法规律、顺应时代趋势的重要政策，它的有效贯彻落实将会对我国公安司法人员的司法观念、司法习惯、办案业绩考评机制等带来巨大冲击，对涉案犯罪嫌疑人、被告人和相关企业的人身、财产权益乃至营商环境、经济社会发展带来重大影响。

我真诚地希望公安司法机关以贯彻少捕慎诉慎押刑事司法政策为契机，对刑事诉讼中限制或剥夺人身自由各环节的办案程序和操作规范进行系统清理，实现"全流程"严格把关，积极探索减少拘捕羁押人数、压缩羁押期限、实现羁押程序正当化的有效路径。

法学界和律师界等社会各界也应该积极参与少捕慎诉慎押刑事司法政策的贯彻落实，以实际行动支持监督检察机关和其他办案机关为推进非羁押性强制措施的适用、降低未决羁押率、缩短未决羁押期限所做的努力，为提高我国人权司法保障水平、促进司法公正，为经济社会持续健康发展营造公平、公正、透明的法治环境做出应有的贡献。

我就讲这些，讲得不对的，请大家批评，谢谢！

主持人：姚　莉

很精彩！谢谢长永教授。长永教授立足中国实践，运用诉讼原理，使用大量的实证数据，对这个问题进行了透彻的分析，提出了很多有针对性又有可操作性的建议措施,可以说有深度、有广度、有高度、有宽度,使我们很受启发。下面我们就把宝贵的时间交给与谈人。首先有请中国人民大学教授、中国刑事诉讼法学研究会常务副会长、教育部"长江学者"陈卫东发表高见。

与谈人:陈卫东

大家好!主持人姚教授好!刚才认真聆听了长永教授关于少捕慎诉慎押刑事司法政策和刑事强制措施的讲座。严格来说,这是我第二次聆听长永教授的高见。我记得去年11月最高检在重庆组织了一次相关的会议,长永教授在会上做了发言,他的发言文章后来也发表在《中国刑事法杂志》。他的这篇文章是关于当下少捕慎诉慎押话题的,是一篇非常有分量的文章。整个文章对于"少捕""慎诉"和"慎押"的含义作了非常精辟的分析,还就当下关于这个话题的一些分歧提出了个人的见解,对我国当前在强制措施适用方面存在的主要问题及其中的原因作了非常精辟的分析。我觉得他讲得最出彩的地方就是关于少捕慎诉慎押刑事司法政策与刑事强制措施二者之间的关系,以及如何在人身强制措施的适用问题上把少捕慎诉慎押落到实处。他提出了很多具体化的建议。我觉得讲得非常好,听完以后获益匪浅。我想就这个话题谈谈自己的一些不成熟的思考。

2021年最高检提出"少捕慎诉慎押",经过中央全面依法治国委员会文件的发布,把它上升为我们当下的刑事司法政策。正如我在重庆会议上向最高检的领导提出的那样,我觉得要正确地理解这一刑事政策的积极含义,同时也要看到这一政策的局限。首先,这个刑事政策是最高检提出来的,政策规范或者说统领的主要是检察环节的刑事案件办理工作。"少捕"涉及检察院审查批准逮捕,"慎诉"涉及审查起诉,"慎押"主要涉及捕后羁押必要性审查。如果作为一个国家的整体性刑事司法政策,它是不全面的,它没有涵盖公安的侦查和法院的审判。其实我国刑事案件出问题的地方就在这两头,一是入口把关不严,不该立案的立案、不该拘留的拘留、不该采取一些侦查性和强制性措施的偏偏采取,无论是公民的人身自由还是财产权利都受到了侵犯,为什么不涉及公安的"少拘"、公安的"慎查"呀?二是刑事案件特别是刑事错案最终还是出自法院,为什么不提法院的"慎判"呢?所以提出这样一个刑事司法政策它是有局限性的,它仅统领整个检察环节,就这个问题我在不同的会上都提出过。主要是因为这个刑事政策是最高检提出来的,所以没有涉及公安的侦查、法院的审判。但是从国家的层面来说,应当把整个立案、侦查、起诉、审判的诉讼过程都考虑进来。这是我要谈的第一点。

第二点,我们通常把"少捕慎诉慎押"视作当下的刑事司法政策。但我觉得不仅是一个刑事司法政策,它更应该是我们的刑事司法理念。这种刑事司法理念彰显了刑事司法的宽容、刑事司法的人性、刑事司法的文明。这些年来,我国刑事案件从犯罪类型来看,轻刑案件占了绝大多数,重大的、恶性的、危害社会治安、人民群众生命财产的严重暴力犯罪数量,从2009年的16万降到2019年的6万,数量减少得非常明显。但是整个刑事司法领域,确实有着一种高压的姿态,甚至对一些轻罪,从立案、侦查、批捕、起诉到判刑,都还是有一种重刑的思想。我们说乱世才用重典,现在是太平盛世,这些年来我国在习近平总书记、在党中央的领导下,社会治安是非常好的,那为什么还要更多的严刑峻法呢?犯罪案件的数量不断地扩张,如果不是有认罪认罚、企业合规等政策的提出,那么我们真的就找不到刑事司法在这一方面的应对和体现。所以最高检提出这个政策恰逢其时,应该说点到了我们整个刑事司法的痛处。所以树立这样的一种司法理念,进一步从刑事司法治理的角度来看这个问题,可以更加凸显刑事司法的宽容、谦抑的精神。现在的犯罪大部分也都是由人民内部矛盾激化所致,更不要说过失犯罪,所以说没有必要采取这样一些严厉措施。所以应当把少捕慎诉慎押作为一种刑事司法理念贯穿到整个刑事诉讼中,从进一步提升我国刑事司法治理的能力、治理的现代化水平来讲,这是非常重要的。

第三点，我回应一下长永教授关于完善强制措施制度的一些具体构想。我非常赞成长永教授的构想。"少捕"和"慎押"的出路除更新理念以外，最重要的是要找到一种羁押性强制措施的替代性措施，在我国是取保候审、监视居住。由于2012年《刑事诉讼法》修改时，把监视居住的性质调整为一种具有逮捕性质的强制性措施，所以它在很多方面，特别是指定居所监视居住，甚至和直接将被追诉人关在看守所没有多大的区别。更重要的是要把取保候审这个措施研究透，把它用足、用好。现在取保候审的方式——人保、财产保，长永教授也都提到了，我觉得要灵活多样。我也非常赞成保证人不要限于被追诉人的近亲属，让有担保能力的社会上的其他有经济能力、愿意出钱做担保的人来担保可不可以呢？我觉得当然可以。社会上为什么不可以成立专门的担保公司呢？几年前我们在研讨这个话题时就提出过这个想法。另外，由于现在科技手段的不断进步，特别是大数据的应用，取保候审的监控能力是非常强的。实践中的"非羁码"，有些地方叫"非押码"，这些实践非常成功。这不是一个地方检察机关要做或能做的事情，这是最高层面的司法机关要统一来做的工作，这个解决了，问题不就解决了吗？所以这个刑事政策的落地和具体措施的落地是密不可分的。我们非常欣慰地看到，羁押率这些年一路下降，像全国最低的江苏和山东的羁押率现在甚至不到30%，这是一个非常可喜的局面。过去像广东、广西这些高羁押率的省份这些年也有大幅度下降，我觉得这都是好事。总而言之，我们要把这样的一种刑事政策作更加广义的理解，不但要作为刑事司法政策，更应当作为一个理念，作为司法人员办案的、行动的指南。在具体的工作中要把这个政策、这个理念落实到位，采取一些能够真正使少捕慎诉慎押刑事司法政策得以落地的具体措施。

我就讲这么多，再一次感谢主办方的邀请。当下全国疫情十分严峻，能够在这样的环境下，举行系列线上讲座，我觉得也算我们把心安下来，做了我们应该做的事情。好，谢谢大家，我就讲到这。

主持人：姚　莉

谢谢卫东老师。卫东老师讲得很精彩。下面我们有请清华大学教授，目前正在最高人民检察院第一检察厅担任挂职副厅长的张建伟发表高见。

与谈人：张建伟

谢谢主持人姚莉教授。我们正在讨论的话题是当下司法的热点问题——少捕慎诉慎押，还有与这个相关的、检察机关也非常重视的"挂案"问题。对于"挂案"问题，检察机关试图进行专项治理，针对"少捕慎诉慎押"，最高检希望能够几家会签一个指导意见。这个"挂案"问题，在以前是"明挂"，即把案件挂起来，人也押起来，现在比较多的则是"暗挂"，挂案但不押人。对这个热点问题，刚才长永教授的观点非常鲜明，他直言不讳地指出问题，并且非常中肯地提出了一些改革的建议。他的思考非常缜密，非常具有体系性，从多个面向进行阐述，理据也相当充分，建议很具体，提供的相关实证数据也都让人印象深刻。我听了之后感觉收获满满，而且长永教授的这种激情的演说，也是非常激动人心的。

对于少捕慎诉慎押，长永教授没怎么提到"慎诉"的问题，主要是围绕着"少捕"和"慎押"展开，集中于一个焦点，即降低羁押率。我注意到近日有媒体报道，2022年4月27日早晨，有一位79岁的老人叫林品镯，在福建省福州市长乐区的看守所中去世了。他去世的时候，他70岁的老伴林美金被关押在福州市的第二看守所，现在两个人已经是天人永隔了。这位老人出生于1943年3月20日，他为什么被关呢？据说是为了维护自己的土地权益，他和他的老伴一同以寻衅滋事罪被羁押。他的辩护律师和长乐区看守所先后向长乐区的检察机关提出，应该为这位风烛残年的老人办理取保候审。我们注意到，申请取保的，既有辩护律师，还有长乐区看守所。他们认为这个老人病重不适合羁押,但是均遭到了后者的拒绝,所以一直没有能够为老人办理取保,这个老人就在看守所中去世,最终风烛被吹熄掉了。这个事件让许多人将注意力再次聚焦到司法机关正在推动的少捕慎诉慎押的刑事司法政策。一位著名的环境法教授在转发这个事件的评论信息时,加了自己的一个评论。他说:"最高检少捕慎诉慎押的刑事司法政策到基层为什么就贯彻不下去?像这样的老人即使有罪不押,他也跑不了,更不会有行凶的危险,为什么就不能取保呢?真该好好反思和研究一下。"一个刑事司法当中的悲剧竟引起了环境法教授的愤慨,所以,我觉得我们作为刑事司法学者,对这样的问题更加应该高度关注。我们讲,刑事司法中的羁押有两类:一类是作为惩罚手段的羁押,刑法中的自由刑就属于这一类;另一类是作为诉讼保障措施的羁押,又叫未决拘禁、未决羁押或者待审羁押。有三个原理与未决羁押有密切的关系:第一个原理是社会防卫原理,国家设定强制措施制度对那些不法分子的人身自由加以限制或者剥夺,这是社会防卫的一种需要;第二个原理是监禁并非一般规则的原理,在人权保障方面有一个非常重要的国际司法人权标准,那就是等候审判的人受监禁不应当作为一般的规则;第三个原理是羁押权属于司法权独占的权力,是不可以让渡给其他机关的,关于这个问题,长永教授在他的讲座当中也特别地加以强调。

  少捕慎诉慎押当中的"少捕慎押"刑事政策,刚才长永教授也专门提到它与无罪推定的原则和理念有密切关系。一个人还没有被法院最终确定为有罪就把他羁押起来,这是与将其假定为无辜者的设定相矛盾的,而且诉讼的最终结果是,法院可能判决其有罪,也可能判决其无罪,那么在此之前,怎么能把一个有可能被法院判决无罪的人羁押起来呢?所以,这种未决羁押与无罪推定就存在着一定的矛盾,在可能冤枉无辜的问题上还会发生一种紧张关系。谈到这里,我就想起来很多年以前张子培教授谈无罪推定的时候,有过一个质问。他说,无罪推定看起来跟刑事司法的一些制度是矛盾的,既然是无罪推定,为什么还要逮捕他、还要起诉他、还要审判他,这不是自相矛盾吗?其实这个问题不难解读,犯罪嫌疑人、被告人的诉讼地位具有多元性,他既是权利主体,受无罪推定原则的保护,拥有辩护权;同时他还有一个地位,就是他是证据的来源,他的口供能够在符合可采性原则的情况之下作为定案的根据,另外对他进行人身检查等都可能据以获得案件当中的证据;第三个地位是他有可能被定罪量刑,从可能被定罪量刑的角度来看,对于部分犯罪嫌疑人、被告人当然有剥夺其自由的充分的理由和必要性。所以,我们应该从更多面向来观察犯罪嫌疑人、被告人的诉讼地位。现在要降低羁押率,我们就需要严格审视羁押的理由和必要性。未决羁押的理由主要分为人身保全需要、证据保全需要、诉讼程序保全需要和社会安全保全需要。首先要看他有没有羁押的理由,接下来还要进行羁押必要性的审查,要根据羁押理由和羁押必要性来判定是否要把他羁押起来。少捕慎押的这种原则对于未成年人、女性和老人来说,我觉得是尤其重要的。在进行相关的羁押权行使的时候有一个考虑就是要根据性别、年龄进行考量。我注意到就这个问题,古人早就有过论述。古人提出过与比例原则类似的主张,即"罪有轻重,则监有深浅,非死罪不入深监,非军徒不入浅监"。被告人要是犯有死罪的话才有可能进入深监,也就是所谓"非死罪不入深监",如果只是可能判处充军、徒刑这类刑罚可以入浅监。古人还专门提到女性非犯重罪,不得轻易收监。理由是什么?说是此情此理众人都应该知道,古时候的监狱条件非常差,她们一旦被关押进去"嫌疑不别,况牢吏狱卒,半属鳏夫",看监狱的那些狱卒、牢头很多都是没结婚的,都属于光棍。"老犯宿囚多年不近女色",那里边关了很久的人很多年都没见到女人了,所以你把女人关押起来等于什么呢,"置烈火于干柴之上,委玉石于青蝇之丛,未有不遭焚涅者",所以对女性的关押就要特别小心。而且,对于未成年人和女性、老人来说,他们的社会危险性以及逃亡可能性总体来说都比成年男子要低,对他们的羁押要充分考虑这些因素。古人尚且有这样的见识,作为 21 世纪的当代法律人,我觉得这个见识应该是更高明才对。

探讨降低羁押率可能需要考虑到底是什么导致了那么高的羁押率。现在的羁押率在检察机关的推动下有明显的下降,这是一个可喜的现象。

但是羁押率整体上还是偏高的。什么原因呢？我认为：第一个原因是口供主义，刑诉当中存在严重的口供依赖，把人羁押起来方便取供。第二个原因是司法当中存在着人治司法，押人取供是司法惯性，不老实交代就关起来再说，用押的方式来逼取口供，长永教授在讲座当中也提到了此点。第三个原因是社会安全的需要，少捕慎押可能要考虑到未来的社会接受度，不要给社会造成一个观感，就是警察辛苦抓人而检方轻易放人。检察机关可能也会有一种顾虑，就是现在少捕慎押把一些人放出去，如果他们继续作奸犯科，一旦犯下大案的话社会舆情一起来，检察机关很有可能成为民众的怨府。第四个原因是有一种责任心理，把人押起来就不至于在社会上惹出新的祸端，不押的话就有可能会造成进一步的危害社会的结果，所以为了逃避可能的责任就把人关起来省事。第五个原因是被害人一方通常希望把侵害的人羁押起来，他们觉得这样很安全，否则时刻担心自己受到打击报复。人不押的话，被害人还有证人可能就不敢去报案、去作证，会担心遭到打击报复。第六个原因是将犯罪嫌疑人、被告人羁押之后的社会成本可能会降低。第七个原因是防范及惩罚，我前面讲的那个案例就是寻衅滋事，你到处上访告状就把你羁押起来，把羁押当作了一种防范和惩治的手段。第八个原因与有罪判决率也有一定关系，起诉到法院基本上被追诉人都会被判有罪，所以现在检察院起诉时提出的量刑建议法院采纳率很高。这样既然这个人早晚要关的，现在早不关、晚也要关的，反正都是要关那么多天。所以有这样的一种心理，与有罪判决率恐怕也是有一定关系的。

怎么解决问题呢？需要有针对性地加以解决。比如，第一，要减弱口供主义的依赖；第二，对于社会上的安全需求，要考虑如何来加以关照；第三，对于被害方的愿望也要加以适当的照顾；第四，要减少羁押，还要完善相应的诉讼制度，现在的认罪认罚从宽制度，就起到了很好地降低羁押率的作用；第五，提升作为羁押替代手段的技术性控制，这方面刚才长永教授也作了很好的诠释。这是我在少捕慎押这方面想谈的一些看法。

刚才长永教授没有提到"慎诉"，"慎诉"也是少捕慎诉慎押当中的一个问题。那我就简单地就"慎诉"问题谈一下我的看法。我曾经了解过黑龙江的一起案件,有一个男子年纪很大了才娶了媳妇,娶的媳妇智力发育不太正常。结果这村子里边的一些男人就趁这个丈夫出去干活之际,去欺负这个女的,有时候到人家家里边去跟她发生关系。有一个老人家80岁了,还到人家家里边去做这样的事。丈夫也曾经报案,但是公安机关仅批评教育。有一天丈夫骑摩托车回家,摩托车停车的声音惊动了房间里的人,这个80岁的老人听到这声音就匆匆忙忙地从屋子里面跑出来,一边走还一边系着裤子。丈夫当时就要扭住他,两个人就在房子外边发生了推搡,过程当中老人家的头部被撞到,结果他就死掉了,丈夫后来还到公安机关去投案。这个案件最终经过立案侦查、侦查终结到检察院审查起诉,开始的承办意见是第一要起诉,第二是量刑建议无期徒刑。后来检察长在办案当中总觉得这个案件如此处理不太妥当,又征求学者意见,最后召开听证会决定是不是应该作不起诉处理,果然经过听证,死者的家属也觉得这件事太难看、太寒碜,也并不想要纠缠下去。另外,犯罪嫌疑人这一家也挺穷的,死者家属也没有打算向人要钱。该案件经过听证之后,最终是以不起诉来终结案件。

这个案件中,亮点是检察机关不起诉权的行使。最终的处理结果是符合实质正义要求的。所以"慎诉"上,有两个方面可能需要把握:一方面是要慎重起诉,要严格起诉标准,事实一定要搞清楚,证据确实充分才能够决定起诉。不仅如此,对于事实问题,我觉得要很好地解读才行。事实是有一定纵深的,现在办案当中很多办案人员把事实扁平化了。当立体地看一个事实的时候就会发现,像于欢案,按照原来一审的起诉书和判决书,于欢杀死一个人然后又捅了两个人导致一个重伤一个轻伤,这种情况下的判决无期徒刑不重。但是,当你把前因后果、把事实全面地观察一遍就会发现,于欢案这么起诉、这么判,是不符合实质正义标准的。还有证据的判断问题也非常考验一个办案人员的判断能力,判断能力不行的话案件可能就"瞎"在他手上,当事人可能就受到冤屈。这是一个方面。

另一方面,即使事实清楚、证据确实充分,还需要进一步地作公共利益审查，要进行相应的价值权衡。现在的一些案件明显出现了司法办案人员处理案件好像在法律上、事实上、证据上没有什么问题，但是同社会关于"什么是正义"的观念却产生了强烈冲突的情形，所以形成了很多舆情。在舆情压力之下，司法机关又狼狈地去改判，所以，我觉得需要非常注意对实质正义的判断。不是说依据《刑法》，它怎么定的我们怎么判就符合实质正义。这里面讲的实质正义，更主要的还是"自然正义"。也就是说，"法无可赦、情有可原"的情况之下，到底该怎么处理？比如内蒙古的王力军玉米案，没有社会危害性，办案人员意识不到起诉不符合公正吗？还有在办案当中，要注意到通过对比发现处理不公的问题，像当年的许霆案，ATM机出错就以盗窃金融系统罪判无期徒刑，把一些案件比较一下就知道了，现在贪官污吏受贿金额那么大，最后的判刑却都是倾向轻刑化的，那ATM机出错，他弄了一些钱走，判这么重是不是合适？所以应该做一个对比，从中来感受正义。

现在讲究类案检索，我觉得还有一些非类案也需要检索。另外，有些容易滥用的罪名，在起诉时特别要慎重，比如寻衅滋事罪。这个口袋罪在司法实践当中滥用的问题还是相当严重的。有些类型的案件，我们需要作认真的分析，像正当防卫与防卫过当不易界分的案件；性犯罪当中存在诬陷可能性的案件，尤其是幼女、少女的证言可信性的问题，国际上都有一些研究和结论，这个特别需要慎重；诈骗与经济纠纷多年来纠缠不清的案件；少年犯罪案件和鳏寡孤独者的犯罪案件，包括唯一抚/扶养人这样的一些问题，我觉得都是要从人道角度来考虑"慎诉"问题。另外，涉及民生的案件，像商丘的鹦鹉案，这个在徐州后来没有起诉，按照相关的解释是可以起诉的，但是他们经过一番调查研究，没有起诉，这个既涉及民生问题又涉及实质濒危野生动物的判定问题。还有一些行政法规在刑事诉讼领域适用可能存在着正义危机的案件，比如枪支的认定标准问题，像这些都要采取慎重的标准。《英国皇家检察官准则》导言当中有一句话说："决定对一个人提起刑事诉讼是一项严重的步骤，公平而有效的控诉，对于维护法律和秩序来说是必不可少的。即使在一件轻微的刑事案件当中，控诉对于所有的诉讼参与人、被害人也好,证人也好,被告人也好,都具有重大的意义。"所以我们的检察机关在办理案件审查起诉的过程当中应该时刻记住这一句格言——"决定对一个人提起刑事诉讼是一项严重的步骤"。我们要有非常强的"慎诉"的思想才能够把案件办好。好,我就说这么多。

主持人:姚　莉

谢谢建伟教授。建伟教授总是非常斯文、慢条斯理、娓娓道来,是我们的才子,非常感谢。下面我们有请第三位与谈人,西南政法大学刑事检察研究中心主任刘梅湘教授与谈。

与谈人:刘梅湘

姚校长好!孙老师好!还有陈老师、张老师,晚上好!首先作为主办方之一,感谢各位的支持和参与,今天是"五四",还在"五一"假期内,各位利用休息的时间来参加这样一个活动,非常感谢。其次,我个人也是非常荣幸,在座的各位都是非常有名望、有影响的大咖,我只是一个比较平庸的教授,所以在这样一个场合跟大家一起探讨问题,我觉得非常荣幸。

刚才听了孙老师的这个专题讲座,我也是印象非常深刻。之前孙老师发的文章我也拜读过,今天又听他讲述,他对诸多问题的分析都非常深刻,数据非常翔实,观点也是非常铿锵有力。比如对于少捕慎诉慎押刑事司法政策适用的案件范围不应该限制在"三类案件",应该要实现全覆盖;还有逮捕要讲理,"刑拘直诉"是违法的,"换押"没有法律上的依据,他的这些观点非常有道理。在提出了问题之后,孙老师从解释论的视角剖析了如何完善人身强制措施制度,如何来贯彻少捕慎诉慎押刑事司法政策。

我就利用这样一个机会来分享一些我自己可能有点天马行空的观点,其中一些观点我发表在《中国刑事法杂志》2021 年第 3 期的文章《预期目标与理性检视：监视居住的实证研究》里，在这里再跟大家一起来探讨下。对于少捕慎诉慎押，孙老师主要讲的是"少捕"和"慎押"，就是要减少羁押措施的适用。那么减少了羁押措施的适用之后，如何再使一些犯罪嫌疑人、被告人不实施妨碍诉讼的活动？如何适用这样一个非羁押强制措施？在适用非羁押强制措施的时候，面临的最关键的问题到底是什么？现在都提出了很多的方案来完善非羁押性强制措施，但是关键的问题在哪里？只有找到关键的问题，才能够优化我们的建议，也才能真正在减少了羁押性强制措施的适用以后，使诉讼活动顺利进行，使非羁押性强制措施真正得以扩大适用。对此我思考了一些，我觉得在这样一个转换的过程中，还要转换一些思路，那就是要构建非羁押性强制措施的社会支持体系，让社会力量介入非羁押性强制措施的适用过程里面来。

刚才陈老师也谈到了这一点。他认为保证人为什么必须得是他的近亲属？为什么不能是其他的人？为什么不能提供一些商业保释？在这一点上，我是赞同陈老师的观点的。对于社会力量或者说这种非羁押性强制措施的社会支持体系，如何参与到非羁押强制措施之中？实践中是进行了一些探索的。主要以无锡为代表，他们通过联络一些企业、社工、社会福利机构等社会力量，成立了一些管护教育基地。这些管护教育基地除负责安置被取保候审人以外，还承担这样一些职能：第一个是为犯罪嫌疑人提供保证人；第二个是对安置的被取保候审人进行法律教育和职业技能培训；第三个是对被取保候审人进行管理，也即监督管理的职责是由管护教育基地负责的；第四个是进行社会危险性评估，提供评估报告。这个做法最初是在江苏常州实践，然后是在无锡。去年最高检发布的首批检察改革案例，案例三里面推介的是山东东营的一个模式。不管是无锡模式，还是现在的山东东营模式，他们成立的这些管控基地，主要是承担对被取保候审人的管理职能。这些做法都是在经济比较发达的地方才能够推行开来。无锡、常州还有东营都算是经济比较发达的地方，所以能够找到这样一些企业、社会机构还有工厂，他们愿意配合司法机关去做这些事情。在西部我们就看不到这样的做法。所以，这样的做法对于扩大非羁押性强制措施的适用是有效的,但是可能也会有一些局限。

我觉得未来社会力量参与非羁押性强制措施适用的机制可以以这样的一些形式发展:第一个是进行社会调查;第二个是在前述调查基础上提供社会危险性评估报告;第三个是最重要的,就是商业保释。因为只有用商业保释,而不是仅依靠检察机关的强推或者是硬性要求,才能使企业自觉加入这样的措施里面来。它必须让一些企业和工厂觉得是自发的、愿意的,或者说是有利可图的,只有这样的机制才有可能将这一项措施推广开来,广泛地适用起来,否则只靠检察机关去给他们做工作,他们的意愿是非常有限的,在经济欠发达的地区很难适用、很难推广;第四个是由这样一些社会力量来对被取保候审、采取非羁押性强制措施的被追诉人进行监管。我觉得未来朝这样一个方向来发展,是非常有必要的,现有的一些措施也好、建议也好,它对于减少羁押是有效的,但是真正减少了羁押措施的适用之后,要使非羁押性强制措施能够扩大适用,不解决"案多人少"的问题,不解决不让社会力量参与进来的问题,那非羁押性强制措施的扩大适用效果可能非常有限。所以我觉得社会力量参与非羁押强制措施是保证将来非羁押性强制措施得以扩大适用的一个重要的因素。

当然社会力量参与进来可能会面临两方面的质疑,我们在论证这个问题之前,就必须回答这两方面的质疑。

第一个疑问是社会力量参与非羁押性强制措施是不是分割了公安司法机关的权力?不管是从现在的实践也好,还是从将来的发展方向也好,社会力量介入非羁押性强制措施的适用,主要从事四个方面的工作,或者说是尽到四方面的职责:第一,它享有调查权;第二,关于社会危险性评估报告的提供;第三,对被采取非羁押性强制措施的犯罪嫌疑人和被告人进行监管;第四,提供商业保释。实际上,这四个方面除第三项在某种意义上可能是分割了公安机关的监管权力外,其他的三个方面,我觉得都是没有分割公安司法机关的权力的。

第二个疑问是公安司法机关在办案的过程中能不能够购买社会服务?这个问题在不同的时间段可能会有不同的答案。在计划经济时代肯定是不可以的,但是在市场经济体制之下,国家与社会一体化的局面已经被打破了,与国家相对分离的民间社会和社会多元化的格局也逐渐形成,政府的权力与能力已经难以及时、全面地满足人民日益增长的经济与文化多样性的需要,迫使它不得不通过委托或者是授权,将一部分国家权力下放给相关的民间社会组织来行使。这样就开始了国家权力向社会逐步转移或者是权力社会化的渐进的过程。可以说,共建共享共治的社会治理格局已经成为新时代中国特色社会主义治理的目标和任务。原来属于政府统摄的事务性的事项逐渐由社会机构或者是社会组织来承担,而政府则通过购买社会服务的方式来满足他的需求。对于可以交由社会机构服务的事项,遵循的是"凡是社会能办好的,尽可能交给社会力量来承担"的原则,所以正是在这样的背景之下,出台了《政府购买服务管理办法》,在办法里面就规定了对一些适合采取市场化方式提供、社会力量能够承担的服务事项,比如公共教育、社会保险、公共安全等公共服务,社区建设、社会工作服务、法律援助、人民调解、社区矫正、流动人口管理,等等,还有法律服务、课题研究、政策调研草拟论证等政府履职所需的辅助性事项,都纳入了政府购买服务的范围。我们可以看出,随着时代的变化,从计划经济到市场经济,原来有一些政府负责的事情,现在也逐渐可以转变为由社会力量来提供服务,政府出钱购买。当然政府购买社会服务的主体,从现在来说是行政机关,购买的内容也不包括人身强制措施中的适用事项,虽然对被采取非羁押性强制措施的犯罪嫌疑人、被告人进行监管,与被判处管制、宣布缓刑、假释或者是暂予监外执行的罪犯实行社区矫正,两者在适用对象上有未决和已决的差异,但在功能及实施方法上却有很多的相同之处,比如都属于限制人身自由,都要进行监督管理,包括要采取实地检查、通信联络、信息化核查等,未经批准也不得离开或者变更所居住的市、县,等等。既然社区矫正可以通过购买社会服务的方式来进行,那么,在功能和方法上具有同质性的非羁押性强制措施的监管行为当然也可以通过购买社会服务的方式来进行。所以这两个方面的疑问是可以回答的。

关于社会力量参与非羁押性强制措施的执行也具有现实的基础。主要表现在四个方面:第一个是"推进国家治理体系和治理能力现代化"的总体要求提供了政策基础;第二个是政府购买社会服务的立法提供了制度基础;第三个是实务部门的试水行为提供了实践基础;第四个是庞大而又规范有序的保安服务公司提供了主体的基础。在这里简单阐述一下。我就这个问题在公安部门做过一些调查,实际上他们都非常拥护将非羁押性强制措施交由社会力量来协助承担,包括提供一些监管的职责。所以我觉得将来非羁押性强制措施的扩大适用还有赖社会力量的介入。只有社会力量真正有序地介入以后,非羁押性强制措施才能够真正地得以扩大适用,否则在现在这样的背景下,无论怎么完善羁押性强制措施的适用,以及在现有的规则范围之内去修改、完善非羁押性强制措施的一些规则,都不能解决"案多人少"的矛盾。这个矛盾不解决的话,公安司法机关还是不敢用、不愿意用非羁押强制措施,还是会面临这样一种局面。

在这个方面,最后我想再谈一下域外的情况。加拿大在某个案件中对保释措施宣布了一些具体的要求,除要提供保证金以外,还要求被保释人提供四名保释担保人。在这里,执行保释的机关除警方以外,还包括私人的安保公司,要求被保释人遵守16项规定,包括:第一,遵守纪律和法律;第二,向主管进行报告;第三,提供他的手机号码,必须确保可以联系到他或者确认是否遵守保释的条件;第四,必须留在这个省;第五,必须要住在这套房子里面;第六,从晚上11点到上午6点必须待在家里面随时联系;第七,限制活动范围;第八,要递交所有的护照;第九,安保公司(也就是在我们这里的社会力量)24小时不间断地对他进行监控;第十,被保释人必须遵从安保公司的命令;第十一,安保公司有权逮捕或者拘留他;第十二,他必须穿着跟踪脚环;第十三,必须同意支付提供追踪脚环的所有费用。关于这一点,我前几年也去公安机关调研过。2018年公安机关买一个电子手环或者是脚环,要花费人民币3000元,当时办案人员就跟我说,他们那里没办法铺开,因为这个东西太贵了。并且有一些问题他们还不能确定,比如能不能重复使用?安全性怎么样?如果又以重复使用但是传染病人使用后能不能给下一个人用。这样的问题他们都不太明确,所以他们当时就觉得一个犯罪嫌疑人就要花掉3000块钱的话,根本承担不起这样的费用。我觉得我们这里完全可以借鉴加拿大的做法,这个费用可以由被追诉人自己来承担。由他自己来承担实际上是实现了多方共赢:一是被追诉人获得了非羁押强制措施适用的权利,二是国家节省了费用,三是诉讼顺利进行了,我觉得非常好。加拿大的保释措施的第十四项要求是当被保释人不在住所时,他必须随身携带身份证明,应警方的要求出示;第十五,同意警方可在不事先通知的情况之下进入其住所;第十六必须在需要时出庭,并且,在必要时予以拘留。这些规定中都有社会力量的参与,也有很多其他的方面可以供借鉴。如果真的在非羁押性强制措施里面将社会力量纳入进来,我相信非羁押性强制措施会好用得多。这是我的一些肤浅的观点,请大家批评指正,谢谢!

主持人: 姚 莉

谢谢梅湘教授。今晚的讲座非常扎实,整整三个小时,长永教授的讲座,卫东教授、建伟教授、梅湘教授的与谈,高屋建瓴,精辟深刻。大家虽然是从不同的侧面、不同的角度,以不同的实力在发表高见,但我认为大家表达了同样的道理,也就是少捕慎诉慎押刑事司法政策应当贯彻落实到刑事诉讼的全过程,加强人身强制措施的保护功能,满足人民群众对公平正义的期待,也在我们刑事诉讼领域更加完善的体现了全面依法治国的方略。我想今天晚上的讲座,对在线的每一位同人、每一位同学来说都是很好的启发,是一堂生动的课程教学。作为主持人,在此我代表主办方向讲座的老师、与谈的嘉宾表示深深的感谢,对在线聆听的各位同人、同学表达敬意,正是有了你们的聆听,才使我们今天的讲座和与谈得以成功举办。谢谢大家!

第一讲
"两法衔接"视角下的
《监察法实施条例》

主讲人　程　雷　中国人民大学教授
主持人　胡　铭　浙江大学教授
与谈人　董　坤　中国社会科学院法学研究所研究员
　　　　冯俊伟　山东大学教授
时　间　2022年5月6日 19:00—22:00

主持人：胡　铭

各位老师，各位同学，大家晚上好！我们今天讲座是由孙长永老师发起的。孙老师主持了教育部刑事诉讼法课程虚拟教研室。由该虚拟教研室发起的"全国青年刑诉学者在线系列讲座"活动非常有意义。它把全国研究刑事诉讼法的知名学者和青年教师，对刑事诉讼法感兴趣的同学，还有实务工作者凝聚到一起，通过线上交流方式来分享刑事诉讼法学理论的研究以及对实践的体会。

今天的讲座是"全国青年刑诉学者在线系列讲座"的第一讲。前天的开幕式讲座，反响非常好，在线人数很多，已经超过万人，这几天我们专业的不少老师和同学们一直都在热议前天晚上的讲座。那么我们希望今天的讲座能够延续这样的一个热潮，继续深入讨论和研究刑事诉讼相关的理论和实践问题。今天我们请到了国内知名刑事诉讼法青年学者程雷教授，程雷教授是中国人民大学教授，现任中国人民大学法学院副院长，教育部"青年长江学者"。在青年一代的刑事诉讼法学者当中，成就非常突出，对于理论和实践都有很深的造诣。今天我们请程雷教授跟大家一起来分享他的最新研究心得。同时，我们还请到了两位国内知名的刑事诉讼法青年学者作为与谈人:一位是中国社会科学院法学研究所的董坤研究员。董坤研究员曾入选"全国十大杰出青年法学家";另一位是山东大学法学院副院长冯俊伟教授。让我们大家一起来讨论相关的学术问题,首先,热烈欢迎中国人民大学法学院程雷教授做主题演讲。

主讲人:程　雷

谢谢胡铭院长的主持。首先感谢孙长永老师,西政刑诉团队,以及郭烁教授等一些青年同人的努力。在全国上下正在抗击疫情的关键时期,我们能够用这种线上的方式做一些学术交流是非常有意义的。对最近的《监察法实施条例》,我谈一些学习心得体会。

今天我主讲的主题是从刑事诉讼法的角度来看待或评价最近出台的我国第一部监察法规——《监察法实施条例》。我们很多听众对《监察法》应该并不陌生,这是 2018 年 3 月我国制定的一部全新的法律。进入新时代以来,这部法律的出台对中国特色社会主义法律体系有着深远影响,特别是随着时间延长,这部法律的影响还在逐步扩大。《监察法实施条例》在监察法律体系当中,在法规层面是一部非常基础性质的法规。探讨这个条例,我觉得对整个监察法治的理解和适用都非常有意义。

关于监察法领域的研究,这个学科现在的属性也一直在争论当中,各方的专家学者们,包括实务界,有不同的界定和看法,但是有一个现象是各学科都在热议这部法律。今天我们四位老师都是刑事诉讼法学者,我们探讨《监察法》和《监察法实施条例》,从某种意义上讲,这是不务正业,没有特别专门深入的研究。我们没有从事过《监察法》实施的实践。所以我个人还是着重于从刑事诉讼法学研究的角度来介绍,用一个部门法的视角来看待《监察法实施条例》。一个主要原因是,从《监察法》开始,特别是当《监察法实施条例》出台以后,《监察法实施条例》当中所规定的核心内容与刑事诉讼法越来越相似,所以我觉得用刑事诉讼法的视角看待第一部监察法规,是一个比较合适的视角,甚至是一个与其他视角相比更优的视角,我后边还会专门围绕总体结论进行进一步的阐释。

一、《监察法实施条例》的法源

首先应当讨论监察法规的规范依据的来源。从法律授权上而言,《宪法》也好,《监察法》也好,没有给国家监察委员会(简称"国家监委")法律解释权。监察法规的制定权限是来自 2019 年 10 月 26 日第十三届全国人大常委会第十四次会议所通过的专门决定。我觉得未来还是要进一步修改《立法法》。虽然通过专门决定,国家监委可以获得合法授权,但总体上而言,这种做法不是非常完美。

该专门决定授权国家监委根据宪法和法律制定监察法规,该授权的事项有两个,第一个是为执行法律的规定,需要制定监察法规的事项。第二个是为了领导地方各级监委会的工作职责,需要制定监察法规的事项。监察法规或法律解释层面上的细化规定,主要原因是 2018 年 3 月通过的《监察法》条文数量过少,只有 69 个条文。《监察法》在中国特色社会主义法律体系之中非常特别。从形式上看,它条文数量比较少,但它内涵极其丰富。如此之少的条文需要规范相当庞杂的内容,只靠一部《监察法》难以实现。所以《监察法》通过以后,势必要有法律解释或类似文件去进一步细化《监察法》。在《宪法》修改时,包括《监察法》通过时,这个问题没有作出明确的授权。69 个条文显然不足以规范或者应对监察改革实践或者是监察法执法。在此背景下,2019 年 10 月全国人大常委会才作出授权,《监察法实施条例》得以出台。

《监察法实施条例》条文数量大幅增加,一共包括 287 个条文。《监察法实施条例》与《监察法》按照章节顺序一一对应。条例每一章都对应着《监察法》相应的章作解释,实际上是相当于法律解释的范畴。这 287 个条文中,大致分为两类:第一类是对 2018 年 3 月监察机关成立以来所制定的内部的、非公开的各类规范性文件的集成,这类条文的数量占多数;第二类是原来的规范性文件或者内部规定里边没有的制度和规则。

首先是第一类规范。从 2018 年 3 月监察机关成立以来,陆陆续续地颁布了一系列规范执纪执法的规范性文件,这些规范里面的文件绝大多数都是内部的,甚至有一些保密的文件。公开的如2018年4月16日颁布实施的《国家监察委员会管辖规定(试行)》《公职人员政务处分暂行规定》、2021年1月实施的《关于加强和完善监察执法与刑事司法衔接机制的意见(试行)》等。这些条文在《监察法实施条例》出台前承担了相当一部分规制监督执纪、监察执法工作的任务,也填补了《监察法》规范中的空白,但这是不符合法治要求的。因为国家监委作为宪法法律授权执法的机关,它应当是以法律或者是法规作为执法依据,所以以内部的规范性文件来作为执法依据,合法性的程度是不够的,当然这也是后来要把这些旧的内部的规范性文件整合集成上升为法规的缘由。按照国家监委的起草者的话来讲,这体现了我们监察工作规范化、法治化的一种努力。我也赞同此种行为,因为把内部不公开的规范性文件上升为法律,上升为法规,就是一种由内部到公开接受社会监督,包括后续对执法的监督的一个重要依据。另外,《监察法实施条例》出台标志着监察工作逐步走向规范化、法治化。当然什么时候能把法治化放在前面就更好了,不仅是规范化,更重要的是法治化这种发展路径。

所以《监察法实施条例》中的大部分规定是把2018年以来经过执法实践总结适用的内部规范性文件上升为了法规,这是很重要的一个法律来源。另一个是新增的制度和规定。这些新制度、新条文是代表着监察工作走向规范化、法治化过程中的一个重要方向——监察法规的刑事诉讼法化的倾向越来越明显。当然,这个方向是揣测性的,个人的判断不一定是对的。

二、新规范的刑事诉讼法化方向

《监察法》与《刑事诉讼法》的关系以及《刑事诉讼法》对《监察法》及其执法有何影响,学界也有很多观点。从规范视角而言,《监察法》与《刑事诉讼法》更倾向于分离模式,比如《监察法》规定的监察调查的15种调查手段,其规范的内容与《刑事诉讼法》大同小异,而《刑事诉讼法》又把侦查的概念进行修改,也调整了与《监察法》不一致的规定。这种做法的目的是区别两部法律,但我认为此种修改虽然形式上分离,其实质上是趋同的。"趋同"实际上是移植。这种趋势在2018年《监察法》出台以后,表现得比较明显,后随着时间的推移,这种趋势还是发生了一些变化。特别是在《监察法实施条例》出台后,文本规范越来越多大幅度地移植了《刑事诉讼法》的相关规定。

我举几个例子。《监察法实施条例》最核心的规定是第四章和第五章,即监察权限和监察程序,主要讲的是调查与调查权,并围绕以调查为核心的监察程序。监察权限一共是114个条文,监察程序是56个条文,但《监察法实施条例》一共才287个条文。这两章的规定基本上已经过半,所以核心问题就是监察权限和监察程序,当然这种设置是根据《监察法》的章节来设置的,《刑事诉讼法》不做这种设置的安排。因为《刑事诉讼法》把权利归置在程序里,所以《刑事诉讼法》就是总则、分则这种安排。《监察法》没有总则和分则,它是按照权限和程序,在章节与条例上做了同《刑事诉讼法》不太一致的安排。总体上讲,《监察法实施条例》最核心的章节是监察权限和监察程序。在这两章中,监察权限主要是分节规定了15种调查措施,另外还存在对监察调查措施扩张的条文。

(一)"证据"节的规定移植《刑事诉讼法》证据章的体例、规范内容

《监察法实施条例》新增加的证据一节。在《监察法》里只有第33条是规定与监察证据有关的条款,实际上讲的是监察证据在后续刑事司法当中如何使用的一个条款。《监察法》本来没有规定与证据相关的内容,这次《监察法实施条例》中专门增设了证据一节,整体移植了《刑事诉讼法》总则中证据章的相关规定。从体例和规范来看,其基本上都是照抄照搬《刑事诉讼法》的规定。我们说的照抄照搬,就是说它不区分规定的好与坏,《监察法实施条例》一律都拿过来用,这跟借鉴的区别在于借鉴是讲好坏区别对待。《刑事诉讼法》本身证据章的规定是非常不尽如人意的,一共是16个条文。从1979年以来,证据这一章就是总则里特别薄弱的一章,与证据在整个刑事司法当中的地位严重不相匹配。所以很长

一段时间,学术界都在研究证据法,主张要单独规定证据法,后来我们还是按照统一纳入《刑事诉讼法》当中来推进行司法刑事证据制度的完善。无论怎么说,《刑事诉讼法》中证据章16个条文远远不能满足刑事司法实践,也不能满足定罪量刑的需求。另外,它规定的内容也非常零散。在这种情况下,《监察法实施条例》在写证据这一节规定的时候,就参照《刑事诉讼法》的相关规定。比如它规定法定证据种类、证明标准、证据使用的一般要求、非法证据排除规则以及行政证据的使用,它都照搬照抄过来了,包括条款的内容也是比照《刑事诉讼法》来写。这个是一个比较典型的例证,说明监察法律体系逐步的刑事诉讼法化趋势。

当然《监察法实施条例》证据章有几个规定看起来跟《刑事诉讼法》不太一样,但是我觉得这无关大碍,对整体判断没有什么影响。比如,它证据种类中有被告人陈述,随后又有被告人供述,也有被告人辩解,是因为在监察调查过程中有谈话,谈话是非强制性的,所以谈话得出来的成果就叫作陈述,与被告人供述没有太多本质上的差别。这是第一个小差异。再比如在整个证据一节中,它在讲非法证据排除时,通篇不用刑讯逼供的这种表述。最主要的原因,我个人觉得是因为刑讯逼供,按照《刑法》上的规定,它的主体是司法工作人员,而监察工作人员不符合《刑法》中"刑讯逼供"主体的要求,它就把刑讯逼供直接表述为暴力。这个其实就是对用语理解的问题,这是第二个小差异。第三个小差异是证明标准,它区分了违法和犯罪两个行为的证明标准。我个人觉得,《监察法》定罪的证明标准与《刑事诉讼法》基本上是一样的,所以这个差别不是特别紧要的差别,因为这种标准的划分本身也没有什么太多的规范意义。

(二)对照逮捕措施规范留置制度

刑事诉讼法化的第二个例证是,对留置的细化规定基本上是按照逮捕相关规定进行的。留置措施等于逮捕,留置条件的细化规定都是比照逮捕来的,留置就逮捕化了。所以这也是一个非常明显的例证。

《监察法实施条例》讲留置的证据条件和社会危险性条件的时候,都分别移植了逮捕的证据条件和社会危险性条件。《监察法实施条例》第92

条第 3 款、第 4 款的规定和《人民检察院刑事诉讼规则》第 128 条第 2 款、第 3 款的规定,基本上是逐字不差的。但是逮捕是三要件,还有一个罪行要件。这个罪行要件其实是逮捕条件中最不能够发挥规范约束作用的条件。因为有期徒刑以下的犯罪只有危险驾驶罪,虽然按照立法解释的规定,有期徒刑以下的犯罪也可以适用逮捕,但刑期条件始终是逮捕条件里面最不重要的条件。证据条件与社会危险性条件是逮捕的核心要件。所以留置制度把逮捕里边最主要的两个条件基本上不加修改地移植,这个留置条文就体现了《监察法》与《刑事诉讼法》进一步的趋同。

(三)调查措施种类的扩张以及调查措施的规范要旨参照了《刑事诉讼法》侦查章的规定

《监察法实施条例》规定 15 种调查措施的时候,在调查措施种类上有明显的扩张。除《监察法》授权的 15 种调查措施以外,还增加了侦查实验、辨认,而且还把调取这种措施单独地规定为一类调查措施。在《刑事诉讼法》规定侦查措施的时候,也有类似的扩张,我们把它叫作"搭车式规定",比如将侦查实验、辨认分别规定在勘验检查或者是证据的种类里。在技术侦查措施里,除规定技侦手段以外,还规定有隐匿身份侦查和控制下交付,这些都是《刑事诉讼法》侦查措施中的一些扩张条款,但都是有法律授权的。《监察法实施条例》虽然学习了《刑事诉讼法》扩张侦查措施的方法,但是它不具备扩张的前提,就是它本身是没有授权或者是合法性依据的。这种立法方法看起来在形式上与《刑事诉讼法》有一定的相似性,但是本质上是不一样的。特别是对于所谓的调查实验和辨认这两类措施,《监察法》既没有提及也没有授权。而对于调取这种措施的独立性,《刑事诉讼法》一直处于一种比较谨慎的态度,包括相关的法律解释都没有明确的规定。与《刑事诉讼法》相比,《监察法实施条例》在这个领域里作了进一步的扩张式规定。

(四)四项调查核心程序与刑事诉讼侦查步骤一一对应

刑事诉讼法化倾向的第四个表现是核心程序相对应。从程序上来看,监察程序有六个最主要的环节:线索处置、初步核实、立案、调查、审理、案件处理或处置。核心程序是初步核实、立案、调查、审理。这四个程序虽然从数量上看起来好像比《刑事诉讼法》侦查程序复杂很多,但实际它也能在《刑事诉讼法》当中找到原型。

初步核实对应刑事诉讼中的初查,后改称调查核实,二者是相同的工作;监察立案对应刑事诉讼中的刑事立案;监察程序中有调查,刑事诉讼中有侦查;审理对应刑事诉讼中的预审。不同的是,《监察法实施条例》中的调查步骤较为精细化,但《刑事诉讼法》的侦查程序,包括立案程序越来越简化,节奏越来越快,我觉得主要原因是《监察法》中调查程序的四个核心步骤都是在刑事诉讼法四十多年的发展历史上探索过的,都有过相应的实践,只不过伴随着刑事犯罪治理态势地不断变化,特别是刑事案件数量越来越多,这些年大案要案没有实质性增加,所以侦查中细分的子程序或者精细化的程序,就被逐步地合并。比如《刑事诉讼法》中的初查,最早在检察院的反贪过程中,对经济犯罪案件就存在初查,再到后来对整个经济犯罪侦查,乃至于《公安机关办理刑事案件程序规定》规定对所有的刑事案件都可以进行初查。这个核心问题就在于刑事立案问题不少。理论界、实务界都在研究立案程序的合理性以及改革的必要性,所以立案的程序不科学就倒逼产生了初查程序。2018年以后,各部门在制定《刑事诉讼法》的新法律解释的时候,统一把初查改成了调查核实,其实本质上还是一样的。

虽然两个程序里面都有立案,但监察立案与刑事立案的区别非常明显。监察立案处于整个监察案件处理过程中或者监察调查过程中的一个类似中间环节,与刑事立案是刑事程序的开端环节是不一样的。

《刑事诉讼法》中一直规定了预审的要求。对于侦查的案件,都应当进行预审,这是侦查程序里面一个重要任务,只不过公安部1998年以来开展侦审合一,预审队伍专门化被取消但保留预审职能。再后来,预审就变成了证据审核的职能。《刑事诉讼法》对预审证据审核的职能是非常重视的,一直以来都保留这个要求。但由于普通刑事案件案件量太大,很难达到有专门人员对案件的证据情况进行深度整合,为起诉和审判做准备的要求。监察案件整体数量较刑事诉讼案件少,而且监察案件都是职务犯罪案件,基本上都是严重依赖口供的,需要较长的时间对言词证据进行打磨,所以它的审理程序,类似于刑事诉讼当中的预审程序,一直都有强化发展的趋势。所以监察调查的四个核心程序与《刑事诉讼法》当中的具体程序之间存在对应。

三、《监察法实施条例》与《刑事诉讼法》的差异点

《监察法实施条例》中有一些相应的规定与《刑事诉讼法》相比存在差异,这些差异主要是形式上的,没有多少新问题,基本上是刑事诉讼法领域多年来讨论的一些争议问题。《监察法实施条例》有的超越了《刑事诉讼法》,先于《刑事诉讼法》对这些问题作了规定,有的是为争议问题提供了一个解决方案。总体上讲,这些问题没有超出刑事诉讼法学界的研究范畴。

(一)调查期限

《监察法实施条例》规定的调查期限相当于刑事诉讼中的侦查期限。《刑事诉讼法》在期限上面有一个重要的特点,刑事诉讼的期限规定的是在羁押状态下的期限,若被追诉人被羁押,立法者则认为在剥夺自由,公检法机关的工作应当有明确的期限。如果是在没有被羁押的状态下,在自由的状态下,是没有工作期限的。所以《刑事诉讼法》上的侦查羁押期限、起诉期限、审判期限讲的都是在羁押状态下,公检法机关开展侦查、起诉和审判的工作期限。关于侦查期限,1999 年的《人民检察院刑事诉讼规则》曾经规定过两年的期限,2012 年修改《人民检察院刑事诉讼规则》的时候,这个侦查期间被取消了。《刑事诉讼法》本身没有规定侦查期限,公安部和高检制定的《关于公安机关办理经济犯罪侦查案件的若干规定》对经济犯罪的侦查规定了两年的侦查期限。理论上都认为即使不剥夺自由,对犯罪嫌疑人侦查也应该有期限。因为对侦查对象权益的影响不仅仅是自由的问题,还有社会生活的方方面面,各种类型的权益,显性的、隐

性的都会受到限制和剥夺,所以这种不确定状态应该是有期限的。两年的侦查期限,无论在高检规则还是在经济犯罪办案工作规定,理论界都是非常支持的。《监察法实施条例》在这个领域里作出了一个积极的探索,对监察案件规定了原则上两年的调查期限,把《刑事诉讼法》的一些非主流的或者是对部分案件适用的侦查期限规定,整体上移植到了职务犯罪调查的过程中。

(二)认罪认罚规定的实体化倾向

第二个不同是认罪认罚的规定。《监察法》是早于《刑事诉讼法》规定了认罪认罚从宽制度。因为《监察法》是2018年3月颁布,而《刑事诉讼法》是2018年10月修改时才确认认罪认罚从宽这项司法改革的主要内容。《监察法》通过的时间较早使其有条件写认罪认罚从宽的相关规定,但是《监察法》规定的认罪认罚从宽制度与《刑事诉讼法》后来修改确认的认罪认罚从宽制度的方向是不一样的。

《监察法实施条例》沿着《监察法》的方向,其实主要是一种实体法倾向。它在具体解释《监察法》里认罪认罚两条规定的时候,照搬照抄《刑法》以及《刑法》司法解释关于自首、立功、退赔退赃这三个主要问题的内容,将《刑法》上已有的解释都放到了《监察法》中。认罪认罚肯定不单纯是个实体法问题,如果它是个实体法问题的话,其实就没有必要写认罪认罚这四个字,认罪认罚从宽制度主要是个程序法问题。《监察法实施条例》回避了《刑事诉讼法》中对认罪认罚的具体的、细化的规定和这些年认罪认罚实践中探索取得的经验。我个人觉得还是因为在这个问题上缺乏进一步的研究,包括两部法律之间、两个法律体系之间相互交流。《监察法》中认罪认罚从宽制度具有单纯实体法的倾向,显然不足以涵盖监察案件认罪认罚工作。

(三)违法与犯罪证明标准的二分

第三个差异点是《监察法》的监察对象既有职务违法,也有职务犯罪,所以它将违法的证明标准作了一个单独的规定。在《监察法实施条例》里,犯罪的证明标准照搬照抄的《刑事诉讼法》中关于定罪的证明标准的表述。违法和犯罪标准二分是《监察法》与《监察法实施条例》的一个创新和特色,但是需要进一步研究。证明标准二分的科学性在哪？第一,能不能分？第二,证明标准二分对实践有没有用？这些问题都可以进一步地探索和研究。

(四) 其他规定体现了监察对象的特殊性

《监察法实施条例》共 18 种调查措施(《监察法》规定的 15 种加《监察法实施条例》拓展的 3 种)。如此多的调查措施,但它们的审批程序普遍存在一种留白的现象,在相关条文中一共有 24 处。当讲到调查措施,涉及审批主体或审批程序时,条文出现"按规定报批"这 5 个字。如果对《监察法实施条例》做一个检索的话,你会发现"按规定报批"频繁出现,而且它出现的条文都是每一种调查措施的审批主体。这涉及《监察法》和《监察法实施条例》中监察对象的特殊性,即行使公权力的公职人员,多数是领导干部。《监察法实施条例》要求对各类强制性调查措施的审批都必须按照党管干部的基本原则,即按照干部的级别报请相对应的党委负责人进行审批。如果把"按规定报批"的规定都写明的话,会面临着一个比较复杂的问题,就是这些规定往往不出现于法律当中,而是写在党规之中,这涉及党规与国法的衔接和协调的机制、方法。以上是技术层面的问题。另一个层面则是审批程序是依据干部管理权限的级别来设置的。干部级别越高,审批程序越复杂,或审批程序越严格,或审批程序的级别也越高。这在法律上会带来一个疑问:法律面前人人平等的原则是怎么体现的？平等原则与按级别审批的制度或党内制度会有一定的出入,还需要进一步充分地论证和解释。所以《监察法实施条例》就出现了 24 处"按规定报批"。《刑事诉讼法》当中只有一处,即 2012 年《刑事诉讼法》修正后的技侦审批程序,也遇到同样的难题。监察法律体系上遇到的难题,刑事诉讼其实也都处理过,《刑事诉讼法》也没有很好地解决这个问题,采用了回避的态度,我们叫作"经过严格的批准手续"。

《刑事诉讼法》一般都是用这种严格的批准手续来指代技术侦查的前

置程序,但《刑事诉讼法》不仅是针对官员犯罪,也针对普通刑事犯罪。针对普通刑事犯罪,《公安机关办理刑事案件程序规定》里面作了一个明确的规定:经过设区的市一级以上公安机关负责人批准。这个程序已经非常严格了,是《刑事诉讼法》中对所有强制性侦查措施最严格的执行手续,我们都用在了技侦上。所以《刑事诉讼法》在处理技侦审批主体的表述的时候,还是处理得不错的,普通刑事犯罪通过法律解释予以明确。但针对党员领导干部的前置审批手续,《刑事诉讼法》也没有作出明确的规定。《监察法》也好,《监察法实施条例》也好,在这个问题上面临着比《刑事诉讼法》更严峻的形势。这个问题怎么处理,确实需要立法者的智慧,当然也需要学术界提供这种智慧支持,所以现在看来,这24处"按规定报批"实际上是严重影响《监察法实施条例》的质量,因为无论是法规也好,还是立法也好,都讲究明确性。明确性对于审批程序是一个非常重要的要素。没有明确的审批程序的要求,实际上是很难达到立法质量的基本要求,这个难题可能未来很长一段时间都存在。

《监察法实施条例》一个重要的贡献是把很多旧有的、内部的规范性文件或者内部规定进行了吸收,将其集成化、公开化。但遗憾的是,有很多经过这几年监察执法实践探索出来的好的内部规定没有被完全纳入《监察法实施条例》中。从某种意义上讲,有很多规定是对监察机关的执法作出了比《刑事诉讼法》更严格的要求。比如对于讯问时间,《刑事诉讼法》一直没有相关的法律解释,公检法三家的规定都没有明确一次讯问可以持续多长时间?夜间能不能讯问?这是大家普遍关心的,讨论了很多年的话题。但监察法体系当中有很多内部规范性文件是有明确规定的,这个规定是值得《刑事诉讼法》在讯问领域中学习和借鉴的。很遗憾,这些规定没能写入《监察法实施条例》中,但是类似的规定还有很多。比如对人大代表、政协委员采取留置的手段、留置程序等,或者有关技术调查过程中具体程序的规定。

四、法法衔接问题的处理

最后还是有一块缺陷的地方,就是研究刑事诉讼法的人都希望别的部门法中凡涉及犯罪的处理能够与《刑事诉讼法》有效衔接,所以讨论《刑事诉讼法》与《监察法》的衔接一直是刑事诉讼法学界非常热的话题。在这个问题上,实施条例作了一些规定,但是非常有限,基本上就是有关管辖的简单规定,留置与强制措施之间的较为简单的规定,没有触及法法衔接过程中真正需要处理的问题,或者有关规范依据没有把它公开化或法治化。法法衔接主要还是依据国家监委同"两高一部"在2020年12月28日下发的《关于加强和完善监察执法与刑事司法衔接机制的意见(试行)》。《监察法实施条例》规定较为保守,可能有很多不同的考虑,应该有以下几个原因导致现在这种状况。

一个是监察法规不适合写过多的关于《刑事诉讼法》的内容。《监察法实施条例》的规范对象主要是落实《监察法》里已有的规定,或者是领导地方各级监察机关的工作有关规定。《监察法》里面没有规定的,《监察法实施条例》就不能作进一步的扩张解释。所以监察法规其实很难作为检法两院的工作,特别是刑事诉讼工作的规范依据,这可能是它的定位问题。另一个可能的考虑是《监察法》和《刑事诉讼法》衔接的问题在法理上没有找到能够证成正当性的解决方案。现在的衔接意见规定的一些衔接程序或者衔接方法,我个人认为在法理上都需要进一步地研究。这些衔接程序或方法是不是符合司法规律?符合司法原理?符合法治的发展方向?都值得认真研究。比如互涉案件当中,公职人员既触犯了监委管辖的罪名,也实施了普通刑事犯罪,这种案件一定是以监委为主来进行调查,其他机关负责配合,所有的职务犯罪都涉及国家治理体系的连接性,但这种恒定的管辖原则被突破了。现在有很多案件其实已经不再是一个主调查或是配合调查这种关系了,甚至出现所有案件由一个机关进行管辖的情况,这种做法显然突破了《刑事诉讼法》规定的职能管辖的范围。

再比如互为取证,把监委的调查权,与公安乃至于国安等侦查机关的侦查取证权打通互用,各机关相互帮忙,证据可以双向认定,就像抱团取火一样,最大化地利用取证资源。这种互为取证,就突破了取证主体的合法性要求。这也需要进一步研究它(的)边界在哪里？

再比如留置和刑事诉讼的强制措施如逮捕、拘留之间的交替转换适用。这种转换不是单向的，是随时随地双向转换。特别是在退回补充调查期间，现在是遵循只退案卷不退人的做法，人还是在原办案机关或关在看守所里面，这种做法的法律依据在哪里？虽然这种做法较为简便，但是在理论上不是特别能够说清楚。这里面当然还提到了很多在刑事诉讼法学四十多年发展历史过程中我们也反复批判过的提前介入，不仅是检察院的提前介入，还有法院的提前介入，这个恐怕也都需要进一步研究。对这类职务犯罪案件的提前介入，其正当性或者法律依据等，都需要进一步研究。另外，刑事司法领域学者对案件会商制度基本上持负面评论，因为这种制度对三机关的关系是一种冲击。再比如有规定监察人员处理监察案件的时候，如果要改变案件定性需要沟通协商。虽然叫沟通，但是这种机制在传统刑事司法学研究中基本上见不到的。这些制度或做法大量的存在于衔接处理的问题上。的确有很多问题需要深入研究，实践当中的探索，也要不断地总结经验和教训，条件成熟的时候，必须通过修改《刑事诉讼法》才能解决上述问题，单纯地靠《监察法》，包括监察法规的修改和完善制定很难解决，我们也不应该让监察法体系来解决与后续法律的衔接问题，双方都应该有相应的规范。

讲到最后，我才发现讲来讲去跟自己专业最有关系的内容是没有规定的，讲了半天都是与刑事诉讼无关的事情。讲得不对的地方，请后面两位真正的专家包括胡铭师兄，多批评多指正。

主持人：胡　铭

好的，非常感谢程雷教授。刚才程雷教授用了差不多一个小时的时间给我们，讲了对《监察法实施条例》的理解，讲了法法衔接。程雷教授娓娓道来，如数家珍，以一种十分理性的态度，不仅给我们介绍了《监察法实施条例》的相关内容，更重要的是引发我们去思考《监察法》和《刑事诉讼法》到底是一个什么样的关系?《监察法》和《刑事诉讼法》到底有什么共性?又有什么样的差别?虽然程雷教授用的是非常平缓的语气,但当中其实我们能够听出一个学者的独立思考和批判精神,能够反映出程雷教授的诸多思考和学术积淀。例如,程雷教授以往对技术侦查有深入研究,我们可以看到他刚才讲到的相关内容,可以与技术侦查作比较,比如批准的程序、按照规定报批等问题,程雷教授是有很深入的思考的,这也说明相关的问题非常值得我们进一步深入研究。下面我们就请出两位重要的与谈嘉宾。首先有请中国社科院法学研究所董坤研究员来做发言和点评。

与谈人：董　坤

聆听了程雷教授的发言,我很有收获。虽然程雷教授给我们展示的PPT页数不多,但讲授的内容十分丰富。他带领我们从刑事诉讼法的视角窥探了《监察法实施条例》中的一些具体内容。《监察法实施条例》有287条,这些条文都值得我们仔细揣摩。程雷教授的发言给了我们一个学习的方法,也给我带来了很大的启发。程雷教授总结出了《监察法实施条例》的刑事诉讼法化的倾向,这个归纳很有特点,同时这个归纳也可以帮助我们去理解学习,去对照《监察法实施条例》中的一些具体规定,进而帮助我们形成相应的框架和体系。

这样我们在学习《监察法实施条例》的时候就有了一定的方向。程雷教授在谈及监察调查程序时指出可以比照《刑事诉讼法》中的立案前调查核实、立案、侦查、预审这四个环节去对应《监察法实施条例》中的初步核实、立案、调查、审理。学习过刑事诉讼法的同志如果按照这个逻辑去梳理,那么整个监察程序的流程就比较清晰了。《刑事诉讼法》第3条规定了公安机关的侦查权,它规定的是侦查、拘留、执行逮捕和预审,这里包括两个重要环节,一个是侦查,一个是预审。1997年侦审合一以后,虽然预审部门经过了一定的裁撤,有其他部门承担了预审的功能,但是侦查和预审这两项职能在《刑事诉讼法》中仍然存在。2012年和2018年《刑事诉讼法》修订时不但没有改,而且在侦查一章还专门规定了预审的职能是核实证据,当然预审还包括对犯罪嫌疑人进行讯问。将预审与《监察法》中的初步审理相对应,就能够清晰地梳理出监察程序的流程,使我们在理解监察程序时有一个基本的框架。同样,对于监察调查的一些措施,程雷教授也做了归纳。《监察法》规定了15种调查措施,但是《监察法实施条例》在此基础上扩张了3种,这些具体的调查措施可以与侦查一章的侦查行为完全对应。这至少能让学过刑事诉讼法的学生或者研究刑事诉讼法的学者在研究《监察法》时,对《监察法实施条例》的框架有一个鲜明的认识,以上是我的一点学习体会。

下面我来谈一下对本次讲座主题的认识。

《监察法实施条例》指出了《监察法》与《刑事诉讼法》衔接的哪些具体内容需要我们认真学习?我认为主要集中在《监察法实施条例》中的两个部分:一是第四章第二节证据,因为证据是整个刑事诉讼活动中认定案件事实的基础,也是法法衔接的纽带;二是第五章监察程序。程雷教授指出监察程序包括线索处置、初步核实、立案、调查、审理、处置以及最后的移送审查起诉。其中第五章第七节移送审查起诉涉及法法衔接非常丰富的内容。我刚才学习《监察法实施条例》时做了一个梳理,第213条到第219条是认罪认罚从宽制度的衔接,第220条是强制措施和监察留置的衔接,第221条到第224条是监察与刑事诉讼在管辖方面的衔接,特别是级别管辖、地域管辖的衔接尤为值得关注。因为监察机关的办案管辖是按照领导干部权限划分的,当然也与监察机关或者派驻监察机关本身的性质有关,这些决定了它办理案件的管辖,特别是级别管辖的划定。但是《刑事诉讼法》中的级别管辖主要是根据案件本身的性质、特点以及可能判处刑罚的种类来划定的。地域管辖则是遵循以犯罪地为主,被告人居住地为辅的原则。《监察法》与《刑事诉讼法》管辖的判断标准是不一样的,这就涉及管辖衔接的问题。此外,第225条到第229条是退回补充调查的衔接,包括监察机关补充证据,案件已经进入刑事诉讼过程中,但监察机关又发现了新线索,需要移送新证据,这也是一种衔接。简而言之,既使案件已经进入刑事诉讼程序,但是监察机关又发现了新情况、新问题,如何衔接的问题。第 230 条是监察机关针对检察机关不起诉决定的复议程序,即如何进行制约的规定。第 232 条是违法所得没收程序的衔接。第 233 条是缺席审判程序的衔接。

经过梳理发现,监察与司法的衔接的很多内容在《监察法实施条例》中都已经规定,分别是管辖、证据、强制措施、认罪认罚、退回补充调查或补充证据、违法所得没收程序、缺席审判程序,当然我总结的不一定完全准确或者全面,但这些都是法法衔接当中十分重要的内容。

程雷教授在最后还提出了一些值得研究的内容,即《监察法实施条例》中可能有些规定是缺位的,我想到了两个。一个是提前介入,《监察法实施条例》中没有提前介入的规定,但是《关于加强和完善监察执法与刑事司法衔接机制的意见(试行)》里有相关规定。程雷教授认为提前介入可能存在违背三机关分工负责、互相配合、互相制约关系的问题,包括监察机关与人民检察院、人民法院互相配合,互相制约的原则。我之前也写过文章做过一些初步的研究,我认为这还是属于一种多机关之间互相配合的具体的办案机制。至少在 20 世纪 50 年代的时候,公检法"一员带三员""一长带三长",即公安局局长、检察长、法院院长,一个人"一长带三长,下去一把抓,回来再分家"。那个年代公检法侦查、起诉、审判是混同的,侦查、起诉、审判都包了,这种办案方式是容易出现错案的。到了 80 年代"严打"的时候,虽然有联合办案,但是联合办案也有一个提前介入。这个提前介入,程雷教授也说明了,是法检都提前介入侦查阶段。事实证明这些都是有问题的,虽然这些都已经退出了历史舞台,但有一个机制仍然保留至今,即检察机关对侦查活动的提前介入。这个提前介入在《人民检察院刑事诉讼规则》中是有规定的,《刑事诉讼法》中也有一个隐含的规定,即第 87 条:"公安机关要求逮捕犯罪嫌疑人的时候,应当写出提请批准逮捕书,连同案卷材料、证据,一并移送同级人民检察院审查批准。必要的时候,人民检察院可以派人参加公安机关对于重大案件的讨论。"这其实是逮捕阶段的提前介入。因此,提前介入有进一步研究的必要,至少在实践当中已经有了相应的做法,如果现在不进行规定,反而会助长它的无序生长,乃至滥用。

还有法法衔接中的企业合规问题。前段时间,武汉大学的秦前红教授做了一个有关监察法的讲座,谈及一个问题,现在企业合规搞得十分火热,监察办理的案件也涉及单位犯罪,监察与司法的衔接过程中,企业合规的问题有没有必要做研究? 2021年6月3日最高检牵头八部委出台的《关于建立涉案企业合规第三方监督评估机制的指导意见(试行)》,其中第19条规定了纪检监察机关认为涉嫌行贿的企业符合企业合规试点以及第三方机制适用条件向人民检察院提出建议的,检察机关可以考虑适用本指导意见。所以如果企业合规以后纳入了《刑事诉讼法》,那么《监察法实施条例》或《监察法》也应当进行相应的规定。

还有一个问题值得研究,在《监察法实施条例》中,刚才提及的法法衔接的内容中,有一个内容在《监察法》中是没有规定的,但是在《监察法实施条例》中是有规定的,即缺席审判。为何《监察法》没有规定缺席审判? 因为缺席审判是在2018年10月修正后才纳入《刑事诉讼法》中,《监察法》是在2018年3月颁布的,显然《监察法》是不可能预知的,所以它没有规定缺席审判程序,因此通过《监察法实施条例》来进行了补足。当然这个补足有没有超越现行法律的规定,有待进一步研究,但至少《刑事诉讼法》有规定,而"陈三昌案",即外逃人员缺席审判第一案已经在郑州审判。这个案件也涉及监察与司法的衔接。既然新的情况已经出现了,在具体办案过程中就不能回避新情况,所以《监察法实施条例》规定了缺席审判,这是值得肯定的。

除缺席审判外,调查措施也值得我们关注。程雷教授认为《监察法实施条例》相较《监察法》增加了3种调查措施。我认为其中调查实验、辨认、调取证据超出了《监察法》的规定,但这种做法是必要的。2021年3月出台的《刑诉法解释》对于证据进行了一些规定。其中《刑诉法解释》第105条规定了辨认不是在调查人员主持下进行的,辨认笔录不得作为定案根据。显然,如果《监察法实施条例》不规定辨认,不规定调查实验,这就可能导致通过这些调查行为所获取的证据于法无据,当案件到了审判阶段,在庭审控辩对抗时,证据的合法性与否的判断就非常棘手,因为取证行为可能存在争议,因此只能在《监察法实施条例》中予以补足。当然,在下一次《监察法》修订时,应当补上这几种调查行为。《刑事诉讼法》也应当对辨认这一侦查行为作出程序性规定,因为其第50条第2款已规定了辨认笔录,但侦查行为的规定中却没有辨认,这是不合理的。

《监察法实施条例》当中有一个亮点,就是第69条。第69条规定:监察机关对于公检法、国家安全机关等在刑事诉讼中收集的物证、书证、视听资料、电子数据、勘验检查、辨认、侦查实验等笔录以及鉴定意见等证据材料,经审核符合法定要求的,可以作为证据使用。第69条回答了司法程序转换到监察程序时,司法机关或者公安机关取得的证据在监察办案中能不能用的问题。昨天有同志跟我讨论了他具体办理的一个职务犯罪案件,起初案件是按照普通刑事案件办理的,后来发现应当由监察机关办理,那之前公安机关收集的证据在监察办案中怎么处理?这是一个实践中的现实问题。《监察法》没有规定,但《监察法实施条例》回应了这一问题,值得进一步研究。

最后一个衔接的问题是《监察法》中的认罪认罚从宽。《监察法实施条例》主要从实体法角度进行规定,在程序法方面规定得不多。从实体法角度来看,有一个问题很值得关注,即监察机关认定的认罪认罚从宽与刑事诉讼法认定的认罪认罚从宽在内涵与外延上的标准是不同的。标准不同,再进行衔接就会出现程序内在的冲突矛盾。针对这一可能的冲突矛盾,《监察法实施条例》提出了一定的解决办法。第219条第2款规定了监察机关对于被调查人在调查阶段认罪认罚,但不符合《监察法》规定的提出从宽处罚建议条件,在移送起诉时没有提出从宽处罚建议的,应当在起诉意见书中写明自愿认罪认罚的情况。《监察法》的认罪认罚标准比《刑事诉讼法》的认罪认罚的标准门槛要高,如果按照《监察法》的认罪认罚标准移送到检察机关,那可能有一些本来在《刑事诉讼法》中是认罪认罚的案件,却在监察机关那里无法认定,这就导致一个问题:在进入刑事诉讼程序之前,被调查人就已经达到了《刑事诉讼法》规定的认罪认罚标准,应当享受更优惠的从宽待遇。但是由于监察机关的认罪认罚标准比《刑事诉讼法》的标准要高,所以,监察程序中没有认定,这导致对被调查人的从宽幅度会打折扣。针对这一问题,《监察法实施条例》也提出了解决方法,即虽然监察机关认定认罪认罚的门槛比较高,但如果在此期间被调查人有认罪认罚的情况,监察机关应当在起诉意见书中写明,让司法机关进行判断。这样做虽属权宜之计,但至少是一个不错的激励。未来有必要进一步研究,确保两法在认罪认罚上的标准上能统一,这样才能保证认罪认罚从宽制度切实给司法活动带来益处,促进国家治理体系和治理能力现代化。

主持人:胡　铭

感谢董坤研究员,不仅对程雷教授的演讲做了点评,而且给我们分享了他自己对这个问题的研究和思考。很多方面的思考是很深入的,比如合规与监察相关制度的衔接问题等,都可以引发我们进一步探讨和思考。下面我们有请下一位点评发言的专家,山东大学法学院副院长冯俊伟教授。

与谈人:冯俊伟

谢谢胡院长的主持,也感谢西南政法大学刑事诉讼法学科的邀请,非常荣幸有机会参与今天的讲座。在今天的讲座中,程雷教授从法法衔接的角度分析了《监察法实施条例》的法源以及新规范的刑事诉讼法化倾向,还有《监察法实施条例》与《刑事诉讼法》的差异点,以及法法衔接的处理。一是角度特别新,二是对我们更好地把握监察法实施条例特别重要。董坤老师也做了一个精彩的点评。那我就沿着两位的话题继续讲,我想分享以下四个方面的心得。

第一个方面是从国家监察体制改革的角度出发,从《监察法》到《监察法实施条例》,它们共同塑造了一个相对独立的法律程序。刚才两位老师都讲道,比如在《监察法实施条例》里面,从程序的角度去观察,最重要的就是第四章和第五章。该条例总共是287条,但是这两章就占了大概一半多。《监察法》和《监察法实施条例》塑造了一个相对独立的法律程序。这个判断可以从以下内容来理解:

2016年年底,国家监察体制改革启动的时候,试点方案的条文相对来说是比较有限的。试点方案里面明确规定监察委员会履行监督、调查、处置三项职责。同时也是在这个试点方案里面,规定了12种调查措施。在当时的背景下,有很多学者关注到了留置措施并对之做了研究。随着国家监察体制改革的不断深入,到了2018年3月,《监察法》出台,共九章69条。在第四章监察权限、第五章监察程序中规定了监察措施的适用、监察权运行的程序。刚才两位老师也提到,《监察法》的条文是有限的,但它所涵盖的内容或者说它所规范的领域相对来说是比较多的。在这种情形之下,《监察法》中对于具体监察调查措施的适用程序规定不多。比如《监察法》第20条规定,在调查过程中,对涉嫌职务违法的被调查人,监察机关可以要求其就涉嫌违法的行为作出陈述。对于涉嫌职务犯罪的被调查人,监察机关可以进行讯问,要求其如实供述涉嫌犯罪的情况。那在《监察法》出台之后,具体调查措施在程序适用上,就面临一个非常重要的选择,比如《监察法》中规定的谈话,询问程序应当如何展开。在当时我们可以看到,有三种可以参考的思路,第一个思路是直接准用,比如《刑事诉讼法》及相关司法解释的相关规定。第二个思路是参照适用。可以看到《监察法》释义基本上采取了这一思路。在与刑事诉讼证据衔接的背景下,监察调查收集的证据材料应当符合《刑事诉讼法》和2012年《刑诉法解释》证据这一章的收集程序和证据审查认定的要求。这就是一个参照适用的思路。那如果是参照适用的思路,其实还会遇到一些比较重要的问题,就是如何参照?参照什么?有一些观点认为,参照更多的是讯问的程序以及证据这一章,包括司法解释中的证据章。第三个思路是构建一个相对独立的监察措施程序。刚才程雷教授在报告里面也提到,《监察法实施条例》的法源,其中有很多重要的规范。2021年9月20日《监察法实施条例》正式通过,《监察法实施条例》与《监察法》的体例是对应的,内容也比较丰富。其中我同主讲人和另一位与谈人的关注点是一样的,我认为条例中第四章和第五章是非常重要的。那我们再去看第四章和第五章的内容,尤其是第四章关于监察权限的规定比较多,主要规定了程序方面。程雷教授也敏锐地发现,有很多条文其实是有刑事诉讼法化倾向的,但其中还有很多条文是与《刑事诉讼法》不一样的。比如不同谈话的程序要求、对于留置的程序要求等等。从这个角度出发,我们可以看到,随着国家监察体制改革的不断深入,从整体而言,《监察法》《监察法实施条例》和一些重要的规范在刑事诉讼程序之外构建了一个相对独立的法律程序。

第二个方面,如果说《监察法》与《监察法实施条例》构建了一个相对独立的法律程序,那么无论是在实践中,还是在理论研究上,都会带来一个非常重要的理论课题——不同法律程序的衔接问题。

以前我们的研究更多是从一个法律程序角度出发。比如对《刑事诉讼法》的研究,今天参加这个讲座的几位学者主要的关注点可能都是在刑事诉讼领域,那再比如行政法学者,有一部分人是主要关注行政执法程序的,或者关注行政程序的,当然还有比如民事诉讼程序。在这个背景下,其实很多时候我们更多去关注了一个法律程序中的问题。但是在具体法律适用的过程中,我们会面临的就是法法衔接的问题。两个程序性质、程序目的都不一样的法律程序如何衔接?从具体制度出发,我们可以看到,监察程序与刑事诉讼程序有很多具体的衔接领域。比如调查措施与侦查措施的衔接,立案方面的衔接,管辖方面的衔接,还有证据方面的衔接。当然还不止这些,刚才两位老师还提到认罪认罚方面的衔接、企业合规方面的衔接,以及实体法上监察处置措施与刑罚的衔接。在这个框架下,我们还需要进一步思考什么?就是两法衔接在哪些方面可以直接衔接,哪些方面是需要在一定前提下才能衔接。当然这个话题相对来说是稍微大了一些,那我就举一个具体的例子,就是证据问题。

证据方面的衔接,《监察法实施条例》其实也作了规定。刚才程雷教授在讲证据一节时指出,相关规定参考了《刑事诉讼法》关于证据的规定。

这里面就涉及一个比较重要的理论问题,就是什么是证据?传统上,我们对于证据的理解,或者说证据能不能用的问题,基本上又回归到了证据"三性",就看证据有没有客观性、关联性、合法性或者真实性、关联性、合法性。无论在学者的著述中,还是在司法实践中,很多人认为,证据具有"三性"就能用。对证据"三性"的判断有时替代了对不同程序环境下证据衔接问题的思考。但是证据与我们的法律程序是有紧密关联的。我想可以从两个方面来理解:第一,当我们谈论证据的时候,不能把证据理解为一个个证据实体,或者说作为一个结果的证据。证据的形成不仅需要与待证事实具有关联,同时,它还是一种法律程序产品。我们谈论法律程序产品是谈论这个证据在形成的过程中,它与很多程序要素是结合在一起的,比如与取证主体、取证程序、取证程序中的权利保障等。第二,证据是一系列法律行为后的一个结果。如果从侦查学角度去理解,可能更容易理解。

事实上,不同程序环境之下的证据面临衔接问题。这就涉及一个比较重要的概念叫法律程序环境。法律程序环境,我把它列为几个要素,如程序目的、程序性质、程序主体,还有一个非常重要的方面,就是程序的权利保障。当然很多学者还讨论了一个程序的严格性,刚才程雷教授他们在讨论证据问题的时候也特意提到了,比如取证主体的合法性。法律程序环境这个概念有助于我们去分析不同程序环境下的证据为什么需要衔接?比如民事诉讼中的证据,一般而言,我们不太能够接受民事诉讼证据直接在刑事诉讼中使用,那可以发现其中一个很重要的方面是,民事诉讼程序的这种程序目的、程序性质,尤其是它的程序中的权利保障,与刑事诉讼有显著差异。行政执法证据和刑事诉讼证据的衔接,也是学术研究中关注的重要方面。在2012年《刑事诉讼法》修改的过程中,当时《刑事诉讼法》的第52条第2款就规定了行政机关在行政执法和查办案件过程中收集的物证、书证、视听资料、电子数据等证据材料,在刑事诉讼中可以作为证据使用。这个条文的出现很大程度上是为了解决不同程序环境下证据衔接的问题。

再回到我们讲座的主题。刚才程雷教授讲到了一个重要的方面,就是新规范的刑事诉讼法化倾向。这个归纳和判断是较为准确的,也有助于理解《监察法实施条例》,尤其是其中第四章和第五章中很多规定。那按照刚才讲的,新规范中的刑事诉讼法化倾向,包括对于很多程序的具体设置、程序的展开、程序权利或者程序保障方面的刑事诉讼法化倾向。刑事诉讼法化倾向其实促进了监察证据与刑事诉讼证据的衔接,或者说它为两种证据的衔接提供了一个规范性框架。我们可以看到,《监察法实施条例》第59条第3款规定:监察机关依照《监察法》和本条例规定收集的证据材料,经审查符合法定要求的,在刑事诉讼中可以作为证据使用。如果从解释学的角度出发,怎么理解这个法定要求?那按照刚才的分析,这个法定要求不仅应当重视证据的形式要件和实质要件,还应当重视监察证据形成的程序环境。

第三个方面是在分析两种不同法律程序衔接的时候,刑事诉讼程序中的一些重要原则在其他法律程序中的延伸适用问题。我可以举一个比较法上的例子,这个例子是不得自证其罪原则在行政法或在行政执法中的延伸适用。我们可以看欧洲人权法院,包括很多国家的判例里面都讨论到这个问题。比如在行政法里面,有时它是要求行政相对人有提出或者必须交出某种物品的义务。但一旦他交出这种物品,这个物品有可能对他非常不利,可能导致他受到刑事追诉。在这个框架下,其实就涉及刑事诉讼中不得自证其罪原则。那行政执法程序中不得自证其罪原则应当怎样适用?当然它整体的一个立场是放宽适用,其中一个比较重要的考虑是要协调行政执法与刑事诉讼两个程序的不同程序目的。如果要求行政执法机关在执法中要去贯彻不得自证其罪原则,可能行政法上很多重要的目标就不能实现。所以说在两种不同程序衔接这个问题上,还涉及A程序的重要原则在B程序的适用。这个问题也是需要在理论和实践中进一步关注的。《监察法实施条例》规定了讯问之前的权利告知,《刑事诉讼法》也规定了权利告知,但违反权利告知之后的程序性后果是什么?都需要我们在比较中进行分析。综上,从两种不同法律程序衔接的角度出发,有很多重要课题值得我们关注。

第四个方面,刚才两位老师在讲解中,都向我们传递的这样一个理念:法法衔接不是一个单向衔接,而是一个双向衔接。刚才董坤研究员也讲到,比如《监察法实施条例》不仅规定了监察证据在刑事诉讼中使用或者监察证据与刑事诉讼证据衔接的问题,同时它还规定了行政执法证据、刑事司法证据与监察证据的衔接,这个也体现了这种双向衔接。其实在双向衔接的框架下有很多问题也值得我们思考,比如程雷教授提到的互为取证的问题。还有《监察法实施条例》第69条,如果我们仔细研读,还会追问一些很重要的细节,比如侦查阶段侦查机关取得的证据与监察证据的衔接问题。比如案件中讯问笔录可能有多份,既有做有罪供述的,也有做无罪辩解的,那没有经过质证,没有经过法院采信,而且在同一个案卷里面有多份不同的讯问笔录时,这个笔录证据与监察证据怎么样衔接?应当有一个怎样的判断标准?我觉得这些都是在《监察法实施条例》实施过程中需要进一步研究的。除此之外,《监察法实施条例》中有很多条款在证据问题上能给刑事诉讼法司法解释优化提供很多启示。我举几个例子,比如,《监察法》《监察法实施条例》都规定开展讯问、搜查、查封、扣押以及重要的谈话、询问等调查工作,应当全程同步录音录像并保持录音录像资料的完整性,这样规定对于在证据生成环节保证证据质量是非常重要的。再如《监察法实施条例》以及之前的很多重要规范里面也都有一个比较重要的方面,就是对于证据保管的规定。《监察法实施条例》第67条规定,对收集的证据材料及扣押的财物应当妥善保管,严格履行交接、调用手续,定期对账核实,不得违规使用、调换、损毁或者自行处理。刑事诉讼法学者对于证据保管问题讨论得比较多,另外有很多冤错案件中也展现证据保管的问题,那证据保管不善,可能会影响证据的使用,还有可能在实践中出现证据遗失、证据灭失等问题。除证据保管以外,还可以看到有一些比较有意思的条文,比如到期自动解除的规定,这个也是非常好的,如果一些强制性措施或相关文书有自动解除期限,就能够对被追诉人进行更好的权利保障。以上是我的一些理解,请各位老师、各位专家批评指正,谢谢大家!

主持人：胡　铭

好的,感谢冯俊伟教授。冯俊伟教授给我们讲了他自己对法法衔接的理解,给我印象很深的是,冯俊伟教授对证据问题有很深的理解。对于《监察法实施条例》当中某些值得《刑事诉讼法》借鉴的内容也做了很好的分享,应该说使得我们对相关的问题理解更加深刻了。刚才程雷教授做了精彩的演讲,董坤研究员和冯俊伟教授就他们自己的理解做了精彩的点评以及分享,我觉得收获很大。相信在线的各位老师、各位同学、各位朋友也会有同样的感觉。

最后,我利用主持人的特权再谈一点体会吧。听今天的讲座,实际上我最大的收获还不是怎么实现法法衔接,而是我突然有一种冲动去开一门新课——监察法学。翻开《监察法实施条例》,学刑事诉讼法的人就会觉得怎么这么熟悉,怎么有那么多内容好像和《刑事诉讼法》很像,作为刑事诉讼法的学者,我们来开一门监察法的课,应该也是一件很有意思的事情。也许西南政法大学主持的教育部刑事诉讼法课程虚拟教研室,可以培育出一门衍生课程,鼓励一批年轻的刑事诉讼法学者迈出这一步,在监察法的教学和研究中作出我们的贡献。

那么为什么会这样？为什么《监察法实施条例》看上去同《刑事诉讼法》那么像？这背后是有道理的。《监察法》解决的是什么问题？《监察法》本质上是要解决腐败犯罪追诉的问题,虽然它也涉及一般的违法违纪问题,但是它里面最关键的、最受人关注的,显然是涉及公民最基本权利的腐败犯罪追诉的问题。既然是犯罪的追诉,它自然不可能离开刑事司法的一些特定的属性,所以它的内容必然是跟以追究刑事犯罪为己任的《刑事诉讼法》的诸多内容有类似之处。从这个角度来说,我们很容易理解比如关于证据的规定、关于调查措施、关于技术调查等,这些内容与《刑事诉讼法》的相关规定都非常相似,这说明它们是有很深渊源的。再退一步讲,如果从法法衔接的角度,很多细节的环节可能是很琐碎的,研起来也很复杂。但我们只要抓住一个要点可能就变得简单了,那就是刑事诉讼的一个重要原理,也是十八届四中全会提出的构建以审判为中心的刑事诉讼制度。以审判为中心,不管这个案件是盗窃、抢劫、强奸等传统案件,还是腐败犯罪案件,最终都要经历法庭的考验。这里又涉及证据问题,我们收集的所有材料,不管是通过侦查还是通过调查,不管强制措施是叫逮捕还是叫留置,那么最终它都会到法庭上来遛一遛、看一看,要经历法庭的考验,相关的证据要在法庭上质证,最终才能作为认定犯罪的依据,并由法庭作出最终的裁判。所以从这个角度来说,以审判为中心的刑事诉讼制度必然会延伸到审前,延伸到证据的采集、保全、提交等,会对调查措施,会对监察阶段的留置等相关措施产生直接的影响。所以从这个角度来说,从一个大的刑事司法的角度来理解《监察法实施条例》,从以审判为中心的刑事诉讼制度来看审前的腐败犯罪追诉程序,我想很多问题可能就豁然开朗了。

当然《监察法》的很多问题,《监察法》与《刑事诉讼法》衔接的很多问题,其实需要从多学科的角度进行研究,我们仅仅从刑事诉讼法的角度来看,可能是狭隘的。还需要从宪法的角度,从行政法的角度,从刑法的角度,也需要从刑事诉讼法、证据法、司法制度等角度来综合看待这个问题,这就需要我们结合各个专业学者的智慧,一起来探讨相关的问题。我们也相信在大家的共同努力下,我国的监察法治会不断地走向深入,我国的相关制度的完善也会不断地走向深入,《刑事诉讼法》和《监察法》的相关理论研究也会不断地走向深入。

今天的活动由于时间所限只能暂告一个段落了。最后,我们再次感谢程雷教授,还有董坤研究员、冯俊伟教授,以及今天线上线下参与的各位老师、各位同学、各位朋友,大家晚安!

第二讲
法庭质证程序原理

主讲人 孙 远 中国社会科学院大学教授
主持人 李玉华 中国人民公安大学教授
与谈人 兰荣杰 西南财经大学教授
　　　 郑 曦 北京外国语大学教授
　　　 邱祖芳 广东金桥百信(厦门)律师事务所主任
时　间 2022 年 5 月 11 日 19:00—22:00

主持人：李玉华

各位老师、同学，大家晚上好！我是中国人民公安大学李玉华教授，非常高兴主持今天晚上的讲座。举办"全国青年刑诉学者在线系列讲座"，是教育部刑事诉讼法课程虚拟教研室促进科教融合、教研相长的重要举措。刑事诉讼法课程虚拟教研室是教育部首批虚拟教研室建设的试点项目，由孙长永教授牵头，致力于建设一个理念先进、动态开放的刑事诉讼法学教研室，促进跨校、跨地域教研交流，实现资源的共享共建。非常高兴今年我牵头的公安刑事程序法治课程群虚拟教研室也入选了教育部的首批试点项目。因为我们的项目是个课程群，包括刑事诉讼法、证据法，还有公安执法规范化建设、模拟法庭等，所以我们也要向孙长永教授的教研室学习。教育部虚拟教研室的举措将汇集更多的老师和学生，我们今天晚上的活动就是一个生动的体现。

今天讲座的主题是"法庭质证程序原理"，这个主题是刑事诉讼法学当中的重要问题，既涉及理论，又关注实践；既有世界的视野，又有本土的问题。我们今天的主讲人是孙远教授，孙远教授是中国社会科学院大学的教授，博士生导师，中国刑事诉讼法学研究会理事。孙远教授是我国著名的青年法学家，学术造诣深厚，他擅长用幽默通俗的语言将平淡的诉讼法问题进行学术化的演绎和传递,让听众感受到学术的力量和魅力。孙远教授也受聘担任我们中国人民公安大学企业合规与社会治理研究院的研究员,也曾做客公大法学院的"木樨讲坛·法学名家系列",讲授刑法和刑事诉讼法关系的比较研究,公大师生对此深有感触,受益良多。那么,相信今天我们所有的师生,也会从中感受到孙远教授的学术魅力。另外,今天晚上我们还有进行与谈的三位嘉宾,他们分别是西南财经大学法学院副院长兰荣杰教授、北京外国语大学法学院的郑曦教授、广东金桥百信(厦门)律师事务所主任邱祖芳律师。下面我们有请孙远教授。

主讲人:孙 远

感谢李玉华教授,感谢西南政法大学刑事诉讼法学教学科研团队对我的邀请,感谢今天三位与谈嘉宾——兰荣杰教授、郑曦教授和邱祖芳律师。各位老师、同学,大家晚上好!法庭质证是我国理论和实务界持续关注的一个老问题,当事人的质证权能否得到保障,直接关系庭审是否实质化,甚至直接关系以审判为中心的诉讼制度能否成立。在当前刑事司法改革背景之下,质证权的重要性越来越凸显。最近这些年,我国刑事司法改革当中最热点的问题,是认罪认罚从宽制度的建设。在这样一个改革背景下,法庭审判程序越来越趋于简化。1996年《刑事诉讼法》增设简易程序,到了2012年简易程序的适用范围大幅度扩大,而2018年《刑事诉讼法》又增设一个更为简易的程序——速裁程序。也就是说,在我国,审判程序简化已经成为一个非常明显的趋势。在这一背景下,法庭质证是我们需要进行再反思的一个问题。

实际上,我本人对我国这些年刑事司法改革所表现出来的简易程序扩大适用的趋势,存有很深的疑虑。我一直有一个观点:正常情况下,审判程序的大幅简化应该是一个国家的刑事法治化程度比较高的时候,才会出现的一个现象。什么叫刑事法治化达到比较高的程度?当然有很多要求,而其中很重要的一个要素是:刑事诉讼中的普通程序能够充分保障被告人对每一个不利证据的质证权。只有这个权利能够得到充分保障之后,简易程序的扩大适用才有可能是比较安全的。为什么这样说?其实道理也很简单,大家可以考虑一下,普通程序和简易程序之间究竟是一种什么关系呢?普通程序应当能够给简易程序提供一种强大的向心力。简易程序是被告人自由选择的结果,即被告人在未受强迫的情况下自愿选择放弃对证据的质证权时,简易程序才有适用的可能。但是,法律在给他提供这样一种选择的同时,也要给他提供另一重保障,那就是,对于那些坚持行使质证权的被告人,法律要能够给他们提供一个足够严格的普通程序。打个比方,一套严格的普通程序对简易程序而言,就如同一张拉满的弓,时刻监督着简易程序的运行。一旦简易程序的适用脱离了法治轨道,那么普通程序随时可以"降临"。如果没有这样一种可能性,那就很难说被告人的选择是真正自愿的。

我们经常拿美国来举例,有人认为美国有95%以上的案件都是通过辩诉交易处理的,所以普通程序起不了多大作用。但实际上普通程序发挥的作用是很大的。要知道,即使95%的案件都没有适用普通程序,也不意味着普通程序没有发挥作用,它是一种随时会降临的"可能性"。一旦被告人决定不认罪,严格的普通程序便会启动。而当这一"可能性"不存在时,简易程序便会有很大的风险。没有普通程序作为后盾的简易程序便没有了向心力,成了一种"不用抵抗重力的飞行",在这种失重状态下不知道会飘向何处。所以,在我国当前的刑事司法改革背景下,质证权的重要意义便在于此。我们的普通程序对于质证权的保障还存在诸多不足,相对于简易程序扩大适用的现实来讲,保障被告人的质证权、实现庭审的实质化,在很大程度上可以说是在"补课"或者说"还债"。否则,我们的认罪认罚从宽制度改革是存在危机的,我们需要给被告人提供这样一种"可能性",亦即随时可能降临的实质化的法庭审判程序。因此,就如何在正式的法庭审判中保障当事人的质证权、实现庭审实质化的问题,我今天在此和大家交流一下。首先我们通过一个案例,来说明质证权对案件的审判可能产生何种影响。

一、案例与问题

【案例2-1:非法持有毒品案】

警方得到线报称,三天之后将有一绰号为"小刀"的男子乘坐某长途汽车运送毒品。警方遂拦截该车,并在一名与线报描述特征高度吻合的男性乘客李某的外套口袋中查获冰毒若干。李某遂被诉持有毒品罪。

控方提交以下证据:(1)涉案冰毒;(2)秘密线人向警方提供的书面证词,该证词描述的犯罪人"小刀"的特征与李某基本相符;(3)有关搜查、扣押和抓获被告人过程的各项证据笔录。但李某在法庭审理过程中,始终坚持自己对外衣口袋中的毒品毫不知情。李某辩护人亦指出,很有可能是车上某个持有毒品的人,趁其不备,将涉案冰毒放入其口袋中。辩护人于庭审过程中多次申请警方线人出庭接受质证,但未获法庭准许。

在现有证据情况下,可否认定李某有罪?

能否认定被告人李某有罪,就要看能否达到法律设定的"有罪"标准。《刑事诉讼法》要求达到"案件事实清楚,证据确实、充分"的证明标准。《刑事诉讼法》第55条第2款规定,"证据确实、充分,应当符合以下条件:(一)定罪量刑的事实都有证据证明;(二)据以定案的证据均经法定程序查证属实;(三)综合全案证据,对所认定事实已排除合理怀疑"。那么本案证据是否达到"确实、充分"的标准,就需要根据该款规定的三个条件逐一衡量。

第一个条件,"定罪量刑的事实都有证据证明",我们可以将其称为"实体条件",因为定罪和量刑的事实要件都规定在刑事实体法中。本案涉嫌的罪名是非法持有毒品罪,那么,控方提交的证据是否满足这一实体条件呢?对此可能存在不同意见。根据《刑法》规定,非法持有毒品罪的成立既要求行为人客观上持有较大数量的毒品,同时还要求主观上具有持有毒品的故意。在这个案件中,被告人实际上是否认了主观要件的存在，坚称自己对外衣口袋中的毒品并不知情。那么这是不是意味着主观方面的要件没有证据证明呢？显然并非如此，线人的证言可以用来作为证明被告人主观故意的证据，因此，本案犯罪成立的主观和客观方面事实的证据都已经具备，满足了《刑事诉讼法》第55条第2款的第一个条件。

再看第二个条件，"据以定案的证据均经法定程序查证属实"，我们可以把这个条件称为"程序条件"。这意味着光有证据还不行，证据要想成为定案根据的话，一个必要前提是经过法定程序查证属实，任何一个证据如果没有经过法定程序查证，都不能作为裁判案件的依据。在本案中，辩方明确要求线人要出庭，而法庭却用宣读笔录的方式去调查。法庭采取的这种调查方式究竟是不是符合《刑事诉讼法》要求的"法定程序"呢？换言之，对于线人的证言，《刑事诉讼法》要求的"法定程序"究竟是什么？是法庭宣读笔录，然后辩护人发表下意见就可以了？还是证人必须出庭？这个问题的答案直接关系第三个条件的判断，即"综合全案证据，对所认定事实已排除合理怀疑"。这个条件可以被称为"心证条件"，它是对法官心证程度的要求。

从《刑事诉讼法》第55条第2款可知，未经"法定程序"调查的证据没有资格进入"综合全案是否排除合理怀疑"的审查范围。假设《刑事诉讼法》要求在本案情况下证人必须出庭，不出庭则不符合法定程序，那么本案线人的证人证言将不得作为定案根据，那么主观层面就没有证据证明被告人明知，被告人及辩护人提出的辩护意见就可以构成一个"合理怀疑"——要知道在当时的情况下，外衣口袋被人偷塞毒品的情况是可能存在的；当然，如果毒品是放在内衣中或者是体内藏毒的话，情况就不一样了，此种藏毒方式就足以证明其主观明知。因此，法庭对线人的证言的调查方式是否符合《刑事诉讼法》的要求，对这一问题的不同回答便会影响案件最终的判决。

与这个问题相关的条款是《刑事诉讼法》第192条第1款。该款规定，"公诉人、当事人或者辩护人、诉讼代理人对证人证言有异议，且该证人证言对案件定罪量刑有重大影响，人民法院认为证人有必要出庭作证的,证人应当出庭作证"。在本案中,辩护人已经提出异议,且线人证言显然对案件定罪量刑有重大影响,但法官没有传唤线人出庭作证。法官这一做法是正确,还是错误?这需要对这一条款作进一步解释。

此外,本案的处理还可能涉及另一条款,就是《刑事诉讼法》第 154 条规定,"依照本节规定采取侦查措施收集的材料在刑事诉讼中可以作为证据使用。如果使用该证据可能危及有关人员的人身安全,或者可能产生其他严重后果的,应当采取不暴露有关人员身份、技术方法等保护措施,必要的时候,可以由审判人员在庭外对证据进行核实"。那么,本案是否能适用这一条款,以秘密侦查作为线人不出庭的正当事由呢?还可以进一步讨论,这两个条款之间是何种关系?二者发生冲突应当如何处理?显然,本案线人的证言属于对案件有重大影响且控辩双方存在异议,但另一方面本案又属于秘密侦查的范畴,法官应当如何判断证人是否有出庭的必要?这也是需要进一步探讨的问题,可以看出,这样看似简单的问题,实质上涉及被告人的质证权的保障与限缩。那么,对于本案证人证言的调查和质证,怎样是合法?单看这两个条款以及《刑事诉讼法》的其他规定,可能很难马上作出确定的结论。所以接下来,以这个案子为例,系统地梳理一下法庭对证据进行调查应该符合什么样的要求,这就是我今天要跟大家交流的法庭调查以及法庭质证的基本原理。我们在适用这些条文的时候,要根据这些原理去适用。

二、证据调查的实质要求

(一)直接审理

法庭对证据调查需要满足哪些实质性的要求?以前在讨论证据调查的时候,我们可能更感兴趣的问题是法庭调查有不同的模式,英美法系的交叉询问和大陆法系的法官询问,表现出的各种不同的样态。但是,尽管不同国家证据调查的具体形式存在不同,但其背后的实质的要求其实差别是不大的。不论是交叉询问的对抗模式,还是法官职权审判模式,对任何证据的调查,都需要满足以下两方面的要求,如果满足了这两个要求,那基本上便可以将其评价为一个公正的调查方式。第一,直接审理,也即调查方式要使案件的裁判者能够直接接触最原始的证据信息。用程序法专业概念来说,就是大家熟悉的直接审理原则。第二,对于那些对被告人不利的实体性证据,除法官有直接的印象外,同时还要保障被告人能够对这些证据有一个充分的质证的机会。没有经过被告人质证的,不是一个合法的程序。满足这两个条件,证据调查就是一个合法的调查。

根据教科书上的概括,直接审理原则的要求分为"实质的直接审理"和"形式的直接审理"两个方面。所谓"实质的直接审理",要求法官去接触最原始的证据材料,而不能使用证据替代品,这是直接性原则的核心含义。所以有人将直接审理原则称为"禁止使用证据替代品",凡不是最直接、最原始的证据资料,都是证据替代品。例如,对证人证言最直接的审理方式是证人出庭,直接向法官陈述,让法官直接听证人的证言。而本案只提交书面的证言笔录的话,就属于证据替代品。对于法学院的学生来说,对直接审理原则的内涵与要求都比较熟悉了,在这里就不再过多展开。接下来重点探讨另一个实质性要求,即被告人的质证权的保障问题。

一个合法的调查程序,除让法官获得直接印象之外,关键还要让被告人有一个充分的质证的机会。质证的概念很好理解,即对证据进行质疑。在刑事诉讼中存在诸多形式的质证,辩方可以质疑控方提出的有罪证据,控方也可以质疑辩方提出的辩护证据,但这两种质证在法律上的性质不同。被告人对不利证据的质证权,绝大多数法治国家将其确定为一项基本权利,也即宪法权利。给予被告人对不利证据展开充分质证的机会,是被告人的基本权利,和控方对其他证据所展开的质证不同。一个国家法庭审判程序的公正程度,其最核心的判断标准是,诉讼程序能不能够充分保障被告人针对那些对他不利的证据,有充分质证的机会。如果这一点能够保证的话,那么可以说这项程序是公正的。这项权利是不能随便限制的,不是说绝对不能限制,而是不能随便限制。因为这是一项基本权利,对基本权利的限制是有一系列要求的,需要存在正当理由,符合法律保留原则、法官保留原则以及比例原则等,否则便有可能产生违反宪法的问题。因此,能不能够保障被告人的质证权,是判断证据调查方式是不是合法的一个重要指标。那么这里涉及的一个关键问题便是,什么样的质证是真正有效和充分的质证,如何保障被告人的质证权属于"充分"?

(二)有效质证的最低标准

关于有效质证的最低标准,在这里给大家列了四点。当然这四点并不是我概括的,而是中国台湾地区的林钰雄教授在研究了欧洲人权法院的一系列判例后,总结出来的要点。如果这四点做不到,那么质证就难以称之为有效。

第一,面对面。有效的质证一定是面对面的质证,被告人对于那些不利于他的证言,有与证人当面对质的机会,这种质证才是一个充分的质证。"面对面",也有人称之为"眼对眼"。当然,面对面这一要求在特殊情形下可以有所限制,但限制不是随意的。什么特殊情形呢?常见的情形是对于那些"脆弱证人",比如未成年人、性犯罪案件中的被害人,要求这些人和被告人"面对面"质证有可能会对他带来进一步伤害,因此可以在作证方式上作出一定的改变。此外,法律允许秘密侦查的情况下,为了保障相关人员的人身安全,也可以在这一点上作出一些合理的限缩。这些都有可能成为对质证权进行限缩的正当理由。我国《刑事诉讼法》也有类似规定,在危害国家安全的案件、恐怖活动犯罪案件中,如果证人在诉讼过程当中作证存在危险的话,法院可以采取一些保护措施,比如,通过不公开证人的姓名、住址、工作单位等信息,或者不暴露其特征,如蒙面、变声或者通过视频等方式进行作证等。

第二,全方位。质证不仅要面对面进行,同时还要允许被告人对不利证据展开全方位的质证。什么叫全方位?就是说所有有助于判断证据可靠性的信息,都要允许辩方质疑、提问。法律或法官不能对被告人质证的内容限制得过窄,否则这也是对其质证权的不当限缩。在没有正当理由的情况下,所有有助于判断证据可靠性信息的问题,都应当允许提出,只有在特殊情况下才可以进行限制,比如证人的人身安全可能受到影响时,证人可以隐匿身份。匿名证人或者秘密证人历来是程序法上的敏感问题,一方提供证言但不提供证人的个人信息,实际上构成了对质证内容的限制,因为证人的身份有助于判断其证言是否可靠、是否存在倾向性等。但在特殊情形下,存在正当事由且符合比例原则,可以进行一定的限制。再比如,根据《刑诉法解释》,存在一些对证人发问的禁止性规定。如果这个问题涉及证人的人格尊严或个人隐私,那么就不能提问。这实际上也是对全方位质证的限制,也是要有正当理由的。这一问题在很多国家的法庭上常常会产生争议,比如交叉询问中的反询问——也即质证。当你问英美法系国家的律师:英美的刑辩律师在反询问时,都问证人什么问题呢？这时候很多英美的律师可能会告诉你说,最有效的质证方式就是在反询问的时候进行人身攻击。刑辩律师问证人一些不体面的问题,是为了达到破坏证人在裁判者心目当中好形象的效果。比如,律师一上来就问证人是否有前科、是否有不良嗜好、从事什么工作,如果发现证人曾被判处过伪证罪、有过吸毒前科等,那么很可能证人在法官或陪审员心目中的形象就会受影响。但如果按照我们的规定,这些问题算不算涉及个人隐私或人格尊严,可能都会引发争议。证人的不良过往以及证人的品格,对于证言的可靠性有没有影响？从经验法则层面来看,很难说没有。日常生活当中我们判断一个人可靠不可靠,值不值得交往,很多时候就是凭借这些信息去判断。法庭审判中是否一定不允许提有关人格尊严或个人隐私的问题,这可能是有疑问的。所以,在英美的法庭上经常会发生有关程序上的一些争议,如有关对证人所提的问题是否允许、证人是否有必要回答等。但是这一情况目前在中国的法庭上发生的频率较小,原因在于大部分证人根本就不出庭。但在被告人的质证权要想得到充分保障、证人一般都要出庭的情况下,这些问题早晚会是我们需要面对和解决的。

  第三,保障质证权,本质上保障的是质证的"机会"。也即,并不是一定要让被告人对所有的证人都展开面对面的质证。法律提供给被告人的是一个"机会",只要被告人要求,法律及法庭就应该给予被告人质证的可能性。但这个机会是可以放弃的。若被告人主动放弃质证权,则不属于不当限制被告人的质证权。同理,法庭审判简化的本质就是简化被告人的质证权。当被告人放弃对所有的证据加以质证的机会,量变引起质变,普通程序就变成简易程序。机会可以放弃,但应当保障被告人的放弃是自愿的。

第四,有效质证权的最低限度标准,要求"至少一次"。这是在欧洲人权法院诸多标杆性裁判中反复提到的一点,在整个刑事诉讼过程当中,至少应当给被告一次这样面对面、全方位质证的机会。如果连一次都没有,这个程序是不公平的。如果你给了他一次机会之后,你审判程序就达到了所谓最低限度的公正标准。原因在于,虽然被告人的质证权确实应当得到保障且证人也有作证的义务,但这不代表证人要随叫随到并针对一个问题反复接受询问,证人没有这样的义务。因此,国家给被告人提供的质证机会至少一次就够了。如果被告人再次要求进行质证但没有新的理由,此时限制其质证权不属于程序不公。

(三) 直接审理和有效质证的适用范围

所以,有效质证的核心实质性要求,是做到这四点,对被告人不利的实体性证据,在整个刑事诉讼过程中,要给他至少一次面对面的、全方位的质证机会。这是法庭审判过程中,对证据进行展开调查的实质性要求。这两个要求实际上是有其适用范围的,不是所有的证据都要符合这两个要求。因为处理一个案件需要查明的事实有很多类,有些属于实体性事实、有些属于程序性事实。相应地,法庭调查的证据有的是证明实体性事实的、有的是证明程序性事实的。

第一,直接审理原则主要适用于证明实体性事实,即与定罪量刑有关的事实,而对于一些程序性事实则不是绝对的要求。常见的程序性事实如是否需要回避、证据有没有证据资格、是否存在非法取证,这些程序性事实允许法官通过阅卷的方式得出结论。只有在特殊情况下,如果法官认为这种间接的调查方式无法查明真相时,才会要求相关人员出庭作证。

《刑事诉讼法》也有相关规定，如对证据合法性有疑问，法官可以通过阅卷或书面调查得出结论，在书面调查不足以查明事实的情况下，法官还可以通知相关人员出庭作证。而通知相关人员出庭作证，当面向法官陈述，这就是直接审理。总之，对于实体性的事实，原则上一定要通过直接审理的方式，但对于程序性事实则不做硬性要求，由法官视情况定。这是直接审理原则的适用范围。

第二，有效质证的最低标准，也即面对面、全方位的至少一次的质证机会，不仅是适用于实体性证据，另外还要特别强调的是，它仅仅适用于实体性证据当中的那些对被告人不利的那一部分证据。如果是对被告人有利的实体性证据，法官没有要求相关人员出庭作证即作为定案依据，很难说程序是不公正的。当然，有可能从结果上来说会造成实体的错误，但就程序而言，一项有利于被告人的证据，没有充分质证即作为定案根据，程序上不能说它不公正。

这是我们讲的，对证据调查的两个方面的实质要求。

三、对《刑事诉讼法》第192条第1款的评析

根据这两个要求，回过头再来看一看《刑事诉讼法》中有关证人作证和质证条款，应当如何理解。其中很著名的条款是刚才提到的《刑事诉讼法》第192条第1款："公诉人、当事人或者辩护人、诉讼代理人对证人证言有异议，且该证人证言对案件定罪量刑有重大影响，法院认为证人有必要出庭作证的，证人应当出庭作证。"这一条款是2012年《刑事诉讼法》新增的，2018年《刑事诉讼法》中没有变动。有人将其概括为三个条件：有争议、有影响、有必要。满足这三个条件，证人就要出庭作证。如果对国外刑事诉讼规则比较熟悉的话，就会发现我国与其他国家的规定完全是反着来的。国外一般规定证人原则上都出庭，并明确列举例外事由，符合这些例外事由的情形下可以不出庭。而我们相反，符合这些条件才需要出庭，不满足相关条件则不出庭，不出庭在很多情况下也是合法的调查方式。

暂时搁置立法方式上的差异，重点看这一条款应该怎么样理解。当

证据对定罪量刑有重大影响,而且控辩双方都对该证据产生争议了,那么法官还能有什么理由认为他没有必要出庭作证呢?这个是很难解释的。这一条款虽然规定证人是否有必要出庭作证由法官判断,给了法院自由裁量权,但自由裁量权不能恣意行使。所以我们考虑一下,法官在这样的情形下,在什么时候、以什么理由可以认为证人没有必要出庭作证?2012年《刑事诉讼法》增加这一条款,当时的目的是促进证人出庭作证,但是没想到给理论提了难题。

1. 观点之争:"一情形说"与"二情形说"

有观点认为,对这一条款不能以一般的方式去理解,并不是有争议、有影响及有必要这三个条件都满足之后证人才应当出庭,这一条款实际上是规定了两种证人必须出庭的情形:第一种情形是控辩双方对证言产生了争议,而且证言又对定罪量刑有重大影响,这时证人就应当出庭;第二种情形是法官认为有必要,也即控辩双方可能没有争议,但是法官认为这个证人有必要出庭作证。这一观点将该款解释为两种情形,回避了前述问题,也就是回避了证据对定罪量刑有重大影响且控辩双方有争议,但法官认为证人没有必要出庭作证的矛盾。总之,对于这一条款的理解,学界有两种观点。第一种观点是"一情形说",也即有争议、有影响且有必要这三个条件都满足,证人才出庭作证。第二种观点是"二情形说",也即法官认为有必要是单独的一种情形。

所谓的"二情形说"当然有其道理,但从法理上看,"二情形说"是有问题的。2012年《刑事诉讼法》增设了这一条款,从立法资料来看,全国人大常委会法工委作为立法者给出的解释是:这是三个必须同时满足的条件。立法者的意见不支持"二情形说"。但是,2010年《关于办理死刑案件审查判断证据若干问题的规定》(以下简称《死刑证据规定》)采取的是"二情形说",其第15条第1款规定,"具有下列情形的证人,人民法院应当通知出庭作证;经依法通知不出庭作证证人的书面证言经质证无法确认的,不能作为定案的根据:(一)人民检察院、被告人及其辩护人对证人证言有异议,该证人证言对定罪量刑有重大影响的;(二)人民法院认为其他应当出庭作证的"。所以,如果2012《刑事诉讼法》仍然采取"二情形说"立场,它没有必要改变这一条款的叙述方式,只需沿袭《死刑证据规定》第15条第1款的规定。但是从条文规定来看,2012年《刑事诉讼法》将两种情形表述为了一种情形。因此,从2012年《刑事诉讼法》作出的表述方式的变革来看,是有意区别于2010年的《死刑证据规定》。在控辩双方存在争议、证据对定罪量刑有重大影响的情况下,仍给予法院判断的权力,最终还是让法院决定证人是否需要出庭。因此,对于这一条款仍需要作进一步解释,是否存在其他办法能够化解这一难题。比如,理论上能否为"法院判断证人是否有必要出庭"这一问题提供解释和说理标准。从我的观点来看,结合上述证人调查及质证的基本原理,《刑事诉讼法》第192条第1款仍存在合理解释的空间。

2. 对《刑事诉讼法》第192条第1款的理解

以被告人质证权的基本原理为基础,法院在判断证人有无出庭作证的必要之时,如何行使判断权。

我们逐条来看,第一点,公诉人、当事人或者辩护人、诉讼代理人对于证人证言有异议,也就是对某一证言产生异议。那是不是一旦有异议,法院就应当认为"有必要"呢？恐怕也不能这么理解。在诉讼过程中,当事人对某个证言产生异议分多种情形,可能涉及证言的证明力和证据能力。比如,当事人对证言提出异议可能是针对证人证言的证明力,认为该证言可能是虚假的、不可靠的。还有一种异议,当事人认为证言不具备证据资格。上述的直接审理要求以及有效质证的要求,适用的是实体性问题,而非程序性问题。由于证据资格属于程序性问题,如果当事人提出的异议是针对证言的证据资格时,证人并非必须出庭作证。只有实体性问题,才有出庭作证的必要。因此,涉及"有必要"的判断问题时,首先要看这一争议是针对实体还是程序。若针对程序性问题发生争议,法官可以根据个案情况判断是否有出庭的必要。若针对实体性问题发生争议,这一问题就落入质证基本原理的效力范围。

第二点,即使是对实体问题的争议,还须进一步区分不同作用的证据。发生争议的相关证据是否对被告人有利,对证人是否有出庭必要是存在差异的。正如我前面所讲的,面对面、全方位的质证权是针对那些对被告人不利的证据。因此,如果被告人针对那些在定罪量刑上对他不利的证据提出质证的要求,而法院不给予被告人当面质证的机会,是对基本权利的不当限制,甚至是违反宪法的要求,会对程序公正产生消极影响。但如果发生争议的证据是对被告人有利的证据,在证人不出庭的情况下被作为定案根据,最起码不影响程序公正。因此,第二点对"有关争议"如何理解,还要看是对被告人有利的证据,还是不利的证据。

第三点,与第二点密切相关,需要看提出争议的主体是谁。从《刑事诉讼法》第192条第1款的规定来看,公诉人、当事人、辩护人、诉讼代理人都可能会对这个证据提出异议。但不同的主体所提出的异议,在法律上的效力位阶是不同的。被告人对不利证据提出异议的权利,是基本权利,受宪法保护。而其他人的质证权则来源于刑事诉讼法,对这一权利进行限制,起码不违反宪法。

因此,对《刑事诉讼法》第192条第1款中的"异议"需要进行区分。假如这一争议是被告人针对那些对他不利的实体性证言提出的异议,法官原则上不存在自由裁量判断的余地。法官行使针对是否有必要出庭的自由裁量判断权,必须在划定的圈子外进行。当被告人针对不利于自己的证言提出异议时,此时证人是必须出庭的。所以,根据质证权的基本原理,可以得出如下结论:《刑事诉讼法》第192条第1款中,法官认为有必要的自由裁量权适用是有限度的,并非所有情形法官都可以行使自由裁量权。出现我刚才讲的这种情形,就没有自由裁量的必要,法官至少要给被告人提供一次有效质证的机会。如果提供过一次,那可以认为没有必要了。但一次都没有的话,法官没有自由裁量的必要。从质证权的基本原理的角度,可以很容易得出这个结论。

第四点,"对定罪量刑有重大影响"的侧重点在于定罪量刑。当证据都对定罪或量刑产生影响了,哪有不重大的?因此,一旦被告人对在实体上对他不利的证言的真实性提出争议,此时法官就没有判断权了,证人必须出庭。如果联系前面的案例,可能会得出如下结论:控辩双方对证人证言有争议,该证言涉及实体问题且是对被告人不利的证言,即对被告人有重大影响,在这种情况下,如果法官连一次面对面、全方位质证的机会都不给被告的话,审判程序很难说是公平的。

这是从质证权原理层面,对这一条款得出的解释结论。但是,在刑事司法实务中,法官贯彻的标准与之大相径庭,大部分案件都很少有证人出庭。如果这样去理解《刑事诉讼法》第192条第1款,法官在很多情形下都违反这一条的实质要求。所以,需要在被告人同意的情况下适用简易程序,否则对审判来讲是很重的负担。然而,上述的解释结论仅仅是保障质证权的最低限度要求。何为"最低限度要求",就是不符合该要求时,审判程序难以被称为公正,没有达到最低限度的公正标准。但是,从另一方面来说,这样一个最低公正标准在我们看来是很高的要求,实际也很难贯彻到所有案件中。要求法官对所有的证据都有直接的、最直观的印象,让所有的被告人都有全方位、面对面地举证、质证的机会,这是很难完成的任务。不仅对中国法院而言是很难完成的任务,其实对于世界各国的法院来讲,它都是很难完成的任务。为什么?

直接审理和有效质证不是现代才产生的一项原则、要求。从世界各国刑事诉讼发展趋势来看,自近代以来,在资产阶级革命以后就已经产生。比如,直接审理原则是在资产阶级革命废除纠问式诉讼之后确立起来的一项原则。直接原则要求法庭审判对每一项证据都进行直接的、面对面的调查,法官对证据有直接的印象,这一要求在当时的社会背景下,还是可以接受的。但是社会发展到现在,任何一个国家的法院都不可能在所有的案件当中全面去贯彻这样一个要求。因为200年以前的"犯罪"一般都是传统犯罪,如杀人、放火、抢劫等犯罪。这类犯罪的特点是,虽然罪行严重但证据相对简单。如一宗杀人事件发生,它的证据数量是有限的。所以对这类简单案件要求证据进行全方位的质证,让法官对每个证据都有直接印象,对法庭来讲不构成多么重大的负担。

但是,社会发展到现在,我们面临大量非传统的案件,如有组织犯罪、跨国犯罪或贪污贿赂犯罪,很多案件证据都是海量的,面临的犯罪越来越复杂,证据也越来越复杂。在这种情况下,如果仍然坚持贯彻"底线要求",也即法官的直接审理和被告人对每一个对自己不利的证据都要有面对面、充分质证机会的话,任何一个国家的法庭都是受不了的。这种矛盾实际上就是目前世界各国的法庭审判面临的新挑战。在新的形势下,面对现代社会的复杂犯罪,如何坚持这两项底线要求——法官直接接触证据和保障被告人的充分质证权,在世界各国出现了不同的应对方案。

四、质证权保障的新趋势

第四个方面问题是在目前新的形势下质证权保障的新趋势。一方面,法律需要应对新型犯罪的挑战,同时又要坚持两个基本的底线,我们用什么样的方式呢?出现了什么样的新趋势呢?从比较法考察来看,会发现在世界各国出现了两个很有代表性的应对措施,一个是对于我们而言很熟悉的"繁简分流",另一个是对于我们来讲不是很熟悉的"重塑侦查"。

(一)繁简分流

目前的刑事诉讼特别看重繁简分流的方式,在被告人同意的情况下,适用简易程序、速裁程序等简化的审判程序,把审判资源集中起来审判那些被告人不认罪的复杂案件。这种模式我们把它叫作"繁简分流"模式,以美国的辩诉交易为代表。实际上,这些年在认罪认罚从宽制度中适用简易程序和速裁程序,也是从美国得来的灵感。那么"繁简分流"的模式何以能够成立?再回过头来看一下今天讲的质证权的基本要求,质证权是一种"机会",所以在被告人自愿放弃的情况下可以简化审理,不必再给被告人针对每项证据进行实际的质证。但是,"繁简分流"模式的适用实际是有前提的:在一个国家的刑事法治化程度较高的情况下才可以适用繁简分流;相反,在还没有达到这一条件时就大规模适用简化程序,是潜藏危机的。

以美国为例,我们常说美国有95%的案件都适用辩诉交易,审判程序就简化了。但是,美国的审判程序简化有比较坚实的制度基础。一旦不采取辩诉交易便进入审判程序,程序制度的框架是非常严格的,充分保障被告人对每一个证据的质证权。如果有一个证据的质证权出了问题,那么都可能会导致判决被撤销。所以,首先,美国的普通程序非常严格,这一点于我们目前的普通程序而言,是很难达到的。其次,尽管审判程序简化,但在美国的刑事审前程序中,被告人的各项权益有着充分保障:美国的犯罪嫌疑人在侦查阶段第一次接受讯问的时候,他就享有充分的律师帮助的权利、享有沉默权,在审判之前享有证据开示的权利、享有知情权。所以,被告人对自己在诉讼过程中的处境是非常了解的。这充分保障他放弃质证权的决定是自愿的,同时也是明智的。自愿,就是没有逼迫被告人放弃权利。明智,就是被告人对控方有哪些证据指控他非常清楚,他可以作明智的决定,如果不放弃权利而进行审判的话,判决结果也很可能对自己不利。

所以,被告人审前的一系列权利充分保障了他放弃质证权的自愿与明智。但是这些保障在我们国家刑事诉讼中是比较缺乏的,我们现在的刑事法治化程度还在发展过程中,还没有达到这么严格的程度。那么,这个时候贸然采取"繁简分流"模式,实际上里面是隐藏危机的。等到了程序法治化达到较高的水平、被告人的各项权利有充分保障的时候,再适用简化程序才比较安全,也不会危及整个刑事法治化的水平。正如我在讲座一开始就提到的,我一直对目前法庭审判这样大幅度简化的做法保持疑虑。尽管中国的刑事诉讼还是走上了这样一条路,但是大家一定要知道这里的危机。这也是为什么我强调在这种背景下更要思考怎么样保障被告人的质证权。其实,这是为前面对法治化的质证权利"透支"进行"还债"的过程。一定要夯实制度的基础,这样繁简分流才有一个坚实的制度基础。

(二)重塑侦查

质证权保障的第二种模式,也是更值得我们去思考或者借鉴的模式,我把它概括为"重塑侦查"模式。以欧洲大陆法系国家为代表,实际上也是在欧洲人权法院的一系列标杆判例的指引之下,欧洲大陆国家探索出来的一条路。按照传统观点对质证权的理解,一般是在法庭审判阶段给被告人提供至少一次的质证机会,让被告人在中立、公开的法庭上对证据进行充分的质证。但是,现在按照很多欧洲大陆法系国家的理解,比如在以德国为代表的职权主义诉讼当中,他们的理解已经不仅限于审判阶段,而是只要在整个刑事诉讼过程当中,法律给被告人提供了一次面对面、全方位的质证机会,审判就可以被认为是公正的。这一次机会不一定非要等到审判阶段才给他,在侦查阶段就可以提供。比如,在德国的刑事诉讼当中存在"侦查法官"这样一种角色,他是在侦查阶段来履行审判职能的法官。侦查法官在侦查阶段行使的审判职能主要包括两方面:其一,签发强制处分的令状,如逮捕、搜查、扣押原则上都需要找法官签发令状,侦查法官在侦查阶段就负责强制处分签发令状;其二,在侦查阶段听审证据,现在越来越多的欧洲大陆检察官在侦查阶段,就把对被告不利的证人带到侦查法官面前作证。同时,在侦查法官面前,证人接受犯罪嫌疑人的面对面、全方位的质证,这个机会在侦查阶段就给予犯罪嫌疑人了。侦查阶段质证的结果会被固定下来,例如形成笔录或录音录像。至少一次的质证机会已经在侦查阶段提供给被告人,被告人在侦查阶段就已经充分地表达了意见。到了审判阶段,笔录可以进入法庭,把笔录作为法庭审判的一个依据,或者将录音录像在法庭播放,这样证人就不需要出庭了。

为什么将这种模式称为"重塑侦查"?原因在于通过这样的方式,侦查的结构发生了很大的变化。侦查不再是通常理解的、像我国目前刑事诉讼那种秘密的侦查方式,侦查已经是一种参与式侦查,控、辩、裁各方在侦查阶段已经到位。为了减轻审判阶段的负担,在侦查阶段控、辩、裁的结构就建立起来,让对被告不利的证人在侦查法官面前接受质证。而且,按照他们的观点,在侦查阶段进行质证比审判阶段更好。为什么以前提起质证都是在审判阶段?因为从诉讼制度发展来看,早期只有在审判阶段,被告人的各项权利才有充分的保障,比如,到了审判阶段才有律师介入、被告人才能在公开的法庭面前同控方进行对抗。但是现在情况早已经不是这样了,律师早在侦查阶段就已经介入。按照我国《刑事诉讼法》,其实律师在侦查阶段也可以介入,只不过目前律师在侦查阶段的作用还比较有限。因此,现在条件已经具备了,很多关键证据的质证不需要等到法庭审理,在侦查阶段就可以进行。而且,在侦查阶段进行质证还可以避免很多难以克服的情况。比如,当检察官预计到某一个证人开庭当天无法到庭,证人可能要出国,证人身体不好无法等到开庭当天。此时,就可以在侦查阶段进行质证以固定证据,形成笔录或者录音录像到法庭宣读、播放,这样被告人的质证权可以得到保障,审判阶段的压力也可以得到缓解,这些难以克服的情况也得到了解决。另外,许多复杂案件不仅审判耗时,侦查也很耗时。到审判时证人的记忆可能变得不清晰了,而在侦查阶段的有关案件事实的记忆更为清晰,此时质证更有利于查明案件事实。"重塑侦查"可以在侦查阶段让被告人和法官参与进来,重塑了侦查的结构,缓解了审判的压力。同时,保障了被告人的质证权,在侦查阶段给了被告人一次面对面、全方位质证的机会。

(三)比较和评价

面对有效质证最低限度要求,这两种新趋势的应对方式是不同的。"繁简分流"模式的法理基础从哪来?它特别看重的是"机会",当被告人放弃了这个机会,质证程序就可以简化了。而"重塑侦查"模式的设计方案强调"至少一次",它侧重于质证权充分保障里面"至少一次"的要求,在侦查阶段给予被告人一次充分质证的机会就可以了。现在一些欧洲大陆法系国家的学者认为,"重塑侦查"模式造成的影响使刑事诉讼结构发生了根本性变化,出现了从"审判中心主义"向"侦查中心主义"转变的趋势。反倒这时候他用了"侦查中心主义"一词,如果不了解实质内涵的话,可能我国很多的法律人会觉得很兴奋——我们早就"侦查中心主义"了!实质上,它跟我国的"侦查中心主义"不一样。欧洲大陆法系国家的"侦查中心主义",是在侦查阶段来完成很多在审判阶段要完成的工作,目的在于使审判对侦查取得的证据进行实质性的审查,让被告人能够更好地进行质证。而我国的"侦查中心主义"是指侦查的结果决定了审判的结果。这根本是两回事。另外,我还看到很多人学习德国的刑事诉讼程序时常产生误解。例如,《德国刑事诉讼法》诸多条款都规定在审判阶段可以宣读笔录。也就是说,很多笔录在德国审判过程当中也是可以用的。于是许多人就认为,这意味着我国法庭宣读笔录也没什么问题。这种误解源于部分人不了解制度背后的因素,德国法庭宣读的笔录往往是在侦查阶段已经过充分质证的、可能是在侦查法官面前制作的笔录。而我国在法庭上宣读的笔录,是侦查机关单方面制作的,既没有法官的参与,也没有经过辩方充分的质证。

当然,一旦"重塑侦查",也即允许在侦查阶段进行质证的话,它会带来很多程序性的问题,还有许多需要解决的争议问题。这里给大家介绍新的趋势,开拓大家的思路。但是,我觉得"重塑侦查"模式是值得我们认真对待的。虽然现在的司法改革走向了"繁简分流"模式,因为这个模式的阻力可能会小一些。而"重塑侦查"模式涉及公、检、法各机关的权力的重新配置,这是"伤筋动骨",它面临的阻碍会更大。

但是,如果对这两个模式进行评价,就会发现"重塑侦查"模式值得我们认真去思考。尤其是中国法庭审判实质化还没有办法得到保障、法治化程度还有待进一步提高的前提之下,"重塑侦查"模式是一种不过分削弱辩方权利的方案,而且它还会增加侦查的开放性。中国刑事诉讼的侦查跟国外完全不一样,我国的侦查不仅耗时长,而且除逮捕措施由检察院审查批准外,侦查几乎由侦查机关单方面控制,这是中国目前侦查的特色。相较之下,不论大陆法系还是英美法系,他们的侦查、起诉阶段,都已经实现各方的充分参与,唯独我国还是采取封闭且耗时极长的模式。这种侦查模式会带来很多不利的后果,不仅是侦查中心主义。我一直将"长期封闭的侦查"比喻为"黑洞",你不知道里面发生了什么。非法证据排除规则或直接审理原则,在其他国家运行都没有问题,但它在中国运行就很难,为什么?因为侦查时间太长了,同时它又高度封闭。等到了审判阶段,再想通过非法证据排除去查明侦查阶段有没有违法取证行为、再通过直接审理原则去审查证据的原始状态是什么样子的,难度都是非常大的。

它不像开放式侦查,侦查过程当中发生了什么是比较清楚的,有没有违法取证,是不是严格遵守程序是可以查明的。而面对这种长期封闭的侦查形式,非法证据排除规则或直接审理原则在很大程度上都失效了。这也就是为什么称之为"黑洞"。黑洞的质量无限大,在黑洞附近,物理学上的一些规则,如万有引力定律等,通通都失效。因此,开放式的侦查是很值得期待的,尽管它涉及方方面面,且国家公权力的重新配置也是困难重重。但是大家一定要知道有这样一种模式。尤其在我国目前法治发展水平不是很高的情况下,这种模式是值得去思考和学习的。在新的犯罪形势之下,这种模式还能够贯彻程序公正,并保障被告人质证权的基本底线。

我先讲到这里,谢谢大家。

主持人:李玉华

谢谢孙远教授!孙远教授的讲座真是行云流水,一气呵成。这样,接下来进入与谈环节,我们有请三位嘉宾。其中,两位嘉宾是刑事诉讼法学界的青年才俊,"80后"的教授、博导,分别是来自西南财经大学法学院的兰荣杰教授、来自北京外国语大学法学院的郑曦教授。另外,我们与谈环节也体现理论实践相结合,还有我们知名的邱祖芳大律师参与,他有律师和法官的双重经历。

下面我们就先有请兰荣杰教授进行与谈。

与谈人:兰荣杰

谢谢李老师,也特别感谢孙远教授。刚才听了1小时40分钟,非常有收获,对于孙远教授的观点,我首先表个态:就本案以及他所延伸出的观点我是基本赞成的,但是,考虑到学术对话的精髓是商榷和质疑,尤其是西南政法大学有着"要求批评而不允许唱赞歌"的传统。所以,接下来我会从三个方面和孙远教授进行商榷。第一个是对孙远教授所举的案例分析的商榷。第二个是对孙远教授主张的证人出庭的必要性的商榷。第三个稍微离这个题目远一点，是对质证程序的根本功能、原始功能的商榷。

第一个商榷，针对的是孙远教授举示的案例。第一，孙远教授认为，本案的"主观明知"需要通过证人证言，也就是线人的证言进行证明，对这点我个人是持异议的。当然，线人也许能够证明被告人的主观明知，但是我个人认为，本案更多的是从客观行为来推定被告人的主观认知。如果根据《刑事诉讼法》第55条"据以定案量刑的事实都有证据证明"的规定，本案对"主观明知"的证明很可能是通过客观行为推定的。因为从普通人的常识常情常理，以及经验法则可以得知，当你的外衣口袋，就像孙远教授也强调了，是外衣口袋出现了这个"东西"，我们现在不知道这个"东西"有多重，比如5克或者是50克，甚至更多。一般人是不可能感知不到外衣口袋放了这样一个"东西"的。那么从经验法则的角度，是不是可以推定被告人是明知口袋有东西。第二，既然明知口袋里有东西，那他是不是应当查看、判断一下自己口袋里的东西。第三，如果他没有去查看、确认自己口袋的举动，是不是意味着他可能是明知这里面有东西，或明知这个东西可能有什么不合理的地方。所以，从本案哪个证据来确定主观明知，这是我首先和孙远教授商榷的地方。另外，除证人不出庭的问题之外，以我对司法实务的理解，我认为本案的证据，最主要的可能是缺乏同一性认定的鉴定意见。本案通过搜查和扣押等笔录来对毒品进行鉴真，以证明毒品是来自被告人外衣口袋。但是这也仅仅能够证明毒品来自被告人外衣口袋，却不能够证明毒品是被告人所有。据我了解，在毒品司法实务当中，当出现人货分离，或者尽管是人货一体，货从人身上搜出来，但是如果有合理根据怀疑的时候，就有必要对毒品进行生物检材鉴定，寻找毒品外包装上面的指纹、DNA等。如果，从毒品外包装上面找到了被告人的指纹，我想这个案件就不会有争议了。但是如果发现存在其他人的指纹，那可能这个案件的合理怀疑就越发明显了。所以我个人认为，就这个案件而言，可能还缺少对毒品外包装的同一性的鉴定。因此，这个案例也许不是用来引出或者证明孙远教授这些观点的最好的案例。

第二个商榷,是对证人出庭的必要性的商榷。孙远教授在讲座的最后阶段提到了由于社会的发展,以及整个犯罪、侦查手段的发展,和当年主张直接言词原则的时代相比已经发生了很大的变化。但孙远教授似乎没有发现,正是因为社会发展、犯罪的变化,以及侦查手段的变化,才使是否需要像原来那么坚持直接言词原则和证人出庭这一问题,也发生了变化。如果就本案而言,也许这个犯罪嫌疑人需要线人出庭,但是如果抛开本案从广义的角度来看,我个人认为,未来对直接言词原则及证人出庭的需求,应该是在下降的。直接言词原则和证人出庭的必要性,存在一种式微的趋势。我们可以看到全世界,尤其以中国大陆为典型,越来越依赖客观证据定案。比如像刚才这个案例,如果在毒品外包装上找到了被告人的指纹,这个案子有没有线人证言就无所谓了,甚至连有没有被告人的口供都无所谓了,所以越发依赖客观证据定案。当然毒品案件其实相对而言不算最典型的,最为典型的是全国犯罪第一大类的危险驾驶罪,每年有三十几万起。这类犯罪不管有没有被告人的供述和辩解或证人证言,当然也没有被害人陈述,其实这些证据几乎是没有必要的。我们更多是依据交警在查酒驾现场的执法记录仪拍摄的录像,医院提取血液的录像,以及血液酒精含量的鉴定等,依靠比较客观的证据定案,完全不需要言词证据。所以是客观证据愈发主导了现在的侦查和审判,而主观证据愈发式微,甚至我们对证人证言、被告人的供述和辩解,这样的主观证据的审查也越来越依赖相对客观性的方法,而不是依赖主观性的出庭这种方法。比如,通过印证来判断证人证言的内容的合理性,是不是符合常识常情常理,是不是符合这样专业的意见等。甚至,通过大数据辅助判断证人的品行、专业以及过往的一些类似行为等,以此对其证言的真实性、可靠性进行判断,而越来越少地依赖出庭作证,尤其是以出庭作证、察言观色的方式来判断证人证言的可靠性、真实性。我个人在法院挂职过,如果证人出庭的口头表达和法官通过"五听"察言观色得到的结果与书面证言有冲突,那会对法官造成非常大的困扰。周洪波教授对察言观色有非常深刻的研究。而在现实中,我的判断是大多数法官即使通过察言观色认为证人说谎,而书面化的证词又是另一种事实的话,法官大概率也会采用书面证言这种相对客观化的信息。而不是通过察言观色,然后判断证人在说谎却又无法充分说理,法官是不太敢这样做的。因为这个事对于法官来说是很危险的。所以我对孙远教授的观点的第二个商榷就是证人出庭的必要性,随着社会以及侦查的发展,是不是还那么有必要。当然我要承认,我的意思并不是说每一个案件都有充分的客观证据,都不需要证人出庭。但从研究的角度来说,这可能是未来的大方向。

第三个商榷相对可能技术性一点,就是对质证程序功能的商榷。孙远教授的讲座,我读出来的是对质证的实质功能的强调。质证的实质功能就是,通过质证去审查证据的证据能力、证明对象和证明力。当然这也是应当的,这也是(为什么)司法实践中的质证环节,至少表面是主张全部进行。但是,除了看到质证的实质目标,我们还要注重质证程序的形式性功能或者程序性的功能。也就是说,质证本身除了审查证据的证据能力和证明力,质证程序还意味着是一种面对面的、有效塑造法官心证的方式。质证,不仅是一种非人格化的、静态的意见表达,同样还应该是一种生动的戏剧化表达,甚至不排除是一种表演。书面的辩护意见和当庭的口头表达是不一样的,就像今天有很多同学通过线上聆听孙远教授的高见,但如果同学直接阅读论文,也许不会像听讲座这样以一种最为生动、直接的方式收获这么多。所以,质证除了是一种意见的表达,更是一种生动的、戏剧化的表达甚至表演。从这个角度出发,质证的功能,不仅要表达意见,还要注重本身的形式和程序,让被告人、辩护人通过最有效地塑造法官心证的方式来进行质证。当然,这可能就意味着证人要出庭,比如实物证据要直接出示,如通过出示原物,或通过多媒体、模型的方式展示,这也是我们对质证程序进行研究时,需要考虑的一些角度。

以上就是我对孙远教授的非常有启发性的研究提出的三个商榷,谢谢孙远教授,尤其谢谢李老师,也谢谢各位同学,不当之处请指教,谢谢!

主持人：李玉华

特别感谢兰荣杰教授的来自学术方面的质疑，也让我们感受到了不同风格学者给公开课带来的更精彩的瞬间。接下来我们有请北京外国语大学法学院的郑曦教授进行与谈。

与谈人：郑　曦

谢谢李老师。刚才听孙远老师和兰荣杰老师精彩的讲座和与谈，受益良多，二位都是刑事诉讼学界著名的青年学者，有关质证的学术观点很有启发性。我基本上赞同孙远老师的观点，我恐怕还不是特别认可兰荣杰老师的观点。我认为，即便是在当前的技术运用越来越普遍的状态下，质证仍然是审判的核心要素。就像樊崇义老师说的，认罪认罚等制度使刑事诉讼的程序愈发简化，对法庭质证造成了冲击，实际带来的后果就是冲击审判程序，使我国"重实体轻程序"的状态愈演愈烈。我们通过几十年努力所获得的程序法地位的提升，很可能在这样的改革中出现倒退。

另一方面，孙远老师的讲座提醒我们一点，就是任何抛开制度背景去谈改革，都是"耍流氓"。比如欧洲大陆国家重塑侦查的问题，在侦查阶段进行质证有其特定的背景，还有侦查法官的介入，实际上在侦查阶段就形成了控辩审的三角结构。我国"流水线"式的刑事诉讼具有"程序惯性"，如果直接在侦查中进行质证，而省略审判阶段的质证，根本达不到辩护的目的。所以，要结合中国的制度背景去考虑所谓的改革。

对于孙远老师提的质证权的问题，除程序的简化带来的冲击之外，我认为还有其他问题值得关注。因为我个人，这些年一直在做新技术对刑事诉讼制度的影响，包括个人信息保护和数据安全等问题的研究，所以我比较关注新司法技术的运用对被告人质证权利的影响。其中，最典型的是司法人工智能。现在司法人工智能用得越来越火，和认罪认罚这样的简化程序一样,它的内在驱动是案件太多,办不过来。人工智能也有外在驱动力,就是经济驱动力,因为科研成果要变现。不管怎么样,司法人工智能现在很"热",但是目前运用的司法人工智能,实际上是低智能或者伪智能占很大一部分比例。尽管如此,这样的运用仍然会对被告人的质证权保障带来冲击,这点值得关注。最典型的是 2016 年美国威斯康辛州卢米斯案(State v. Loomis),法院使用了 COMPAS 风险评估工具对被告人的社会危险性进行评估并据以量刑,被告人认为算法不公开影响自己的对质权。所以,人工智能等一系列新技术的运用,会对质证权造成一些影响,至少有以下三方面。

第一方面,影响被告人对控方证据的知悉程度。实际上被告人的质证权行使的基本前提是我了解控方有什么样的证据,所以刑事诉讼有阅卷的制度。但是人工智能技术的运用,一方面使侦查机关获取证据能力增强,另一方面,通过人工智能算法获得的数据仅有一部分进入案卷材料,另一部分会进入人工智能的算法数据库。而阅卷权的范围是狭窄的,没有进入案卷的数据材料,辩方无法查阅。另外,控方在技术上的优势,使控辩双方之间的力量对比出现了更大的偏差。我们在实践中和外国的案例中也看到过,控方对辩方的证据进行"数据倾倒",辩方根本没有能力处理控方给的数据,这是前提性的问题。

第二方面,是程序性的问题。首先,司法运用人工智能技术,那么质证的对象是谁?跟人还是跟机器质证?机器背后是"人",但是机器背后的人不出现时,辩方怎样进行质证?其次,辩方到底是跟控方进行质证,还是跟法官进行质证?在卢米斯案中,法官在运用人工智能的过程中实际代表"追诉"的形象。同时,算法是封闭秘密的,不公开的。原因在于科技企业追求商业利益,维护自己的知识产权。但诉讼权和知识产权如何进行平衡?

第三方面,是实质性的问题,人工智能等技术运用使控辩双方不平等。裁判本质是说理,而说理的前提是相对平等,否则就会出现"谁嗓门大谁有理"的现象。然而,人工智能技术的运用使控方的能力大大增强,包括侦查机关的取证能力,甚至可以在立案前就运用人工智能进行取证。相较之下,辩方举证能力非常弱小,行使质证权困难,其数据处理能力也使被告人很难有效进行质证。另外,法院现在使用的人工智能大部分都是"入罪型"的,如各个法院用的司法辅助人工智能系统都属于入罪型,基本围绕着"定罪",挖掘入罪信息并评估被告人的社会危险性,这样一来法院容易被"入罪型"人工智能代入,辩方质证权的行使效果也会受到限制。

以上三方面可能是在司法人工智能运用背景下,被告人质证权保障遇到的直接问题。认罪认罚等程序简化的机制,再加上即便是正式庭审,质证过程中人工智能工具的运用也使对质证权的保障越来越弱。那么,在这样的情形下,我们坚守审判中心主义,不放弃质证权的保障,恐怕需要从限制公权力和保障公民权利这两个角度着手。在人工智能运用的过程中,第一,需要注意的是怎么样公开,哪怕是有限的算法公开。"公开"可能会导致企业的商业利益受损,那么有没有可能在二者之间做到平衡?比如通过签订一些保密协议等方式。第二,如何提升辩护人和被告人,也即辩方的质证能力。法律人一般不具有对数据进行分析的能力,即便是法院审查,大部分都是外包的。那么,对于辩方来说,有没有可能通过专家辅助人这个制度,想办法去提升辩方的处理数据能力?第三,需要重点阐述的是,在人工智能运用过程中要保障质证权,要求一定程度的公开。质证要求是公开的,这种公开的前提是必要的数据开放。那么,怎么样允许辩方访问一些数据,或者改造传统的阅卷权,提升被告人获得数据的能力?在人工智能的运用的背景下保障质证权,可能有多方面的要求,也需要多方面基础的支撑。从现实的角度来说,如果质证的方式不改变,按照现有的这种状态,在人工智能运用的背景下,想要实现有效的质证,恐怕是不容易。那么,或许可以通过,比如适当的告知、必要的公开以及专家辅助人的方式提升辩方的数据处理能力,以保障质证权的实现。这可能是当下,在人工智能运用的浪潮中需要的反思。因为人工智能运用于司法恐怕是时代的潮流,科技的运用效果十分显著,是挡不住的。但是在这个过程中怎么样去保障当事人的权利,特别是被告人的质证权,是高科技运用之下,人权保障的基础性价值的核心要求。所以,仍然要坚持审判中心主义的原则,坚持质证制度的完善,避免人工智能运用导致程序惯性愈演愈烈。否则在程序惯性之下,在侦查阶段运用科技手段收集证据,以此得出的侦查结论,以三机关的关系基本上是很难推翻的。程序一旦启动,想要再停止,想要纠错就很难。

我就讲这么多,谢谢大家,谢谢孙远老师、李玉华老师和兰荣杰老师。

主持人:李玉华

非常感谢郑曦教授,郑曦教授是刑事诉讼法学界对科技证据,以及人工智能在刑事诉讼当中的应用关注和研究较多的学者。郑教授从新科学技术应用的视角对质证提出了三个方面的问题,让今天晚上的课程更加丰富。刚才我们两位学贯中西的青年学者进行了与谈,那么下面我们有请来自实务界的邱祖芳大律师,邱律师不光有律师的经验,他还有多年的法官经验。

与谈人:邱祖芳

谢谢李教授!今天很开心,听了孙远老师的讲座,我最感兴趣的是孙远老师讲到的证人出庭问题,更开心的是今天我们兰教授对孙远老师的讲座提出了三点的商榷,而郑教授提出了异议,但是他没有对兰教授的观点展开分析、评价。第一,就证人出庭作证,我认为这是个非常重要的环节。我国的整个刑事诉讼过程都是围绕着证据展开的。那么,自2014年中央提出"以审判为中心"的诉讼制度改革以来,我们一直都在推动庭审实质化。而庭审实质化的核心是证据裁判和直接言词原则,也就是要求原来以卷宗形式呈现在法庭上的言词证据,大多应该转化为证人当庭作证,让审判者当庭接触证人证言,感受证人的状态。所以我始终坚持,证人出庭作证对证据的认定、案件事实的查明将起到非常重要的作用。

当然也不否认,正像兰教授所讲的,近年来随着科技的发展,大量的物证、书证及电子数据进入了法庭,言词证据在查明案件事实方面的作用在逐步地减弱,这个是可能的。但是很多案件,尤其是行贿、受贿案件,证人证言(还是)在认定案件事实方面起到了决定性的作用。所以,这些案件如果证人不能出庭作证,难以实现对被告人权利的保护。刚才孙远老师提到的《刑事诉讼法》第192条第1款的规定,这里的证人指的是本案已经作过证的证人,我想说的是申请"新的证人"出庭作证,在程序上也没有很好地得到保障。这一条的规定,事实上变成以法院认为的"必要性"为唯一的条件。但是,这个案件在开庭审理之前,法官何来的依据评价证人出庭作证是否有必要?既然控辩双方对证人证言有异议,那么法官依据什么来审查并限制证人出庭作证?这是对被告人的辩护权、辩解权甚至对质证权严重的侵害。以上是我对出庭作证的一点看法。

第二,对人为的分案审理的案件,难以进行质证。尤其是异地分案审理的案件,案件分成几个地方进行侦查、审查起诉、审判,这类分案审理的案件根本就不可能进行对质。而且大量的共同犯罪案件、有组织犯罪案件或涉黑涉恶案件,多地审理或先后分批判决,要进行质证或申请出庭都存在难以克服的障碍。所以,孙远老师讲到的有效质证的具体标准,对我们实务工作者有非常好的指引作用:我们知道了面对面质证、全方位的质证不应该(随意)受到限制;至少一次的质证机会,这是当事人行使诉讼权利的最好的机会。

第三,证人如果没有出庭作证,当庭陈述案件事实,证词内容的可靠性、真实性难以进行评价。证人从他看到现场的情况,到他记忆并经过一段时间,再加上他的表达能力的差异,再到询问者倾听并记录的整个过程,都是影响证言可靠性的因素。证人虽然想如实陈述他看到的情形,他看到的未必就是客观;他的记忆、表达能力,以及我们办案人员的倾听、理解及记录的能力存在差异,甚至是偏差。因此,庭审方式改革,或庭审实质化都主张证人要出庭作证,而不应该被人为地限制,而且,现在证人出庭作证是相当困难的。

  这几年审判方式改革、认罪认罚从宽制度实施以来,庭审实质上已经是在不断地弱化,这个是我们所担心的。其实我想表达的是,庭审实质化也好,庭审弱化也好,重点不在于庭审本身,重点在于如何保障当事人的合法权利。在立案、侦查、审查起诉的过程,我们是否完整地按照法律规定保障被告人的诉讼权利?我前几天在福州基层法院开庭,在候庭的过程当中旁听了一个盗窃和隐瞒犯罪所得的案件,被告人提出"他那部小车不应该被扣押并没收"的辩解意见。公诉人仅简单回应"该车是作案工具",但被告人认为自己盗窃了十几、二十次,使用这个车才五六次。我们感到很奇怪,刑事辩护全覆盖实施这么多年以来,为什么两个被告人出庭受审居然没有法律援助,没有律师为他辩护,那么他的权利如何保证?在审查起诉阶段签署认罪认罚具结书后,被告人在审判期间的权利谁来保证,我想这个才是重点的问题,这个可能是未来要进一步研究推动的、跟司法机关进一步沟通的问题。针对认罪认罚从宽制度实施后庭审弱化的情况,如何进一步依法保障被告人的诉讼权利和实体权利。庭审质证,除了对证据的质证,对质是很容易被忽略的诉讼权利。事实上对证人之间的质证、证人与被告人之间的对质和被告人之间的对质,基本上现在在审理过程中很少被准许,这是很大的问题,因为我们始终认为对质也是质证的重要方法,法律赋予当事人的诉讼权利,应该在诉讼过程当中得到全面的保障。

  根据讲座的安排,我的发言就到此为止。感谢主持人!

主持人:李玉华

  好的,谢谢邱律师。今天晚上孙长永教授的虚拟教研室主办的讲座,可以说真的是非常的成功。我也简单说两句。虚拟教研室主办的讲座,在某种意义上更是公开课。今天的主讲人孙远教授,还有我们与谈的两位教授学者,大家都是同行,都在讲授刑事诉讼法和证据法课程。所以,公开课实际上也是同行之间的一种交流,今天孙远教授为此做了精心的准备,效果极好。开头我就说了,孙远教授的选题体现了他一贯的风格,选了非常普通的题,而且还是老题,你不会觉得孙远教授在赶新潮,法庭质证我们已经讨论了很多年。但是,作为教师,基本功恰恰体现在这些地方,即使讲过的题目也会常讲常新。另外,孙远教授对这个问题的讲述和阐释细致入微,看得出基本功相当扎实。这就跟厨师做菜是一样的,如果厨师开创一道新菜,可能也不是一件很难的事,但是恰恰是经典菜式能看出厨师的功底,比如宫保鸡丁、麻婆豆腐这些经典菜做得怎么样,特别能体现厨师的功力。所以,今天晚上孙远教授给我们讲授的公开课,作为同行的我们受益良多,学生也是受益良多。

另外,作为教师同行,对这种公开课还有一点感触:大学课程的讲授,是教学科研融为一体的,不存在不搞科研但课讲得很好的情形。教学科研融为一体,科研反哺教学,这点在孙远教授的课上体现得非常明显。孙远教授对这些问题的深入思考,远远超出了教科书的范围,也正是这些最新的思考,带给学生以及听课人更多的启迪。仅围绕《刑事诉讼法》的第192条第1款,孙远教授就能作如此细致的阐释和剖析,几位与谈人在与谈的内容当中也体现质疑和思考,这些恰恰都是最新科研和学术思想火花的碰撞,这是我们在大学的课堂上希望能够看到的。这是第一点感慨。

第二点感慨是,大学的课程授课不能是一种纯理论的,还必须体现理论与实践相结合,以及对中国问题的关注。那么,孙远教授在公开课开篇就引入了一个典型案例,所有的思考和讲授都围绕这个问题展开,既有对中国问题的关注,又有深入的思考和理论的升华。除此之外,与谈人对知识的掌握程度也都十分渊博,同时又中外结合,这是让我特别感慨的。另外,与谈人体现出的良好学术品质,让我们同行互相激励,对新问题的关注,如对人工智能、数据法学的关注,对不同的专家学者观点的挑战和学术的质疑精神,这些都是非常难能可贵的。也特别感谢邱律师,因为他既有律师的经验,也有法官的经验,从证人出庭作证、分案审理以及有效质证的标准,包括认罪认罚案件辩护权的弱化的方面(进行探讨),使学术讨论更为丰富、立体。所以,我们这一堂公开课全方位地体现了学术的前沿性、理论性和实践性,是非常成功的。

我们也特别感谢西南政法大学,感谢孙长永教授以及他所在的虚拟教研室团队;也感谢郭烁老师为我们系列在线讲座忙前忙后,花了很多的时间和精力;特别感谢孙远教授为我们今天的精彩课程做了精心的准备;也特别感谢我们三位与谈嘉宾,使我们的课程更加丰富和立体。

最后,作为一个刑诉的教师及同行,我们也希望孙长永教授带领的虚拟教研室团队继续在这个领域发挥引领示范作用,希望我们的学界同人借助这一平台进行传道授业解惑和技艺的切磋,希望广大的学者依托平台能有更多的职业和学术上的收获,希望我们一起助力法治中国的建设。

今天的讲座就到此结束,感谢大家!

第三讲
报复性起诉的识别与治理

主讲人　郭　烁　中国政法大学教授
主持人　马静华　四川大学教授
与谈人　刘学敏　厦门大学教授
　　　　高　通　南开大学副教授
时　间　2022 年 5 月 18 日 19:00—21:30

主持人：马静华

各位同学、各位老师、各位朋友，欢迎参加教育部刑事诉讼法课程虚拟教研室、西南政法大学诉讼法与司法改革研究中心举办的"全国青年刑诉学者在线系列讲座"第三讲。今天的主题是"报复性起诉的识别与治理"。如果是在多年以前举行这场讨论，一看就会觉得这是一个域外的司法问题，因为它涉及控辩双方关系中检察机关滥用追诉权时法院司法审查的问题。而在中国，由于检察机关处在法律监督的地位，公诉人仅享有有限的自由裁量权，同时也基于刑事审判程序的特殊构造等多重因素，共同影响了报复性起诉的问题。自认罪认罚从宽制度确立以来，实践中，检察机关、公诉人在量刑建议、程序选择方面，甚至在事实认定方面，自由裁量权明显扩张，被告人辩护权面临报复性起诉的不当限制。就此问题，在观察实践基础之上进行理论思考和比较法分析，具有相当重要的现实意义。围绕这个主题，我们今天非常有幸邀请到了一位主讲人、两位与谈人，他们各自的研究领域都和这个主题具有高度的相关性，接下来请允许我逐一介绍。

首先是主讲人郭烁教授。郭烁教授是中国政法大学"钱端升学者"、国家"万人计划"青年拔尖人才，从 2018 年《刑事诉讼法》修订以来，他进行了大量的相关研究，其中包括了"认罪认罚从宽制度""不起诉"这两个主题,根据我不完全的统计,他研究认罪认罚的文章至少有六篇,研究不起诉的文章至少有两篇。估计他就是在观察认罪认罚和不起诉实践的过程当中,瞄上了这两个看似阳光的主题之下一个权力的阴暗面,也就是报复性起诉,所以由他来主讲这个主题再合适不过。

现在介绍与谈人。第一位是刘学敏教授,厦门大学法学院教授、海峡两岸检察制度研究中心执行主任、中国刑事诉讼法学研究会理事。刘教授有法院工作的经历,近年来也围绕"附条件不起诉""量刑规范化"进行了大量研究,完全有资格从法官的视角来认识和评价这个问题。第二位是高通副教授,南开大学法学院副教授、南开大学人权研究中心研究员,入选天津市"131"创新型人才培养工程第三层次人才。高通副教授的特点是,围绕"速裁程序"和"量刑协商"展开很多实证研究和比较法研究,他可以为今天的主题讨论提供另外一种不同的视角。现在我们迫不及待地等待各位奉献一场精彩的讨论,首先有请郭烁教授做主题发言。

主讲人:郭 烁

非常感谢四川大学马静华教授,也特别感谢孙长永老师和闫召华老师带领的西政教育部刑事诉讼法课程虚拟教研室团队组织的一系列学术活动。活动共有十二场,目前已经进行到第四场(第三讲),我们收到很多来自学界朋友、同侪之间的好评和建议,备受鼓舞。同时特别有幸能够邀请到四川大学法学院知名刑事诉讼法专家马静华教授来担当主持,刘老师、高老师来参与与谈。

刚才马静华教授提到,选择这个主题的原因,80%以上是基于这两年做少量律师工作时,本人对认罪认罚从宽制度立法以及实践适用的观察。由我来"主讲",万万不敢当,其他三位老师都是非常知名的刑事诉讼法专家,下面由我们四个人一起来讨论这一主题。

报复性起诉,为其下一个定义,大体意思是指,被告人因行使了宪法和法律上的正当权利而遭受检察官报复或者惩罚的情形,比如用重的罪名代替轻的罪名,用重刑代替轻刑,或者以数罪代替一罪等,诉至法院。这个概念听起来非常简单,但实际情况却非常复杂。刚才马静华教授也已提到,报复性起诉概念来源于英美法系,美国有 50 多年的报复性起诉实践。有鉴于此,接下来我将先为大家大致介绍相关判例,再来观察中国的相关实践。请大家考虑以下四种情形:

第一种是 2020 年我发表在《当代法学》上的文章,重点提到阿尔弗德答辩的问题。谈及辩诉交易(plea bargain),大家耳熟能详,但在美国刑事诉讼史上,正式把它确定下来才仅仅 50 年。1970 年发生了两个特别著名的案例,一个是布雷德案,一个是阿尔弗德案。虽然这两个案件不是同一年发生,但都于 1970 年判决。在布雷德案中,美国联邦最高法院通过判决确认了辩诉交易的合宪性。同年的阿尔弗德案与报复性起诉相关。大家可以思考这一案件是否属于刚才介绍的报复性起诉。

1963 年,在北卡州有一个叫阿尔弗德的人被控谋杀,检察官和他的律师明确跟他提到,如果选择适用普通程序由陪审团审理,可能被判决死刑(现在北卡州已经废止死刑了,但当时还保留);如果选择认罪,就指控二级谋杀,量刑是 15—30 年。阿尔弗德与律师商量,为了避免死刑,选择认罪。之后,法官判决顶格的 30 年监禁刑,阿尔弗德不同意,提起上诉。上诉的主要理由是:其一,认罪受到律师的诱导;其二,认罪受到检察官指控死刑可能性的威胁,在这种威胁之下,其答辩是非自愿的,所以提起上诉。美国联邦第四巡回法院支持了阿尔弗德的上诉请求。这个案件接着到了联邦最高法院,美国联邦最高法院于 1970 年作出判决,并在阿尔弗德答辩中提到一个很重要的概念:凡是被告人因试图避免不确定性而作出的认罪都是策略性表达,不影响认罪的自愿性。也就是被告人自己承认当时是为了避免死刑,为了避免刑罚的不确定性而作出的答辩,法院不能因此否定认罪答辩的自愿性,所以驳回了阿尔弗德的申请。通过布雷德案和阿尔弗德答辩两案,美国于 1970 年正式确立了辩诉交易在美国刑事诉讼法中的合宪性地位。阿尔弗德答辩特殊的原因在于阿尔弗德在上诉或申请人身保护令时提出了"虽然我认罪,但这件事情不是我做的"答辩,即"认罪但不认事"的特殊答辩。

在教学中,有同学提到《美国联邦刑事诉讼规则》第 11 条对于初学者而言很有歧义。第 11 条第 F 款规定:法院在接受有罪答辩时,应当审查答辩具有事实基础。立法明确加了另外一句:在没有确认该案件有事实基础的情况之下,不能根据答辩宣告判决。有同学提出疑问:"郭老师,这不提到了答辩必须有事实基础吗?可是您不是说阿尔弗德答辩之后,法官集中确认认罪自愿性了吗?"是的,在阿尔弗德答辩之后,对于《美国联邦刑事诉讼规则》的第 11 条第 F 款这个事实基础的解释,意味着在明知自愿条件下作出的认罪就等于有事实基础,把案件事实基础全部推向了认罪答辩自愿性上。我在文章中已提及,有许多美国教授都说辩诉交易是魔鬼交易,如果说辩诉交易是与魔鬼进行交易,即 evil,就是与"罪恶"进行交易,即 sin,就是与宗教意义上的罪恶进行交易,阿尔弗德答辩是把辩诉交易推向极致的判例。这是第一种情形,即面对死刑威胁情况下作出的答辩,是否与可能的、潜在的报复性起诉相关?

第二种是发生在 1980 年的美国诉安德鲁斯案。这个案件较为简单,有关美国刑事诉讼的初次聆讯,即主要解决检察官对当事人羁押,当事人申请保释的问题。相类似的,可以比较一下 2018 年 10 月孟晚舟案的庭审。在加拿大最初的庭审中没有进行实体问题的答辩,而主要是围绕着应不应该对她进行居家取保,其实有点监视居住的意思。在英美国家,在应不应当受羁押上由法官决定,美国诉安德鲁斯案即是如此。在初次聆讯时,法官驳回了被告人的保释申请,因为检察官罗列了一大堆证据(证明)被告人可能"脱保"。被告人不服,采用了《美国联邦刑事诉讼规则》的"上告程序",上告到上诉法院。上诉法院批准了保释申请,驳回了检察官羁押令状申请。但检察官在原来指控被告人一项重罪的基础上又追加一项,以两项重罪向大陪审团申请 indictment(大陪审团起诉书),即以两项重罪起诉。被告人的律师立刻提出这是报复性起诉,因为在事实没有改变的情况下,原来是一项重罪,现在有充分理由怀疑检察官是因为被告人在程序上进行了非常上告,然后遭受检察官报复。那么,第二项罪名会不会构成报复性起诉？法院会不会认可被告人方报复性起诉的motion——动议？

第三种是州诉希尔顿案，这和第二种情形的案件一样。第二种情形的案件是申请保释，第三种情形的案件是申请非法证据排除。在这一案件中，法院支持了被告人庭前提出的排非动议，检察官立刻把其中的罪名由过失致人死亡罪升级到了二级谋杀罪，被告人的律师也立刻提出这是报复性起诉。

前三种情形的案件都是美国的案件。再跟大家汇报一下，报复性起诉的程序性后果是什么——该案件的这项罪名禁止进入实体审理程序，直接从程序上驳回，即这件事情到此为止。在一事不再理的情况之下，禁止基于同一事实、同一理由再次起诉，这就是报复性起诉的程序性结果。

第四种是与大家提示或者分享最近的一个思考：这几年，无论是本科生、硕士生还是博士生答辩时论文中的某一章若是写认罪认罚问题，均涉及抗诉对抗上诉，这一点耳熟能详。简单说，就是被告人签署了具结书证明自愿，法官按照量刑建议判决之后，被告人又以量刑畸重为由提起上诉。这种情况下应该怎么办？大家想想报复性起诉的定义、报复性起诉的核心构成要件，被告人因行使法律上的权利而遭受检察官报复或者惩罚的情形。可以思考一下，上诉是不是中国刑事诉讼法赋予被告人的绝对权利？现行《刑事诉讼法》第308条中有没有对上诉进行任何形式的限制？如果回答是"没有"，则被告人确实是在正当行使自己的权利，继续思考另一个问题：检察官在这种情况下的抗诉，是不是检察官在正当地行使权力？

这里涉及抗诉和上诉的区别是什么？在我看来，《刑事诉讼法》对于抗诉有明确规定：抗诉的对象是一审的未生效判决。对于一审的未生效判决的抗诉前提是"确有错误"，抗诉跟上诉不一样，上诉叫无条件的上诉，抗诉需要一审未生效判决确有错误。法官在此种情况下，基于双方达成的具结书和量刑建议进行裁判，这样的一审裁判有什么错误吗？我认为抗诉对抗上诉,在中国刑事诉讼上诉制度没有修改的前提之下,似乎满足报复性起诉的构成要件。

首先解释一下,起诉在报复性起诉语境下应作广义理解,这并不仅指一审的起诉,而是检察官行使诉权意义上的起诉,当然也包括二审抗诉。这不是我的结论,留个"扣子"到最后来说。刚才阿尔弗德答辩说受到死刑威胁,所以其是不自愿地认罪,是不是报复性起诉?安德鲁斯案中,被告人申请保释,检察官基于败诉风险又非常上告了,这是不是报复性起诉?还有,被告人申请非法证据排除,获得法官支持,安德鲁斯的罪名就从一个变成两个,希尔顿的罪名由过失升格变成二级谋杀,这些以抗诉对抗上诉的情形符不符合现有刑事诉讼法规定,以及是不是广义起诉理解下的报复性起诉?

我们带着这四个问题再看今天要探讨的问题。英美法系国家通过判例来制定规则和政策都不是一朝一夕的,或者说不是一个判决就促成的,报复性起诉也一样。报复性起诉,一般认为,需从20世纪60年代末,1969年的一个案件说起,同样发生在北卡州,这是第二次出现北卡州,即北卡州诉皮尔斯案,其中提出了"报复性司法"的概念。大体意思是,被告人皮尔斯因为性侵构成伤害罪,被判处了12—15年间的监禁刑。被告人在服刑期间,即成为已决犯后请求再审。北卡州最高法院准许并且发回地方法院再审。比较巧的是,地方法院的主审法官就是当年判他入狱的法官。提到这里,我们在中国刑事诉讼的语境下会不太理解,这不应该在二审撤销原判之后重新组成合议庭吗?实则不然。中国的刑事诉讼法有三种回避,但在美国,法官回避更多是基于自行回避。举例加以说明,斯卡利亚大法官曾经处理了上诉到联邦最高法院的案件,该案律师提出一项动议,因为斯卡利亚大法官是典型的保守派大法官,律师在分析研判之后觉得他会对这件事情判决不利,于是申请斯卡利亚大法官回避,理由大致是基于他或者他的家人在原告或者被告的公司持有部分股份。随后斯卡利亚大法官写了一份声明,说虽然持有股份,但完全不影响他对本案作出公正判决,所以不回避,这件事最终就到此为止。当时我看到这个案件时特别的惊讶,法官竟然能够自己下定论称不影响判断而不予回避。我的理解可能是因为在美国对法官这项职业的尊崇感推崇到了极致,大家完全信任法官,这一案件即是这种体现。州的最高法院发回重审,州的地方法院还是同意由同一个法官进行审理,这个法官说不回避,结果就没回避。

这个法官是怎么判的呢?首先,维持原有的有罪判决,并且宣告在已经执行的刑期之外再执行8年的有期徒刑。最后这个地方法官复审的结果,比原来的刑期还长。皮尔斯就一直上诉,申请联邦保护令到联邦最高法院。联邦最高法院确认这个判决,大家记结论即可,确认这种叫作报复性司法,所以撤销(overruled)了这个案件。这是皮尔斯案。在皮尔斯案之后的1974年,又有布莱克利奇案,联邦最高法院把报复性司法的概念进一步延伸。

皮尔斯案虽然把报复性(vindictiveness)作为一个针对法官的规则明确了下来。但在5年之后,联邦最高法院又通过布莱克利奇案,把它推演到检察官的报复行为。布莱克利奇在服刑期间与他人斗殴,结果被告了一个轻罪,被判了6个月的监禁刑,在原判决之后继续执行。被告人上诉请求复审。当时按照北卡州的法律,复审是全面的、实质性的复审,类似于中国的二审。如果关注上诉制度,会发现复审的问题有两个词,一个是覆盖的覆,还有一个报复的复,这两个含义还略微有所区别。被告人在上诉复审之后,检察官就又从大陪审团处取得了新的起诉书(indictment)。提到大陪审团,国内很多学者都说美国大陪审团对于检察官的支持率是99%以上,所以是个橡皮图章。我个人不是特别认可这种观点,因为能够看到在许许多多的关键性的案例之中,检察官都绕不开大陪审团颁发起诉书的这项程序。其实在我看来,大陪审团对于检察官的自由裁量权(discretion)发挥了很重要的作用。这个是题外话,今天不是讲对检察官自由裁量权的制约。回到本案之中,大陪审团支持了检察官的诉求,结果检察官又以同样的事实、同样的理由把这个被告人给告了一遍。原来是6个月,结果第二次法院判处5—7年的有期徒刑,并且与现在执行的刑罚合并执行。这种叫不叫报复性起诉？布莱克利奇又上诉到联邦最高法院，联邦最高法院最后也支持了他的请求，认为这个叫作报复性起诉。简单点说，就是通过60年代末和1974年的这两个案子，一个皮尔斯案，一个布莱克利奇案，美国联邦最高法院确立了报复性司法和报复性起诉规则，检察官不能因为被告人正当行使自己的宪法性或者说是法律赋予的正当权利，就对他进行报复。这个规则标准是什么？什么样的才是报复呢？这一标准很重要，在这两个案件之中，根据学理的归纳，我们把它叫推定性标准。被告人提出动议说这是在进行报复性起诉，检察官肯定是不认可的，法官就会让检察官提出相反的事实和理由，最终由法官居中裁判。这就是报复性起诉的两个案件。推定性标准其实特别不利于检察官自由裁量权的行使。因为只要检察官提出不了相反的事实和理由，检察官进行报复性起诉的动议就算是成立了，这个案件就不能进入实体审理阶段，将直接被驳回起诉。同时不需要证明检察官确实有报复意图，只要被告人因为恐惧检察官报复而不敢行使宪法或者法律上的权利，基于正当程序原则报复性起诉就成立了。可以看到，这是一个非常宽松的标准。

又过了4年，到了1978年，如果我们观察一下米兰达规则、非法证据排除规则等类似的程序性规则，在美国都是20世纪五六十年代左右确立的，并且在确立的时候都相对激进。到60年代末70年代中期时，伯格法院上台之后，纠偏当时之前沃伦法院一系列"左派"所谓正当程序革命的规则。这些规则设立的时候，都比较激进，比较倾向于被告人权利等方面，然后再一点一点地纠偏，在报复性起诉设立的标准方面也特别体现这一点。到1978年，又有著名的伯顿柯歇尔诉海耶斯案。被告人被大陪审团，当然也是检察官，起诉伪造文书罪，当时判处量刑是2—10年。在认罪协商程序之中，检察官明确告知被告人，如果其认罪将向法院建议5年刑罚；若不认罪，刑期很可能是无期徒刑。被告人不认罪，检察官取得了大陪审团对于不认罪状态下的起诉书。在起诉书下，有一个重要的问题，即海耶斯是惯犯，他现在已经身背两项重罪的罪名，只不过都已经刑满释放。结果因为他不认罪，最后由陪审团审判，陪审团认可有罪，法院判决无期徒刑,然后被告人行使了上诉权。依据之前皮尔斯案和布莱克利奇案,这就是报复性起诉。如果原来的辩诉交易能够达成,就被判5年;结果被告人不认罪,检察官基于同一事实、同一理由起诉,结果被告人被判无期徒刑。这中间刑期的明显差别证明这是报复,在这个案件中,联邦最高法院是怎么判的？联邦最高法院没有支持海耶斯的诉求主张。当然,这是5比4驳回的,其实支持和不支持就差一票而已。联邦最高法院没有支持的原因就在于刚才跟大家强调的那一点,美国辩诉协商过程中,无论是检察官还是律师,在辩诉协商交易的时候,会明确告知风险。进行辩诉协商的时候,对于事实的认可或者承诺,如果协商不成,是不会作为呈堂证供指控的,这叫作证据失权。在中国认罪认罚的协商过程中,完全没有这一条。我写了好几篇文章,都提到这一条是非常关键的,在认罪认罚协商过程中,若要让犯罪嫌疑人、被告人放下心来谈判,在协商过程之中,承诺的内容或者说承认的事实(如果协商不成)是不会作为正式庭审之中的指控依据,这个特别关键。联邦最高法院判决时,控辩要平等,在辩诉协商过程中检察官对权利保障是一系列的。比如,通过律师在场权、沉默权来对被追诉人进行权利保障,明确告知被追诉人在这个过程中,所做的任何承诺和协商(如果协商不成)都不会作为呈堂证供被指控。相反,对于检察官,认罪答辩交易过程也需要对他进行权利的保护。协商过程是检察官在行使检察官自由裁量权的过程,不能说检察官在认罪协商过程之中对被追诉人有了承诺,协商不成,检察官重新指控,而认为这是报复性起诉。这一点我个人是比较支持的。协商是要在双方权利平等的情况之下进行,检察官让被追诉人放心的同时,被追诉人也要让检察官放心。联邦最高法院的理由,主要就基于维护辩诉交易制度本身。同时,这也是在维护检察官的自由裁量权。大家认可不认可这种观点呢？鲍威尔大法官领头反对联邦最高法院的多数判决,他也写了一篇非常漂亮的反对意见(dissenting opinion),大家如果有兴趣的话可以去看一看。

1992年古德温案,联邦最高法院再一次明确了,在审前程序之中不得采用推定报复的标准。这个案件是被告人开车超速,警察对他进行拦停,警察问他座位上是什么,古德温说给警察拿来看看。结果在这个过程中,他开着车就跑了,在跑的过程之中还撞伤了一个警察。警察就对他进行了起诉,本来是轻罪,后来他又不干了,就对他实行了重罪,大概就是在辩诉协商过程之中。就像原来的皮尔斯案和布莱克利奇案一样,在几年之后的海耶斯案和古德温案这两个案件之中,联邦最高法院就明确地说在审前程序之中,尤其几乎是特指辩诉交易过程之中,是不得采用推定报复的方式进行报复性起诉的动议。所有法院在这两个判决之后的一段时间几乎都在判决中提到,在认罪协商谈判之后,如果被告人拒绝认罪,检察官起诉了较重的罪名或者更多的罪名,轻罪变重罪、一罪变数罪的情况之下,绝对不可以认定为这是报复性起诉。我在开篇时跟大家提到,被告人放弃不确定性而作有罪答辩不构成报复性起诉,这就是美国现行的对于报复性起诉的标准。当然,大家想一想,这能不能跟我们认罪认罚从宽制度的实践有所对接呢?

总之,通过这四种情形的案件就厘清了美国报复性起诉的实践,在审判程序中,所采取的是推定报复性的原则;在审前程序中,变成了放弃判决的确定性而作有罪答辩不得被确定为是报复性起诉的标准。通过对以上案件的分析,能够看到,联邦最高法院作出了两个标准、构成两(个极)端,一个是极其倾向于维护被告人权利的,一个是倾向于维护检察官的自由裁量权的。那我们应该如何做?

第一是权衡性标准。无论是我国台湾地区学者王兆鹏老师,还是一些美国学者,他们都提出了权衡性标准。权衡性标准放到中国的语境之下,稍微改造一下也是非常适用的。什么叫权衡性标准?即不一定推定是报复性起诉或者不是报复性起诉,而是要具体结合个案的情况。怎么样具体结合个案的情况?想一想开篇提到的几个案件,比如非法证据排除规则,提出非法证据排除之后,过失杀人变成二级谋杀。法官判决里特意提到并不是检察官所有的变更起诉都构成报复性起诉,而是在本案中检察官向本院提交的事实和证据没有任何变化。这是不是一个很好的标准呢?如果因为事实或者理由、证据发生了变化,造成一变多或者轻变重,那是另外一种情况。而在这种情况下,基于同一事实、同一理由、证据没有任何变化的情况下,很难不说检察官没有报复心理。

第二是类似行为标准。比如我国最高人民法院、最高人民检察院也在推进司法文书公开工作,可以类案检索,查询同一检察院或者同一个员额检察官,对于原来类似的事实,在类似的情形之下,是怎么做的?在美国的一个案件之中,我认为这个律师非常高明,他举出检察官之前所有诉出的案子,无论是辩诉交易,还是诉出的案件,都不是这样起诉的。检察官只对本案的当事人这么诉,而且本案的当事人还没有跟检察官进行有罪答辩。通过检察官的类似行为辩方能很好地指控或者证明检察官的恶意。在这个案子之中,法官就采纳了类似行为标准,即在类似行为中如果量刑是轻罪或者一罪,但检察官只在这一案件中作出例外,并且没有更好的理由,此时类似行为就是一个判断标准。

第三是知悉标准。所谓知悉标准就是当变更重罪或者追加罪名之后,所依据的事实,需要被告方或者律师拿出证据证明,在第一次起诉时检察官是明知的,因而没有起诉或者检察官没有按照原来的轻罪或者罪名进行起诉。在检察官知道的情况之下再起诉,或者追加起诉或升格起诉,就证明了检察官的报复性。如果检察官之前根本不知道,则很难证明他具有报复性的心理。当然这个前提是建立在报复性起诉在审判之中,而不是在审前阶段。审前不能破坏控辩双方对于辩诉协商、认罪认罚交易等协商的预期。报复性起诉的探讨,只在检察官把被告人诉到法院之后,在协商之后,有新证据或者发生客观情势变更才出现。权衡性标准、类似行为标准、知悉标准是我总结的三个标准,这是辩诉交易在美国的实践,或者是辩诉交易在美国的现状问题。

后半段谈一谈报复性起诉的中国问题。刚才的引子,即抗诉对抗上诉这件事情叫不叫报复性起诉?我已经跟大家铺垫了。第一,抗诉对抗上诉是在法院的正式庭审,或者说起诉到法院的过程中。第二,上诉的权利在现有《刑事诉讼法》第308条中是绝对的。第三,抗诉权力,在现有情况下进行抗诉,我认为找不到《刑事诉讼法》任何的法律依据。换言之,一审抗诉的对象是错误的判决,而一审裁判在没有错误证明情况下,检察院针对被告人的上诉提起抗诉,我认为涉嫌报复性起诉,这个起诉要进行广义的理解。

我想跟大家分享一个例子,是我亲身的体会。2021年下半年结案,二审维持原判,具体案情就不展开了。这是个程序性事项,是一个有组织犯罪的案件,一审是在A市甲区进行的,但是这个案件发生在A市乙县。这个案件从侦查过程之中,就通过指定管辖方式移送到中院辖区的另一个法院。一审第一段应诉的时候开了三次庭,到了第三段时,我印象特别深,对于上一个寻衅滋事罪法庭质证完毕后,宣布明天要进行某某事实的审理,即第二个寻衅滋事罪,结果检察官向法官提出说有申请。法官问有什么申请?检察官说要提请补充侦查。法官问要提请什么补充侦查?检察官说对下一个事实的补充侦查。合议庭就退庭了,评议大概5~10分钟之后,法官准许检察院补充侦查,决定休庭,下次开庭的日期等待通知。这是检察官的惯常操作,因为律师不可以申请补充收集证据,但检察官完全可以申请补充侦查,审判阶段也可以申请补充侦查。结果在六七个月后,突然有一天家属给我发来指定管辖的通知。即A市中院把这个案件指定给它辖区的另一法院——C区法院进行审理,然后由C区检察官支持公诉。这令我百思不得其解,本案已经开庭审了7天,在开庭审了7天的情况之下,检察院没有撤回起诉,法院没有作出中止审理的裁定,而直接指定到C区法院、C区检察院。这显然不符合《刑事诉讼法》第27条指定管辖的条件。到了庭前会议时,我们提管辖权异议。中国有管辖权异议的规定,"三项规程",即《人民法院办理刑事案件庭前会议规程(试行)》《人民法院办理刑事案件排除非法证据规程(试行)》和《人民法院办理刑事案件第一审普通程序法庭调查规程(试行)》中,庭前会议解决的事项之一就是辩护律师提出的管辖权异议。我提到诉讼已经系属,法院指定管辖的通知还没有告诉律师,只告诉了家属,如果律师辩护,应该告知一下律师,告知律师为何直接指定管辖。当时我跟法官提到,检察官完全在进行报复性起诉,因为这是重新起诉,他们向法院提交了新的起诉书。

在这份起诉书下,第一,增加了许多新的罪名;第二,在原有的罪名基础之上,他们依据了我们前几天的庭审录像,把律师的质证意见可以补齐的一一补齐,把原来程序上的瑕疵、证据上的瑕疵一一补足,然后对于有些被告人的量刑建议大幅度地提升。我同法官提到,虽然我国《刑事诉讼法》没有提到报复性起诉,但有时其实不需要法律规定,检察院起诉的做法也典型违背了正当程序。法院应该站出来保护被告人的权利,如果起诉受理合理合法,前边那个起诉又是什么,这对于被告人极其的不公平,也根本不符合一事不再理原则。基于同一事实、同一理由,检察院没有理由重复起诉。如果是极端情况下,检察院认为庭审效果不好,是不是甚至可以先以补充侦查的方式来进行休庭,然后指定到地区下的区县法院,直到把律师提到的所有瑕疵都补足到完美无缺为止,是否可以这样?当然不可以。《刑事诉讼法》是限权法,是限制公权力的法律,指定管辖绝不可以这么用。其实在第一次指定管辖时,我已经提出了这一点。《刑事诉讼法》第27条明确提到指定管辖不可以这样用。指定管辖是非常管辖。什么叫作非常管辖?《刑事诉讼法》明确先是级别管辖,再是地域管辖,再是移送管辖,之后才是指定管辖,前边几个管辖都不能够解决问题情况下,才可以指定管辖。第27条明确了在管辖权不明的情况下才能够指定管辖,不是中院或者高院想指定谁就指定谁。指定管辖需要证明管辖权不明。所以这是典型的报复性起诉。从那一刻起,我才深刻地理解到,中国设立报复性起诉规则特别迫切;否则检察官的自由裁量权,以及检察院和法院滥用指定管辖的权力受不到任何约束。

还有一个相关的概念,是西南政法大学王彪教授在自己论述中提到的过度起诉。别的文章之中也提到了过度起诉和报复性起诉,有一些文章混同了过度起诉和报复性起诉两个概念。过度起诉和报复性起诉有相同点,即不该诉的给诉了,但这仍有不同。报复性起诉刚才已经说过,下面举一个真实的案例说明过度起诉。被告人下班后,骑着自行车带着她妈妈回家,横穿马路时没有下来推自行车,结果她妈妈被车撞后不幸身亡。交警判定女孩负主要责任,司机负次要责任。检察官起诉了,结果判女孩交通肇事罪,判一缓一。这就是典型的过度起诉,而不是报复性起诉。

再者,报复性起诉与突袭性裁判。如果大家看原来最早的那一版讲座海报或者通知的话,讲座题目是《渐行渐近:报复性起诉与突袭性裁判》,因为这两件事情在中国现在刑事司法的语境之下渐行渐近,都是对被告人权利保护特别不利的。我想多说一点报复性起诉,从而把突击性裁判删掉了。但我想提醒大家,这两件事情特别有关联性。2021年《刑诉法解释》第295条第1款第2项规定:"对第一审公诉案件,人民法院审理后,应当按照下列情形分别作出判决、裁定……(二)起诉指控的事实清楚,证据确实、充分,但指控的罪名不当的,应当依据法律和审理认定的事实作出有罪判决……"原来我们只是在法官裁判权是不是僭越了起诉权这个语境之下探讨,今天跟大家介绍了突袭性裁判问题,这是不是突袭性裁判?检察院起诉A罪,法院认为不对,判成B罪,这叫不叫突袭性裁判呢?我认为有相关性。我国台湾地区"刑事诉讼法"中的刑事诉讼客体之下有单一性或同一性的概念,在这种情况下,按照我国台湾地区"刑事诉讼法",基于案件同一性原理,法院可以改罪名。法官由重改轻没什么问题;但是法官由轻改重要进行二次开庭,要给被告人及其辩护人充分的辩护权利。因为罪名已经改了,由重改轻无所谓,要由轻改重得充分保障被告人的答辩权利。突袭性裁判问题是龙宗智教授提出的,《刑事诉讼法》第201条第2款规定量刑建议明显不当的,被告人辩护人对量刑建议提出异议,人民检察院可以调整,人民检察院不调整或者调整之后仍然不当的,人民法院应当作出判决。《刑事诉讼法》第201条第2款,确实有一个前后顺序,法院觉得明显不当,应该先让检察院自行调整,检察院不调整或者调整之后,还明显不当的,要作出判决。如果法院认为不当,不让检察院调整就直接判决,这能不能构成检察院的抗诉理由?构不构成程序重大违法?最高人民法院2021年《刑事审判参考·总第127辑》第1409号指导性案例,苏桂花开设赌场案,检察院就是这样抗诉,认为应当先让检察院调整。结果二审法院驳回抗诉。最高人民法院认为这不叫程序重大违法,因为这完全满足了或者保障了被告人的权利,《刑事诉讼法》是人权保障法,尤其这种由重变轻的,不认为是程序重大违法,结果就裁定驳回。驳回后最高人民法院把这个案件作成指导性案例。第1409号指导性案例和《刑事诉讼法》第201条这一条直接冲突。龙宗智教授认为这构成法院突袭性裁判。

马静华教授非常敏锐地指出,如果十年、十几年前探讨报复性裁判的问题,显得"镜中花,水中月",但现在来说,我觉得完全没问题。主要的原因有两个:第一个是我们依法治国建设了这么多年,人权理念、法治理念与十几年前完全不可同日而语;第二个是在认罪认罚从宽制度背景下,检察官无论承认不承认,权力都变大了很多。首先,权力需要制衡,当一个机关或者一个机关的代表人物,即检察官代表检察机关提起公诉权力非常大的时候,一定要赋予另外一方或者赋予中立的裁判方以制衡的权力。从这个角度而言,提起报复性起诉的动议,是值得立法,包括司法解释所考虑的,应尽早确立报复性起诉权衡原则。既不直接推定检察官恶意,也不按照必须是事实发生的标准来作判断。要赋予法官个案裁量的权力,看检察官在个案上具体的表现是怎么样的,有没有新的事实、新的理由,检察官有没有之前的类似行为,检察官在起诉前知晓不知晓要新起诉的内容,还可以进行一些更多的细化。在权衡原则之下,应该确立报复性起诉问题。其次,是正当程序原则,或者正当程序的理念、正当程序的原理。刚才介绍的美国判例都提到了《美国宪法第十四修正案》,即正当程序,或者《美国宪法第五修正案》也是正当程序,检察官的行为或者法官的行为,即公权力行为要遵循权力的边界就是正当程序的边界。大家可以看到,之前没有非法证据排除规则等这些概念,《美国联邦刑事诉讼规则》和判例法没有非法证据排除规则,也没有报复性起诉。正当程序公权力行使的边界要遵循正当程序原则。我刚才举了自己的亲身经历,让我觉得匪夷所思的,到现在也无法接受、无法理解的案子,即在没有任何理由的情况下通过指定管辖,上级法院换了一个法院审,新起诉加重了罪名、加重了刑罚,完全不符合正当程序原则。刑事诉讼法有自己独立的价值,在于它的刑事诉讼程序本身就应该散发出来独特的安抚人心的魔力,或者是魅力。即便被告人觉得案件实体的结果处理过重,或者不认可有罪,但通过程序的力量,可以增强裁判可接受性,这种程序就是正当程序。我们始终说,实体法再怎么发达、再怎么发展,也不可能走到那一步,即事无巨细,把每一种情况、每一种情形、每一种瑕疵都规定得清清楚楚,所以就需要司法者,在中国当然也包括检察官,利用司法良心、司法职业精神、职业操守,利用正当程序来创设一部分新的规则,维护刑事诉讼法作为人权保障法、正当程序本身拥有的底色。

我今天就跟大家先汇报这么多,学敏老师和高通老师肯定有特别好的观点,我们分享之后还可以探讨、回应。马教授我就先说到这里。

主持人:马静华

谢谢郭烁教授用了1个小时10分钟的时间,从西方谈到中国,从报复性起诉的判例法规则谈到我国的实践,再谈到理论思考,应该说非常全面。但正因为非常全面,所以可能会有一些遗漏。我非常赞赏的是,刚才郭烁教授对美国报复性起诉规则的梳理,这个来龙去脉应该说是非常清楚的。大致就是从四种情形出发,然后来确立、讨论梳理总结出美国联邦最高法院的裁判标准,包括应该以审判为切入点,而不是关注于审前的程序、不是关注认罪认罚的过程。当然在具体识别的时候,根据的是推定规则,而且之后也有所变化。在此基础之上,再来考察中国的报复性起诉的现状。如果我的理解是准确的话,我觉得郭教授对中国问题的关注点,一个是在认罪认罚从宽制度当中的抗诉来对抗上诉的意义;另一个是在目前司法实践当中,尤其是在审判程序当中所出现的,检察机关改变指控的罪名、事实、证据,并且通过程序的延期审理、补充侦查等这些方式来限制律师行使正当的辩护权,包括作无罪辩护,而法院积极配合,如改变管辖权等,从而体现出报复性起诉的一些特点。当然报复性起诉内容可能不止于此。同时,我觉得最重要的一点,是基于比较法的规则考察和基于中国报复性起诉实践当中所出现的问题,思考在现行制度目前面临一定问题和困境的情况之下如何再构建和确立报复性起诉规则的问题,然后郭教授的观点是认为可以建立权衡性标准。这大体上是郭烁教授梳理出来的对报复性起诉的一些基本的观点。

我概括一下接下来高通教授和刘教授可能非常关注的一些问题。第一,我觉得可能关注的是中国现实,也就是在认罪认罚从宽制度的实施背景之下,在目前的认罪认罚从宽的实践当中,除刚才郭烁教授提出的报复性起诉的这两个方面的问题以外,我们是否还有其他的一些表现形态。第二,就郭烁教授提及的未来,我们在裁判规则当中确立报复性起诉的这种规则从而来限制滥用起诉权的问题,刚才郭烁教授非常重要的是提及了它的有利性的一面,也就是从观念层面上来讲,我们人权观念也好、法治观念也好,相对过去已经有很大的改进;同时在规则的层面上来讲,我们已经建立和完善了认罪认罚从宽的制度,相应地扩大了检察机关和检察官的自由裁量权,所以他认为报复性起诉规则的构建应该基本成熟。但是我在考虑一个问题,目前从立法层面上来讲,尽管出现了一些有利性条件,但是不利性条件也是显而易见的。比如检察机关法律监督的权力定位没有发生变化,检察机关的权力性质没有发生变化,而且还涉及检法关系的原则没有发生变化,审判的结构模式并没有因为认罪认罚从宽制度而发生根本性的变化和调整。同时还涉及审判的范围、对象,还有我们判决的依据、法官调查的范围、调查的方式等,也没有发生根本的变化。在这些因素的影响之下,究竟我们和报复性起诉规则的构建会遇到一些什么样困难?这些可能都是我特别想思考,并且期待我们后面的两位教授在讨论的时候提出一些想法的问题,所以接下来我们有请高通教授来谈一谈他的观点。

与谈人:高 通

非常感谢马老师!刚才听了郭老师的讲解以及马老师的评述收获很大。报复性起诉的确像刚才马老师说的,在十几年前只是一个域外的问题。包括像我们之前研究的报复性起诉问题，它其实就是美国的制度。当时我们在分析这个制度的时候也发现，中国检察官的自由裁量权可能还没有大到允许检察官做报复性起诉的情况，所以这种情况下的报复性起诉在中国刑事司法实践中是不突出的。但也像马老师刚才说的，随着检察官起诉裁量权越来越大，检察官手里的这种筹码就越来越多，自然而然可以对当事人或者被告人做更多的这种报复性起诉。所以，报复性起诉也越来越是个中国问题了。刚才听了郭老师讲的这几个问题，我有几个小的问题或者想法，想跟大家一块儿交流一下。

第一个问题是到底什么叫作报复性起诉？或者在中国语境之下，我们研究的报复性起诉到底是什么？其实刚才郭老师对这个问题做了一个界定，就是说报复性起诉主要是检察官基于恶意来进行起诉的。特别是在认罪认罚从宽制度背景之下，如果被告人不认罪，那检察官就提高指控；如果被告人认罪了，检察官就降格指控。当然郭老师也提到要区分报复性起诉和过度起诉，这两个概念的区分在美国法律上没有任何问题，但在中国法律概念之下，区分这两个概念到底有多大价值？特别像刚才马老师提到的问题，就是在我们现在背景之下，实际上法官才是有最终的决定权的，检察官拥有定罪量刑或者可以调整定罪量刑的建议权，决定权仍然是在法官这里。此时，检察官的自由裁量权实际上并没有大到可以决定案件事实和定罪量刑的程度。所以在这种情况下，检察官有恶意也好，没有恶意也罢，其对最终的实际结果影响并不是特别大。所以，我们需要探讨在中国背景下报复性起诉的内涵问题，到底应该把它界定为什么？仅仅是界定为检察官基于一种恶意去做的事情，还是说只要检察官因为被追诉人没有满足检察官的想法或要求就对被追诉人做加重处理就可以？这种处理包括起诉，也包括提高指控，甚至包括刚才郭老师讲的各种情况。除这种情况之外，还有可能比如我仅仅就是看他不满意，我就启动刑事追诉。还有一些辩护律师可能因为在法庭上提了一些辩护意见，后来就被追究、被检察官提起公诉了。但检察官提起公诉的目的，可能不一定是要把他放到监狱里面去，而可能仅仅想通过提起公诉，惩罚一下他。按照美国学者的说法,这种程序实际上就是一种惩罚。如果以这种视角来看的话,那么我们的报复性起诉的内涵可能就要比美国的内涵大很多。这是我第一个想法,就是到底什么叫作报复性起诉?对于认定报复性起诉的主观恶意时,我们可以作一个更宽泛的解释。

第二个问题是关于检察院报复性起诉的表现形式。刚才郭老师讲了报复性起诉的几种形式,其实除这几种形式之外,我们之前也关注过另外两种情况。一种是,如果犯罪嫌疑人不认罪,或者认罪之后又撤销认罪了,此时给他增加新的犯罪事实或者提高指控。另一种是涉及数罪的情况。比如对其中有一些犯罪已经作了不起诉处理,但如果犯罪嫌疑人不认罪认罚的话,我再把这事重新提出来并去处罚。所以,在认罪认罚背景之下,报复性起诉有很多新的表现形式。进一步需要确定的问题就是,到底什么样的形式我们可以将其纳入进来?比如因为在美国的制度背景之下,报复性起诉制度的原因是检察官有很大裁量权,可以决定案件最终的定罪量刑,但是在我们国家的制度背景之下,检察官的裁量权可能没有大到可以决定案件的最终走向。比如依据《刑事诉讼法》第201条规定,即使这个案件是说"一般应当"采纳检察官的量刑建议,但如果出现法定情形的话,法院仍然可以改变检察建议。我之前跟一个律师聊天,他说这种情况下,虽然只要被告人认罪了法院一般不会去做这种纠正处理,但是从理论或从法理上来讲,法院是有这个权力的。所以,与美国这种报复性起诉相比,我国的检察官裁量权并没有那么大,报复性起诉制度规制的重点可能不是检察官的裁量权,而应是如何使犯罪嫌疑人、被告人能够自愿独立地去认罪。例如,即使检察官基于恶意提起公诉了,或者即使恶意提高指控了,我们只要给予被告人充分的权利保障,即使这种报复性起诉仍然可能存在,它可能造成的后果也并不是那么大。这是我的第二个想法,即关于报复性起诉的表现形式在我们国家可能跟在美国或其他国家并不完全一致。

第三个问题是推定规则。因为报复性起诉最终是有后果的,这种后果就是法院要驳回这个案件,取消违法行为,体现程序性制裁。但是产生这种法律后果的一个重要基础便是,该如何证明检察官具有报复性动机。报复性起诉在美国是一个专业的概念,刚刚郭老师称其为报复性司法,它是专业的司法制度。一旦被认定为报复性起诉后就有具体性的惩罚,这和我们在一般意义上探讨报复性司法还不一样。刚才郭老师也提到了很多案例,这些案例里面确认了一系列的规则。比如像刚才郭老师讲的皮尔斯案。皮尔斯案实际上确立了一个存在现实的危险。当然之前还有一个实际损害规则,要求报复性起诉出现实际损害。其实在很多案件中,报复性起诉并没有最终造成实际损害,所以说皮尔斯案中确立了现实的危险规则,即如果存在犯罪嫌疑人、被告人因为不认罪可能会受到不利惩罚的现实可能性,就认为检察官具有报复性起诉的恶意,应当适用报复性起诉规则。但这个规则或者这种推定,扩张了报复性起诉规则的适用范围,也引起了执法机关的一些不满。所以,后来美国联邦最高法院在伯格时期就逐渐限制报复性起诉规则的适用,也就产生了另外一些案件。如在古德温案中,美国联邦最高法院把推定的标准从现实的可能性改变为合理的可能性。当然,美国联邦最高法院并没有具体解释什么叫合理的可能性。但是从司法实践来看,古德温案之后,大量的案件没有被纳入报复性起诉规则中,不适用报复性起诉的例外规则也越来越多了。比如有个案件中检察官的表现跟报复性起诉的表现形式是完全一样的,但这个案件最终未被认定为报复性起诉。其理由便是,检察官认为我是基于惩罚犯罪的热情才把指控又提高了一下,并不是恶意的,法院认为这个案件中没有报复性理由。所以,从实践来看,在古德温案之后,报复性起诉中恶意的认定规则出现了很大的改变。但近些年来,报复性起诉的适用又有一点回升,慢慢又想回到古德温案之前以及皮尔斯案中的认定规则。除实际损害之外,存在现实可能性的就纳入报复性起诉中。所以,美国报复性起诉规则在恶意的推定上是存在一些细致变化的。

当然郭老师还提到一个权衡规则,权衡规则较推定规则来讲可能更中立些。但这里有一个疑问,权衡规则到底基于什么样的标准去权衡?这个权力完全交由法官还是交由谁?如果法官是行使权衡规则,那么可能会存在很多值得探讨的问题。比如我国的非法证据排除规则,非法证据排除规则里对物证的排除,实际上确立的主要是一种权衡规则。但是从实践来看的话,这种权衡的效果并不是特别好,我们很难权衡到底哪些属于严重影响司法公正的情形。实践中更希望的是规定一个评定的标准,告诉我们怎么样去做。所以,这个权衡规则到底该怎么去实现,其实我是有一些疑问的。作为我个人来讲,我更倾向认同恶意的推定规则,即只要存在这种因行使权利而遭遇权利侵害的现实可能性,就应当认定为报复性起诉。其实作为整个诉讼程序来讲,无论是起诉也好,还是不起诉也罢,我们都要去实现一定的诉讼目的。这个诉讼目的既包括惩罚犯罪,也包括人权保障,但这是针对整个诉讼来说的。具体到当事人,特别是从国家角度讲,你不能对当事人说,国家一会儿要惩罚犯罪,一会儿要保障人权。对于当事人来讲,国家的行为应当有确定性。如果这种确定性缺失了,或者因为国家的原因而临时调整,这对当事人的预期会产生很大的影响。这个时候无论是从司法的可控性来说,还是从司法的正当程序角度来讲,都存在一些问题。所以我觉得,确定一种推定规则或者尽可能把这种案件纳入进来,可能更符合中国实践。当然这里实际上还有一个问题,就是刚才郭老师讲的一个问题,很多协商本身是不能够被纳入推定规则中的,包括审前程序。比如检察院跟当事人谈,当事人如果同意,检察院就按这个来;当事人如果不同意,检察院就会加刑。这只是在协商程序中的建议,是不能被认定为报复性起诉的。因为这个过程中当事人没有形成一个确定的预期,如果一旦形成确定预期之后仍然这样做的话,那么当事人就会感受到检察院的恶意。

第四个问题是如何预防或规制报复性起诉?其实确立报复性起诉规则是一方面,除这方面之外,还可以在其他方面做一些事情。第一,确保法院依法独立行使裁判权。应该说,在认罪认罚从宽制度之下,检察官的裁量权越来越大了,法院的裁量权相对来说是收缩的。但是在中国背景下,法院仍然有权力可以规制检察官的裁量权。即使是检察官与犯罪嫌疑人、被告人达成了认罪认罚协议,法院仍然可以进行规制。这种情况之下，只要法院能够确保中立性，或者确保这种依法裁判的能力，就可以在很大程度上规制报复性起诉。所以，我觉得这里实际上是如何来强化法官或者法院合议庭独立性的问题。第二，强化犯罪嫌疑人、被告人的权利保障。我们国家的当事人在刑事诉讼中会担心很多问题，可能会因自己法律知识的不足而没有办法信这个事情。比如有些案件中，犯罪嫌疑人、被告人之前在认罪认罚中接受了协议，但到了法院之后却觉得这个量刑重了。这种情况之下，一种可能性是犯罪嫌疑人、被告人对认罪认罚制度并不熟悉。还有一种可能性是当事人惧怕有被羁押的风险。因为如果认罪认罚，那么可能立马放掉，对犯罪嫌疑人作不起诉处理，或者采取监视居住、取保候审；但如果犯罪嫌疑人不认罪认罚的话，就有可能继续被羁押。这个时候的当事人可能将是否会被继续羁押作为认罪认罚的一个考量因素。所以，通过强化当事人的权利保障，特别是增加当事人对法律知识的接触，来解决报复性起诉中可能存在的问题。第三，明确认罪认罚具结书的约束力问题。认罪认罚具结书的性质和法律效力在学界上有很多争论，它到底是一种契约还是一个正式的法律文书？还是其他？有没有能够约束检察院的约束力？有人认为可能约束不到。如果认为认罪认罚具结书具有法律约束力的话，那么，这个约束力可以约束到控方、约束到检察院。此时，检察院不能仅仅因为被告人的一方情况就把具结书中的内容更改掉，加重对犯罪嫌疑人、被告人的指控。所以，通过认罪认罚具结书的效力完善，也可以在一定程度上预防报复性起诉。

以上四个问题主要是我听了郭老师、马老师观点之后的一些想法，不一定正确，还请诸位老师多多批评指正。谢谢！

主持人：马静华

谢谢高通教授！高通教授提出了一些想法和观点，在郭烁教授的基础之上做了一些延伸。而且我也发现，其实高通教授的观点、立场、出发点，实际上是来源于中国式的报复性起诉和美国式的报复性起诉的概念是不是应该具有同一性的问题,他实际上提出了自己不同的观点。基于这样一种含义、内涵的界定,他针对报复性起诉涉及的各种各样的问题,比如涉及认罪,涉及检察官、法官的自由裁量权的确定,涉及推定规则的运用,还涉及权衡规则有没有效以及认罪认罚具结书的实际效力问题,提出了自己的一些看法和观点。

我概括一下争议,包括结合自己的思考,我觉得待会儿郭烁教授是不是可以围绕以下三个问题来重点回应一下。

第一个问题是,中国有没有必要确立报复性起诉的禁止性规则?换句话说,在现行法律框架之下,针对检察官和检察院滥用起诉权的问题,在现有的程序规则范围之内是否能够解决?如果能够解决,为什么还要建立报复性起诉规则呢?

第二个问题是,假设确实有必要建立报复性起诉的禁止性规则,权衡规则是否能够完全行得通?特别是考虑到法官的独立性和法官的自由裁量权的问题,还有法官的裁判习惯问题。所谓的裁判习惯就是法官通常不愿意去过度地行使自由裁量权,而更多的是遵循相关既有的成文法规则。在这种情况下,如果还要让法官权衡案件的各种因素,甚至还要考量检察官个人过去的办案习惯,那么是否对法官的自由裁量权提出了很高的要求?这样一来的话,与现有的裁判习惯和成文法当中对法官的自由裁量权的规定,以及司法改革当中的司法责任制,是否会存在一定的冲突?

第三个问题是,目前认罪认罚的协商机制当中,是否有必要纳入报复性起诉规则?因为前面郭烁教授讨论的内容当中,实际上只涉及审判程序的问题,并没有过多地涉及审前程序,尤其是没有太多地去涉及认罪认罚的协商,特别是量刑协商的过程。量刑协商的过程当中,如果被告人、犯罪嫌疑人在审查起诉环节不接受检察机关的量刑建议,检察官提出了更高的量刑建议,那么如何判断检察官的加高量刑建议是一种滥用起诉权的问题?或者叫报复性起诉?如果被告人在此后的诉讼程序当中反悔,又如何来判断检察官基于其反悔而调整的量刑建议是滥用起诉权的问题?这些问题是否有必要纳入报复性起诉规则考虑的范围?这个也是我比较感兴趣的问题,同时在高通教授讨论的观点当中也有所涉及,所以我一并提出来,到时候郭烁教授是否可以做一些回应呢?

非常感谢高通教授!接下来我们有请刘教授来谈一谈她的观点,刘教授既可以针对郭烁教授的发言谈一谈自己的一些想法和观点,也可以针对刚才高通教授的观点来做一些必要的回应。有请刘教授发言!

与谈人:刘学敏

谢谢主持人静华教授,也感谢西南政法大学及孙长永老师提供的学习交流平台,特别要感谢郭烁教授的信任,邀请我担任今晚的与谈人,这是一个很好的学习机会。今晚郭烁教授的分享主要讨论了报复性起诉的问题,另外也谈到了突袭性裁判的问题。郭烁教授娓娓道来,如数家珍,包括我们的静华教授、高通教授也都分享了他们对这两个问题的研究心得与体会,我听后也是收获非常大。我觉得在当下特别是党的十八大以来,提出实现司法公正、提高司法的公信力的号召,这样的背景下,对这两个问题的讨论特别有现实意义。下面我主要结合郭烁教授的演讲,包括高通教授、静华教授的一些观点,谈几点自己的学习体会。

关于报复性起诉的问题,公诉权的行使要合法,还要合目的性,所以基于公诉权的合目的性,现代法治国家普遍赋予了检察机关在起诉问题上一定的自由裁量权,但是这样也带来了一定的风险,为公诉权的滥用、恶意的行使,为这种报复性起诉的问题提供了空间。报复性起诉的问题几乎成了各国刑事司法所共同面临的一个问题,这个问题在我们国家这几年也慢慢地凸显出来。以前我们是起诉的法定主义,这些年基于刑事政策的考量、效率的考量,我们引入了起诉的便宜主义,扩大了检察机关的裁量权。尤其是在 2018 年,《刑事诉讼法》正式立法确定了认罪认罚从宽制度,认罪认罚从宽制度的推行,是不是会加大报复性起诉的可能性?所以我们很多的学者,像郭烁教授也都表达了这种担忧。如何规制公诉权的滥用,防止报复性起诉,确实是一个需要正视的问题。认罪认罚从宽的前提是犯罪嫌疑人、被告人认罪认罚，所谓认罪认罚，就是犯罪嫌疑人、被告人自愿如实地供述自己的罪行，对指控的犯罪事实没有异议，同意量刑建议；如果犯罪嫌疑人、被告人拒绝认罪认罚的，就不能够适用这个制度。如果犯罪嫌疑人、被告人拒绝认罪认罚，我们检察机关是不是会感到很恼火，从而实施这种报复性追诉？特别是现在一些检察机关，把认罪认罚的案件数量作为了考核指标，这样一来，一旦被告人拒绝认罪认罚，检察机关是不是会有报复的动机？这里讲到的报复，是说一些检察官可能会这么想，既然犯罪嫌疑人、被告人拒绝从宽的机会了，那我干脆就给他从严。还有如果检察机关有这种报复的动机，从我们现有制度的角度来讲，有没有让检察机关有实施报复的空子可钻呢？那在制度设计上又怎么来防范检察机关的报复性的追诉？

我们国家的认罪认罚从宽制度和英美的辩诉交易制度，当然有着根本的不同，但是在一些方面确实也存在着相似之处。比如两者都存在着控辩双方的协商，只不过我国检察机关只能在量刑问题上进行协商，不像在美国除量刑协商以外，检察官还可以放弃指控、降格指控，可以在罪名和罪数上面进行协商。尽管官方一直强调我们国家的认罪认罚制度不是交易，是贯彻宽严相济的刑事政策，是坦白从宽的制度化；但事实上，不可否认的是，我国的认罪认罚从宽制度肯定也是存在协商的。在认罪认罚的整个程序当中，检察机关都处于一种绝对的主导地位，最高人民检察院也一直在强调发挥检察机关在认罪认罚中的主导责任，检察机关拥有比较大的起诉裁量权，我们现在也在逐步地扩大检察机关的起诉裁量权，所以我们国家和美国都有这种协商，控方都居于绝对优势的地位，那么这里就一定会面临一个共同的问题，就是如何保障被告人的协商自愿性。因此，认罪认罚从宽制度在客观上就会存在着报复性起诉的土壤。这是因为检察机关全程主导，控辩双方的地位和信息是不平等的，存在着对拒绝认罪的被告人进行报复的风险和可能性。具体地讲，认罪认罚从宽制度的控辩双方的协商，其实是不平等的，第一个是检察机关掌握着协商的启动权，被告人没有协商的主动权，他只是一种被动的等待；第二个是在我国的认罪协商中,检察机关明显居于信息优势地位,尤其是在事实是不是清楚,证据是不是充分方面,检察官明显在信息上具有一种优势地位。由于我国辩护律师在侦查阶段的证据收集方面受种种局限,律师在侦查阶段有没有调查取证权目前我国的立法还不是很明确,理论和实务界对这个问题还存有争论。被告人在协商当中,很难掌握对自己有利的所谓协商筹码。尤其是在被告人没有委托辩护律师,只依靠值班律师的情况下,这个问题会变得更为严重,这使整个协商存在严重的信息不对称、不对等。所以在这种启动由检察机关掌握,协商由检察机关控制的情况之下,检察机关的自由裁量权就获得了一个大大的扩张机会。这种强势的扩张,对于被告人的诉讼权益的侵害存在着比较大的危险,所以在实施认罪认罚从宽制度当中,确实特别需要警惕这种报复性起诉的危险。在美国辩诉交易中,确实是出现了检察机关报复起诉的现象,所以后来为制约这种恶意的起诉,就衍生出了像报复性起诉、报复性抗辩、报复性司法等一些概念。刚才郭烁教授也是从比较法的视野主要介绍了美国的情况,美国是比较早提出报复性起诉概念的国家,在实践当中已经形成了一套比较成熟的识别、防范及规制的机制,像法院的监督、行业的规制、内部的自律、大陪审团审查等一些防范、认定和救济的体系。

美国的相关判例和规则可以为我国规制报复性起诉问题提供一定的借鉴,特别是对规制认罪认罚从宽制度当中的报复性起诉有着比较大的借鉴和参考作用。对于报复性起诉,它的规制有三难:第一个是识别难,怎么去识别检察机关的起诉是报复性的,这个动机识别很困难;第二个是防范难,识别它之后,怎么从制度上面来进行防范;第三个是救济难,怎么来对当事人给予救济?特别是识别检察机关的起诉是不是报复起诉的动机,刚才郭烁教授、高通教授都谈到了这个问题。郭烁教授介绍了美国采用的推定做法,作不利于检察机关的一种推定,把这个责任给予检察机关。当然对于过于严苛的推定做法,美国后来又有所修正,有所限缩。郭烁教授所提出的权衡性标准,就是在检察机关的自由裁量权以及被告人权利保障方面进行一种权衡的标准。当然高通教授刚才对权衡性标准提出了一些疑问,主张建立一种推定的标准。怎么去证明主观动机,这确实是一个非常难的问题。从认罪认罚从宽制度当中的报复性起诉来看,我想是不是可以从以下两个方面去判断它:一个是从拒绝认罪与加重起诉的时间顺序来看,就是看加重起诉是在被告人拒绝认罪之前还是在之后提起来的。比如检察机关提出了协商的建议,被告人拒绝了,起诉就被加重了。那这里是不是就可以判断这是一种报复性起诉?另一个是从认罪认罚与拒绝认罪认罚的起诉轻重来看。比如,对起诉的罪名是否有变化以及量刑的建议进行对比。这样的话,我试着提出一些思路,就是怎么来制约检察机关的裁量权滥用?在程序上,认罪认罚从宽制度的一些程序设计是不是可以做一些调整?比如在时间启动上,认罪认罚的启动是不是可以在检察机关提起公诉之后?也就是说把起诉书副本送达给被告人之后,再启动认罪认罚。这样的话,法官就可以知道如果没有被告人的认罪认罚,起诉的罪名是什么,量刑的建议是多少,这样的话,法院是不是就可以自然地参与到认罪认罚的程序监督中来?在起诉的罪名与量刑建议上,如果被告人拒绝认罪认罚,检察机关就照常地起诉;如果被告人认罪认罚,就进入了认罪的协商程序,由控辩双方达成一致以后,被告人签署认罪认罚具结书,检察机关向法院说明认罪认罚的情况,然后把原来的公诉书撤回来,再按照协商后的内容提起公诉。这个时候法院启动一个罪状答辩的程序,对被告人认罪认罚的自愿性进行审查。这是一个初步的思路,可能很不成熟,讲得不对的地方请大家批评。

另外,刚才高通教授也提出了一些疑问,即我们提出报复性起诉概念有什么样的意义?和美国相比,我们的报复性起诉确实呈现出一些不同的特点。比如像美国,主要是在被告人行使权利以后,公诉人加重对被告人的指控。我国报复性起诉的对象,其实不仅仅是被告人,从主要的手段来看,也不仅是通过加重指控的方式变更起诉,实践当中,个别的一些公诉人主要通过像夸大行为的严重程度、曲解法律等方式,对本来不构罪的行为人提起了指控。而且我国不仅是都报复性起诉,还是报复性追诉,其中也包含了报复性的侦查,都是一体的。我国的报复性追诉的情况远远要比美国复杂,像一些法外的力量对起诉活动的干扰,也是非常严重的。我国和美国的诉讼制度、诉讼模式不一样,因此完全把美国的一套制度拉过来,这种拿来主义到底能不能够解决中国的问题?比如我们都提到的通过法院的监督,我在想我国的法院真的有那么大的司法权威吗?还比如像大陪审团的审查,我国没有大陪审团,有人说我们有人民监督员制度,我们的人民监督员制度到底能在多大程度上真正发挥监督的作用?还比如有人讲我国也应该像美国那样,对报复性的起诉建立程序性制裁机制,不管被告人是否构成犯罪,只要对被告人的侦查起诉是基于报复的动机,起诉就不具有合法性,就是滥用公诉权,要撤销公诉,采用这种釜底抽薪的办法。我就在想像美国式的这种釜底抽薪做法,我国目前的司法观念能不能够接受?所以要解决报复性追诉的问题,我认为建立和完善相关的制度确有必要。比如人大的个案监督,错案责任追究,加强检察机关自省的机制;还比如借鉴像隶属于美国司法部的FBI颁布的一些公诉行为准则,最高人民检察院目前针对公诉纪律进行细化的符合操作性的一些修改;还比如针对被追诉人的救济程序,可以建立被追诉人提出报复性起诉申请的法定途径,在法律上也可以明确地规定什么是报复性起诉及判定的标准,对公诉人进行纪律、行政以及刑事追诉。但是我想要解决报复性起诉的问题,最为根本的还是要从观念上去解决问题,要摒弃重打击轻保护、重权力轻公民权利、重实体轻程序以及有罪推定的一些思想观念,只有在一个健康的司法环境中,报复性追诉的问题才能够得到真正的遏制。这是关于报复性起诉的一些思考。

  对于郭烁教授提到的突袭性裁判问题,我也一直在关注。就这个问题,民诉学者也早有关注。这个问题在我国刑事司法实践当中也是一个比较突出的问题,像远一点的案件,20世纪90年代的重庆綦江虹桥垮塌案,检察院当时起诉被告人是玩忽职守罪,后来法院改判了,径行改判为重大工程安全事故罪,对此,法院能不能够直接变更检察院起诉指控的罪名,曾经引发了广泛的讨论和争议。后来,最高法在2012年《刑诉法解释》中增加了一个告知辩论程序,解决了程序正当性及当事人权利保障问题。近一点的案件,比较典型的像余金平案,这个案件大家都有关注,除了涉及认罪认罚从宽制度,量刑建议与量刑裁决的关系,二审的诉讼构造的改革,上诉不加刑原则等问题,其实还有一个问题非常值得关注,就是二审法院在控辩双方对被告人的自首成立没有任何争议,法院没有释明和听取双方意见的情况下,就直接地否定了这个自首。这种突袭性裁判是不是违背了程序法理?还包括郭烁教授刚才讲到的认罪认罚的案件,我国法律规定如果检察机关量刑建议不当的,有一个前置程序,法院要先通知检察机关调整量刑建议;如果法院没有通知检察机关调整量刑建议,就径行地改判了,这是不是突袭性裁判?所以,这种突袭性裁判在实践当中也是比较突出的一个问题。

为什么要禁止突袭性裁判?突袭性裁判在一些学者的建设当中其实可以有这么几个关键词:突袭性裁判可能导致裁判结果超出当事人的合理预期;法官没有尽到他的释明义务;法官由于没有赋予当事人陈述意见,从而失去了补全其心证错误、不完全的机会。所以突袭性裁判关系这么几个理论问题,像被告人的庭审请求权、辩论原则、诉权与审判权的关系、控审分离原则等。就被告人的庭审权而言,保障被告人庭审权,其实体现了对被告人的主体性和被告人人格尊严的尊重,有助于实现程序公正和实体公正,使判决产生正当化的效果,提高司法的公信力。因为被告人已经被给予了充分的机会表达自己的观点和提出证据,并且相信有一个公正无私的法官进行了慎重的审理,所以被告人即使对这个结果不满,也失去了客观的依据而只得接受。所以程序不但对判决的形成具有至关重要的影响,而且程序本身也有独立的价值内涵,也就是诉讼法规定的民主公正的程序,使判决得到了社会的尊重和当事人的认可。长期以来,我们常常借助于实体真实说发现了案件真相,想通过实体的公正来寻求裁判的正当性,但是现在越来越意识到,这种实体的正义很多时候属于看不见的正义。刑事诉讼虽然也追求客观真实,也强调主观符合客观,但是最终究竟有没有发现真实,主观有没有符合客观,主观又是如何符合客观的,却始终是一个亘古的难题。所以坊间有一句话说,绝对的正义只有在上帝面前才能够实现。但是程序正义是一种能看得见、摸得着的正义，一个审判程序是不是公正的，不单是被告人能够感觉得到，社会公众也能够感觉得到，这样的话就有助于增进被告人及社会公众对裁判的可接受度。另外，法院的突袭性裁判，特别是一些反向的裁判，像重庆綦江虹桥垮塌案、余金平案。这种反向的裁判，其实容易混乱法官的诉讼角色，变成是法官在自诉自审。我国在实行控辩式审判方式后，仍然保留了辅助性的法官职权调查，而且我国强调对客观真实的追求，因此不能够否认法院在控诉，只能在检察机关控诉缺位或失职的情况兼为控诉的角色。虽然在现行的立法上是有一定的法律根据的，但是也应该看到司法的基本属性是一种判断权，讲究中立性、被动性。现代刑事诉讼是以控审分离为基础的，所以法院追求客观真实、司法正义，理应受到法院自身的诉讼角色与诉讼功能的限制，法官不能够成为控诉方，相反的法官应该对弱势的被告人给予特别的程序关照，也就是通常讲到的法官对被告人的诉讼照料义务。因此，如果控诉方支持被告人要求从轻处罚，而法官却从重处罚，势必会形成法院既是一个裁判机关又是一个控诉机关、自诉自审的局面，这是不是违背了程序的公正法理？而且在我国逐步摒弃职权主义审理方式，形成一种类似当事人主义的审理架构下，以职权主义或者说超职权主义的这种方式作出事实的认定和判决，是不是将会形成辩论主义的程序前置的缺乏？造成突袭性裁判？所以最高法在 2012 年《刑诉法解释》就对法院变更检察院起诉罪名增加一个告知辩论程序，这个规定值得点赞。其实我个人认为，不只是变更起诉罪名，所有的超越控辩双方辩论范围的事项，如关涉被告人实体的、程序的权利等，是不是都要履行告知辩论程序？当然防止突袭性裁判，是一个系统的工程，需要很多的制度来配合。比如争点的确定、法官释明权的行使、心证的公开等，怎么来行使释明权、释明的范围、心证公开的方法等，这些问题都值得深入地研究。

我的发言就到这，谢谢！

主持人：马静华

谢谢学敏教授！学敏教授对两个大问题都做了回应，一个是突袭性裁判，一个是报复性起诉。其中学敏教授就突袭性裁判发表的意见其实和刚才郭烁教授的观点是高度一致，只是论证的方式和角度有所不同。郭烁教授可能是以一个认罪认罚的案件当中的量刑的调整为例，来分析法官突袭性裁判所存在的一些问题；而我们学敏教授相反，她是从一个更广义的角度，特别是从指控罪名或者指控的事实，还有就是量刑建议，被法官加重处罚，而且没有在有效地保障被告人行使辩护权的情况之下，这种突袭性裁判存在的问题做了一些思考，其实和刚才郭烁教授的观点是一脉相承、完全相同的，所以他们在突袭性裁判的问题上的认识观点基本上是类似的。

所以还是把讨论的核心问题回到报复性起诉方面，因为我发现学敏教授对报复性起诉的关注点，可能与郭烁教授和高通教授，都存在一定的差异。首先第一个差异是，她非常关注的是量刑协商过程当中的这种报复性起诉的形成机制，对这个内容她作了比较详细的阐述，也即在认罪认罚过程当中，报复性起诉的条件和报复性起诉的动机是如何形成的，从而最终形成了报复性起诉的结果。学敏教授给了我们比较多的启示，包括在启动问题、信息优势、交易的筹码、协商的筹码，还有控辩双方的对比力量、专业性和非专业性，以及从考核的动机等方面，在一个认罪认罚的环节，对报复性起诉的形成机制做了一些分析，对我的启发比较多。第二个差异是，对于美国辩诉交易对中国的启发，学敏教授在前面两位教授的基础之上，进一步做了一些自己的发挥，比如在权衡标准的基础之上提出，是否可以从拒绝认罪与加重起诉的顺序时间来进行判断，也就是时间判断标准，同时还纳入了罪名和量刑的区别性标准、差异化标准。除此之外，我觉得第三个差异，也是学敏教授非常重点讨论的一个问题，是报复性起诉的概念，这一点可能在高通教授的基础之上，又拓宽了报复性起诉中国式内涵的理解。她认为报复性起诉的范围在我国实践当中是非常广泛的,不仅仅报复性起诉的对象扩大了,而且手段也多样化了,行为的严重程度可能也加剧了,据此提出中国式报复性起诉的一种治理思路,对我还是有很大启发的。

基于刚才学敏教授的发言,我也提两点思考,接下来我们郭烁教授回应的时候看能否有所涉及。

第一个问题是报复性起诉,在美国的关注点是审判程序,也就是起诉到了法院之后的程序;假设我国要设立制度的话,在我国的关注点是否应该更多的转向认罪认罚的协商过程?因为在美国刑事诉讼当中,认罪认罚的协商似乎不算太大的问题,因为律师权保障比较充分,但在我国可能存在很大的问题。因为尤其是在现在,辩护权保障还不充分,特别是相当一部分犯罪嫌疑人没有聘请律师,获得律师的帮助都是来自值班律师,而值班律师的功能性特点决定了他难以起到委托辩护律师应有的一种帮助性作用,所以是否在认罪认罚协商环节存在更多的报复性起诉问题,这个是值得我们思考的。换句话说,我们对报复性起诉的考量关注点的重心,究竟应该是在审判程序还是审前程序?

第二个问题是对报复性起诉的规制手段。规制的手段究竟应该是什么?从比较法的角度,前面讨论的是报复性起诉这样一种禁止性规则,但是这种禁止性规则都是从裁判的角度考虑,从程序的角度进行规制,也即从刑事审判的裁判程序、裁判的角度来进行治理。在中国这种语境之下,是否可以进一步拓展,比如行政处分、刑事处罚?因为报复性起诉相当程度上是对权力的滥用,或者是故意违法行使、不正当行使权力,如果导致公诉人不当追诉的话,那是否和我国现行《刑法》规定的一些滥用职权存在紧密的相关性?在这个意义之上,如果情节较轻的,处以行政处分、纪律处分;情节较重的,处以刑事处罚。除此之外,从刑事程序的角度来讲,程序性制裁相比行政处分、纪律处分、刑事处罚,究竟它的功能性作用是大还是小?与此同时,实体性裁判又能够扮演一个什么样的作用?因为过去程序性裁判基本上不用,而实体性裁判不缺。换句话说,报复性起诉过来后,法官依据事实和证据依法作出判决,实际上有可能会在相当程度上限制检察机关的不当的起诉,同样的发挥了针对报复性起诉的制约效果。这样一来的话,我们的制约手段或者是制度性手段是否应该是一个多元的手段,而不仅仅是一个禁止性规则? 这也是需要思考的一个问题。

现在剩下的时间就交给我们的郭烁教授,由郭烁教授一对三来回应一下。当然好汉难敌四手,我非常同情你啊。

主讲人:郭　烁

感谢高教授、刘教授、马教授! 马教授已经帮我总结了很多争点,我都记下来了,尽量都回答,但有一些要合并一下。

第一,我觉得我们有一个共识,报复性起诉要限制在审判环节。刘教授这个视野非常广阔,或者说是步子迈得特别大,意思是要改革现有的认罪认罚程序。其实从方向上我是完全赞同的,或者说再把话说得远一点儿,2014年速裁程序试点,2016年认罪认罚试点,速裁程序、认罪认罚程序,主要建立在2013年以审判为中心的诉讼制度改革、2012年庭审实质化改革的基础之上,本来是法院参与较多,但改着改着就变成了检察院主导,或者是检察官起到决定性作用,刚才几位老师都提到了这点。刘教授的意思,我如果没理解错的话,是认罪认罚要回归到法院。德国2009年终于认可了认罪协商,因为德国严谨、理性,此前很难接受正义可以协商。在2013年德国正式将认罪协商规定在《德国刑事诉讼法》中。德国的认罪协商是被告人与法官协商,并不是和检察官协商。刘教授的意思是在迈入审判的门槛之后,再展开实质的协商、实质的分流,认罪的叫认罪认罚,不认罪再进入普通程序。这种情况之下就给了法院或者法官判断是不是报复性起诉的根基或落脚点,对于刘教授的这个角度和方向我完全同意。但无论如何,判断报复性起诉,要站在审判程序中判断,不论认罪认罚、辩诉交易、认罪协商,不能把它蔓延到与检察官协商过程中,因为检察官没办法谈。

第二,我想回应马教授刚才提到的在认罪认罚过程中讨论报复性起诉的问题。我们不能有毕其功于一役的想法,无论是非法证据排除规则还是报复性起诉,都是程序性制裁的具体手段,不可能说通过建立某一种制度就把所有的问题都解决。认罪认罚适用率飙升,这是一个应该关注的地方,因为正当程序问题还没有解决,比如侦查程序基本封闭,审判程序的中立性、完备性都有很大的进步空间。在这种情况之下探讨认罪认罚,冒有很大的风险。从理念上这件事情不能够全部寄托于报复性起诉。报复性起诉仅仅解决进入审判程序之中针对报复性司法问题,不能把报复性起诉扩展到审前程序,试图让它解决检察官和犯罪嫌疑人、被告人不对等的问题,它是一个系统性工程。

第三,是有没有用的问题。刚才高老师、刘老师都提到这个问题。我觉得分两个层次:第一个层次,这不应该是学者重点讨论的对象。不能说绝对不是讨论的对象,只是提供了一种可能的路径,它到底能不能够落地实践以及在实践中能够发挥多大作用不应该主要由学者讨论。比如1998年《最高人民法院关于执行〈中华人民共和国刑事诉讼法〉若干问题的解释》(已失效)补齐了初步的程序性裁判,刑讯逼供得来的证言不能够作为定案根据。从1998年算起,言词性证据排除规则也已经制定24年了,但在实践之中施行得好不好?启动难、排除难、排除后起效难,因为有重复性自白的存在。但它起不起作用、有没有用以及有多大用的问题,不应该主要由学者来讨论。更重要的是不能单纯看它有没有作用或者说启动了多少,而是这项制度设立本身就是一种震慑(deterrent)。这项制度设立本身就是有程序性的意义,我们叫作独立的程序法价值。第二个层次,中国法治进程已经到这一步了,无论是老百姓还是司法从业者,抑或刑事诉讼从业者,对于应不应该制约公权力,应不应该保障刑事被告人、刑事被追诉方人权,已经不存在争议了,而是具体要在一个制度之中实现抓手的问题。在审判程序中是有其必要性的,无论是程序性裁判、非法证据排除、报复性起诉,以及律师帮助权、有效辩护、无效辩护制度,等等,背后都有一个重要的理念,刑事诉讼要讲究正当程序。因此,要在基本权利方面或者法理层面探讨这项制度,或者类似这样制度的意义。

主持人:马静华

好的。实际上郭烁教授的这种理想化的法治理念我是非常赞赏的,中国不能没有法治,中国也不能没有理想,立法应该适度超前于我国的实践,所以以有用性和可行性来评判我国的立法可能不一定非常适合。因而在我国立法当中,实际上应该包含一种价值观来引导我国未来的刑事程序的发展方向,但也需要适度,就如同你们刚才在涉及报复性起诉规则的确立的时候,实际上还需要把我国现在的认罪认罚从宽制度做一个重大的改造以后再来适用,这样一来的话,整个程序的改革是非常复杂的,是一个系统化的工程。其实我们认识到这一点,也就是学者的一种贡献。换句话说,单纯某一个制度,不足以解决实践当中存在的所有问题,而需要协同,然后推进,包括程序制度方面的协同,包括实体法层面的考量,等等。

以上是关于这个主题学习的非常重要的一些内容。非常感谢三位专家今天晚上用这么多的时间来讨论如此有意义的主题,更特别感谢我们孙长永教授专门为我们设立了这样一个非常广阔的讨论的平台,使我们既能够通过讨论获益,也能够使线下的同学们吸纳一些我们专家学者的思想。那今天晚上的讨论就到此为止了。

第四讲
路在何方：从刑事诉讼法到未成年人司法

主讲人　何　挺　北京师范大学教授
主持人　秦　策　上海财经大学教授
与谈人　宋志军　西北政法大学教授
　　　　林喜芬　上海交通大学教授
时　间　2022年5月25日19:00—21:30

主持人：秦　策

各位同人，大家晚上好！"全国青年刑诉学者在线系列讲座"第四讲现在开始。我是上海财经大学法学院教授秦策，非常高兴有机会来主持今天晚上的讲座。今天讲座的主题是关于未成年人司法的。我觉得主办方非常有心，因为再过一个星期就是"六一"儿童节；我也注意到全国检察机关"保护少年的你·新时代检察宣传周"将于5月26日，也就是明天启动。儿童是国家的未来和希望，少年强则国家强。但是在现实中也确实有未成年人触犯法律，甚至构成犯罪。那么如何对罪错未成年人进行司法处遇，这既是一个沉重的话题，也是我们必须要面对的一个现实问题。所以对于何挺教授的讲座，我非常期待。

在隆重推出我们的主讲人之前，我还要感谢一下教育部刑事诉讼法课程虚拟教研室。这是教育部首批虚拟教研室建设的试点项目，由著名的刑事诉讼法学家孙长永教授牵头建设，卓有成效，有助于促进跨校、跨地域教学，还有助于促进交流研究，实现资源的共享。我们今天齐聚一堂就是一次云课堂与研讨会，所以孙教授的刑事诉讼法学团队给我们提供了一个非常好的机会。

下面由我隆重推出主讲人,他是著名的青年法学家,学术底蕴十分深厚的何挺教授。何挺教授是北京师范大学刑事法律科学研究院副院长、教授、博士生导师,同时在实务中兼任最高人民检察院未成年人检察研究基地执行主任,还是最高人民检察院未成年人检察厅挂职的副厅长。他主要从事刑事诉讼法学、少年司法和实证研究方法研究,发表论文、译文近百篇,获得钱端升法学研究成果奖、京师英才等多种奖项,兼任中国刑事诉讼法学研究会少年司法专业委员会委员。我是非常钦佩何挺教授的,他不仅从事理论研究,还与实务界合作。我注意到何挺教授团队跟浙江省宁波市人民检察院合作共建"何挺教授工作室",他充分发挥理论和实务双方优势,促进未成年人检察工作和理论研究成果的深度融合,打造未成年人权益保护的"宁波样板",我非常期待何教授的讲座。

当然我们今天也邀请了两位著名的学者来担任与谈人,一位是宋志军教授,他是西北政法大学法学院教授、博士生导师,兼任中国刑事诉讼法学研究会常务理事、少年司法专业委员会委员。我注意到宋志军教授对于未成年人刑事司法的社会支持体系、罪错未成年人的分级干预等领域是非常有研究的,尤其是他在我国西部地区牵头建设了首家专门从事未成年人司法保护的专业社会组织,叫"陕西指南针司法社工服务中心"。宋志军教授也非常关注实务,所以我们也非常期待他的点评。

第二位与谈人也是我们上海地区著名的青年教授——上海交通大学法学院教授、博士生导师林喜芬教授。林教授在上海赫赫有名,是很有实力的青年才俊,不仅发表了很多高质量的论文,获得了上海市"晨光学者""浦江人才"等荣誉称号,同时也兼任最高人民检察院检察理论研究所首批智库专家。林教授比较全面,尤其擅长实证研究,我想他能够从一个独特的视角来做出点评。

好的,这是我的基本介绍。下面我们就先请何挺教授来主讲,然后两位专家来点评,我们把时间交给何挺教授,有请何挺教授。

主讲人：何 挺

谢谢秦策兄！非常感谢孙长永教授领衔的西南政法大学刑事诉讼法学团队创建了这个在线平台，让我们能够在云端跟更多的同人、学生进行交流，也非常感谢郭烁教授安排，给了我一个机会，能在这样的平台上谈谈这些年的一些研究思考。今天跟大家汇报的主题是"路在何方：从刑事诉讼法到未成年人司法"，为什么选这个题目呢？我觉得更多的是从我自己这些年从事研究的心路历程的角度，来反思我们在一些制度设计上的问题。

回忆自己求学的历程，在 2004 年、2005 年的时候我就跟着我的导师宋英辉教授，在浙江永康做第一个实证研究的项目，当时的主题就是关于未成年人的，内容是取保候审与酌定不起诉。那时候的我完全就是一个学刑事诉讼法的学生，现在回忆，当时所思所想的就是要研究适用于未成年人的刑事诉讼制度。之后随着研究慢慢增多，逐渐感受到未成年人司法和刑事诉讼法中间存在的一些制度落差。在制度落差的基础之上，又进一步进行了一些理念冲突上的反思，最后可能会进化到对一些基础原理的思考，这算是第一个视角——个人的研究心路历程。

另一方面，中国的未成年人司法很多都是实践先行的，实践先蹚出了几步，然后理论有的能跟上有的跟不上，总体处于这样的一个状态。近些年我因为跟实务部门打交道比较多，尤其是同检察机关的未成年人部门打交道比较多，自己的观察和研究经常被实践推着走，被推动着在一个更大的未成年人保护的框架之下，学习了刑事诉讼法以外的很多和未成年人相关的知识，这可能是一个由外到内的视角，这样两个视角促使我选了今天的题目。我想来谈谈以下三部分的内容：第一部分是《刑事诉讼法》内的未成年人司法；第二部分是《刑事诉讼法》之外的未成年人司法；第三部分是跳出《刑事诉讼法》以后，我们再来看待未成年人司法又会对刑事诉讼本身产生什么样的反哺价值。

一、《刑事诉讼法》内的未成年人司法

我先来分享第一部分内容。在这之前可能要先谈谈几个名词或概念的含义,我们研究未成年人相关问题的时候经常会受困于这些名词与概念。因为今天讲座的内容会讲到这些词,所以我先大概来说一下我这里讲的这些词是什么意思。

第一个名词是未成年人。我们谈及少年司法或者《儿童权利公约》里讲到的少年和儿童,在我今天的讲座中都是同一个含义,在不同语境下都是指的法定的未成年的人,在我国是指未满18周岁的人。

第二个名词是未成年人司法。它在含义上可能要大于我们传统理论上讲的少年司法的概念。我们经常讲域外的少年司法,比如美国、日本和我国台湾地区,都有一个大致的范围,我今天想要讲的未成年人司法是大于等于传统的少年司法概念,因为有一些中国特色的内容,导致范围可能会大一点。

第三个名词是未成年人刑事司法,我们平时写论文也好,看资料也好,有时候还会出现未成年人刑事司法或者未成年人刑事诉讼这样的概念。我这里想要讲到的未成年人司法要大于未成年人刑事司法,也即除刑事方面的司法之外,未成年人司法还有其他含义,还包括其他部分。一般来说刑事司法可能要大于刑事诉讼,因为刑事司法可能还包括实体法的内容。我们的未成年人刑事司法也大于未成年人刑事诉讼,因为未成年人司法经常是把实体跟程序放在一起讨论,所以必然会大于未成年人刑事诉讼的概念。

(一)《刑事诉讼法》内的规范发展

我想讲的第一部分是《刑事诉讼法》内的未成年人司法。首先对《刑事诉讼法》内的有关未成年人司法或者未成年人刑事诉讼的规范发展做一个梳理。我国的《刑事诉讼法》在1979年制定后,经过1996年、2012年和2018年的3次修改,当然每次修改的幅度不一样。1979年的时候,其中涉及未成年人刑事诉讼的内容采用的是一种分散性的立法,大概的规定

有三个方面:指定辩护;讯问和审判的时候可以通知法定代理人到场;不公开审理。当然其实从1979年开始一直延续到1996年、2012年直到2018年,我国《刑事诉讼法》都有一个关于法定代理人的规定,即法定代理人在刑事诉讼中可以干哪些事情,怎么样去代理被代理人的权利。虽然这个规定不是专门针对未成年人的,也包括相应的没有诉讼行为能力的人,但在中国的刑事诉讼语境下,可能更多地指的是未成年人的法定代理人。这一方面内容一直都有,但是从未以未成年人的特殊规定的形象出现。1996年,在1979年《刑事诉讼法》三方面规定的基础上增加了一个分开执行刑罚,也就是说对于未成年犯应当在未成年犯管教所执行刑罚,这是一个很小的修改。

2012年《刑事诉讼法》作了重大修改,增加了特别程序编,在特别程序编里设立了未成年人刑事案件诉讼程序专章。专章有11条,我一直都觉得专章11条里有好多条文都是非常长的,我没有做过严格对比,但是我观察到的是,合适成年人在场那一条可能是《刑事诉讼法》条文中字数最多的一条。这次准备讲座之前我专门统计了一下,未成年人刑事案件诉讼程序专章有11条,平均字数151个字,要远超《刑事诉讼法》(2012年修改后)的平均字数119个字。虽然只有11条,但它的内容相对来说是比较多的。这一专章确立了以下内容:教育、感化、挽救方针;教育为主、惩罚为辅原则;应当由熟悉未成年人身心特点的人员来承办案件;法律援助辩护;社会调查;严格限制适用逮捕措施;分别关押、管理;合适成年人在场(合适成年人包括法定代理人);附条件不起诉;犯罪记录封存等内容。这些内容条数增加了,字数增加了,容量增加了,规定的涉及未成年人特别程序的内容无疑也大幅增加了。另外,专章的独立性明显提升,即这是一个自成体系的系统,算是《刑事诉讼法》里一个单独的单元。除了独立性,还有整体性的提升,即涉及未成年人的刑事诉讼从笼统的原则到具体的制度,从侦查阶段制度一直到审判、法律判决之后甚至刑罚执行之后如何来进行犯罪记录封存等等,都有所规定。当然并不是说所有的内容都有了,而是说有了一个整体性的框架结构。

2018年《刑事诉讼法》修改的时候没有对专章进行修改,但不代表对未成年人刑事诉讼没有涉及,而是体现在认罪认罚从宽和速裁程序里面(见图4-1)。在认罪认罚规定中提到了未成年犯罪嫌疑人的法定代理人、辩护人对于未成年人认罪认罚有异议的,不需要签署具结书,但是不影响适用认罪认罚程序;另外,被告人是未成年人的不适用速裁程序。在2018年《刑事诉讼法》修改要重点解决认罪认罚从宽制度问题的背景下,在《刑事诉讼法》内未成年人刑事案件诉讼程序专章体例基础上,又加了两条分散的规定。这是《刑事诉讼法》内的规范发展。还有一个很重要的事情,虽然《刑事诉讼法》内有这样的发展,但是能够影响到《刑事诉讼法》内刑事诉讼规范的其实还有别的法律,这也是未成年人法律比较特殊的地方。

1979年（分散）	1996年（分散）	2012年（专章）	2018年（专章+分散）
指定辩护/讯问和审判时可以通知法定代理人到场/不公开审理 有关法定代理人的规定	增加"对未成年犯应当在未成年犯管教所执行刑罚"	"未成年人刑事案件诉讼程序"专章：11条,151字/条>119字/条； 教育、感化、挽救方针/教育为主、惩罚为辅原则/熟悉未成年人身心特点的承办人员/法律援助辩护/社会调查/严格限制适用逮捕措施/分别关押、管理/合适成年人在场/附条件不起诉/犯罪记录封存 **容量/独立性/整体性**	1.未成年犯罪嫌疑人的法定代理人、辩护人对未成年人认罪认罚有异议的,不需要签署具结书； 2.被告人是未成年人的不适用速裁程序
2020年《未成年人保护法》:办理涉及未成年人案件,使用未成年人能够理解的语言和表达方式,**听取未成年人的意见**;应当**依法通知其法定代理人或者其成年亲属、所在学校的代表等合适成年人到场**;在询问未成年被害人、证人时,**应当采取同步录音录像等措施**,尽量一次完成;未成年被害人、证人是女性的,**应当由女性工作人员进行询问**。			
2020年《预防未成年人犯罪法》:经同意可以进行**心理测评**;取保候审应当指定**合适成年人作为保证人**,必要时可以安排取保候审的未成年人**接受社会观护**。			

图4-1 《刑事诉讼法》内的规范发展

(二)《未成年人保护法》与《预防未成年人犯罪法》对《刑事诉讼法》的修改与补充

此外,2020 年修订的《未成年人保护法》(以下简称《未保法》)和《预防未成年人犯罪法》(以下简称《预防法》)里其实都直接修改了《刑事诉讼法》内容的规定。按照法律规范适用的先后顺序,应该优先适用特别法并应该优先适用新法,也即《未保法》与《预防法》的内容已经直接修改了《刑事诉讼法》的内容,应该适用新的规定。

这里列出《未保法》中主要的、比较明确的规定,包括以下四个方面:

第一是听取未成年人的意见,即明确了未成年人表达意见的权利。在《刑事诉讼法》里面对于成年人有很多特别的表达意见的途径,但是对于未成年人来说,在未成年人专章里面是没有相关规定的,《未保法》专门规定了听取未成年人的意见。

第二是修改了《刑事诉讼法》第 281 条关于合适成年人到场的规定。《刑事诉讼法》里规定的是首先通知法定代理人,如果法定代理人不能来或有其他情况的再通知其他人。但是《未保法》直接修改为应当依法通知其法定代理人或者其成年亲属、所在学校代表等合适成年人到场,这里是并列关系,主要是为了解决实践中一定要先通知法定代理人到场可能造成的一系列问题。

第三是对于询问未成年被害人、证人,明确要求同步录音录像,扩展了《刑事诉讼法》关于侦查阶段要同步录音录像的范围,而且要尽量一次完成,但这个不是强制性的规定。

第四是按照《刑事诉讼法》的规定,询问女性未成年被害人、证人的,女性工作人员应当在场,实践中经常会看到旁边坐了一个女性工作人员,她只是坐在那,不参与询问的具体工作,只是为了满足法律中"应当在场"的要求。《未保法》修改以后明确规定,应当由女性工作人员进行询问,但是这一条的实施现在还面临比较大的挑战,因为有询问能力的女警察太少。

2020 年《预防法》的修改其实也对《刑事诉讼法》内容进行了改动,第一是明确规定经同意可以进行心理测评,这是《刑事诉讼法》里没有的。二是对于未成年人取保候审,规定了合适成年人保证的制度,同时也规定必要时可以安排取保候审的未成年人接受社会观护。合适保证人和接受社会观护,都属于《预防法》对《刑事诉讼法》的修改。

通过这样的梳理可知,在《刑事诉讼法》内的未成年人司法的规范,其实是沿着传统的《刑事诉讼法》的内容在发展。

(三)"未成年人刑事案件诉讼程序"专章的实施状况

前几年我们对"未成年人刑事案件诉讼程序"专章进行了专门的研究,研究了5年来的实施状况,出了一本书叫作《未成年人刑事案件诉讼程序实施状况研究》,其中一些内容也作为论文发表,这里主要呈现一些整体的情况:初期的状况不理想,尤其是在2013年、2014年的时候,专章的一些特殊规定可能都没有落实,当然落实情况也因地而异,但后来得到了逐步的实施和推进。各地实施的状况差异非常大。哪些因素会影响到实施的状况?这些因素可能包括:之前是否已经有过相应的探索试点;有无专门的机构来办理未成年人案件;案件的数量多少,一般来说案件数量比较多的地方就难以落实;社会支持条件好不好,因为专章里面有很多规定是需要通过司法人员以外的社会力量来完成的。到了2017年、2018年的时候,专章入法已经有5年左右的时间,基本上各地都能够想办法满足法律形式上的要求,比如要求有合适成年人在场,必然会在案卷上有一个签名。要求有社会调查,必然案卷里会有一张社会调查的纸。但是实际效果怎么样,各地差别则非常大,有的合适成年人在场可能仅仅就是签一个名。原来我们直接访谈未成年人的时候,我问他,当他被讯问时有几个人在场?除警察之外,还有没有别人?经常被告知的结果是"不知道有没有其他人、没有其他人或者说有其他人,但以为是与警察一伙儿的",实际效果其实都有待提升。专门办理机构对实施效果的影响也非常大,未成年人检察阶段的专门制度、专章程序实施得比较好,而公安相对就差一些,因为它没有专门的机构。此外,实施效果还受到各种配套制度的影响,比如社会调查谁来做,合适成年人谁到场,而犯罪记录封存则更是受各种配套制度的影响。最高人民法院、最高人民检察院、公安部、司法部最近联合颁布了《关于未成年人犯罪记录封存的实施办法》,也是想对犯罪记录封存的相关制度做进一步的推进,使这个制度能够得到很好的效果。

(四)《刑事诉讼法》对未成年人司法发展的作用

1.《刑事诉讼法》对未成年人司法发展的支持

从专章规定的角度以及《刑事诉讼法》内的规范来看,《刑事诉讼法》对未成年人司法发展到底起到了什么样的作用?我觉得,第一个重要作用是提供了两方面最重要的规定,即在《刑事诉讼法》内提供对未成年人的特殊保护、协助机制,以及提供了一个特殊的处遇机制。特殊的保护、协助机制如合适成年人到场,法律援助辩护等,因为未成年人身心发育不健全,无法保护自己的权利,需要提供特殊的保护、协助机制。同时又提供了特殊的处遇机制,最明显的就是新增的附条件不起诉制度。

第二个重要作用是为中国未成年人司法发展提供了最为重要与坚实的规范依据。在2012年《刑事诉讼法》修改增加专章之前,我国未成年人司法的发展是什么状况,它有明确的规范依据吗?可能《预防法》里面有一些,但是基本上等同于没有,因为它没有办法和司法实践中运用最多的部门法进行对接,也就没有办法为未成年人司法发展提供重要、坚实的规范依据。可能其他国家的少年司法并不是以《刑事诉讼法》的形式来提供坚实规范依据的,但《刑事诉讼法》专章的出现客观上为我国未成年人司法提供了重要与坚实的规范依据。我曾与姚建龙老师讨论,在2012年《刑事诉讼法》修改的时候他比较担忧,他说《刑事诉讼法》里新增了未成年人专章,那以后是不是都要在《刑事诉讼法》的框架里面发展未成年人司法呢?其实对这个问题的考虑,我觉得《刑事诉讼法》专章中的特别程序,不可能一直以专章的形式在特别程序编里放着。比如最近我们又在讨论要不要再增设一个特别程序,即单位犯罪的诉讼程序或者是企业合规的程序。特别程序里面的章节只会越来越多,这应该不是一个理想的状态,理想的状态就是作为特别程序以后成熟了,我们就可以把它拿出来单独立法,包括没收程序、强制医疗、缺席审判,其实都应该有这样的最终归宿。

现在比较成熟的可能就是未成年人刑事案件诉讼程序专章,它可以拿出来单独立法,专章为中国特色的"未成年人司法法"提供了很好的基础。当然,这是长远发展的后话。

第三个重要作用是在我们的未成年人刑事司法方面实现了程序包围实体,这个判断我打了一个问号。从整体来说,很难讲我国的程序先于实体发展,或者程序包围了实体。但是在未成年人司法方面,至少与实体刑法相比,程序法走在了前面,并且提供了最为重要的规范依据。我们能不能说程序法、刑事诉讼法在引领中国未成年人司法的发展呢?我觉得从2012年到2018年,直到现在,可以这样判断,但是将来是不是还能够继续引领未成年人司法的发展,可能就会受到很多的限制了,因为发展到一定的程度以后,《刑事诉讼法》给定的空间可能已经到达天花板,这时候可能需要考虑《刑事诉讼法》外的未成年人司法。

做一个对比,目前实体法中关于未成年人司法的内容主要是什么?一是刑事责任年龄的差别,二是未成年人作为法定量刑情节。当然我们的司法解释里面还有一些关于特定情形下,未成年人实施什么样的行为可以不作为犯罪处理的规定,像2006年的《最高人民法院关于审理未成年人刑事案件具体应用法律若干问题的解释》有一些包括抢劫的、自愿发生性关系等特定情形下的行为不作为犯罪处理的规定,但是整体来说它的特殊性体现不出来。所以从这个角度来说,程序包围实体,引领未成年人司法的发展,在目前阶段是可以这样讲的。

还有一个问题就是,现在是不是处在一个从量变到质变的过程之中?我觉得现在是的。但什么时候才能够达到质变,目前不好判断。质变与量变差别在什么地方?所谓的质变就是不再把未成年人当作一个mini adult,不只是当作一个在成年人之前加一个定语的主体,而是把他当作一种完全不同于成年人的、不同类别的主体。针对不同类别的主体来设置相同的法律,如果能达到这一点,可以把它当作一种质变。目前,因为在《刑事诉讼法》的框架里,我们除了适用特别程序的规定,还要去适用一般程序,所以目前只是量变。还有一个问题是,《刑事诉讼法》里的未成年人司法内容够全吗？当然是不够全的,后面我们会讲很多的例子。

2.《刑事诉讼法》对未成年人司法发展的限制

刚才谈的是支持,现在要谈谈限制。《刑事诉讼法》第287条规定:"办理未成年人刑事案件,除本章已有规定的以外,按照本法的其他规定进行。"这种限制本质上是特别程序跟一般程序的关系问题,对此,我梳理了三个方面的表现:

第一个方面是表面上的条文冲突。有很多例子,比如《刑事诉讼法》总则跟分则中间有一条是明确概念的,其中规定的刑事诉讼期间是以时、日、月计算,但是专章里附条件不起诉有一个一年的监督考察期间的规定,所以严格来说二者是不对应的,特别程序中的特殊情况,没有考虑在一般程序下的概念界定之中。当然这只是一个文字问题,我们可以把一年理解成12个月。但是还有更多的更实质的冲突,比如,同样是在这个概念界定里面,我们讲到诉讼参与人的范围,有6种诉讼参与人,但是在专章里、在未成年人刑事司法里,有大量的其他种类的"诉讼参与人",这也是因为未成年人司法特别需要社会参与,有合适成年人、有社会调查员、有观护人,那么这些人在刑事诉讼中是一个什么样的身份,享有什么样的权利,需要履行什么样的义务？因为这些重要的参与者目前没有办法被纳入诉讼参与人的范围之内,就相当于是一个"飘着"的状态。未成年人司法其实跟很多的司法社工打交道,社工们特别希望《刑事诉讼法》能把他们写进去,写进去之后他们就有了法定的诉讼地位,就能理直气壮地跟办案人员打交道了,不然的话,夸张点说就属于随时会失业的状态。前两天有一个地方的检察官跟我说,他们新换了领导,对于为什么要给司法社工付这么高额的费用表示不理解,领导说支付给社工的费用好像要比检察院里日常不办案的工勤人员的收入还要高,领导问凭什么？这个问题反映了诉讼地位不明确的影响,当然在我看来这个问题其实还体现了一些深层次的矛盾和学科交融问题。

再比如证据种类,当然现在在《刑事诉讼法》条文的解释上,我们对于证据种类到底是开放的还是封闭的,有不同观点,但是目前通说还是封闭的。对于未成年人司法中的社会调查报告、心理测评报告算不算到证据种类里面，算到哪一类，适用哪一种方式进行质证，适用哪一种方式来进行审查判断，其实都是没有明确依据的。当然还有公开宣判的问题，因为专章里对此没有规定，对于未成年人只规定了不公开审理，那就要去适用一般程序中关于公开宣判的规定，而公开宣判又会与犯罪记录封存造成矛盾，所以最高人民法院的司法解释里面只能讲要公开宣判，但不能组织旁听，并且要控制范围。上面这些都是表面上的条文冲突。

第二个方面是缺乏明确规定的矛盾。不同于前面有规定的冲突，实际上还有更多没有明确规定的方面也会产生矛盾。这里举三个例子。第一个例子是关于合适成年人没有到场时候的非法证据排除问题。《刑事诉讼法》第281条的规定很长，分为4款，大概意思是法定代理人或合适成年人必须到场，最后一款讲到了询问未成年被害人、证人适用第1款、第2款、第3款的规定，就是说合适成年人也要到场。那没到场怎么办？在司法实践中，如果是讯问未成年犯罪嫌疑人、被告人没有法定代理人或合适成年人到场是要进行非法证据排除的，口供不能作为定案的依据，因为侵犯了未成年犯罪嫌疑人、被告人的基本权利。但是对于询问未成年被害人、证人时，若出现这种情况时也要进行非法证据排除吗？因为没有明确的规定，按照第281条"适用"的规定来说，应该进行非法证据排除。实践中也有这样处理的，尤其是被性侵害未成年人的案件，第一次询问的时候没有通知家长，直接找了一个其他的人来做合适成年人，结果辩护律师说这是违反《刑事诉讼法》规定的，被害人的陈述要进行非法证据排除，排除掉以后这个案子又缺少了证据，最终的结果就是要再找被性侵害的未成年人再取证，对未成年人造成了多次伤害，也有可能再也取不到证了，这个案子就没有办法往下办了。这个问题怎么办？2021年《刑诉法解释》第90条和第94条做了区分，区分的结果我是同意的，但是区分的方式有点草率，直接规定讯问未成年人的时候，其法定代理人或合适成年人没有到场的就要进行非法证据排除；询问未成年人，其法定代理人或者合适成年人不在场的须经补证或作合理解释。这其实没有讲明白为什么。

第二个例子是相对不起诉与附条件不起诉的关系,这个问题我之前研究得比较多,在未成年人刑事案件诉讼程序专章中没有规定相对不起诉,只规定了附条件不起诉,那么要对未成年人适用相对不起诉的时候,就要去适用前面的一般程序规定,这时候就要考虑相对不起诉与附条件不起诉的关系。那么在成年人案件的视野或者场景下,既符合相对不起诉的条件,又符合附条件不起诉的条件,我觉得就应该适用相对不起诉,因为相对不起诉的讼累比较低,但如果是未成年人案件,相对不起诉与附条件不起诉的关系是什么?难道也是优先适用相对不起诉吗?曾经有比较长时间都是这样的观点,主要因为讼累比较低,因为专章跟一般程序的关系就应该优先适用相对不起诉。但我的观点不同,因为附条件不起诉和相对不起诉的作用是不一样的,对于未成年人,从教育、感化、挽救或者帮助其更好地回归社会的角度来看,更应该优先适用附条件不起诉。

第三个例子是我们研究得非常火热的认罪认罚问题。前面已经讲了未成年人认罪认罚案件已有规定,不用签署具结书,不能适用速裁程序,就只规定了这两点。但是其实关于未成年人认罪认罚案件里有很多问题是和成年人不一样的。这里只举一个特别简单的例子,认罪认罚按照《刑事诉讼法》一般案件的办理,未成年人的法定代理人是可以自行上诉的。一般的成年人案件要上诉的话,前提是被告人同意。就算辩护人想上诉,无论是想要通过上诉实现留所服刑也好,还是实现刑罚的降低也好,或者一审超出了量刑建议来量刑,想要上诉,不管怎么样,成年人案件上诉权的决定权在被告人手里。但是未成年人案件中法定代理人可以上诉,被告人自己也可以上诉。那么如果是对一审的量刑有意见,或者是所谓的认罪认罚协议反悔,法定代理人上诉了,被告人没有上诉,二审可能加重了刑罚,其结果归于被告人自己的案件。对此,我们没有明确规定怎么办,尽管目前实践中已经有这样的案例了,但是可能还没有相应的研究。

第三个方面是更深层次的一些理念上的区分。虽然不一定体现在法律规定里面,但是如果我们从法律规定的背后去探求原理的话,可以看到《刑事诉讼法》的一般程序与未成年人程序或者未成年司法之间在理念上是有区分的,这些区分有时候会表现在对法条的理解上,有的时候会表现在对具体案件的处理上。举几个例子,比如普通案件,虽然"不起诉"用得比之前多了,但是罪刑法定与起诉法定基本上还是大陆法系国家的原则。然而在未成年人案件中分流转处是原则。如果目前附条件不起诉和相对不起诉加起来可能达到30%左右的比例,可以称之为以分流转处为原则吗?我觉得可能还不算,现在比较发达的地方,未成年人案件能做到百分之六七十分流转处,大部分适用附条件不起诉,这种情况下我觉得可以成为原则。但是如果在成年人的整体框架之下,我们要做到大量的分流转处其实是很困难的。在司法实践中经常遇到的一个问题就是有的检察院的分管领导可能是刚从刑检部门调过来的,他一到未成年人检察部门就会质疑,为什么你们不起诉率那么高,不起诉率那么高,背后是不是有一些见不得光的事。这种感受背后其实就体现了一些理念上的区分,这是第一个理念上的区分。

第二个理念上的区分涉及无罪推定原则。当然对未成年人来说,在法院定罪之前他也是无罪的,我们也推定他是无罪的。但是在未成年人案件办理中有一种做法,就是在诉讼程序过程中还没有定罪的时候,我们就要对他进行教育,我将其称为"措施前置"。比如取保候审时进行教育,告诉你什么是对的,什么是不对的,让其悔罪;附条件不起诉的时候,设置监督考察的期间;包括以前还有缓判决的制度,判之前再给你缓一缓,国外现在也有这样的制度。这些都属于教育措施前置,虽然教育措施在前面,不代表推定你有罪,但是你要为此承担责任。这种措施前置实际与无罪推定原则之间是有一些不同和张力的。

第三个理念上的区分是对抗与合作。虽然现在一般案件我们也讲合作,但实际上仍然主要是对抗思维,就算在认罪认罚案件中可能也会有一些对抗。但是由于大部分未成年人涉罪案件的事实和证据方面都是比较简单的,因此未成年人涉嫌犯罪的案件更强调的是一种合作。当然也有不同的观点,我认为,未成年人的辩护律师,尤其是法律援助的辩护律师,应该考虑一下你在办理未成年人案件时,跟你担任一般案件辩护人的诉讼角色是不是不一样？当然，也有其他研究者不同意这样的观点，他们认为还是应该建立一个和公权力机关对抗的状态。

第四个理念上的区分是分权制约与配合。我自己的观点是对未成年人案件来说，公检法机关配合要比制约更重要一些。这里有一个比较法的例子，讲法国预审制度的时候，我们会觉得制度设计特别有意思，经常叠床架屋地设置很多的角色，有预审法官、庭审法官还有执行法官，都是不一样的，目的是职权分立与互相制约。但是在法国的未成年人案件中，预审法官、庭审法官和负责执行的法官都是一个人，所以预审制度为什么搞那么复杂，就是要搞分权制约，但是在未成年人案件中是可以打破这种分权制约的。

第五个理念上的区分是程序封闭自洽和社会参与。虽然现在一般的案件里，我们也希望有一些社会性的参与，比如陪审员，虽说陪审制度在改革，但整体来说并没有达到一种不可替代的程度，包括人民监督员等，都是这样的状况。但是对于未成年人案件来说，如果没有社会参与，很多事情是没有办法开展的，社会参与是标配，甚至要占据非常大的份额，社会参与做得好，当地的未成年人司法才能做得好。成年人案件中的封闭自洽状态跟未成年人案件中的社会参与存在较大的差别。这也是刚才讲到的，为什么诉讼参与人在未成年人案件中就需要扩张，因为必须有更多的社会主体参与，如果不参与就没有办法进行下一步的工作。

第六个理念上的区分是国家干预与自主选择。为什么在成年人案件中速裁程序可以自行选择，但在未成年人案件中速裁程序想速裁也不行。我们实践中有一些案例，未成年人觉得他已经被观护好几个月了，不想再作附条件不起诉，不想再被监督考察6个月到1年，他希望起诉到法院后被判个缓刑，那么就一定要按照未成年人他自己的选择来选吗？我觉得在未成年人案件中不是，因为这里有一种国家监护或者国家干预的理念，因为他的选择并不一定是最有利于他的长远发展的，所以我们要干预。

最后一个也是非常基础性的理念区分问题。一般案件刑事诉讼程序的核心理念是保障诉讼权利，或者正当程序的理念。对未成年人案件来说要保障正当程序,但是如果正当程序和最有利于未成年人原则(原来叫儿童利益最大化,《未保法》修改以后明确为最有利未成年人原则)出现矛盾的时候,应该如何选择?当然我自己的观点是当出现矛盾的时候,我们还是要站在最有利于未成年人未来发展的角度来考虑,而不是说怎么样最符合正当程序才是最佳的选择。

以上《刑事诉讼法》对未成年人司法发展的限制,既体现在条文之间的冲突,也体现在具体制度上规定的缺乏,更重要的是存在一些深层次的理念区分。

正是因为这些深层次的理念区分,使我们来反思《刑事诉讼法》以专章的形式、以特别程序的形式呈现,会对今后未成年人司法的发展带来哪些限制?实际上,《刑事诉讼法》的一般规定是可以渗透到未成年人司法相关规定内容中的,但是《刑事诉讼法》的整体框架又限制了它的发展,所以《刑事诉讼法》以外的内容想要运用进来,目前其实还有很大的障碍。两者的关系如图4-2所示。也就是说,未成年人司法发展到一定程度之后,会感觉被关在《刑事诉讼法》的笼子里。我们想要看到更多外面的东西,就需要一个更广阔的发展空间。

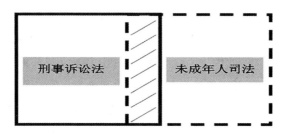

图4-2 刑事诉讼法与未成年人司法的关系

二、《刑事诉讼法》外的未成年人司法

(一)从《刑事诉讼法》内的未成年人司法向外拓展

我们既然讲到了《刑事诉讼法》内的未成年人司法,存在着限制,没有办法来满足其更进一步的发展。那么我们就来看一看《刑事诉讼法》外的

未成年人司法，又是一个什么样的图景？如果在现行《刑事诉讼法》内的未成年人司法进行第一圈外延，向外推展的话，那就是与未成年证人和未成年被害人相关的程序。《刑事诉讼法》专章里面涉及很少，只有关于询问的那一小部分，但实际上有很多新的程序是需要进行设计的，这是目前没有的。如果再往外扩展一点，那就是不作为犯罪处理的未成年人案件的程序。不作为犯罪处理的，当然现在有各种不同的说法，原来有的叫早期干预，有的也叫临界干预。现在《未保法》《预防法》修改以后，称为分级干预。反正达不到刑事立案程度的，在之前就要对未成年人进行干预的，但是这里也有不同的情况，有的可以成为案件，有的是不能成为案件的。按照现行的规定来看，不作为犯罪处理的未成年人案件至少应该是一个治安案件才能成为案件。如果连治安案件都达不到的话，那可能就属于更往前阶段的。在这种不作为犯罪处理的未成年人案件的程序和《刑事诉讼法》内的未成年人司法之间，应该有一个连接的程序，不管叫转送也好，叫转介也好，叫分流也好。这个连接的程序既有可能是外面往刑事诉讼里转，也有可能是刑事诉讼里面往不作为犯罪处理的未成年人案件的程序转。如果再往外扩展一点，什么叫未成年人司法？我们就可以用一个更大的概念，比如未成年人相关的司法活动，或者以保护未成年人为目的的司法活动，都是最外围和最广义的未成年人司法，如图4-3所示。今天最高人民检察院开了一个新闻发布会，介绍了从去年5月以来"检爱同行、共护未来"专项行动的典型案例，这些案例里其实有很多都不是我们常规意义上的刑事案件，比如有很多支持民事起诉的案件，有的案件涉及家庭教育指导的，有的案件涉及网络打赏返还等很多其他内容的案件。今天我们不讨论最宽泛最广义的以未成年人保护为目的的司法活动的、大的未成年人司法的概念，但如果同学们有兴趣的话，可以更多地去探索，因为现在的发展非常快，更大概念的未成年人司法也很值得探索。这是我想的一层一层的概念，是《刑事诉讼法》外的未成年人司法的一个大概情况。

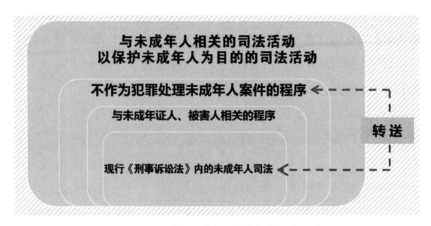

图 4-3 《刑事诉讼法》外的未成年人司法

(二)《刑事诉讼法》外未成年人司法的比较法考察

下面再做一些比较,我主要选了德国和我国台湾地区。我国台湾地区比较接近于日本的架构,德国与我们有一定的可比较性。德国的未成年人司法有没有所谓的《刑事诉讼法》内的和《刑事诉讼法》外的未成年人司法呢?我觉得好像没有这个概念,因为他们的依托在一个叫《少年法院法》的专门法律里。德国的未成年人司法的基本架构是《少年法院法》规定的少年刑事司法,但是在少年刑事司法之外还有一个配套的福利性质的、帮助性质的程序,这个程序规定在《儿童与少年帮助法》里,这部法是一个福利法,不是司法法,所以核心还是《少年法院法》中作为司法法规定的少年刑事司法。那么这里为什么要加上"刑事"二字呢?因为《少年法院法》里面规定的都是以涉嫌犯罪为范围限定的一些行为,这和我们通常了解的大陆法系国家在划分违警罪、轻罪和重罪的关系上是一致的,像我们国家类似于治安性质的案件,在德国、法国等大陆法系国家也是犯罪,但是根据违警罪的级别将其划分为很轻微的违警罪。所以在这样的大框架之下,德国的未成年人司法把所有的情况都纳入了处理范围之内。当我们讲到未成年人刑事司法或者未成年人刑事诉讼程序,虽然不排除被分流出来的可能,但它的最终结果是奔着刑法去的。尤其是从实体法角度来说,只要规定是犯罪,最终结果或者是无罪,或者是分流,或者就是判了刑罚。和我们不同的是,德国虽然叫作少年刑事司法,但是其中做了区分,包括教育措施、惩戒措施、少年刑罚三个阶段,只有极少量的案件才会最后走到少年刑罚阶段里面,成为我们理解意义上的未成年人刑事案件的最终处理结果。所以说,虽然德国的少年刑事司法范围很广,但是内部是分层的,和我们以刑事司法为核心,在《刑事诉讼法》框架内涉及的未成年人司法是有明显不同的。当然德国的《少年法院法》里规定的范围也比较广,不仅包括一般意义上的不满18周岁的未成年人,也包括18岁到21岁的群体,体现了少年司法的灵活度。对这个群体译法不同,有的翻译为"甫成年人"。年龄虽然是明确的,但是并不代表着所有人到了18岁生日那一天就被施了魔法,立刻变成了一个成年人。所以,在司法上存在对不满18周岁的按成年人判处,对已满18周岁的按未成年人处理的立法例和司法实践,这需要有一个发展特别成熟、其他学科引入特别好的基础存在,例如如何评估未成年人的身心发育状况。我们现在还达不到这样的灵活程度,但我们可以将此作为一个远期的展望。图4-4是德国少年(刑事)司法的基本架构介绍。

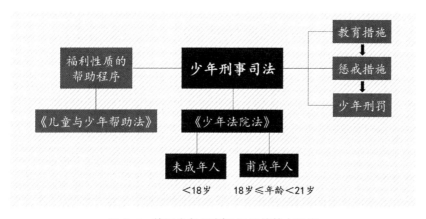

图4-4 德国少年(刑事)司法的基本架构

我国台湾地区未成年人司法的双轨制。我国台湾地区"少年事件处理法"里的"少年"其实就是未成年人,在未成年人实施了可罚行为之后,按照台湾地区"少年事件处理法"处理就是双轨的:首先进入少年保护事件程序,宣告并执行的是"少年事件处理法"第三章"保护处分措施"的规定,和刑事是没有关系的,不带任何"刑"字;如果行为的性质比较严重,少年保护事件程序没有办法处理,超越了少年保护事件程序处理的范围,就会进入少年刑事案件程序。少年刑事案件程序结果当然也有很多分流,最终结果是少年刑法,这里的少年刑法虽然说是刑法,但不是规定在刑法里面,它和成年人适用的刑法是不一样的。根据我国台湾地区未成年人司法的双轨制我们可以看到,所谓的位于刑事诉讼法之外的少年司法,其实指的就是少年保护程序,但即使是刑事诉讼法内或刑事司法内的未成年人司法,和成年人的刑事司法也是不一样的,因为有特殊的程序,有特殊的少年刑罚。所以无论是从德国的还是从台湾地区的未成年人司法架构来看,其实都特别需要有刑事诉讼程序或者刑事司法之外的未成年人司法的存在。

(三)《刑事诉讼法》外未成年人司法的理论基础与现实需要

回过头来再看,为什么要在《刑事诉讼法》外研究未成年人司法,它的理论基础在哪里?这个问题可以从很多角度进行探讨,我这里简单探讨四个方面:

第一个理论基础是如何来应对和实现未成年人司法的特殊性。因为未成年人司法的主体特殊、行为特殊、发展方向特殊、应对措施特殊,所以它就应该和成年人司法区别开来。所谓主体特殊,是指未成年人心智发育未成熟,这意味着他们特别容易受到外界环境的影响。其实很多案件中,实施了违法犯罪行为的未成年人的背后可能有一个支离破碎的家庭,或者有一个从小没有受到关爱的成长背景,虽然不是百分之百,但是绝大多数都是这样子。然后是行为特殊,这体现在用《刑法》规定的某个罪名去进行评价的时候,往往会抹杀掉未成年人实施这个行为的具体情况。有的时候我们把某个行为评价为寻衅滋事,评价为强奸,或者评价为抢劫,其实都不一定就是《刑法》中那个罪名的意思,未成年人在实施行为的时候可能有特殊性。比如,学生正在宿舍里睡午觉,住在宿舍里的一个同学在外面被打了,被打的同学回到宿舍说:"有人打我,我们一块去吧。"

然后正在睡觉的学生迷迷糊糊就跟着去了,去到以后还没开始打,警察就来了,就被判定为寻衅滋事或者是聚众斗殴的从犯了。对于这样的行为,我们就要更多地看到实施行为的背景,这也是和成年人不一样的地方。发展方向特殊,主要体现在主体处于从未成年人向成年人过渡的特殊阶段,这个阶段如果处理不好,未成年人可能就走向了社会的对立面,如果处理得好,可能会成为对社会有用的建设者。尤其是目前出生率每年都在下降,社会有用的建设者的总量在减少的状态下,这个就更为重要。正是因为这些特殊性,所以我们很多应对措施也应该是特殊的。

第二个理论基础是只有建立《刑事诉讼法》外的未成年人司法,才能实现福利与司法、保护与惩罚的结合。按照目前中国刑事司法的架构,虽然我们在刑事诉讼程序里,包括在实体法适用方面都尽量体现教育、感化、挽救的方针,但不可否认的是目前的刑事司法、刑事诉讼就是为了惩罚而设计的,正常来说,进入刑事诉讼到达终点就是刑罚处罚。那么在这样的架构之下能不能实现福利与司法、保护与惩罚的结合?可能很难。为什么我们要对未成年人的罪错案件实现福利与司法、保护与惩罚的结合呢?简单来说,就是我们认为未成年人违法犯罪本身是社会的产物,未成年人也是"被害人",在没有给予未成年人足够保护的情况下,未成年人实施了罪错行为,然后就要用《刑法》去惩罚他们,这在逻辑上是讲不通的。所以只有建设了《刑事诉讼法》外的、刑事司法外的未成年人司法才能实现这一点。

第三个理论基础是通过《刑事诉讼法》外的未成年人司法可以实现提前干预和分级干预。因为我国的刑事司法起点是比较高的,进入刑事案件立案是有立案条件的,参照《刑事诉讼法》里规定的立案条件的同时我们还要去参照《刑法》规定的立案标准,比如在北京盗窃 2000 元,盗窃 1900 元就不能进入刑事司法的场域里面来。如果没有《刑事诉讼法》外的未成年人司法,盗窃 1900 元就只能适用《治安管理处罚法》,但是对于未成年人,《治安管理处罚法》里也规定了不予处罚,所以没有什么作用,实践中经常是批评教育一顿后放出去。但是对未成年人来说。这样做有干预意义吗？没有。回头又偷，然后偷了三次、偷了2000元以上或者偷到达到刑事责任年龄，就直接进入刑事司法程序了，这就是一种滞后的干预。我们要做的是提前干预，在未成年人小偷小摸的时候就能够干预，这样可能就不会进入刑事司法程序中了，也可以把刑事司法资源更多地投放在其他案件上。

第四个理论基础是能避免刑事司法的标签效应。如果我们运用《刑事诉讼法》外的未成年人司法做了有效的干预，避免了用刑事司法的方式去进行干预，就可以避免刑事司法标签效应给未成年人以后复归社会、成为对社会有用的人带来的负面影响。

除了理论基础，其实还有很多的现实需要。一个特别现实的例子是，《刑法修正案（十一）》个别化下调了最低刑事责任年龄，规定了以后的低龄未成年人严重暴力犯罪的核准追诉问题。今天最高人民检察院的新闻发布会里面也讲到了低龄未成年人严重暴力犯罪原则上都送专门学校，其实背后就暗含了因为现在缺乏《刑事诉讼法》外的未成年人司法，导致在核准追诉前我们不知道应该怎么办的问题。当然这里有争议，我的观点是对低龄未成年人核准追诉和超过追诉时效的核准追诉是不一样的，低龄未成年人犯罪原则上不作为犯罪处理，此时核准追诉是一个入罪程序，超过追诉时效的本来就是犯罪，如果通过追诉程序决定不核准是一个出罪的程序。因为低龄未成年人严重暴力犯罪核准追诉是一个入罪的程序，那么在核准追诉之前启没启动刑事诉讼程序呢？我自己的观点是没启动，就是刑事诉讼外的程序。现在实践中的情况是严重暴力犯罪的低龄未成年人是有社会危险性的，尤其在当地产生比较大的影响，总得有一个地方把这些未成年人管起来，现在只能用《预防法》里面讲到的专门矫治教育，但是目前法律只提供了一个名词，至于怎么把这个程序丰满起来，其实还没有具体的规定。这个例子充分体现了因为没有《刑事诉讼法》外的未成年人司法，所以当我们想要考虑未成年人要不要进入刑事诉讼程序的时候，就不知道怎么办了，这是第一个方面的现实需要。

第二个方面的现实需要，比如一个是能不能突破《刑事诉讼法》的三方面限制,如果有《刑事诉讼法》外的未成年人司法就可以突破了;再一个就是为《刑事诉讼法》内的措施提供更多的支撑和空间,比如附条件不起诉的时候需要监督考察,监督考察具体有很多种类,现在比较常见的如送往观护基地,观护等措施如果能够在《刑事诉讼法》外的未成年人司法中得以确立,需要适用观护或者其他处分措施时就可以直接用,因为内核实际上是一样的,都是对未成年人适用跟踪、监管、提供教育等措施,那么就不需要《刑事诉讼法》再用太多笔墨去规定这些东西,也不需要再另搞一套制度。

第三方面的现实需要,如果有《刑事诉讼法》外的未成年人司法,可以提供更长的观察考验期。以核准追诉为例,如果在核准追诉之前有比较长的观察考验期,可以比较容易评估未成年人的社会危险性和再犯可能性,然后再判断是不是符合《刑法》所规定的"情节恶劣"的要件。《刑事诉讼法》外的未成年人司法还可以提供多元处遇措施来实现针对性和个别化,在《刑事诉讼法》内作附条件不起诉的时候同样也是要实现针对性和个别化的,但是《刑事诉讼法》内的空间毕竟是有限的,如果在《刑事诉讼法》外有更多的空间的话,针对性和个别化的实现效果就会更好。

第四方面的现实需要,避免姚建龙老师讲的"养猪困局"。我们经常讲要提前干预,让未成年人不再实施犯罪,不要达到中国刑事司法的门槛,或者未成年人虽已达到刑事司法门槛,通过《刑事诉讼法》内的未成年人司法和《刑事诉讼法》外的未成年人司法,实现预防再次犯罪的最大化效果,避免未成年人实施更为严重的犯罪。

(四)我们现在有什么与路在何方?

刚才讲的是理想中的《刑事诉讼法》外的未成年人司法是什么样子,为什么要有《刑事诉讼法》外的未成年人司法以及我们有哪些现实需要,接下来看我们现在有什么和路在何方。

按照2020年《预防法》的修改,对未成年人的行为共分成三类:第一类是不良行为;第二类是严重不良行为;第三类是涉罪行为。不予刑事处罚的行为在《预防法》里是被涵盖在严重不良行为中,很多或者说绝大部分研究者都认为《预防法》修改的时候没有将不予刑事处罚的行为单列是有问题的,我的想法也是应该将它区分开来。不良行为是《预防法》规定的不会对社会产生危害,但是会对自己产生危害,影响自己健康成长的行为,比如逃学、离家出走、抽烟等,这些行为并不需要司法干预,但是它有可能会发展成为严重不良行为。严重不良行为是《预防法》规定的九类有社会危险性的行为,比如不构成犯罪的寻衅滋事,飞车抢夺,甚至还有卖淫嫖娼等。再往上一级就是触犯了《刑法》,但是因为实施的是不到刑事责任年龄不予刑事处罚的行为,虽然这种行为跟严重不良行为有一些交叉,但从我们国家治安案件和刑事案件划分的角度来看,不予刑事处罚的行为应该跟严重不良行为是有区分的。再往上就是刑事司法所要处理的涉罪行为。这是行为的大概分类。目前《预防法》规定的不良行为的干预主要依靠社区、学校还有家庭的一些措施,这个是没有问题的。对严重不良行为的干预适用的是九项矫治教育措施,里面包括社会观护、赔礼道歉、公益服务、接受社工人员的矫治等,还有送专门学校进行专门教育,以及送专门学校进行专门矫治教育,具体就不展开讲了,但是这确实分为三类不同的措施。

如果我们想在刑事司法之外构建一套完整的未成年人司法,实现刑事司法外的未成年人司法与刑事司法内的未成年人司法相结合的理想状态(这里不包括刚才讲的最外延的以未成年人保护为目的的司法活动),这个意义上的未成年人司法应该是什么样的?我觉得,对于不良行为、自害行为等,应采取以家庭、社会、学校为主导的干预措施,这可能不属于司法干预,但是从严重不良行为开始往后都应该被纳入司法的范围。在中国语境下,司法不一定仅指法院、检察院,也可能包含公安、司法行政机关等,是国家公权力的一种表现形式。对于严重不良的有社会危险性的行为,以及不予刑事处罚的行为,在《刑事诉讼法》外进行干预需要采取的就是司法主导的多元化保护处分措施。目前《预防法》已经规定了一部分,但是种类不够丰富,适用的条件有一些交叉,存在一些内部协调问题。对于未成年人涉罪行为,应该有一套独立于以成年人为模板的刑事司法所涉及的《刑事诉讼法》和《刑法》。虽然说狭义概念里不良行为的干预不应该具有司法的含义，但按照中国法律变迁的情况来看，以后如果在有关未成年人司法的专门法律里将不良行为干预措施也规定进去，体现对未成年人罪错行为的整体干预思路的话也是可以考虑的。未成年人刑事司法和刑事司法之外的多元化保护处分措施之间应能够相互转化、相互借力，这就是刚才讲的已经涉罪的行为可以适用多元化保护处分措施，多元化保护处分措施如果不行还是可以进入刑事诉讼程序当中的，这样对罪错未成年人的干预就能有更大的空间，可采取更多元的措施。当然，未成年人司法的前提是在福利保护和社会支持，也就是说司法法一定要和福利法相配套，如果没有福利保护，只有司法法，那可能就是过度强调惩罚。我们的《未保法》修改以后已经在整体上为未成年人福利保护和社会支持提供一定的框架支持，因此可以在《未保法》的基础上进一步发展。

最后，如果有刚才所讲的理想中的未成年人司法这样的法律，我们要称它为"未成年人司法法"吗？我觉得是可以考虑的。2020年《预防法》修改之前，全国人大委托了宋英辉老师牵头提供《预防法》修改的专家建议稿，我们写了一个很复杂的稿子，当时的想法是要把它改造成或部分改造成"准未成年人司法法"，以此来规定刚才我所讲的内容，同时并不会把《刑事诉讼法》里面的内容大量照搬过去。虽然可以使用《刑事诉讼法》里已有规定的这部分内容，但是我们的目的是提供一个整体的框架。当然修法没有实现这样的目的，只是在原来行为分类的基础上做了一个设计，没有解决我在前面提到的在《刑事诉讼法》框架内不能解决的那些问题。希望以后还有更多的机会探讨制定一部"未成年人司法法"，或者叫别的名字也可以，但是要实现这样的功能。这就是我想讲的"路在何方"了。今天讲座的预告推送后，有实务部门的朋友在转发推送的时候直接给"路在何方"加了一个答案，就是路在脚下，我觉得他说得非常对，中国的未成年人司法就是走出来的，更多的实践探索会为立法提供支持，当我们对这个问题的讨论更成熟,理论的研究更深化时,我们想要构建的整体性的未成年人司法可能就能够实现了,如图4-5所示。

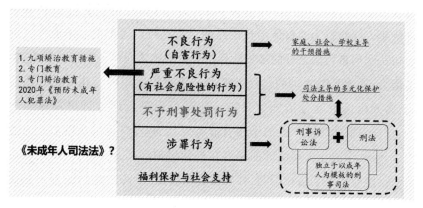

图 4-5　我们有什么与路在何方

三、未成年人司法对刑事诉讼的价值

最后一部分我们简单来聊一聊,跳出刑事诉讼之后,再来看未成年人司法对刑事诉讼有哪些反哺的价值。

(一)制度试验与拓展

有很多人讲未成年人案件是试验田,是很多理念、制度、创新的起点,我非常同意这样的观点。我这里总结了两个方面,一方面是制度试验与拓展,另一方面是理念参考与启发。

我们先来看制度试验与拓展。第一个例子是附条件不起诉可以拓展适用于成年人案件和单位犯罪案件。2012年《刑事诉讼法》修法的时候曾经想把附条件不起诉同时拓展到成年人与未成年人案件,可能是鉴于对之前免予起诉的担忧,争议很大,最后决定先在未成年人案件中适用。我原来写过一篇文章《如何更好适用附条件不起诉和酌定不起诉》(发表在《人民检察》2019年第10期),讲的就是附条件不起诉如何推动未成年人司法的发展。附条件不起诉制度中涉及了很多未成年人司法的要素,如果2012年《刑事诉讼法》修改的时候把它们都放在一起作附条件不起诉,我觉得这几年中国未成年人司法的发展可能会受很大影响。但是反过来说,如果不是从 2012 年到现在,尤其是 2017 年以后在最高人民检察院强力推动下,附条件不起诉在未成年人案件中充分的尝试适用,很难想象附条件不起诉可以很快被适用在成年人案件和单位犯罪中,包括合规不起诉等其实都是建立附条件不起诉在未成年人案件中合理有效运用的基础之上。当然,成年人案件和单位犯罪案件适用的附条件不起诉和未成年人案件适用的附条件不起诉应是两个制度,不能用相同的东西去适用。

第二个例子是未成年人案件中已经做了很多事前的风险评估。当然有不同的做法,其实观察国外的风险评估演进,都是从未成年人案件开始的,因为未成年人案件的风险评估更有必要,评估时会考虑到的因素更多。我们一直在讲要降低羁押率、可诉可不诉的不诉,其实在未成年人案件中尝试风险评估所摸索出的风险评估指标体系,对于少捕慎诉慎押是非常有用的。

第三个例子是社会调查运用领域的拓展。现在判缓刑要做社会调查,甚至在一些合规案件中也要进行调查,不一定叫社会调查,但大概的方向是一样的,社会调查的运用会从未成年人案件拓展到更多的案件中。

以上三个例子我觉得是不用打问号的,是可以观察或预期到的实实在在的制度拓展。但是后面三个问题可能要打个问号。比如,其实在 2011 年左右我研究讯问未成年人时合适成年人在场问题,当时还未对《刑事诉讼法》外的未成年人司法问题进行更多的思考,那时候只是觉得讯问未成年人时合适成年人在场是可以为一般案件律师在场提供参考的,讯问未成年人时合适成年人在场是第一步,律师在场是第二步。现在我觉得这是两个问题。虽然可以提供参考,但是还需要进一步思考,目前未成年人案件中,讯问时找一个不认识的人在场已经得到了接受,但是对于成年人案件中讯问时律师在场可能还需要再转一个弯才能实现。再比如近期在性侵害未成年人案件中所尝试的一站式办案机制,其实一站式办案就要求检警都参与,在这个机制中检警关系有一些新发展。检警关系是一个老的研究话题,有分立模式、一体模式、指导模式、引导模式等,但在性侵害未成年人案件的办理中,可以看到检察引导侦查的模式运行得是比较良好的,当然这也与这类案件比较复杂,公安机关缺乏专门办案力量和专业知识有关,但检察引导侦查的模式在此类案件办理中得到确立以后能不能有更新、更广范围的发展,我觉得是可以拭目以待的。与之相关的是目前正在推进的侦查监督与协作配合机制的改革。再比如,刚才我们讲《预防法》的时候讲到了观护基地,讲到合适保证人等,这些能不能为取保候审在保证人保证和保证金保证的基础上提供一种新的保证方式?很多年前我们研究国外保释制度的时候有保释旅馆,这和观护基地不是很像吗?能不能通过未成年人的观护基地、合适保证人制度推动成年人取保候审的新保证方式的发展,这些都是可能的制度试验和拓展。

(二)理念参考与启发

另一方面就是理念参考与启发。除制度之外,未成年人司法中的一些特殊理念其实也可以为成年人案件办理或者成年人的刑事诉讼程序提供参考。这种例子很多,像恢复性司法、刑事和解一开始都是从未成年人案件开始的。这里主要讲一下我个人在这些年研究中的一些感受。第一个问题是诉讼过程如何影响程序选择和实体结果。在未成年人案件中我们常说要有一个观察的时间,要有一个"缓"的情况,目的是为后面的处理作更佳的选择。在成年人案件诉讼过程中,是不是也应该考虑一些情况的影响?当然现在的认罪认罚从宽制度,在诉讼过程中是否认罪对案件处理结果有影响,但我们是否可以更多考虑在诉讼过程中的一些事情是怎样影响程序选择和实体结果的。第二个问题是人和行为之间的平衡。我们讲未成年人司法更多关注的是行为背后的人,因为行为一旦经过评价都是一样的,但是人是不一样的,所以我们要看到人,然后我们的干预针对的是人,而不是行为。当然,作为一种法律评价,行为必须要用来作为参考,或者用来形成对人进行干预的整体框架。未成年人案件更注重人,从这个角度来说应该怎么评价人呢?行为是用证据来评价的,人不是用一般案件中的证据来评价的,更多的是主观评价。在未成年人案件中,人和行为在努力达到一种平衡,而在成年人案件的一般的刑事诉讼中,对于证据以及类似于风险评估等有点主观的评价在决定是否羁押、是否起诉时怎样能够更好达成平衡,这些都没有明确的观点,我只是受到启发,觉得可以从这些方面来考虑。第三个问题是对法律的解释方法。涉及未成年人的一些解释其实已经受到了其他法律的影响,比较明显的就是受到《未保法》的影响。《未保法》规定的最有利于未成年人原则特别重要,也是《刑事诉讼法》里面有关未成年人的问题缺乏明确规定但需要解释的时候的一个核心,甚至是王牌原则。《刑事诉讼法》里没有明确规定的事情,司法解释没有明确规定的事情,在具体案件处理的时候怎样用最有利于未成年人原则进行解释。像刚才我举到的例子,在2021年《刑诉法解释》修改之前,询问未成年被害人的时候没有通知法定代理人而直接通知了其他人到场,《刑事诉讼法》除适用第281条之外没有具体的规定,如果用最有利于未成年人原则来进行解释,是不利于未成年人的,是没有达到儿童利益最大化的要求的,也是违反原则的。所以我在想其他法律可能也会影响到《刑事诉讼法》的解释,这可能是一种实质解释或者是体系解释,刑事诉讼法体系可能还要考虑到《刑事诉讼法》外的专门法律,这可能也是未成年人司法带来的理念参考和启发。第四个问题是刑事一体化的视角。未成年人案件特别需要刑事一体化的视角,像刚才讲到的低龄未成年人核准追诉的问题,虽然它是一个《刑法》规定的问题,但是解决问题必须要有实体法,也必须要有程序法。所以在考虑是不是"情节恶劣",要不要追究刑事责任的问题的时候还要考虑到程序过程中的很多事项,特别需要一体化的视角。在未成年人司法或者未成年人案件处理过程中的一体化视角,也可能给一般的刑事司法中的一体化视角提供一些参考,而且目前学科割裂的现状也特别需要一体化视角。第五个问题是多学科的合作。这些年我做与未成年人相关研究的时候,多学科视角不仅仅是一个启发,也是一种考验。在法学这个一级学科内部,我们要研究很多其他的法律,比如研究公益诉讼的时候要去研究行政法,还要去研究民事诉讼法,刑法就更不用说了。我今天还想了一下,这些年开展未成年人相关工作的时候,在法学一级学科之外,我跟哪些学科关联最密切?我觉得是社会学里面的社会工作专业和心理学里面的发展心理学。我自己还担任了中国社会工作学会司法社会工作专业委员会的副主任,还担任过社工的评审,和社工的老师学习了很多。因为如果不懂这些专业,可能就没有办法去判断社工所做出来的社会调查、社工视角下的未成年人对于案件的处理会受什么样的影响?心理学更是这样,最近我们在研究被性侵害的未成年人询问指引,里面有大量的心理学问题,比如到底应该怎样划分合理的年龄段,我们询问2~6岁的人是什么问法?7~12岁的人又是什么问法?为什么要以6岁为界来划分?我们完全说了不算,我们要去问心理学专业的人,甚至是脑科学专业的人,所以特别需要多学科合作。当然,相对来说成年人一般的刑事案件处理目前还是比较体系内自洽,还没有被逼着去跟多学科进行合作,但是未成年人司法已经到了如果不进行多学科合作就没有办法往前推进了的阶段,尤其是社会参与,大部分问题都已经不是法律问题了。所以在未成年人案件办理过程中的多学科合作,也是可以给整体的刑事司法发展提供一些参考和启发的。

四、结语

讲座的最后,我想再说几句话作为为未成年人司法研究所做的一种宣推,也是本次讲座的结语。我希望能有更多的同学关注未成年人司法的问题。首先,未成年人司法是刑事诉讼与刑事司法改革的先行者和试验田。其次,未成年人司法是衡量一国法治发展水平的重要标志,因为未成年人案件的处理很难,而且社会关注度高,常常会直接引爆话题。大家看过很多影视作品里涉及未成年人的司法案件时总是很难直面,要平衡各方面价值,而各方面价值的目标统一又非常困难。未成年人司法很难,所以它是一个衡量法治发展程度的标尺。再次,未成年人司法也是一种具有国际性对话空间和交流价值的领域,因为当把大家面对的未成年人看作一种人的时候,他们都是一样的。国外的小孩和中国的小孩在很多方面,在发生罪错行为的时候都是一样的,所以很容易开展国际对话和交流。复次,未成年人司法是一个研究能较快产生实际效果的领域,因为现在我们特别缺研究,有时候我们会说去参加的是一个"开了也白开、说了也白说"的会,但是在未成年人司法领域,我们的研究是能够很快产生实际效果的,因为特别需要而且我们的制度又有很多的空白。又次,未成年人司法很可能是向世界贡献中国智慧和输出中国制度的领域,我可能说得有点早,但是我觉得经过这些年的发展,如果未来10年还能以这10年发展的速度去发展的话,这个不是梦想。最后,未成年人司法是目前研究非常薄弱、空白较多的领域,所以非常希望有更多年轻的学者、年轻的学生们关注这个领域。

以上就是我今天想要跟大家分享的内容,有说得不对的,请大家批评指正,感谢大家的倾听。

主持人:秦 策

何老师辛苦了,感谢何老师的精彩讲演。刚才我也一直在记笔记,对我而言收获也很大,那么我做一个简短的归纳。实际上他讲了三个问题,第一个问题是《刑事诉讼法》内的未成年人司法,这部分实际上侧重讲的是一种限制。也即,现行《刑事诉讼法》对未成年人司法实际构成了一些限制,这里用一些现实的问题,包括一些规范对此进行了解读。第二个问题是《刑事诉讼法》外的未成年人司法,这里何老师是着重讲了需要融合《刑事诉讼法》外的一些因素,尤其是一些更为缓和的处遇方式,包括理念的融合和更新。第三个问题是未成年人司法对于刑事诉讼的价值,如果我们有一个成熟的《未成年人司法法》,它还可以反哺和引领《刑事诉讼法》进一步的发展。

总体来看,何教授原来也是研究刑事诉讼,但是自从研究了未成年人司法之后,他觉得分家比较好,是吧?当然我是开玩笑的,也就是说何教授实际上更加主张一种独立的未成年人司法法律。我不评价这个观点,因为后面还有两位与谈人。我觉得何教授讲座非常精彩,尤其是信息量非常大,由于时间关系,有很多的问题他都没有展开,只是简单地点到。比如制度比较方面,仅比较了德国和我国台湾地区的未成年人司法,还有其他很多地方都是意犹未尽。虽然由于时间关系很遗憾未能展开,但是我们已经感受到了何教授的演讲风格——条分缕析,层层深入,抽丝剥茧,娓娓道来,我们很受启发。

当然了,作为一个讲座,不仅有主讲人陈述观点,还有与谈人精彩的点评。下面我们先请宋志军教授。

与谈人:宋志军

感谢主持人和何挺教授,特别感谢以孙长永教授为带头人的西南政法大学刑事诉讼法课程虚拟教研室,给我提供这次学习和交流的机会。刚才何教授讲述了未成年人司法的范围及其将未成年人刑事司法脱离,尤其是拓展到《刑事诉讼法》之外去构建未成年人司法。另外,何老师对未成年人司法和成年人司法的区别进行的深入分析,对于我们开展未成年人司法专题研究具有非常大的启发意义。下面我谈几点体会,有些观点与何教授的观点可能不一样,有些是受到何老师观点的启发而产生的思考。

第一个问题是未成年人司法的范围。何老师讲的未成年人司法框架,从未成年人司法所适用的法律范围来看,不仅包括《刑事诉讼法》《刑法》《未保法》和《预防法》,还包括其他法律,例如《民法典》以及相关的行政法规。我的想法是未成年人司法的范围、目的和功能如何与刑事诉讼、成年人司法乃至民事诉讼区分开?因为从司法实践来看,目前未成年人检察业务集中统一办理已经拓展到了民事公益诉讼、行政公益诉讼,新修订的《未保法》授权人民检察院对涉及公共利益,侵犯未成年人合法权益的提起公益诉讼,这个不在何老师刚才所讲的分级干预体系的框架之中。何老师也多次提到了未成年人司法要以"人"为核心,而不是以"行为"为核心。但是到体系构建的时候,很多是围绕行为进行分类的,比如不良行为、严重不良行为、涉罪行为等。如果以行为或者分级干预为基础构建未成年人司法的体系,我觉得好像有点撑不起来。不良行为、严重不良行为或涉罪行为哪怕进行转处,它也不可能涵盖所有未成年人保护领域或者未成年人司法领域当中应当涉及的内容。比如民事权益的保障,受教育权的保护,发展权以及在《未保法》和《预防法》当中所规定的各级行政机关、政府部门所负有的职责。如果行政机关或者政府部门怠于履行或者不履行保护未成年人的职责,检察机关可以提起行政公益诉讼,那么行政公益诉讼是不是未成年人司法的范围?在何老师今天的讲座中也讲到了检察公益诉讼的问题,但是如何将其纳入未成年人司法框架,恐怕与"行为"和"人"这两个主线都是有密切关系的,尤其是核心围绕着《宪法》,以及《民法典》和《未保法》等法律所规定的未成年人受教育权、发展权、形成正确的人生观价值观等综合保护。这就涉及《未保法》和《预防法》具不具有可诉性的问题。如果这两部法律不能作为提起诉讼的依据,那么这两部法律的实施和效果就可能受到质疑。从现在的法律规定来看,最起码检察机关在未成年人权益被侵犯的时候,可以通过支持起诉、提起公益诉讼的形式来保护未成年人的权益。因此,我认为未成年人司法的范围不仅要与《刑事诉讼法》和《刑法》脱离开,而且还要和民事诉讼程序、行政诉讼程序结合在一起。未成年人司法不仅面临去刑事化的问题,还涉及如何将未成年人综合权益保障纳入司法保护。

第二个问题是未成年人司法的目的和功能。刚才何老师也对比了未成年人司法和成年人司法的一些区别,但是从目的和功能来看,未成年人司法有没有不同于成年人司法的目的和功能?这里面内容很多,在此只举两个例子。一个是干预,另一个是预防。干预和预防是不是未成年人司法独特的目的和功能?因为通过《刑法》的实施,也可以有助于实现犯罪人顺利回归社会,也可以实现教育矫治和预防犯罪的功能。未成年人司法要和《刑法》预防以及对行为的干预所要实现的目的彻底地脱离,要有自己独特的目的和功能,这才能支撑起一个独立的司法形态。

第三个问题是未成年人司法的诉讼构造。除了刚才提到的第一个方面,未成年人司法要涵盖民事权益、受教育权、发展权等司法保障,以及对未成年被害人的综合保护,这个问题要也纳入未成年人司法的领域。因为未成年人检察业务已经将未成年人被害的案件纳入受案范围。另外又涉及民事公益诉讼和行政公益诉讼,所以从诉讼构造上要彻底和刑事诉讼的诉讼构造区别开。还有各个机关在未成年人司法中的职能及地位、相互关系也需要重新定位。刚才何老师也讲了一站式询问,目前主要是检察机关和公安机关在侦查阶段实行,是为了保护未成年犯罪嫌疑人和被害人,尤其是性侵案件中的被害人不受二次伤害。性侵案件未成年被害人原则上是不出庭的,那么这个时候法院如何审查未成年人的证言?假如法院也参与了一站式询问,提前介入侦查阶段了解未成年被害人的证言,就可能与我们现在的诉讼理念,包括法院的中立等存在冲突。上面提及的几个问题,需要从理论上进行研究。

第四个问题是未成年人司法要关注"人",进一步,还要关注未成年人的自主选择权,充分体现对未成年人主体性的尊重。《未保法》规定了在涉及未成年人利益的相关事务处理过程中要听取未成年人的意见,那么在整个诉讼过程当中,如何体现未成年人的主体性、自主价值和自我决定权呢?未成年人虽然不是一个完全民事行为能力人,但是作为一个将要走向成年的"人",而且要为他将来正常融入社会,发展成一个良好的成年人建立基础。未成年人司法如何在程序中,尤其是教育、矫治、帮教过程当中尊重他的决定自主权?特别是某些"侵入式"的干预,比如专门矫治或者借助社会力量进行矫治教育涉及道德观念、价值观以及心智教育的指导,这些涉及他内心的价值观念和将来人生的选择,同时社会调查要深入了解未成年人及其家庭的相关情况,对这些信息的深入探查,涉不涉及更深层次的伦理问题?对未成年人的特殊保护如何体现对其个人尊严和主体性的尊重,未成年人司法中的伦理问题有明显的独特性,它与刑事司法的伦理还是有很大的不同,这些都是研究未成年人司法理论需要关注的问题。

第五个问题是最有利于未成年人原则。何老师多次强调了未成年人司法里的最有利于未成年人原则,这个原则既然是一个基本的原则,那么它在诉讼过程影响程序选择与实体结果时,如何体现?尤其是未成年人案件的特殊性是综合的,有些时候他是一个犯罪嫌疑人,但同时他又是一个复杂的家庭问题、社会问题的"被害人"。有时未成年被害人同时又是一个有不良行为甚至严重不良行为的未成年人,比如一个不满 14 岁的幼女通过网络交友软件和未成年人或者成年人到宾馆开房,这就涉及强奸或者猥亵儿童等罪名。另外,在未成年人检察工作中可能会发现一些未成年人的受教育权被侵犯,比如由于超生没有办法上户口,或者超生以后没有办理合法的收养手续而"送养"了。当未成年人到了中考或高考的时候,因为没有户口而无法获得学籍和参加升学考试,由此进一步衍生复杂的受教育权、监护缺失及撤销监护人资格、收养等如何适当处理的问题。这些民法和行政法上的一些问题,如何综合评估出哪种做法才能体现未成年最大利益?然而,在有些实际案件办理当中,如果完全遵循现有的民事诉讼程序,包括立案的案由,那么有些案子就没法立案,比如上户口可以立案吗?一定要撤销他的监护吗?尤其是他的亲生父母和养父母之间的关系比较复杂,那么这个时候该如何评估未成年人的最佳利益?如何在诉讼程序当中来体现这一原则,而不受《刑事诉讼法》《刑法》的限制?当然也不能完全受制于现有的民事诉讼程序和某些行政案件的处理程序。未成年人司法具有综合性,作为一个独立的司法样态,只有进行独特的理论建构才可以支撑起未成年人司法。

我的上述思考还不成熟,在何老师深刻独到的观点启发之下,我主要提了一些疑问和研究未成年人司法理论需要注意的几个点。非常感谢何老师精彩的讲座,我的与谈就到这里,谢谢大家。

主持人:秦　策

好的,谢谢宋志军教授。刚才宋教授对何挺老师的讲座进一步提出了一些进一步的看法,实际上他本质上还是赞同何挺教授的一些基本观点,就是要将未成年人司法法独立开来,他的观点似乎比何挺教授更极端或者更宽泛一点。首先他认为何挺教授所设计的以行为分级干预为核心的体系可能并不周全,是不是要考虑以人为核心。另外还涉及一些公益诉讼,或者说未成年人的受教育权、发展权等,包括民事诉讼方面的一些问题。所以,宋志军教授认为未成年人司法法,不仅要脱离刑事诉讼法,可能还要脱离刑法,脱离民事法,脱离行政法。总之,基本的样态应该是它形成一种综合法,以利于未成年人的一种特殊的保护和处遇,这是我简单做的一个归纳。

好的,我们感谢宋教授,下面我们请林喜芬教授来进行点评。

与谈人:林喜芬

好的,谢谢秦老师。非常荣幸能够参与孙老师牵头的教育部刑事诉讼法课程虚拟教研室的研讨平台,刚才听了何挺兄的演讲和志军兄的与谈非常受启发。其实我个人对未成年人司法这一领域并没有专门研究,但平时经常拜读何挺兄的著作和论文,进行了比较细致的学习。前段时间我就专门学习了何挺兄的著作《刑事司法改革中的实验研究》,获益良多。

何挺兄对未成年人司法以及刑事司法的实证研究有着非常扎实的学术积累和前期研究,大家从他前面的讲解就可以看出。

何挺兄对未成年人司法在立法沿革和司法实践等多个维度的发展有着非常成体系的思考,尤其是关于《刑事诉讼法》和未成年人司法之间的复杂关系。

关于《刑法诉讼法》和未成年人司法之间的关系,我也简单谈一下自己的一些理解:第一,未成年人司法研究和未成年人司法体系,给传统的刑事诉讼法学研究和刑事司法体系带来了很多可借鉴的内容。从诉讼理念的角度讲,刑事司法总体上往往采取报应主义或追诉主义进路,但是以未成年人司法为代表的、针对特殊群体的司法类型却比较强调预防主义或恢复主义,强调对被追诉人进行特殊预防,甚至特别关爱。从诉讼目的的角度讲,《刑事诉讼法》总体上比较强调在打击犯罪和保障人权之间寻求平衡,但未成年人司法在此基础上还强调要引入社会和谐、理性沟通等要素。此外,从诉讼模式的角度讲,《刑事诉讼法》总体上比较强调犯罪控制和正当程序的二元模型,这是建立在控辩对抗的基础上的。而未成年人司法一般遵循家庭模式。在一定意义上,未成年人司法促进了整体刑事诉讼的模式转型,尤其是体现在近一二十年的刑事和解和恢复性司法的制度改革中,未成年人司法为整个刑事司法的发展提供了很多新元素。

第二,我国未成年人司法改革在刑事诉讼的框架内来推进有其自身原因。现代意义上的刑事诉讼已经在经典启蒙思潮的影响下发生过一次重大转向。具体而言,经典的刑事诉讼理念强调法定主义,而近现代刑事诉讼已经逐步迈向法定主义和便宜主义相结合的理念。经典的刑事诉讼注重报应主义,但近现代意义上刑事诉讼也开始致力于在报应主义和预防主义之间寻求平衡。在此意义上,近现代意义上刑事诉讼已经吸收了很多便宜主义、预防主义、实证主义和行为人主义的有益因素,显然,便宜主义、预防主义、实证主义、行为人主义是未成年人司法改革所需要的价值追求。正因为我国《刑事诉讼法》在发展演变的过程中也经受着上述近现代刑事诉讼法理念的洗礼,所以,未成年人司法在刑事诉讼的框架之内发展也有相应的基础。

第三,未成年人司法和整体的刑事诉讼之间有很多共同的概念,有些内涵一致,有些则不尽一致。例如,社会危险性的评估,该问题对于未成年人司法和整体刑事司法中的逮捕必要性审查都很重要,由于它带有技术性的特点,所以在未成年人司法和成年人司法之间嫁接出一个共通的桥梁,我觉得问题不大。又如,捕诉一体,这在之前的未成年人司法中是有实践应用的,后来,检察系统内设机构改革也吸收并形成了针对所有刑事案件的捕诉一体办案机制。但这两者在功能实现上可能还是有很多区别的。未成年人司法采取捕诉一体主要是考虑如何更大限度地实现对未成年人的充分保护,因为捕诉一体能够更好地调查未成年人实施犯罪的社会原因,或者犯罪行为以外的一些情况。然而,捕诉一体在成年人司法中全面铺开,其功能上主要是效率导向的。这引发了较多的争议,一些质疑观点认为该改革会导致捕和诉的职能混同,并呈现出更强的追诉化倾向。

还如,关于少捕慎诉,未成年人司法以附条件不起诉为代表,它给当前整体刑事司法带来了很大的改革影响,甚至是推动改革的灵感源泉。这主要是因为:在预防主义理念的影响下,成年人司法也有引入未成年人司法中附条件不起诉等制度的必要。甚至,在当前企业合规改革背景下,《刑事诉讼法》修改还要进一步讨论"单位人"应如何实现预防和恢复,是否应当将附条件不起诉制度拓展适用于企业等"单位人"。当然,虽然概念表述相同,但附条件不起诉或少捕慎诉在未成年人司法和成年人司法、单位人司法等领域的价值目标可能是不一样的。因此,我想说的是未成年人司法和成年人司法之间这些名称相同的制度,技术上能否通用,功能上是否趋同,价值上可否通约,都得经过深入研究才能解答。

第四,我是非常认同何挺兄所提到的,应该综合多学科的知识来研究未成年人司法。我注意到国外很多关于未成年人司法的研究,不仅涉及我们这里面讨论的刑事诉讼法的内容,还涉及了很多犯罪学、社会学和心理学的内容。例如,在犯罪学领域中,很多实证研究是关注未成年人司法的;还有就是刑罚学中也有很多实证研究是关注未成年人再犯可能性等问题的,包括未成年人被贴了犯罪标签之后,会不会有歧视认知、社会疏离感,这些因素对未成年人重新回归到社会中会产生什么样的影响。我相信何挺兄可能是因为讲座时间的关系,没有对犯罪学或刑罚学的相关内容予以充分展开。此外,我也发现域外关于未成年人司法的英文文献,很多都涉及法律和精神病学、心理学相交叉的内容,这些研究往往涉及未成年人司法中需要考量的未成年犯罪行为人的行为模式和性格特征,等等。这些研究都有利于从不同学科和不同角度推动未成年人司法研究。所以,我个人非常认同要采取更大范围的、更多学科的知识来研究未成年人司法的问题。

最后,我也想谈一下,在当前背景下研究未成年人司法,会像何挺兄所说的大有可为,同时也会存在困难。我国当前刑事司法改革面临着多元现代性问题,我们既需要应对一些前现代问题,也要应对一些现代问题,还要涉及一些后现代问题。具体来讲,我们在刑事诉讼的发展过程中,需要提升正当程序的保障力度,推进以审判为中心的诉讼制度改革,这是前现代或现代的内容。同时,像何挺兄所提到的,在域外要想健全未成年人司法保护的完整体系,需要建立在福利国家或福利社会理念的基础上。而福利元素在我国当前还带有非常强烈的"后现代"色彩。所以,在三种现代性的加持下,研究未成年人司法,尤其是倡导以福利支持为基础的未成年人的综合保护体系,可能还有较大的障碍需要克服。

当然,何挺兄已经做出了比较多的努力,他和社会学等领域的学人进行了深度的交叉研究。在这样的基础上,我相信后续还会涌现更多、更优秀的成果。我就讲这么多,不太成熟,请各位老师和同学批评指正,谢谢。

主持人:秦　策

谢谢林老师。实际上你讲的非常丰富,这四条是涉及理念的区别,也涉及一些成年人司法与未成年人刑事司法之间共通的制度。包括现代多元司法、现代性理念的挑战和对所遇到的障碍的担忧。这些问题我想都留给何教授,但是顺着两位点评老师的所讲述的内容,我也向何老师提两个问题。

第一个问题,刑事诉讼程序正在朝着精细化和比例化发展,那么发展之后是不是都要考虑"脱离"？因为我曾经在 2016 年提出了刑事诉讼程序的比例构造问题,现在我们面临的是刑事诉讼程序的法典化问题,或者说是再法典化的问题。刑事诉讼将来怎么发展？在我看来,实际上是比例化的发展,就是不断地层次化、梯度化。考虑不同的案件,不同的主体,包括不同的诉讼情境,来采取不同的措施。实际上未成年人司法问题,我觉得是比例化构造中最明显的部分,也是最成熟的部分。其实刚才几位老师也提到了,比如相对于自然人的刑事诉讼法,可能会有单位的刑事诉讼法,我们现在进行的企业合规,其实本质上就是对于单位犯罪的特殊处置方式。还有强制医疗程序,实际上是针对精神病人这一特殊主体的特殊程序。那么当然这里可以展开,我觉得后续的发展就是不断地精细化,不断地有新的特殊情况出现,我们需要采取特殊的对待,所以刑事诉讼法就体现为一种一般制度与特殊制度的关系,那么未成年人刑事诉讼程序实际上是一个特殊的程序。那么我的问题是,发展精细化之后,是不是所有的特殊程序,比如包括单位刑事诉讼程序都要脱离出去?我想请何老师顺带这个思路给予释疑解惑。

第二个问题,关于成年人刑事司法和未成年人刑事司法,何老师的观点是二者要适当脱离,所以讲得比较多的是区别,但是有些区别是不是"本质"的?你要考虑。我们是不是还要考虑一些共通的原则,坚守刑事诉讼中不能够动摇的一些基本原则,无论是成年人的刑事诉讼,还是未成年人的刑事诉讼,对吧?其实我刚才注意到何老师提到了无罪推定是相对的,措施前移可能和无罪推定之间存在一定张力。但是我觉得,对于未成年人案件无罪推定是不是就不考虑?措施前移会不会变成有罪推定?刚才宋志军老师也讲了,要在未成年人小偷小摸时就进行干预,预防功能要提前介入。那么这种提前介入有没有可能损害无罪推定,可能降低了证明标准,可能松弛了证明责任,所以这里可能会存在一些问题。

另外还有一些共同性的原则,比如以事实为依据,以法律为准绳。那么当然有比对性,就是成年人和未成年人之间有一个区分。所以我想问一个问题,就是我们是不是也要关注成年人刑事司法与未成年人刑事司法之间的作为基础的法秩序的统一性?

好的,两位点评嘉宾,还有我个人也提出了两个问题,我们请何老师再进一步对这些问题给予回应。

主讲人:何 挺

谢谢三位老师的与谈和提问,我从中学到了很多。三位老师讲到的内容其实非常丰富,我看看能不能对其中的一些问题进行回应。首先是宋志军老师,他提到的内容非常多,一个核心的问题是在我所谈到的未成年人司法的概念之外,能不能再进行扩充?这个问题我是有考虑的,在刚才那张图里面,最外围的没有讲,有以下几方面的考虑。刚刚宋老师提的这个问题,他可能主要是以现在检察机关未检部门受案范围为标准来考虑。但是我可能考虑的并不是更外围的那种未成年人司法的概念,就是以未成年人保护为目的的司法活动。这样的未成年人司法的概念是可以提的,但是在目前的阶段,连《刑事诉讼法》外的都还没有确定,如果想要再结合更多的比如民事程序,包括民法、行政法、公益诉讼等内容,那么就需要让未成年人司法的概念有一个更大的理论概括力。能不能利用以未成年人保护为中心这样的大概念,把相关的问题全部包括进来,这不仅涉及概念的问题,而且还利用涉及跟其他部门法之间的关系。我刚才讲这个过程中,其实有一个图可能没有专门讲到,哪些部门法现在跟未成年人法律之间有交集,排第一位的就是《刑事诉讼法》,排第二位是《民法典》,然后排第三位的主要部门法可能才是《刑法》,只沾了一点点,像其他的如《民事诉讼法》就更少了。所以在这样的情况下,如果现在这个阶段就要谈这么大的未成年人司法的概念,我觉得是有一些难度的。但不是说不可以谈,只是还需要我们有更多的理论储备。就现在来说,从世界各国的情况来看,以这么大的概念来谈论未成年人司法的国家,几乎是没有的。因此我们需要在各个方面做更多的理论储备,然后对制度的进行一些细化,最后在这个基础上才可以谈这个问题。

宋老师刚才还提到了另外一个问题,就是需不需要有一个这么大概念的未成年人司法以及相应的法律,他还提到了《未保法》是不是具有可诉性的问题,这也跟我刚才提的是有关联的。其实《未保法》修改以后,已经具备了一定的可诉性。比如最近的江苏宿迁电竞酒店的民事公益诉讼案,法院作出的一审判决中就直接引用了《未保法》中的相应规定。其实在《未保法》修改之前,也有学者做过裁判文书援引法律的实证研究,从研究结果来看,有判决里面引用了《未保法》,但是这次《未保法》修改细化了一些规定,所以它的可诉性明显增强了。如果以《未保法》作为司法的依据的话,那么是不是还需要考虑设置这么大框架的未成年人司法法?我觉得这也是需要考虑的问题,所以我的整体观点是可以讨论大的概念,但这个大概念现在可能还不是太成熟。相对来说,我所提出来的以刑事司法为基础,然后向外拓展一部分,包含对未成年被害人、证人相关的刑事诉讼程序以及不作为犯罪处理的观点,现在来看,基本已经达成共识,更多的问题是要怎么样在技术上落实这个问题,这是我对宋老师提出来的一些问题的回应。我觉得他跟我的观点本质上没什么差别,主要是提出了一个更为长远的目标。

林喜芬教授谈了非常多的内容,我觉得他作了非常好的补充,包括很多理论发展的一些视角,包括便宜主义、预防主义、实证主义、行为人主义等。我非常同意他的观点,就是我们现在所面临的刑事诉讼制度也好,刑事诉讼的实践也好,其实都需要将一些古典的同现代的主义进行平衡。其实对于未成年人司法来说,刚才讲到的古典的主义跟现代的主义,它们平衡的方面和天平的尺度是不一样的。相较于一般的刑事司法,未成年人司法中便宜主义,包括预防主义、实证主义、行为人主义的分量可能更重,它更偏重于这些主义。因为未成年人司法的发展跟现代学派是有密切关系的,这是林喜芬老师讲的第一个问题。

林喜芬教授还讲到了一些制度嫁接的问题,包括捕诉一体的问题。其实我刚才讲的时候也谈到了,我觉得未成年人司法中"配合"要比"分权制约"更重要。这也是为什么在未成年人案件中较早地开展捕诉合一,尽管现在已经不叫捕诉合一了,它将很多其他的功能都整合到了一起。"配合"比"分权制约"更重要,因为只有"配合"才能一以贯之地实现未成年人司法的一些目的,这个目的的核心是预防。

林喜芬教授还讲到了一个前现代和后现代的问题,我对这个问题深有感触,可能说得并不一定合适。现在为什么要有研究刑事诉讼法的人和研究刑法的人研究未成年人司法?是因为我们现在面对的是,搞不清楚前现代、现代和后现代的混同状态。如果将以审判为中心、程序正义、罪刑法定这些前现代问题都解决了,可能就不需要像我们这种本来是学刑事诉讼法的人来研究这个问题了。正是因为前现代问题都没有解决,所以当考虑怎么样建构中国特色的未成年人司法制度的时候,还必须去考虑那些尚未实现的前现代问题。还未完全实现的前现代要求,使我们考虑构建未成年人司法制度的时候,必须考虑整体的刑事诉讼制度要往哪个方向发展。这可能也是目前为什么需要我们这种"半吊子""半路出家的人"来做这个研究,我们的眼中和心中必须要有整体,然后才能考虑特殊性与整体的关系。

秦策老师谈到了两个问题,第一个问题是关于精细化、比例化发展是否需要考虑脱离?这个问题其实我原来也考虑过,我的观点可能跟秦策老师不太一样。我觉得从理想状态上来说,如果做精细化、比例化发展,倒也不是说一定不行。当《刑事诉讼法》法条达到 2000 条或者 3000 条的时候,可能有 300 条是关于未成年人的,我觉得可能也还行。但是从三个方面来考虑,第一方面是我们国家目前立法的方针是宜粗不宜细,其实短时间内不会改变。在这种宜粗不宜细的状态下,我们等待精细化、比例化发展更合适,还是在已经有一些基础且认识也比较一致的情况下,搞"脱离"更合适?第二方面是如果我们去考察域外相关制度的话,可以看到其实很少有国家会在刑事诉讼法典里面,像我们这样以专章的形式规定一个未成年人刑事案件诉讼程序,因为它解决不了所有的问题,它会涉及跟刑法等其他部门法衔接的问题,在刑事诉讼法的框架里头可能不太适宜解决这个问题。第三方面,我们目前的特别程序,包括秦策老师刚才提到的单位犯罪的诉讼程序,是不是以后都要脱离?我觉得这个要看情况,比如单位犯罪诉讼程序,并不是因为我们现在进行企业合规,我们才有需要,其实一直以来大家都认为《刑事诉讼法》里面缺少了单位犯罪诉讼程序。单位犯罪诉讼程序都是靠最高人民法院的司法解释来规定的,其实是非常不够的。所以按我理解像单位犯罪诉讼程序不应该成为特别程序,它就是整体程序中的一种,针对的是特定主体,本来就应该在总则中作规定。那么像我们目前讲到的其他几种特别程序,包括像和解,现在我的观点是和解不应该作为一个单独的特别程序,它应该是一种理念,也应该规定在总则里头。还有缺席审判和没收其实都是跟反腐败有关的,如果说以后有相应反腐败的法律的话,是不是也可以考虑不规定在《刑事诉讼法》的特别程序中？因为我觉得随着我们面对的社会的复杂程度越来越宽，所面临的诉讼程序是不是也会越来越多？是不是都适合在《刑事诉讼法》里面规定？包括强制医疗的程序本身是一个保安处分的程序。当然，有的国外的刑事诉讼法典也会规定保安处分的程序，但是因为现在我们保安处分程序太少，所以没有办法单独将它拎出来，但是以后怎么发展，我觉得也是可以考虑的。

总体来说，我觉得在我国目前的情况下，对于未成年人司法来说，与其等待精细化、比例化发展，不如将其先独立出来，因为它的差别比较大，和缺席审判程序不一样。以缺席审判为例的话，它是省掉了一些环节，增加了一些环节。但是对于未成年人犯罪的案件的处理，连理念都是不一样的，正是因为它的不同之处比较多或者比较深层次，所以我觉得它是比较适合考虑脱离的。

秦老师的第二个问题是关于成年人司法跟未成年人司法之间的共同之处，其实我刚才提到了无罪推定和措施前置，我并不是说在未成年人案件中不用遵循无罪推定原则，也是要遵循的，但是这种无罪推定可能会有相应的变化。无罪推定的核心原理是未经法院定罪应被推定为无罪，核心原理并没有改变。《刑事诉讼法》里头也规定教育、感化、挽救方针，教育为主、惩罚为辅，所以教育这两个词不管是作为功能、目标还是措施，都应该在未成年人案件中得到充分的体现，所以教育措施前置，并不会直接冲击无罪推定原则的核心含义。即使我们在刑事诉讼之外，采取保护处分措施及未成年人司法的框架的话，它也不是一种刑罚，因为它落脚点是一种保护，虽然也会有干预，但这种干预与刑罚干预必然是有本质差别的。所以我认为，并不是说进行未成年人司法就要否定刑事司法，未成年人普通刑事司法中的所有的基本的原则，如无罪推定原则等都是要遵循的。但是一定会发生一些新的变化，比如在成年人司法中或一般刑事司法中，我们讲到的罪责刑相适应原则或者罪刑相适应原则，但是在未成年人案件中罪责刑相适应，我觉得也是需要遵循的，但是还不够。

如果我们去看联合国关于少年司法的《北京规则》（即《联合国少年司

法最低限度标准规则》)的话,可以看到它讲到当我们在刑事司法里面考虑对未成年人做什么样处遇的时候,我们要考虑哪些问题?第一个要考虑未成年人的个人情况,然后才考虑他的行为、罪行情况,所以我感觉对于未成年人来说,至少我们传统意义上最核心的罪责刑原则可能还不行,可能还得再加上一个"人",这就是我们讲到的行为人中心或者更关注行为人。所以总结来说,我觉得普通刑事司法中的基本原则,其实给我们考虑未成年人司法的原则提供了一个基础。我们正是在成年人刑事司法的基石上,这也是刚才林喜芬教授讲到的前现代问题的基础上,考虑如何根据未成年人的一些特殊性,考虑更多的现代或后现代的理论主张来进行相应的改造,来实现我们未成年人司法的独立的原理体系。

当然正如我刚才最后讲的,现在其实有一大堆的空白,想要构建未成年人司法的框架,可能在制度层面或者实践需求层面能达成共识,但是原理体系现在是非常缺乏的,包括刚才志军老师讲到的构造的问题,比如要素和构造的问题,还包括内外构造,包括价值、目的、功能、理念、原则、基本要素以及和其他法律之间的内外关系,这些其实都是非常需要进行系统研究的。

主持人:秦　策

谢谢何老师!你对每个重要的点都回应了,非常感谢。其实本来我预想让两位与谈人再做回应,但是由于时间的关系,我们不得不在这里结束了。这个问题是非常深入的,还需要进一步研究。我非常赞同刚才几位老师谈到的,现在我们要通过改革来完善制度,同时要超越前现代、现代甚至后现代的一些新的挑战,对吧?所以现在中国刑事诉讼制度改革应该是一种弯道超车,在不同的层次上,都要同时进展、齐头并进的状态,这也是我们这一代法律人或者刑事诉讼学人的使命。所以我也期待更多参与者能够参与刑事诉讼法的研究,或者未成年人司法法的研究。我们今天就结束了,感谢何教授,感谢两位与谈人,另外也感谢各位参与者,感谢孙长永教授带领的刑事诉讼法课程虚拟教研室给我们提供的机会。谢谢大家。

第五讲
司法改革语境下的证据裁判原则及其反思

主讲人 杨 波 吉林大学教授
主持人 张 中 中国政法大学教授
与谈人 谢进杰 中山大学教授
　　　 向 燕 西南政法大学教授
时 间 2022年6月1日 19:00—21:30

主持人：张 中

各位同学，各位同人，大家晚上好。我是中国政法大学证据科学研究院的张中。受主办方、孙长永老师和郭烁教授的委托，这一场由教育部刑事诉讼法课程虚拟教研室和西南政法大学诉讼法与司法改革中心主办的"全国青年刑诉学者在线系列讲座"第五讲，由我来主持。本场讲座，我们非常有幸请到了国内著名的刑事诉讼法学青年学者——杨波教授。杨波教授是吉林大学法学院的教授，博士生导师，是中国刑事诉讼法学研究会的理事。杨波教授在刑事诉讼法学和证据法学基础理论研究方面有很高的学术造诣。尤其是对证据法学原理的研究，提出了很多重要的观点。比如对于证据法的功能，她认为是发现真相，而不是排除证据，提出刑事诉讼与证据法一体发展的观念。最近又提出了程序性事实观等重要的观点。今天晚上，杨波教授演讲的主题是"司法改革语境下的证据裁判原则及其反思"。下面有请杨波教授。

主讲人：杨 波

各位老师，各位同学，各位朋友，大家晚上好！非常高兴能够在"六一"跟大家相聚在云端。祝愿孙长永教授领衔的教育部刑事诉讼法课程虚拟教研室如六月的胜景,繁花灿烂!特别感谢孙教授,感谢教育部刑事诉讼法课程虚拟教研室给我提供这样一个宝贵的机会,也要感谢郭烁教授的辛苦联络,跟各位师友分享一点思考和心得。我今天主讲的题目是《司法改革语境下的证据裁判原则及其反思》。

讲这个题目主要是源于这些年进行证据法学研究的一点思考。关于这个题目,张老师以及各位点评老师,也都有很多的研究。比如张老师就有两篇非常精彩的文章:《法官眼里无事实:证据裁判原则下的事实、证据与事实认定》和《无证据,不事实:论证据裁判原则下事实认定》。今天的讲座就是抛砖引玉,希望能够借助这次讲座,汇集各位老师的智慧,推进对这个问题的讨论和争鸣。

选择这个题目进行研究,大概有以下四个原因。第一,对证据法学研究的偏好。在我之前的研究成果中,从"事实问题"到"证据法的功能",再到"非法证据排除规则",我都写过文章。但是,对于证据法的基石性原则——证据裁判原则,我没有专门的研究,这是一个缺憾。第二,当下中国证据制度立法进程的激励。我国针对证据制度的立法完善,已经进入关键期,很多证据法学者针对中国证据制度进行了全面、深刻的反思。可以看到的理论努力体现在方方面面,比如提出有别于两大法系证据法的概念范畴,构建中国特色的证据法话语体系,构建和完善中国特色的证据规则体系,等等。在这一过程中,当然也绕不开对证据裁判原则的探究。第三,司法改革文件对证据裁判原则的强化和坚持。经由司法改革推动所确立的证据裁判原则,其实存在很多值得反思的问题。我的基本认识是:对于证据法的基石原则,应该有所界定,有所限定。可以说,今天讲座的问题意识就是源于这种思考。第四,证据裁判原则的实践效果值得关注。以"聚法案例"为数据检索平台,以"判决"(文书性质)、"刑事"(案由)、"无罪"(裁判结果)和"证据不足"(本院认为)为关键词,检索了 2010 年 7 月 1 日至 2022 年 4 月 25 日,全国各级法院作出的无罪裁判文书,经筛选共得到有效裁判文书 2936 份。这一数据,引发了我对证据裁判原则实践效果的关注。

我今天主要讲五个问题：我国刑事司法改革为何聚焦证据裁判原则？证据裁判原则的正当性基础是什么？证据裁判原则的核心要义是什么？认罪认罚从宽程序中是否适用证据裁判原则？如何以证据裁判原则引领中国刑事证据法体系化的建构？

一、我国刑事司法改革为何聚焦证据裁判原则

（一）证据裁判原则源于对冤错案中证据问题的反思

证据裁判原则源于对冤错案中证据问题的反思，具有明确的问题指向性。从1979年第一部《刑事诉讼法》颁布一直到2010年《关于办理死刑案件审查判断证据若干问题的规定》和《关于办理刑事案件排除非法证据若干问题的规定》（以下简称"两个证据规定"）出台之前，我国在这30多年间都没有确立证据裁判原则。为什么会有这么长的时间的缺失呢？第一个原因是我们国家证据制度的立法严重滞后。从1979年《刑事诉讼法》颁布，到1996年《刑事诉讼法》修改，关于证据的条文只有七八个条款，而且都规定得非常简单、粗陋。对于证据资格，证据规则，乃至证明制度，都缺乏基本规定。这种简陋的证据立法，不发达的证据制度，很难孕育出证据裁判的精神。第二个原因是缺乏正当程序的保障。我们国家的刑事诉讼构造与证据裁判原则的总体要求是极不匹配的。证据裁判原则的运行需要正当程序的支撑，没有一个良好的程序环境，证据裁判原则也缺乏生存的环境和外在的保障。第三个原因是以"事实为根据、以法律为准绳"原则在很大程度上替代了证据裁判原则的具体要求。我国立法和实践长期以来一直倡导和坚持"以事实为根据，以法律为准绳"原则，这一基础性原则在某种程度上代替了对证据裁判原则的需求。即只要事实不出错，就满足了我们对于刑事司法的期待。最终导致蕴含着现代刑事法治理念的证据裁判原则并没有出现在我们的立法当中。

当然，大家可能也注意到了，1979年《刑事诉讼法》也规定了"对于一切案件的判处都要重证据，重调查研究，不轻信口供"。在1996年《刑事诉讼法》修改的时候，还增加了"疑罪从无"的规定，证据不足不能认定

被告人有罪的,应当要作出证据不足,指控犯罪不能成立的无罪判决。上述规定在一定程度上体现了立法对证据重要性的关注和强调,对依赖口供进行裁判的极力排斥。但这些规定只在一定意义上反映了证据裁判原则的精神,与证据裁判原则的要求还相去甚远。

2010年,伴随赵作海案件等一系列冤错案的平反,证据裁判原则终于走向前台,得到确立和发展。可以说,冤错案的平反是我国司法改革中确立证据裁判原则的原动力。证据裁判原则的确立源于对冤错案中证据问题的反思,具有明确的针对性和问题的指向性。冤错案中的证据问题可以参见表5-1。

表5-1 三大已平反冤错案中的证据问题

证据问题 案件	刑讯逼供、非法取证	证据存疑,只采纳有罪证据,对无罪证据视而不见	未达到法定证明标准
佘祥林案件 (2005年平反)	审讯持续了10天11夜,一天只吃两顿饭,不让喝水,不让睡觉。	公检法机关仅凭张在玉亲属的辨认就认定无名女尸是张在玉,而对佘祥林亲属提供的关于张在玉的生存证明置之不理。	佘祥林作案动机、作案工具都没有查明。
赵作海案件 (2010年平反)	办案机关承认存在刑讯逼供。	压在无名尸体上的三个石磙,每个石磙重达四五百斤。赵作海一人根本无法推动。存在多人犯罪的嫌疑。但是办案机关对此有利于被告人的证据却不予重视。	无名尸体的身份没有确定,难以认定是赵振裳;口供供述的无名尸其他部分去向相互矛盾,且都未得到证实。
张氏叔侄案 (2013年平反)	违法使用狱侦耳目袁连芳,采用暴力、威胁等方法收集口供。	法院对有关作案细节的供述之间的矛盾没有足够认识;对死者王冬指甲中其他人的DNA谱带,以"不能作为排除两被告人作案的反证"为由没有考虑。	两人供述的作案细节中存在多处矛盾;死者王冬的8个指甲末端测出张辉、张高平之外的另一名男子的DNA谱带。

这三个案件都发生在 2010 年前后,反映出公检法三机关在证据适用上的一些严重问题,首当其冲的就是刑讯逼供、非法取证。基于刑讯逼供问题的严重性,我国的非法证据排除规则在 2010 年得以正式确立。另外,还有证据存疑,只采纳有罪证据,对无罪证据视而不见,证明标准把关不严,案件疑点没有排除等问题。这些问题的存在都促使立法者反思,虽然一直在坚持"以事实为根据,以法律为准绳"原则,但是案件的质量终究还是难以保证,冤错案还是难以避免。显然,"以事实为根据,以法律为准绳"原则不足以防范冤错案的发生。要想保证案件的质量,需要推进到对证据更具体、直接的要求上来,确立相应的证据规则。据此,证据裁判原则应运而生。

在 2010 年之前,司法解释当中就已经有了关于证据裁判原则的表述,例如 2007 年最高人民法院出台的《关于进一步严格依法办案确保办理死刑案件质量的意见》明确提出,办理死刑案件要坚持证据裁判原则,重证据,不轻信口供。这个意见提出了三项具体的要求:第一,摒弃口供中心主义,只有被告人供述,没有证据的不能认定被告人有罪;没有被告人供述,其他证据确实充分的,也可以对被告人定罪。第二,非法证据排除。第三,坚持法定的证明标准。2010 年,最高人民法院等五部委联合发布《关于办理死刑案件审查判断证据若干问题的规定》(以下简称《死刑证据规定》),具体阐发了证据裁判原则。认定案件事实必须以证据为根据,应将其作为"以事实为根据,以法律为准绳"原则的进一步要求。事实是建立在证据的基础之上的,需要用证据来证明,以事实为根据的进一步要求,必然是以证据为根据。《死刑证据规定》第 3—5 条具体阐发了这一原则的内涵和要求。第 3 条明确了证据裁判原则的适用主体,三机关都必须依法严格运用证据。证据裁判不仅仅是指法院运用证据来认定案件事实。第 4 条明确了证据裁判原则的关键,法庭证据调查程序的重要性。证据需要在动态的证明活动中加以检验,才能作为认定案件事实的根据。第 5 条重申了要严把证据关,案件事实的证明必须达到法定证明标准。

"两高三部"负责人就《死刑证据规定》答记者问时,也对证据裁判原则作了进一步阐释:坚持证据裁判原则,必须做到事实要以相应的证据证明,一切要靠证据说话,没有证据不得认定犯罪事实,这是证据裁判原则的底线要求;存疑的证据不能采信,要用合法的证据来证明案件事实,这是证据裁判原则的具体要求。2010年《死刑证据规定》出台之后,又相继出台了一些防范冤假错案的意见、通知、规定,如《关于切实防止冤假错案的规定》《关于进一步加强和改进刑事执法办案工作切实防止冤假错案的通知》《关于切实履行检察职能防止和纠正冤假错案的若干意见》《关于建立健全防范刑事冤假错案工作机制的意见》等。在上述这些规定当中,证据问题都是关键,证据作为关键词在这些规定当中是高频率出现的。而且,上述规定纷纷从不同部门的角度出发,强化了对证据裁判原则的坚持。

总之,证据裁判原则之所以会在我国司法改革中得以提出并强化,主要是基于冤错案防范的直接需求。错案的问题是每一个国家都要面对的,也是一个难题,在我们国家更是如此。我们不能容忍错案的频出,也没有办法承受错案的代价。何家弘教授总结了20世纪80年代以来我国发生的50起刑事错案,得出了一个基本结论:只有两起案件不存在证据问题,其他48起案件都存在着各种各样的证据问题。所以,证据裁判原则的产生在我国从一开始就是和冤错案的防范绑定在一起的,我们希望通过这个原则,来达到减少错案,准确认定案件事实的目的。

(二)证据裁判原则在以审判为中心的诉讼制度改革中得到强化

关于证据裁判原则的产生和发展,还有两个外部的推动力。一个是以审判为中心的诉讼制度改革,另一个是认罪认罚从宽制度改革。证据裁判原则在以审判为中心的诉讼制度改革中占据着非常重要的地位。2014年,十八届四中全会通过的《中共中央关于全面推进依法治国若干重大问题的决定》中提出,推进以审判为中心的诉讼制度改革,确保侦查、审查起诉的案件事实证据经得起法律的检验。全面贯彻证据裁判原则……可见,以审判为中心的诉讼制度改革的首要要求就是全面贯彻证据裁判原则。证据裁判原则紧跟在改革的要求之后,成为落实审判中心的最基础、最核心的内容。对此,可以从两个方面来理解:

1. 以审判为中心的诉讼制度改革的实现有赖于证据裁判原则的贯彻和落实

以审判为中心的诉讼制度改革代表的是一种新的事实形成机制,也就是要从事实形成于、定格于侦查,转变到事实形成于庭上,侦查活动当中取得的证据,经过检察院的审查起诉,要拿到法庭上接受检验,庭审要发挥对于证据的检验和事实的塑造功能。新的事实形成机制需要一套完备的证据规则来支撑,以确保检验活动能够实施展开。所以,以证据裁判原则为统领的一整套证据规则体系是新的事实形成机制的刚需。相反,在侦查中心主义之下,由于事实定格于侦查,庭审的证据检验程序形同虚设,证据裁判原则及其一系列的规则要求都没有用武之地。

2. 以审判为中心能够为证据裁判提供更好的程序环境

只有在以审判为中心的诉讼构造下,才能激活庭审程序,按照证据裁判原则的要求实现对证据的实质检验,案件事实的认定才能建立在合法有效的证据基础之上。所以,没有以审判为中心的诉讼构造,庭审过程只能流于形式,法庭上的证据调查程序也没有办法充分展开,非法证据得不到排除,没有真正的法庭裁判,更谈不上严格的证据裁判。可以说,在侦查中心主义之下,裁决结果只是对侦查成果的确认,证据裁判原则是没有施展空间的。

(三)证据裁判原则在认罪认罚从宽制度改革中得到了同样的强调

证据裁判原则在认罪认罚从宽制度改革中得到了同样的强调,并且坚持统一证明标准不动摇。《关于在部分地区开展刑事案件认罪认罚从宽制度试点工作的办法》中提出,三大机关同样适用证据裁判原则的要求,没有证据不得认定事实,侦查终结、检察院审查起诉、法院有罪判决都要事实清楚,证据确实充分。对认罪认罚从宽的诉讼制度改革,指导意见还特别强调了坚持法定的证明标准的问题,即侦查终结、提起公诉、有罪判决应当做到事实清楚,证据确实、充分,防止因为犯罪嫌疑人、被告人认罪认罚而降低证据要求和证明标准。指导意见的规定意在表明,在认罪认罚从宽制度改革当中,对证据裁判原则的落实也不能打折,尤其是证明标准,要坚持无差别待遇。

以上就是对我国司法改革中证据裁判原则确立和发展过程的简要回顾。这个过程实际上也是我们国家重大刑事司法事件和重大刑事司法改革发生的过程。证据裁判原则与司法改革相伴而生,而且在中央层面司法改革文件中得到多次强调,也正在引领着我们国家的证据立法以及实践。

二、证据裁判原则的正当性根基

要评判我国司法改革确立的证据裁判原则,首先要回到证据裁判原则正当性根基的考量上。实际上,拨开冤错案防范的面纱,透过以审判为中心和认罪认罚从宽程序改革,能够发现三大外部推动力之所以共同聚焦证据裁判原则,有一个根本的动因,那就是证据裁判原则本身所具有的优秀品质:证据裁判原则是证据法理性价值的集中体现;证据裁判原则是证据法法治价值的集中体现。这两个方面是证据裁判原则得以确立的正当性根基,也是它能够得到广泛有效适用的原因。

(一)证据裁判原则是证据法理性价值的集中体现,承载着事实认定准确性的要求

当代理性主义认识论的基本判断是:人类自身是有能力通过证据来发现和认定案件事实的,而且这也是目前为止我们人类能够找到的最佳事实认定方式。资产阶级革命胜利以后,证据裁判原则的确立是理性的证明方式对于非理性证明方式的终结。证据以其特有的理性证明功能占据了裁判的主导地位。以调查所获得的证据作为认定事实的基础,更有利于事实的准确认定。所以,证据裁判原则承载着事实认定准确性的要求,是证据法理性价值的体现。我国台湾地区学者林钰雄教授曾经指出,证据裁判是人类从非理性裁判走向理性裁判的重要标志,蕴含着现代证据规则体系的各个要素,被称为现代证据法帝王条款。现在证据规则体系当中,核心的规则都是围绕事实认定的准确性展开的。事实认定必须尽可能地准确,这是证据法的中心使命。

英美法系国家以如何采证为核心,以相关性规则为基础,包括证人资格规则、传闻规则、最佳证据规则、意见证据规则和鉴真规则等,形成了纷繁复杂的证据规则体系。证据规则所要着力解决的就是哪些证据可以被采用,可以用作证明案件事实的证据,哪些证据应该被排除于庭审之外,不能够进入裁判者的视野,最终实现查明事实真相和公正判决的目标。

与此相对,大陆法系的多数国家都确立了证据裁判原则,以如何查证为核心,以法定的证据调查方法为基础,以证据调查规则为核心,以严格证明为要求,来最终实现发现案件事实真相的目标。

两大法系在诉讼制度、庭审结构上存在差异,运用证据查明事实的路径也有较大的差别。但殊途同归,都指向事实认定的准确性。实际上,没有哪个证据法不追求事实认定的准确性,否则,我们也不可能接受这样的证据法。证据裁判原则作为证据法的基石性原则,连接证据、事实和裁判,即通过证据裁判实现准确认定案件事实,这是证据裁判原则确立的正当性根基之一。

(二)证据裁判原则是证据法法治价值的集中体现,具有程序性和严格的规定性

证据裁判原则的真正意义在于其强化了依据证据进行裁判的过程,在这个过程当中,对证据规则的适用,包括对证明力的判断,都间接体现了正当程序的价值,人权保障的要求,权力制约的理念。从这个意义上来说,证据裁判结果的正当性在很大程度上是基于证据裁判过程的正当性来实现的。从这一维度来理解证据裁判原则,才使它和封建社会的法定证据制度有了根本区别。

在依据证据进行裁判的过程中,是不是严格地审查证据的证据能力、证明力,有没有严格地落实证据调查程序、遵守法定的证明标准,都是在证据裁判过程中需要面对和解决的问题。如果从动态的过程去理解证据裁判原则,它表征的就是一个事实建构的路径,具有程序性和严格的规定性。程序性是指要依据证据进行裁判,通过程序来找事实,在这个过程中,主体只能以特定的方式向法庭提供符合法定要求的证据。程序不是

随意展开的,也不是可有可无的。当然,程序要求最集中的体现就是庭审证据调查程序。严格的规定性是附随程序性而来的,包括刑事证据能力、法定调查程序、证明标准等。比如非法证据排除规则就是对证据资格加以严格要求的体现。说从事实的形成机理的角度来考察,现代刑事证据法最突出的一个特点是存在认识论和价值论两条路线的交错。刑事诉讼中的证据裁判原则从来都不仅仅是依据证据认定案件事实的要求,在准确认定案件事实之外,还要承载人权保障,限制公权力的滥用等功能。证据裁判原则实际是认知理性和价值理性的交汇。

综上,证据裁判作为一种事实建构路径,它所秉持的是一种程序性的事实观,而不是结果性的事实观。程序性事实观聚焦于刑事司法过程的本身,强调通过程序塑造事实这个过程的独立意义,从而能够更好地实现准确认定案件事实与其他多元价值的结合。也只有在这个层面来认识证据裁判原则,才能将其所体现的法治意义落到实处。相反,如果从结果的意义上来理解证据裁判,那对于违法的取证行为就会有更大的容忍度,对于各种限制、规范证据适用的程序不可避免地也会有所保留,证据裁判原则的多重要求、多重价值就很难实现。而且,一旦证据裁判原则失去了这些内在的规定性,也就不是真正意义上的证据裁判原则了。

所以,对于证据裁判原则的理解,我们可以做这样的概括:它指向理性的事实认定,实现于动态的事实建构活动当中,具有严格的规定性。这个原则本身具有丰富的理论内涵,是一个应该被严谨、严格对待的范畴。

三、证据裁判原则的核心要义及其实现路径

在学界,关于证据裁判原则,实际上存在着广义和狭义两种观点。狭义的证据裁判原则仅作用于审判阶段,是指法官依据证据进行裁判的活动。广义的证据裁判原则体现在刑事诉讼的不同阶段、不同程序当中,各种裁定、判决、决定都要遵循证据裁判原则。前述我国司法改革中确立的就是广义的证据裁判原则。但任何一个原则、规则、制度都有其自身的生成逻辑,也有其所固有的含义和内在的规定性,证据裁判原则也不例外。

证据裁判原则是人类认知理性和价值理性结出的一个硕果,依据证据认定案件事实,以及其所衍生出来的证据资格、证明方法、证明程序、证明标准,形成一体化的要求,缺一不可。我国司法改革中确立的广义证据裁判原则应该如何适用,目前存在一些争议、误区和认识混淆。所以,廓清证据裁判原则的核心要义就具有必要性。

(一)证据裁判原则的基本要求:对案件事实的认定必须以证据为根据,没有证据不能认定案件事实

古罗马有一句谚语叫"无证据不事实"。英国法学家边沁也提出,证据是正义的基石。这些格言所强调的就是证据对于裁判的决定性意义和不可替代性。证据裁判原则的基本要求就体现为对案件事实的认定必须以证据为根据。如果没有满足这个要求,那它就不是证据裁判。

基本要求首先就涉及对证据的界定。大陆法系国家普遍强调认定事实中证据方法的严格性,法定的方法包括人证、物证、书证等。我们国家对证据概念的界定在2012年《刑事诉讼法》修改后也发生了改变,由传统的"事实说"转向"材料说",规定了八个证据种类,不具备法定形式的材料就不能够作为证据使用。同时,主观臆想、猜测、妄想、推测等都不是证据,不能作为认定案件事实的根据。

基本要求涉及的第二个问题是没有证据的情形。如果没有证据就不能够认定案件事实。但对没有证据的情形,还要进行具体的区分,包括没有任何证据,也包括证据不充分,证据不充分就是证明标准的要求。在这个问题上,我国台湾地区特别规定,无证据之裁判不仅包括没有证据而推定犯罪事实,或仅凭法官主观臆想推测之词作为裁判基础的情形,还包括不依证据而为裁判者。也就是裁判理由内漏记、没有记载认定案件事实所凭之证据,裁判文书当中叙明其所认定事实之凭据与认定事实不相适合,还有卷宗之内无可查考之证据。从我国台湾地区的规定中可以看到,认定案件事实必须以证据为根据,还涵盖了依据证据认定案件事实的形式性、程序性的要求,它的效力辐射到裁判文书的记载当中。这是对证据裁判原则最严谨、最彻底的贯彻,也是程序法治化的体现。

(二) 证据裁判原则的关键要求:证据必须要有证据能力,必须是经过法庭调查的证据

证据能力是指法律资格,哪些证据允许出现在法庭上,证据在具备相关性的同时,还要满足各项法定的要求。对此,两大法系都有相关的规定,但是角度不一样。在大陆法系,主要是一些证据使用禁止的规定,在证据进入法庭调查之前要进行合法性筛选。英美法系是以可采性为核心的证据规则体系。

我们国家的证据能力规则集中体现在非法证据排除规则的规定上。从 2010 年以后,十几年来中国证据制度的发展,都是围绕非法证据排除规则的健全和完善展开的。这个规则很重要,也很符合我们国家的现实的情况。但这也带来一个问题,非法证据排除规则在某种程度上影响了我们国家对证据能力规则的体系性建构。值得注意的是,2021 年最高人民法院颁布《刑诉法解释》,对证据资格的规定有一个较大的变化,丰富了证据资格规定内容。比如第 76 条规定了监察机关依法收集的证据材料,在刑事诉讼中可以作为证据使用;第 77 条规定了来自境外的证据材料的证据资格;第 100 条、第 101 条规定了两类新证据,专门性问题的报告和事故调查报告的证据资格的问题。这些证据资格的赋予体现了对证据采纳规则的完善,在某种程度上弥补了过去的缺陷,非常值得肯定。

但这里边也还有一些问题值得思考。如监察机关依法收集的材料在诉讼当中可以作为证据使用,我们应该怎样解读这一规定? 在我看来,这一规定仅是指监察机关依法收集的证据材料不需要转化,可以直接进入庭审。但是,进入庭审之后,还要接受证据能力、证明力的审查判断。经过双重检验之后才能作为定案根据。也就是说,这里的证据资格规定仅是一个门槛,不能覆盖法庭证据调查程序的要求。因为后者其实同样重要,或者说更为重要。

证据必须是经过法庭调查的证据,这是对证据裁判动态实现过程的要求。证据裁判的核心要义不仅仅是有证据才能裁判,更为重要的是证据裁判的实现过程,即证据调查程序的集中展开。目前我国以审判为中心的诉讼制度改革着力解决的关键问题就是庭审形式化之下证据调查程序的虚化问题,这是我们国家多年来诉讼司法实践中的一个顽疾。十八届四中全会提出要完善证人、鉴定人出庭作证制度,保证庭审在查明事实、认定证据、保护诉权方面发挥决定性作用,其实也就是在强调这一点。

特别值得一提的是,2021年《刑诉法解释》规定中的进步性体现。该解释第71条规定,证据未经当庭出示、辨认、质证等法庭调查程序查证属实,不得作为定案的根据。这个条款删去了原来第63条"但法律和本解释另有规定的除外"的表述。例外规定的删除,显然是更加严格地贯彻证据裁判原则的体现。

另外,伴随一系列证据资格的赋予,更应该关注的是对证据能力和证明力的审查判断,跟进证据调查程序,强化质证权的保障。这是一种正比例的关系,是必要的平衡。否则,就不符合证据裁判原则的基本精神。实际上,这些证据资格的赋予恰恰是潜在的公权力扩张,是对私权的威胁,如果不强化证据能力和证明力的审查判断,也不符合程序正义的要求。证据调查程序的实质展开需要一系列的制度支撑,例如证人的出庭、科学的庭审证据调查方式、被告人的辩护权、质证权的保障等。

在我们这样一个追求实质真实的国家,在一切制度立法和实践中,都可能涉及一个固有的局限,就是过于关注结果而忽视过程的重要性。证据裁判原则方面也是如此。因此,证据裁判原则的落实,不仅要看裁判证据之间的关系,更要看我们是否拥有一套完备的证据调查程序,让证据裁判以看得见的方式实现,最终完成对案件事实的建构。从结果走向过程,才算是把握了证据裁判原则的核心要义。

(三)证据裁判原则的最终要求:法定证明标准的达到

有罪判决必须满足法定的证明标准,既有证据没有达到法定证明标准应该疑罪从无,作出无罪判决。在大陆法系,证据裁判原则是和自由心证原则联系在一起的。自由心证原则要求法官要凭理性、良心自由地判断证据的证明力。为了防止法官主观片面、滥用司法权力,证据裁判原则要求法官的自由心证必须以证据调查为基础,以法定的证明标准为衡量。所以证明标准就是制衡裁判者自由心证的最终要求,也是制约司法权力滥用的重要屏障。没有证据裁判,自由心证就成了脱缰的野马;没有自由心证,证据裁判原则也会走向机械和僵化。在这中间,证明标准是一个重要的桥梁,它蕴含于证据裁判原则的要求当中,为自由心证设定边界。

对于证明标准的把握,有两个问题需要特别注意:

1. 要严把证明标准,对于没有达到证明标准情形的,作出疑罪从无的判决

2021年《刑诉法解释》第73条规定,对于提起公诉的案件,人民法院应当审查证明被告人有罪、无罪、罪重、罪轻的证据材料是否全部随案移送,未随案移送的,应当通知人民检察院在指定时间内移送,人民检察院未移送的,人民法院应当根据在案证据对案件事实作出认定。概括来说,这条规定不仅涉及公诉机关移送证据的要求,也涉及证据没有移送,法院怎么判的问题?进一步来说,如果在案证据不足,没有达到证明标准,法院应怎么进行认定的问题。对于司法解释的这一规定,起草小组的解读是:在这种情况下,有关事实存疑的,应当作出有利于被告人的认定。这样的解读是对证据裁判原则准确的诠释。经过十余年的发展,证据裁判原则正在悄然影响着我国司法实践,对于无罪判决和错案的纠正发挥了积极的、正向的作用,保障了当事人的权利。

2. 避免证明标准的客观化可能架空自由心证原则,导致证据裁判原则适用的异化

左卫民老师在《反思过度客观化的重罪案件证据裁判》中提出,重罪案件存在过度客观化的证据裁判问题。过度客观化的证据裁判主要就是证明标准的客观化,而证明标准客观化的体现就是证明标准的印证化。重罪案件的证据必须达到全面、充分的程度,证据之间要相互印证,形成一致的结论。这就导致事实认定者在一些案件当中,已经形成了较强的内心确信,犯罪嫌疑人、被告人也都作了有罪供述,但由于客观证据的缺失,最后裁判者却作出了无罪判决。这些年在实践中也不乏这样的案例。

与此相似,近年来伴随大数据人工智能新技术在司法领域的应用,在刑事诉讼证明过程中,又形成了证明标准新客观化的趋向。借助大数据人工智能技术的支持,法院研发了智能办案系统软件,把统一制定的证据标准嵌入这套智能办案系统当中,为司法人员提供清单和数据化的指引,只要事实认定符合相关的流程和标准,办案人员就会作出相应的裁决。这样一种以统一的证据标准代替证明标准的做法是证明标准客观化的新体现。它的结果就是弱化,甚至架空了法官的心证,最终导致证据裁判原则适用的异化。

实际上,在我们国家的刑事司法当中,一直存在两个固有缺陷。第一个是以证明标准为代表的整个刑事司法证明的客观化取向。第二个是缺乏自由心证的传统。这两个问题也是交织在一起的。甚至,我们国家刑事证明的客观化取向已经形成了对自由心证的制度性排斥,以证明标准的客观化、印证化为集中体现。证明标准的主观性、客观性的问题在学界也有很多的争议。众所周知,证明标准作为裁判者内心认定事实的刻度,它表征的是一种主观确信程度。证明标准的客观化、印证化实际上会剥夺法官心证的空间,导致证据裁判的机械和僵化。怎么来弱化这种客观化的取向,给法官的自由心证留有空间,让印证回归印证,让心证回归心证,从而实现证据裁判和自由心证有机结合的最佳效果,这肯定是我们希求的。2012年《刑事诉讼法》引入了排除合理怀疑的证明标准,为证明标准注入了主观性的因素。但实践效果并不理想,这个问题还是需要进一步研究。

四、认罪认罚从宽程序中是否适用证据裁判原则

在回答认罪认罚从宽程序是否适用证据裁判原则之前,首先需要弄清楚一个前提性的问题,那就是认罪认罚从宽程序的原理。每一个制度和程序都有其内在的形成机理和逻辑。没有方向性,整个制度设计和运行就都会偏离正确的轨道。

关于认罪认罚从宽程序的改革,在理论上其实一直存在一个缺位,也

就是这样一套新的程序模式,它的理论基础,理论框架始终没有得到清晰阐释和呈现。普通程序以无罪推定原则、程序正义理论、证据裁判原则为理论内核,但是认罪认罚从宽程序的理论内核是什么?有没有一套独立的理论体系?还是和普通程序遵循同一套原理?在证据适用的问题上,这个问题的模糊性就更加突出。认罪认罚从宽程序与普通程序是不是要遵循同一证据适用原理?一套证据规则是不是可以得到普遍的适用?近来,陈瑞华老师曾经针对协商性司法的特殊性,提出有别于传统程序正义理论的协商性程序正义理论,这是一种很有益的理论努力。从证据制度的思考出发,认罪认罚从宽程序的原理与普通程序原理有什么不同?在认罪程序当中,到底要不要适用证据裁判原则,以及如何适用证据裁判原则?

(一)认罪认罚从宽程序与普通程序的差异性

关于认罪认罚从宽程序和普通程序的差异性,主要体现在两点:第一是正当性基础不同,第二是程序配置上存在重大差异。

1. 正当性基础不同

在正当性基础方面,普通程序追求的是在正当程序中借助证据裁判来实现事实认定的准确性。认罪认罚从宽程序意在通过控辩协商达成一种双方都能接受的合意。合意是它的目标,适用合意即正义的逻辑。所以在认罪认罚案件中,被追诉人放弃了行使无罪辩护的权利,也放弃了获得正式审判的机会,与控方在协商程序中就定罪与量刑的事实达成基本一致,形成了双方都接受的利益妥协的结果。当然这种合意性事实对控辩审三方都是有拘束力的,控方的抗诉,辩方的反悔、上诉都要受到限制,法院的职能也是有所变化的。所以,认罪认罚从宽程序的内在逻辑,并不是或者说不主要是如何通过证据来发现和认定案件事实,而是通过一种协商性、妥协性的事实处理机制促成合意的达成以及纠纷的解决。而合意的融入必然会放宽对证据证明的要求。在这种协商性、妥协性的事实处理机制之下,证据和事实都会不同程度地打折扣。与前边介绍的证据裁判原则的要求相距甚远。

2. 程序配置存在重大差异

普通程序的设计围绕控辩对抗展开，通过一套复杂的程序设计来追求程序正义的实现。庭审是整个诉讼程序的中心，证据裁判在庭审过程当中的展开主要依托证据调查程序来完成。正当程序也是证据裁判得以有效展开的外在保障。反过来说，认罪认罚从宽程序是一套简易型的程序体系，以控辩合作为基本表现形式，是基于程序分流而产生，以诉讼效率为主要目标，通过一套简化的程序设计，追求协商性正义的实现。在认罪认罚从宽程序中，审前的控辩协商是重心，谋求共识的达成。庭审程序的功能更多在于对控辩协商的真实性，或者量刑建议的适当性进行审查。在简化的庭审程序中，控辩双方提交的证据，显然是没有办法像普通程序那样展开充分的调查和质证的，在一些情况下也是没有必要的。在程序问题上，我们也应该明确一点，就是证据和程序从来都是依存的互动关系，程序为证据提供运行的空间，证据裁判原则对于程序的配置要求比较高，在简易型的程序中，证据裁判原则没有办法全部落实。

这是两种程序的差异性分析。一个基本的结论是：认罪认罚从宽程序和严格意义上的证据裁判原则是不相匹配的。但是不是就可以直接得出认罪认罚从宽程序不适用证据裁判原则的结论？这需要我们将目光流转到国外的情况，再作进一步的判断。

(二)域外非正式审判程序中证据适用的两种模式

1. 美国在辩诉交易中适用间接控制模式

美国在辩诉交易中对证据的适用实际上实行的是一种间接控制模式。美国没有证据裁判原则，但正当程序之下的证据运用要求与证据裁判原则的要求其实是一样的。在辩诉交易案件中，证据是隐匿在辩诉交易活动背后的一根指挥棒，以一种特有的方式影响了整个交易过程和结果，保障交易活动的顺利进行。

辩诉交易案件需要有事实基础，事实基础需要证据证明，要达到一定的证明标准，由证据所构建的基本事实就形成了一个合理的边界。控辩双方的交易只能在证据搭建的基本事实范围之内来运作。这个时候，证据就是一根无形的指挥棒,指挥控辩双方的交易在一个可控的范围内展开。所以,即便辩诉交易的自由度很大,有时候可能脱离了真相的轨道,或者证据不足也可以定罪,或者重罪也可以轻判,但是,这都是有限度的,它不能超出合理的限度走向无边的自由。任何一方突破了这个边界都可能导致交易的失败,法官经过对事实基础的审查,可以推翻交易,宣布交易无效。

所以,美国的辩诉交易中实际上采取的是一种间接控制的模式,通过证据展示,哪一方的证据数量多,质量占优势,那么他在交易中就会占据主动。法官不参与交易,但是庭审却是具有威慑性的,也是具有威力的。控辩双方必须以证据为基础,这样法官才能接受。

2. 大陆法系国家在非正式的程序中多采直接控制模式

在大陆法系国家中,证据裁判原则在非正式程序中不是全盘适用,但是具有基础性的地位,直接控制着裁决结果的走向。比如,意大利的简易程序中,证据仍然是程序中的决定性因素,诉讼结果取决于控辩双方的证据实力。如果检察官证据不足,相互矛盾,可能面临被告不被追诉的结果。另外,立法也严格限制辩诉交易的性质和适用范围,严重犯罪被排除适用,从而把那些不以证据为唯一依据的案件范围限制在非常有限的轻微犯罪范围之内。德国的情况也是如此。德国在简易程序中,证据的调查和适用方面比正式的程序较为宽松,但是决定有罪与否以及刑罚的基本依据还是证据。证据裁判的精神是显而易见的。

总体上来说,基于实质真实的追求,证据裁判原则在大陆法系国家始终具有强大的生命力,在非正式的审判程序当中也占据应有的位置,对裁决结果进行直接的控制。在德国的司法实践中,由于认罪协商的兴起,实质真实主义之下证据裁判原则的要求和协商程序本身的矛盾日渐凸显,因而出现了降格适用的裁判实践。

(三)广义证据裁判原则的提出与证成

在这里我提出一种广义的证据裁判原则,并作一个简单的证成。通过前面的分析,我们看到,严格意义上的证据裁判原则没有办法得到全面的实现。但是,域外非正式审判程序中证据运用的实践也提醒我们,即使程序环境改变了,诉讼目的也改变了,但是也要善待证据,也要在一定程度上确保证据对于过程和结果的影响和控制。所以,提出一种有别于狭义的证据裁判原则的广义证据裁判原则就是有必要的,尤其是在我们国家更是如此。具体有以下五点理由:

1. 基于实质真实的法律传统的考量

在我们这样具有实质真实传统的国家,实质真实始终是所有制度避不开的问题。我们对于事实真实性的要求比较高,一切要靠证据说话,通过证据证明来确保裁判事实的质量,是我们更愿意选择的路径。实践中事实认定的准确性背后所形成的强大磁场,可以说深深地吸引着我们的立法者、实践,包括部分理论学者。所以,我们才会为了发现事实真相,坚持要求三机关认定案件事实都要用一个标准来衡量。

2. 基于制约公权力的需要

由冤错案的平反可见,在我们这样一个职权主义诉讼模式的国家,公权力一直是处于优位的。公权力的强大、强势不免会滋生出各种违法,造成各种侵权。当事人主义模式下的国家就没有公权力的违法吗?也是有的。任何时候对公权力的警惕都是必要的,但是在职权主义国家尤甚。所以全面规范证据的运用就具有必要性。比如在冤错案的问题上,错案的源头始终在侦查,依法、依据证据认定案件事实是公检法三机关在刑事诉讼中都要面对和解决的问题。也正是这个原因,我们的司法改革才提出要严格司法,要一体化规范证据的收集、取得、审查和运用,全流程强化证据的要求。这是基于我们国家司法现实的考量。

3. 基于对"以事实为根据,以法律为准绳"原则的深化

我们国家一向坚持"以事实为根据,以法律为准绳"原则,而且这个原则适用于整个刑事诉讼活动。证据裁判原则作为"以事实为根据,以法律为准绳"原则的具体化,我们从广义上对其进行强调,也是这个原则必然的逻辑延伸。

4. 基于我们国家认罪认罚从宽制度改革实践的总结

认罪认罚从宽制度改革已经推行了5年多,实践中的状况实际上也能够在一定程度上说明问题。我在裁判文书网上大致搜索了一下,以认罪认罚、证据裁判为关键词,搜索到的判决书中,对于证据部分的阐述形成了三种情况:

第一种情况是没有任何证据说明的极简模式。比如在速裁程序的判决书中,一些判决连证据目录都没列,而且多数都是格式化的裁判文书。裁判文书没列证据,是不是就意味着法官没有考虑到证据的问题,没有事先做足功课呢?可能实践中法官还是对证据有所关注的。但通过裁判文书可以看到,严格意义上的证据裁判在这个程序当中是毫无意义的,也没有得到任何的体现,或者是被狠狠地打了折扣的。

第二种情况是罗列证据目录的简化模式。这体现在一些罪行较轻,刑期较短的简易程序案件中。判决书载明了公诉机关提交的证据目录,对于证据所证明的事项也给予了简要说明。这类案件不但遵循了以证据为根据的底线要求,而且对证据的具体适用也还有一定的要求。

第三种情况是对于证据进行详细说理、分析、论证的模式。采用这种模式的多数是性质比较严重,刑期比较长的案件。比如,在一起非法买卖、运输、存储爆炸物罪的判决书中,多个被告的刑期从3—6年不等。在判决书中,法院详细记载了当庭提供的证据及质证的情况,也进行了证据分析。显然,对于这类案件,对证据的要求还是比较高的,也严格得多。

综上,一方面,由于我们国家认罪案件诉讼程序范围很广,实践中对证据的不规范适用已经危及了认罪认罚案件的基本诉讼公正。另一方面,认罪认罚案件的证据适用要求相比不认罪案件或者普通程序案件有很大的差异性。基于这种实践现状,广义的证据裁判原则的提出也就有了实践的对应性。

5. 基于对现代法治社会证据裁判精神的实践

证据裁判精神是现代法治社会文明和进步的标志,证据是公正的潜台词,无论在何种程序、何种事实、何种诉讼阶段,裁判决定的作出都不能偏离基本的事实和证据,都要遵守依法运用证据的底线,才能让证据裁判的精神贯彻到整个刑事司法。所以在确保最基本的公正基础之上,将具体的证据要求呈现为阶梯式上升的标准,应该是明智而且理性的选择。

总而言之,任何裁判都不能抛开证据而存在。一方面,证据在刑事案件任何程序中都应该有它的位置。但另一方面,相对于普通程序,在应用其他程序作出裁决的过程中,对证据的要求也应该体现出差别性。广义的证据裁判原则突破了狭义证据裁判原则对指控事实的约束,既适用于认罪、定罪事实,也适用于量刑事实以及程序性事实的裁决。相应地,广义证据裁判原则可以覆盖到认罪认罚从宽程序,审前程序,包括监察程序,量刑程序,程序性裁判程序当中,是一个立体的、多维度的面向。

(四)广义证据裁判原则在认罪案件诉讼程序中的实现

我国认罪认罚从宽程序包含三种程序类型。速裁程序、简易程序和普通程序。实践中,认罪认罚从宽程序的适用率可以高达80%以上,占据着整个刑事案件的绝大部分。广义证据裁判原则的贯彻不可能适用整齐划一的一套标准和要求。在强化事实基础的证明的基础上,证明标准应该体现出依次升高的层次性。

1. 强化指控事实基础的证明

指控事实与量刑事实相区别。在我国,单独强化指控事实基础的证明尤其具有必要性。因为我国的审前程序对被追诉人的权利保障不足,辩护效果也不好,加上公权力的强势,可能存在被追诉人被迫认罪的问题。所以指控事实都要有证据证明,并达到相应的证明标准。同时,立法还要强化法官对指控事实基础的审查。

目前,关于认罪认罚案件要坚持证据裁判原则的规定都比较笼统和空泛,缺乏具体的落实举措。《刑事诉讼法》和最高人民法院的司法解释中关于指控事实的审查,也是仅仅规定在速裁、简易程序中,审判长或者独任审判员应该当庭询问被告人对指控的犯罪事实的意见。这样极为简单的规定和司法改革一再强调的证据裁判立场是不相匹配的。2021年的《刑诉法解释》专门增加了一章,即认罪认罚案件的审理。但很遗憾的是,这一章都是关于认罪自愿性的保障和量刑建议方面的规定,对指控事实基础的审查并没有作出专门规定,这是一个缺憾。为确保事实基础审查的落实,应该细化相关的规定,包括当庭询问、查阅案卷资料相结合,增加询问律师的规定等。

2. 证据规则的适用可适当放宽

从速裁程序到简易程序再到普通程序,认罪案件诉讼程序的简化在我国是有梯度的。总体上来讲,在简化的诉讼程序中,法庭调查没有办法全面展开,对质证的要求也应该有所放宽。如果控辩双方对证据没有争议,就不必当庭质证,这在最高人民法院的司法解释中已经有了明确的规定。原本法庭证据调查程序是证据裁判原则的关键要求,在这里,法庭证据调查程序的放宽本身也是不适用狭义的证据裁判原则的体现。另外,认罪认罚从宽程序以被告人认罪为前提,基于无罪推定原则的保护所产生的证据能力规则,也应该在认罪程序中有所放宽,也就是赋予更多证据以可采性。

3. 证明标准应适度降低,区分层次性

在认罪案件中,公正和效率的关系被重新定位,而证据是调解公正和效率关系的杠杆,这突出体现在证明标准的层次性上。基于程序繁简度的差异,认罪案件的证明标准要体现出相应的层次性。比如,速裁程序作为最简化的程序,控辩双方的争议比较小,对证据证明的依赖性也不强,因此证明标准最低,有明确的证据证明即可。在简易程序和普通程序中,控辩双方的争议逐渐加大,对证据证明的依赖度相对较高,证明标准也应该依次递升。但是,我国的简易程序适用范围跨度较大,所以对于简易程序的证明标准还应该再作进一步的区分。对于可能被判处 3 年有期徒刑以下刑罚的适用简易程序的案件,一般应该采用简便的庭审证据调查方式,法官重点对定罪的关键证据以及有疑问的证据进行调查核实,证明标准可以借鉴美国阿尔福德案件中提出的"有力证据"标准,即清楚的、有说服力的证明。对于可能被判处 3 年以上有期徒刑的适用简易程序的案件和普通程序案件,《刑事诉讼法》规定应该组成合议庭进行审判,这类案件性质严重,证据复杂,对指控事实的证明要求更高,应该确立更高的证明标准,可以考虑适用排除合理怀疑的证明标准。以上仅是基于广义的证据裁判原则的考量提出的基本方案。

五、以证据裁判原则为核心实现中国证据法的体系化建构

当下我国正在全面推进以审判为中心的诉讼制度改革和认罪认罚从宽程序改革,程序的多元化呼唤证据制度改革的跟进。十几年来,我国证据制度的改革与完善虽然取得了一定的进步,但是还没有建立起一整套与多元化的程序相匹配的证据制度。因此证据法的体系化建构可以说是当务之急,也是重要任务。而证据裁判原则作为证据法的基石性原则,在证据法体系化的建构中应该发挥应有的作用。基于我前面提出的狭义证据裁判原则与广义证据裁判原则的区分,秉着宽严相济的基本思路,我想对证据法的体系化建构提出两个路径。

(一)狭义的证据裁判原则是证据法的基石,相应的证据规则体系是证据法的核心内容

应遵循狭义证据裁判原则的核心要义,整合现有的证据制度规定,重塑证据规则体系,以此来适应以审判为中心的诉讼制度改革的要求。在这个方面,很多钻研证据法的学者,例如张保生老师已经提出建立以相关性规则为核心的有利于准确认定案件事实的证据规则,同时也要兼顾其他价值考量,完善非法证据排除规则、特免权规则等其他的证据规则。规范对证明力的审查判断,破除印证证明的局限性,引入多元的证据分析方法,落实排除合理怀疑证明标准的适用。

(二)广义的证据裁判原则拓宽了证据法的领地,差异化的证据要求是证据法的重要构成

作为证据裁判精神的沿袭,广义的证据裁判原则具有多维面向,突破了狭义证据裁判原则对指控事实的约束,既适用于定罪事实,也适用于量刑事实以及程序性事实的裁决,可以覆盖认罪认罚从宽程序、审前程序、

监察程序、量刑程序、程序性裁判程序,是一个立体多维的面向。在这里,我的一个基本想法是,有多少种程序就有多少种证据证明。但是,基于证明方法和证明要求的差异,如果是过于宽松的自由证明,我们并不强调证据裁判原则的适用。所以,广义证据裁判原则的适用以以下四个程序的落实为核心。

1. 应继续强化审前程序中对证据的规范适用

侦查终结、审查起诉都要以证据为根据,没有证据不得作出任何裁决。要严格依法规范取证和审查判断证据,明确侦查终结、审查起诉差异化的证据要求。如侦查终结可以采用优势证据证明的要求;审查起诉可以采取有充分证据证明的标准。通过上述要求来强化证据意识,规范证据适用,同时也兼顾了相应诉讼活动的特殊性。

2. 应强化程序性裁判程序中对程序法事实的证明

伴随我国刑事程序法治化水平的提升和人权保障要求的提高,对于非法证据排除等重大的程序性争议,审查批捕等关于公民基本权的程序性裁决,应该贯彻证据裁判原则的基础要求,即要有相应的证据予以证明,而且要达到一定的证明标准。对于前者,立法其实是要求达到排除合理怀疑的证明标准,后者至少要达到清楚的、有说服力的证明标准,以此来限制、防止公权力的滥用,保障被追诉人的权利。

3. 应规范量刑程序中对量刑事实的证明

狭义的证据裁判原则仅适用于指控事实的证明,并不涉及量刑事实的证明问题。但是伴随着定罪与量刑程序的逐步分离,为了规范法官的自由裁量权,量刑裁决应该建立在证据的基础之上,要强化量刑证据的收集,而且要根据不同的量刑情节明确不同的证明标准。就像有学者提出的,对于法定的量刑情节要采用清楚的、有说服力的证明标准;对于酌定量刑情节,采用优势的证据标准。

4. 应区分并落实认罪认罚从宽程序当中的证明

前面已经讲过,在此不再赘述。

总体上,证据法的体系化建构应该以证据裁判原则为依托,以狭义的证据裁判原则为基石,同时明确广义证据裁判原则的适用要求。在这个意义上,司法改革中提出统一适用证据裁判原则的要求,虽然有失合理,但是它所秉持的证据裁判精神却是值得肯定的。要走出实质真实诉讼观念的困局,以理性务实的心态来构建证据法的规则体系,应该回到证据裁判原则这个原点上,展开体系化的、系统化的研究。

以上就是我关于证据裁判原则的一点看法,观点还有很多不周延的地方,请各位老师,各位师友批评指正。

主持人：张　中

非常感谢杨波教授的精彩演讲。刚才杨波教授从五个方面对证据裁判原则进行了深入的讨论。非常深刻地阐述了证据裁判原则的历史价值和规范意义,详细地解释了证据裁判原则的核心要义,特别提出要从证据裁判原则的结果转向过程的重要观点,提出让证据裁判能够成为看得见的正义。同时还提出要谨防证明标准过度客观化的观点,表达了对自由心证被架空的担心。然后,从程序差异的角度分析了认罪认罚从宽制度是否适用证据裁判原则的问题,提出了一个非常重要的概念,就是广义证据裁判原则,明确地回答了这个问题。最后,提出要以证据裁判原则为核心重构中国的证据法体系。应当说,证据裁判原则作为证据法最重要的原则,涉及的问题很多。杨波教授的讲解深入浅出,对证据裁判原则问题的分析也非常深刻、非常透彻,听了很受启发,收获也很大。再次感谢杨教授。

为了帮助我们对证据裁判原则能够有更深入的理解,今天晚上的讲座,主办方还请了两位著名的青年学者,一位是谢进杰教授,一位是向燕教授,作为与谈人来共同讨论证据裁判原则的问题。我们首先有请谢进杰教授。

谢进杰教授目前任职中山大学法学院的副院长,博士生导师,同时是国家治理研究院司法体制改革中心的主任,国家级实验教学示范中心(中山大学)主任,对司法改革和证据问题有深入的研究和独到的见解。有请谢进杰教授。

与谈人:谢进杰

感谢尊敬的张中老师。关于证据的问题,其实张中老师本人以及杨波教授都已经做了非常深入的研究。相对而言,我个人觉得我是较为外行的,所以谈不上是点评,只能说是与谈,就是谈一谈学习了杨波教授的讲座之后的一些思考、一些体验。

在杨波教授的讲座里,我有一种比较强烈的感受,就是杨波教授尝试抓住现在在我们整个司法实践与司法改革里非常核心的,也是我国证据法的建构里面非常基础性的、根本性的规则,就是证据裁判原则。通过对证据裁判原则比较体系化的理论构造,包括对它的用意、内涵、适用以及如何来寻找对这个原则的定位等,尝试提出对这个问题的理论建树,希望把它作为打造中国证据法体系的核心,或者说从这里引领、开启这样的一个框架。我觉得这是对证据裁判原则比较体系化的分享,收获很大。非常感谢主办方、孙长永教授,还有郭烁教授组织的这个活动,我个人也觉得收获特别大。很荣幸有这样的机会,接下来,我想跟各位分享我听了这个讲座以后进一步引申的一些思考。

首先,我注意到杨波教授把证据裁判原则的讨论放在了我国司法改革的背景下,特别是提出了为什么刑事司法改革要聚焦证据裁判原则。这种语境的切入非常有价值。为什么有这样的感受?我特别注意到,在2014年我们提出推进以审判为中心的刑事诉讼制度改革里面,有一个非常内在的追求,即实现对案件质量的控制,希望把案件做得更好,尽量减少冤假错案,努力实现让人民群众在每一个司法案件中都感受到公平正义等价值追求。从20世纪八九十年代开始,我们就一直在抱怨庭审走过场的问题,直到这场以审判为中心的诉讼制度改革,我们提出要庭审实质化,实际上都在围绕同一个问题来展开。而当我们提出这样的需求时,我们就会抓住一个核心，就是把证据做好。所以在我看来，在这个背景下，证据裁判原则是以审判为中心的诉讼制度改革中非常核心的精神，某种意义上也是一个切入点。我们希望庭审实质化，希望实现对案件质量的控制，其实就是希望把证据做好，而把证据做好就是要最大化地践行证据裁判原则，通过证据裁判原则达到用证据说话，"以事实为根据、以法律为准绳"的状态。而当我们走向证据裁判原则的定位时，某种意义上也是在尝试让我们的司法去行政化，这两者是结合在一起的。越是强调证据裁判原则，就越是在强化审判的司法面向。所以在我看来，证据裁判原则在某种意义上就是在这种背景下推开来的，这是我的一个非常强烈的感受。

其次，我们应当如何来定位证据裁判原则？如果把证据裁判原则放在刑事司法制度变迁的历史框架下来思考，我们过去是不是比较忽略这个原则，或者我们过去是不是就不是强调证据裁判原则，而现在我们是强调证据裁判原则，或者说我们未来会更加符合证据裁判原则？为什么要提这个问题呢？主要从刚才杨波教授讲到的在认罪认罚从宽程序和普通程序的对比中，从证据应用情况的差异性这个问题切入，我有一种感受：但凡是刑事司法，不管是哪个时期的，甚至是哪个诉讼模式下，它对证据都有天然的依赖，它需要为裁判寻找正当化依据，而这种正当化的依据其实就是用证据说话。所以在我看来，可能在不同时期和不同模式下的刑事诉讼都对证据裁判原则有所依赖、有所追求。有一种比较极端的观点，就是在历史上曾经追求过法定证据这样的概念，它其实也是在强调证据裁判原则，只不过它背后依靠证据来寻求证明与裁判的逻辑和方法论可能不太一样。所以，我想强调证据裁判原则定位的共通问题。当对比认罪认罚从宽案件与普通程序案件时，我们会发现，认罪认罚从宽案件也是高度地依赖证据的，也要求案件事实清楚，证据确实、充分，只是有时候基于当事人的认罪、基于推定、基于其他因素，对证据裁判原则的适用方法或者方案思路有所调整。因为在这种背景下，我们更加寻求效率。但我觉得它本质上仍然追求证据裁判原则。在普通程序和认罪认罚从宽程序中，证据裁判原则在表现形式上确实存在差异。我们要作出公正的裁判或者说能够最大化被接受的裁判,就会迎来证据裁判这样的一种路径或方法。因此,在执行证据裁判原则的时候,可能存在适用差异的问题。

再次,我想特别谈一下证据裁判原则的一些实践问题。我认为至少有如下六方面实践问题值得关注、反思和研究:

一是质证与对质问题。前几天学习了龙宗智老师的讲座《当前刑事庭审质证的若干问题》,龙老师对于质证作出了非常体系化的阐述。听了龙老师的讲座以后深受启发,我作为与谈人发言,我就觉得,在我们的司法实践中,我们的质证实践中,质证就是围绕证据来进行对质,最后我们能够认定的证据就成为定案的根据,这是证据裁判原则实践非常核心的环节。我意识到在实践中也会出现对质概念缺失的质证形式。也就是,在司法实践中,尽管为了遵循证据裁判原则推进了各种各样的"对质"过程,希望最后能够得到依赖证据的判断。但是,在这个过程中,很多时候,特别是存在这样一种典型的情形:当检察官在宣读证人证言时,在某种意义上这已经是对质概念缺失或者说对质功能有所欠缺的质证的过程。即形式上有质证的过程,但事实上并没有质证的实质。当检察官在法庭上宣读了一份天衣无缝的书面证言时,证人却没有出现在法庭上接受对质,辩护律师没有办法通过直接的、言词的交叉询问来对质以发现疑点和进行抗辩。比如,就会导致这样的案件现象:2014年我们推进以审判为中心的刑事诉讼制度改革之后,就在那年广东省高级人民法院二审推翻了广州市中级人民法院关于陈酌昊案件的一审判决。案件在一审时,被告人被怀疑杀害了他的前女友,广州市中级人民法院直接判决死缓;但在发回重审进行第二次二审时,广东省高级人民法院直接改判为无罪,原因是排除了一系列非法证据,也包括因失联无法到庭接受对质的关键证人证言,因此无法达到排除合理怀疑的证明标准。当然,这个案件是一个非常典型的特例,在大部分情况下,实践中是以书面证言的方式来"对质"的,而事实上,证人不出庭而仅围绕宣读的书面证人证言来展开的质证是对质概念缺失或者说对质功能有所欠缺的质证。我注意到还有一个很典型的事例,龙宗智老师在讲座里讲道,我们在法庭上对被告人的询问和对被告人供述和辩解这种证据的对质,依赖于经过侦查、审查起诉阶段后提供出来的口供,我感觉到这里有一种非常有趣和值得反思的现象,我们似乎主要是围绕已经形成书面的口供来进行质证的,而不是聚焦于被告人来进行直接言词的对质的。我当时就在想,被告人明明就在法庭上,为什么不直接对被告人来进行对质,而是以前面阶段已经固定成文的口供为中心?在这里面某种意义上确实出现了一定程度上的审判中心化程度、庭审实质化程度不够高的倾向。因此,我认为对质是证据裁判原则在实践中一种非常关键的概念、功能和环节。所以,在证据裁判原则的实践中,对质与质证是实践中一个非常关键的问题。

二是证据链论证与证据说理问题。我注意到实践中在书写裁判文书的时候很大程度上存在一种现象或者说倾向,就是事实归事实、证据归证据、法律适用归法律适用,最后得出了一个关于裁判的结论。有时候我们尝试去理解这三者如何联合成一体而得出裁判结论,但很难深刻地感悟或者很直观地去理解法官基于证据说理形成一个充分、完整、合理的证据链的判断过程。某种意义上可以说这是一种含糊裁判、打包论证、笼统说理的做法。所以在证据裁判原则的实践中,证据说理、证据链的论证又是实践中另一个非常关键的问题。

三是技术理性与道德、价值判断之间的冲突问题。证据裁判原则在某种意义上是一种技术理性,但我们基于证据进行的判断有时难免受取证过程中客观或主观方面一些因素的影响,或者受到案外各种因素的影响,导致我们对个案的判断可能偏离真相本身。当然,我们不可能实现真正意义上百分之百的真相,我们只能最大化地去接近真相。但即便如此,我们仍然不可避免地面对偏差。所以,在实践中证据裁判原则这种技术理性可能也会面临一些无奈、尴尬的场景。而在这种技术理性面临尴尬之时,疑罪从无原则的推定应用就为我们提供了一种好的价值选择。因此,证据裁判原则的实践有时不得不面对技术理性与道德、价值判断之间的冲突和选择问题。

四是实践中证据裁判原则的例外和补充的问题。在证据裁判实践中,我们高度依赖证据进行判断,但是也有一些例外和补充,例如当事人的认罪认罚、持有型犯罪中的推定和基于常识、常理、常情的推断等。在民事案件中,我们强调经验法则,而根据我在中国裁判文书网收集到的4000多个案例进行的实证观察,刑事案件的法官在一定程度上也是用常理来进行说理的,并将常理作为证据说理的补充。我在《刑事裁判说理中的"常理"》一文中讲道,裁判说理对"常理"的运用可能缘于固化证据链、强化服判力、遵循经验法则或赢得公共认同,也可能旨在规避说理、基于说理习惯、缘于立法漏洞或出于回应观点。就是说,证据裁判原则在实践中也会面对一些例外和补充的情形。

五是证据裁判原则的实践高度依赖于证据规则的支撑。我们过去的诉讼模式给人的感觉好像是不搞证据裁判原则、裁判不依赖证据。但反过来想,即便是在古代的纠问式诉讼中,我们都千方百计要让犯罪嫌疑人画个押、做个口供,这其实也是证据裁判原则的一种体现。只是当时我们获取客观证据和进行证据论证的能力水平有限,似乎只能高度依赖于口供。但是这本身就是因为希望实现通过证据的裁判的原理,进而给裁判提供正当性支撑的一种方法、一种支持、一种路径。所以在我看来,那个时候其实在某种意义上也强调证据裁判原则,只不过当时的证据规则是缺失的,所以未能做到更加公正、更加正当地规制庭审上的一系列的行为。等到我们今天再谈证据裁判原则时,我们好像更加聚焦于这个问题了。这是一个相辅相成的问题。在我们的司法改革中,2010年出台了"两个证据规定",2012年新修订《刑事诉讼法》的规定时把非法证据排除等证据规则写了进去。我们对证据规则的打造以及制度化的能力实际上也已经取得了一定的成果。在这样的基础上,特别是在十八届四中全会推进的以审判为中心的诉讼制度改革力推证据裁判原则实践的背景下,它就有了更宽广的制度支撑,这两者是相辅相成的。证据裁判原则要实现得好,依赖于证据规则的打造,证据规则则给证据裁判原则提供了很好的规划和实践路径。这是证据裁判原则实践要认知的又一个重要问题。

六是证据裁判原则具有什么意义。杨波教授尝试从广义的证据裁判原则这一层面,特别是把它放在建构整个中国的证据法体系维度上来理解、强调证据裁判原则。对此我非常赞同,我甚至觉得证据裁判原则对于法治的发展具有非常大的意义。我们一旦将证据裁判原则模式化、习惯化、日常化,所有的老百姓都能充分意识到裁判是高度依赖证据的,即便最后作出了一个不符合客观事实的判断,但是按照证据规则也只能这么做。例如,对于云南陈辉案等诸如此类案件的裁判,老百姓也能够接受,因为他们知道我们的实践已经穷尽了现有制度下能做的一切努力。某种意义上我觉得这是法治化的一种状态。因此,证据裁判原则对日常生活、对司法公信力以及裁判的可接受性等方面的意义是非常大的。这其实是从技术到体制、观念等各方面都能产生正效应的话题。

以上是我学习了今天的讲座后,整体上想跟大家进一步分享的一些思考和浅见,请大家批评指正。非常感谢!

主持人:张　中

非常感谢谢进杰教授的精彩发言。下面有请第二位与谈人向燕教授。向燕教授目前是西南政法大学教授,博士生导师,重庆"巴渝学者"青年学者。向燕教授对证据问题有很深入的研究,提出过很多有影响力的证据法理论。刚才杨老师提出的对证明标准过度客观化的担心,我注意到最近向燕教授发文对刑事客观证明的理论给予了澄清,并提出了一些具体的实践路径。下面我们就有请向燕教授。

与谈人:向　燕

非常感谢张老师的介绍。刚才杨老师给我们做了一个质量非常高的讲座,张中老师、谢进杰老师也做了非常精彩的总结和点评。杨老师深耕证据法学多年,在证据法学的基础理论、证据规则、证明标准等领域都有很深的造诣,发表了很多具有影响力的学术成果。杨老师在程序法领域也有很深的研究,是一个非常全面的,具有宏观视野的学者。

刚才杨老师对证据裁判原则的提出背景、正当性基础、核心要义,以及证据裁判原则对我们目前制度和实践的指导价值进行了系统、深入的论述,提出了一些很精彩的观点。比如,她讲到证据裁判原则既要考虑准确认定事实的价值,也要考虑程序法治的价值。证据裁判原则是人类的认知理性和价值理性相结合的产物。对这个观点我是非常赞同的。她还提出,证据裁判作为一种事实建构的路径,是程序性的事实观,而非结果事实观的体现。杨老师在《中国法学》(2022年第2期)发表的《刑事诉讼事实形成机理探究》中,对这个观点作了非常系统的、深入的阐述,感兴趣的同学可以再去看看这个文章。杨老师在刚才的讲座里面,结合认罪认罚从宽制度还提出了广义证据裁判原则。认罪认罚从宽制度实施之后,已经成为我们刑事诉讼法中的一个基本制度,的确对传统刑事诉讼的基本价值形成了一定的冲击和挑战。所以杨老师试图将普通刑事诉讼程序和认罪认罚从宽制度的实践整合起来,根据这种实践的发展试图去修正传统的证据裁判原则理论,我认为是非常有想法和创意的。现在结合杨老师讲的这个题目和讲座的内容,谈一谈我自己的想法。

证据法的传统理论对证据裁判原则的定义是很简单的,就是刚才杨老师讲座里面提到的,对案件事实的认定必须以证据为根据,没有证据不能认定案件事实。这个原则虽然很简单,但是它涉及几个问题:一是什么是证据?证据裁判原则提到以证据为根据,那什么是证据呢?证据必须要有证据能力,要有证明力,这就涉及相应的证据能力规则。二是对案件事实的认定必须以证据为根据,这里就涉及应当如何界定案件事实?这就涉及证据法学中的证明对象理论。三是对事实的认定要以证据为根据,那么我们如何运用证据认定案件事实?这就涉及司法证明的问题。所以我觉得杨老师的选题是非常好的,我们平时看上去觉得好像没有什么内容的原则,实际上它承载了证据法理论很多基础性的内容,这是一个基础性的研究。关于证据裁判原则相应的问题,我选几个点来讲一讲我自己的观点。

第一个问题是关于证据能力规则。通常我们谈到证据能力规则，第一反应可能就是非法证据排除规则，这可能是在我们司法实践中，以及学术讨论中涉及最多的证据能力规则。但是如果立足于我国的法律和司法解释，我们的证据能力规则的范围实际上是比较广泛的。如果根据规则的目的来区分，我认为有三大类的证据规则。

第一类是基于保障人权，维护正当程序的目的排除证据的规则，这也是经常讲到的非法证据排除规则，即《刑事诉讼法》第56条的规定，以及相关司法解释对《刑事诉讼法》第56条的具体阐释。立法对这一类非法证据之所以确定排除，不是考虑非法取证程序对证据真实性的影响，而是希望从制度上遏制刑讯逼供，维护司法公正和保障相关被追诉人以及诉讼参与人的基本权利。所以不论是西方法治国家的立法例，还是我们国家非法证据排除的相关法律规定，这类证据涉及的取证行为的范围都是很窄的，仅限于那些严重侵犯人权，影响诉讼公正的违法取证行为所获取的证据。这类规则的价值追求实际上就侧重于杨老师讲到的程序公正、程序法治。

第二类是基于提高事实认定的准确性而排除证据的规则，我把它称为不可靠证据排除规则。这样的排除规则可能是绝对排除，也可能是裁量排除。比如2021年《刑诉法解释》第89条规定，询问证人没有个别进行的，证人证言不得作为定案的根据。这类证据存在取证违法的问题，但是这种程序违法的问题没有严重地侵犯基本人权，而是使证人证言的证据内容存在很强的不真实性的风险。这是绝对排除的情况。还有一种情况是裁量排除，即2021年《刑诉法解释》确立的非常典型的瑕疵证据补正规则。一些存在技术性、手续性瑕疵的证据，它没有侵犯基本人权。但是，我们为什么要允许对这些瑕疵进行补正和合理解释？为什么最终还可能会被排除？实际上就是要通过补正和合理解释来确认这些程序性违法是否影响证据的真实性。如果我们认为通过补正和合理解释能够核实、能够确认这些证据是真实的，那就不用排除。如果发现即便是通过补正或合理解释还是会影响到证据的真实性，则需要排除。所以不可靠证据排除规则的价值追求侧重于实体公正、侧重于实体真实。

第三类是基于其他法律价值的追求而排除证据的规则。在我们国家这类规则相对比较少，比如证人意见规则。为什么排除这种猜测性、评论性、推断性的证言的证据能力呢？主要是因为证人的意见和案件事实缺乏关联性，如果不排除这类证据会篡夺法官对事实作出裁判的权利。在西方还有品格证据排除规则、基于免证特权的证人证言排除规则等。这实际上都是基于某种特定的法律价值的追求而确立的证据资格规则。

我们在实践中用得比较多的可能是前面两大类。如果说从我国证据能力规则的立法、司法解释的制定以及实践运行的情况来看，我觉得有一个突出的特点，即侧重于实体公正、实体真实的追求，主要有以下三种表现。

第一个表现是不可靠证据排除规则较为特殊。这类证据规则在我国其实数量很多。不可靠证据排除规则实际上是一个证明力规则，而我们的证明力规则是可以转化为证据能力规则的。因为我们认为这些证据有很高的不真实风险，所以要将其排除。证明力通常应当由法官自由评价判断，它通常不会用法定的规则加以固定，这是自由心证原则下传统的、经典的理念。但是在我国，存在大量的将证明力的判断转化为比较刚性的证据能力的规则，其目的是促使这类排除规则能够获得普遍的、统一的适用，能够约束法官认定事实、评价证据的自由裁量权，来保障事实认定的准确性。这明显是实体公正的取向。

第二个表现是在司法实践中，证据排除规则能够被很好地执行，往往是因为相关证据影响到了实体公正，影响到了事实认定的准确性。据我了解，实践中不可靠证据排除规则实际上执行得很好，在实践中所谓的非法证据排除，很多时候指的都是不可靠证据排除规则。比如危险驾驶案件，因为侦查人员、护士在鉴定血液时取证程序不规范，比如，用含了酒精的消毒液进行消毒，一旦发现存在这种情况，检察机关、法院肯定是毫不迟疑地绝对排除。在检察机关的考评机制里面，这一项是作为非法证据排除规则的适用来考察的。但是准确地说，它不是排除非法证据，因为这种情况的排除不太符合《刑事诉讼法》第56条规定的排除目的。根据《刑事诉讼法》第56条进行排除是基于人权保障的目的，需要严重的违法性。像这样的不可靠证据排除规则是因为违反了取证程序，实际上它是一个小的取证瑕疵，但是它对证据真实性的影响又非常重要，导致证据有非常高的不可靠风险。

第三个表现是我国司法实践中的非法证据排除规则往往转化为证明力规则来适用。在实践中，到底要不要排除这个非法证据，很多时候法官不是依据《刑事诉讼法》第56条的具体规定，而是考虑去判断这个证据的真实性。如果法官认为这个证据是真实可靠的，那么即使这个证据违反了法定程序，严重影响了司法公正，最后的结果仍然可能是不排除。即便排除，也可能是有其他证据能够证实案件事实，排除这个证据也不会有太大的影响。这在实物证据排除中也非常的突出。部分是因为法律文本的规定，即非法实物证据的排除也允许补正或者合理解释，它与瑕疵证据的补正规则界限不是很清楚，而且有了这么一个出口之后，对实物证据进行排除肯定就更加困难。当然，我觉得更重要的原因是追求实体公正的理念。这样做的后果显然就架空了非法证据排除规则。所以对这样的做法，杨老师曾经写论文专门讲过这个问题，我们学界的主流观点，包括我自己过去对这种做法也是持批判的态度。但是我现在觉得，司法实务中不排除这样的非法证据，其实也有一定的合理性。这是因为：

一方面，非法证据排除规则的功能是很有限的。为什么确立非法证据排除规则？在理论上的一个主要依据是维护司法公正廉洁。如果使用通过非法取证程序获取的证据，就相当于法官在为侦查机关违法的行为背书。另一个主要的理论依据是非法证据排除规则具有震慑违法的功能。这个我想也不用再多作解释。但是很多实证研究表明，非法证据排除规则的震慑功能实际上是很有限的。因为对于警察来说，这个案子已经办结了。在后期排除这个证据，对警察，对侦查人员来说，其制裁作用是非常间接和微弱的。因此，非法证据排除规则本身的功能具有局限性。我们可能不能期望只要真正贯彻非法证据排除规则，非法证据排除规则就能够发挥它的功能。

另一方面,非法证据排除规则也有很大负面作用。对于这一点,美国联邦最高法院的大法官在一个判例中也讲道,非法证据排除规则的适用是因为警察犯了错误,使罪犯逍遥法外,有罪的人就会被判无罪。所以非法证据排除规则是一个"全有"或者"全无"的规则。一旦排除,被告人实际上是获得了超出他应得的利益。我们讲"应得"的时候,往往认为它体现了"正义"的内涵。非法证据一旦被排除,有罪的人被判无罪,实际上是被告人获得了超出他应得的利益。而如果这个证据没有被排除,被告人也没有办法获得救济。所以我们就会觉得,这样的非法证据排除规则还是不太符合正义的观念。所以,在国外也有一种针对不是很严重的程序违法行为的制度,对于这种情况获取的证据不会直接排除,而是将从轻量刑作为程序性违法的救济方式。在德国、英国、加拿大和日本都有这样的制度。中国政法大学的吴宏耀教授和他的学生在一篇文章中将其概括为程序性违法的量刑补偿机制。我觉得量刑补偿机制是一个很合理的设计,它比较贴切我们追求实体公正的诉求,我想这会在司法实务人员和社会公众当中取得更大的共识。

对于这种程序性违法的量刑补偿机制,在我国实践中也有适用,尤其现在的认罪认罚从宽制度,实际上为适用这种机制提供了空间和平台。辩护律师可能主动跟控方协商,也有可能是控方先提出,律师只要不提非法证据排除申请,检察官就提出从轻的量刑建议。还有一些个别的案例,这样的共识还在辩方和审判方之间发生。所以,我目前尚未考虑成熟的观点是,如果从证据排除规则的实施效果来看,是不是也需要去考虑一下实体公正、实体真实的价值。对于非法证据排除规则,我们是不是也可以粗略地分为两大类。一类针对极其严重的违法行为确定一种绝对排除规则。在司法实务中,为了解决法官裁量权行使的问题,对于难以判断是否符合该绝对排除规则的情形,可以发挥案例指导制度的作用,来明确违法取证行为的范围。另一类是不那么严重的、没有达到足以排除的程度,但的确损害人权的程序性违法行为,比如超期羁押、非法扣押这样的程序性取证行为,就建立程序性违法的量刑补偿机制。这个量刑补偿机制就可以起到一个兜底的作用。不至于因为非法证据排除率非常低,程序性违法行为就完全得不到救济。当然,这样的观点可能还需要进一步的论证,包括应当如何去区分具体违法行为的严重程度,我觉得是可以再做进一步讨论的。

第二个问题是关于证据裁判原则对刑事证明的影响。刚才杨老师提到,证据裁判原则在司法改革的背景下被赋予了新的含义。尤其是在防范冤假错案的制度背景下,证据裁判原则得到了新的强调,突出体现为证据裁判原则被赋予了特定的、客观化的内涵。例如最高人民法院在《关于全面推动以审判为中心的刑事诉讼制度改革的实施意见》中,要求坚持证据裁判原则,重证据,重调查研究,不轻信口供,没有证据不得认定案件事实。这是对证据裁判原则的阐述,但是它的重点在不轻信口供,重证据,重调查研究,实际上是侧重于实物证据,反对口供中心主义。最高人民检察院在全国检察机关第五次公诉工作会议中提出,应当全面贯彻证据裁判原则,侦查工作要由抓人破案向证据定案转变。这实际上和最高人民法院是一致的,即不要轻信口供,要重客观证据,要全面贯彻证据裁判原则。

这些来自最高司法机关的政策文件,包括其中的政法话语,连同十八大以来平反的一大批重大冤案,都释放出一个强烈的信号:事实认定需要从人证转向物证。所以在司法改革防范冤假错案的制度背景下,证据裁判原则被赋予的特定的客观化内涵是减少对口供的依赖,重视客观证据的应用。这确实导致了法院和其他司法机关在实践中事实认定发生了一些变化。比如我注意到一些法院在进行裁判的时候,就出现了实物证据定案主义的倾向。什么叫实物证据定案主义呢?就是这个案件实际上缺乏指向被告人的实物证据,或是关键物证的真实性存在疑问,这就会成为法院作出无罪判决的重要依据。没有实物证据,法官就不会作有罪判决。同时,在这个背景下,司法责任制的确立实际上也强化了办案机关对客观证明的追求,我们追求的是一个确定无疑的事实认定结论。这样的观念以及司法责任制的贯彻会导致承办人员为了避免错案追究而谨慎处理疑案,导致检法机关对于部分案件的事实认定中较为保守、谨慎,在整体上会比较重视印证证明方法的应用,而在缺乏印证的情况下,对情理推断和或然性推论会持非常审慎的态度。因为有的法官认为通过情理推断,通过间接证据、补助证据进行推论去排除其他可能性,这是在不确定的状态下得出的事实证据。此时实践中就会出现很多疑问:没有实物证据能不能定案?虽然缺乏印证,但是通过情理推断得出的结论能不能定案?

司法实践中我们对"客观证明"的理解较为片面,在证据种类方面将其片面地界定为客观证据、实物证据,在证明方法上依赖印证证明,在证明标准上也非常依赖"证据相互印证"的标准。我个人认为这样的客观证明是需要修正的。我认为,自由心证还是比较符合人类认识事物的规律,能适用于各类型的案件,具有普遍适用性。但是,印证证明并不适用于每一种案件类型。简单地说,我的观点是要依据事实认定的一般性原理,对证据推论和证明标准进行合理的规范,从而去促使裁判结论最大限度地接近客观真实,才是我们追求的、想要实现的客观证明。那么究竟如何规范呢?对于这个问题,我在《刑事客观证明的理论澄清与实现路径》一文中有集中论述。

以上就是我对杨老师讲座题目的一些比较粗浅的、不太系统的思考,也请大家批评指正。谢谢。

主持人:张 中

非常感谢向燕教授精彩的发言。各位老师,各位同学,各位同人,今天晚上,杨波教授、谢进杰教授和向燕教授三位青年学者联手给大家奉上了一场非常精彩的学术盛宴。我相信通过三位教授的深入讲解,我们对证据裁判原则会有更加全面的认知。至于应当如何在实践中正确适用证据裁判原则,我想对于今晚在线收看讲座的实务部门的同志来说,也会有很大的收获。再次感谢杨波教授,感谢谢进杰教授,感谢向燕教授。今天的讲座到此结束,谢谢大家!

第六讲
委托辩护与法援辩护冲突的职业伦理问题

主讲人　吴洪淇　北京大学研究员
主持人　李昌盛　西南政法大学教授
与谈人　穆远征　湘潭大学副教授
　　　　孙　皓　天津大学副教授
时　间　2022年6月8日 19:00—22:00

主持人：李昌盛

各位线上的朋友，大家晚上好！欢迎参加"全国青年刑诉学者在线系列讲座"第六讲，今天晚上讲座的主题与刑事辩护当中的问题有关。北京大学的吴洪淇研究员将要从法律职业伦理的角度，对中国司法实践中出现的委托辩护和法援辩护的冲突问题作出解读。这是非常具有中国特色的一个问题，它不单纯是一个刑事诉讼的问题，还涉及辩护伦理的问题。我们今天晚上还邀请到两位年轻的刑事诉讼法青年学者来参加我们的与谈，一位是湘潭大学研究生院的穆远征副院长，另外一位是天津大学的孙皓副教授，他们都是刑事诉讼法学界的后起之秀，通过他们的与谈，我们可能听到一些碰撞的声音。我作为主持人就不多说了，下面有请吴洪淇老师开讲。

主讲人：吴洪淇

谢谢昌盛教授的主持。首先，特别感谢孙长永教授领导的西南政法大学刑事诉讼法学团队给我们提供了一个非常好的平台。"全国青年刑诉学者在线系列讲座"到今天已经进入第六讲了,之前的主题基本上没有涉及辩护,所以今天我想就辩护问题跟大家做一个交流。我交流的主题是"委托辩护与法援辩护冲突的职业伦理问题",那么委托辩护与法援辩护为什么会发生冲突?

如果大家对中国的刑事辩护稍有关注的话,就会发现在一系列的影响性案件当中出现了所谓的委托辩护与法援辩护冲突的问题。比如,在前几年的杭州保姆纵火案中,被告人莫焕晶最开始请来一位党姓律师,结果党律师以退出与罢辩为由主动退出了一审辩护,莫焕晶接下来是选择让原辩护人继续为她辩护,还是选择由杭州市法律援助中心指派的法律援助律师为其进行辩护?此时就出现了所谓的委托律师和指派的法律援助律师之间冲突的问题。后来莫焕晶的家属又为她委托了两名律师,但家属代为委托的两名律师没有办法介入,因为法院称其已经为莫焕晶指派了两名法律援助律师。

法律援助律师和委托律师之间的冲突问题在后续一系列有影响力的案件中反复出现。比如,发生在江西南昌的劳荣枝案件。劳荣枝到案后,她的家属也为她委托了两名辩护人,但是这两名辩护人到看守所时无法会见劳荣枝,因为办案机关说其已经给她指派了两名律师。包括后来的周阳春案件,也就是大家熟知的货拉拉女孩跳车案,也出现了类似的问题。货拉拉女孩跳车案件发生之后,司机周阳春就被批准逮捕了。随后,他的家属委托了两名律师,这两名律师在会见周阳春的时候也受到阻碍。看守所的副所长电话通知律师说周阳春拒绝律师会见,而是要请法律援助律师。还有江苏的女辅警案,也就是许艳案。许艳的近亲属代为委托的两名律师也是在会见的时候受到了阻碍,当时二审的江苏省连云港市中级人民法院为许艳指派了两名法律援助律师。还有福建的吴谢宇案。吴谢宇的爷爷为他委托的两名律师也无法会见吴谢宇,主要理由是法律援助机构已经给吴谢宇指派了两名法律援助律师。这一系列很有影响力的案件都反复出现了同一种现象,这种现象是非常具有中国特色的。如果一种现象在一个案件当中出现,它可能是一个偶发现象,但如果在一系列案件当中反复出现,这个时候我们就不禁要思考一下,为什么在这一系列的案件当中都会出现法律援助律师和家属委托的律师之间的冲突问题。

这个问题在刑事辩护律师行业当中也引起了很多的关注,有些律师把它称为"占坑式辩护",这个词极具中国特色。为什么叫"占坑式辩护"呢?因为前面的法律援助律师已经把坑占住了,后面家属委托的律师就没有办法再提供法律辩护了。这个名词虽然不是特别雅观,但是很好地体现了这些案件当中出现的法律援助律师和亲属代为委托的律师之间的冲突。今天的讲座分为三个部分。

第一个部分,我想跟大家讨论为什么我们要关注"占坑式辩护"或者法律援助律师和委托律师之间的冲突问题,以及这个不该成为问题的问题为什么会成为问题。

第二个部分,我想跟大家讨论委托律师和法律援助律师为什么会发生冲突?或者说发生冲突为什么成为可能?在我们的《刑事诉讼法》《法律援助法》还有相关的司法解释当中都非常明确地规定了委托律师优先的基本原则。犯罪嫌疑人和被告人家属委托的律师或者犯罪嫌疑人和被告人亲自委托的律师,从辩护的顺位或者选择当中,委托律师都应该占据优先地位,因为某种意义上它体现出犯罪嫌疑人和被告人的意志。但是为什么法律规定得这么明确,实践中还是会在委托律师和法律援助律师之间发生冲突?这种冲突是怎样发生的?以及在实践中发生的机理是怎样的?

第三个部分,我想跟大家讨论这种冲突背后所显现的整体上的问题,即冲突背后的推动力是什么?如果这种冲突仅仅是在一个案件当中发生,我们会理解为这是一种偶然现象,但它在一系列具有重大社会影响的案件当中反复发生,那么其背后一定有它的必然性,这种必然性是什么?是什么推动着法律援助律师和委托律师之间产生冲突?它背后的力量是什么?我也想就此进行延伸,讨论一下中国刑事辩护的整体生态,特别是在有影响力的案件类型当中形成了一种什么样的生态?这种生态为什么变成一种怪异的生态?

首先,我们讲第一个部分。

为什么说法律援助律师和委托律师之间本来不应该产生冲突,或者说这个问题本来不应该成为问题?我给大家做一个简单的梳理。

在《刑事诉讼法》和相关的司法解释当中,其实非常早就确立了委托辩护优先的原则。1979年《刑事诉讼法》第27条第1款就规定:"公诉人出庭公诉的案件,被告人没有委托辩护人的,人民法院可以为他指定辩护人。"可以说1979年《刑事诉讼法》的第27条就已经明确,指定辩护人的前提是被告人没有委托辩护人。1996年《刑事诉讼法》把该条款基本继承下来并增加了一个指定辩护人的前提条件。1996年《刑事诉讼法》第34条第1款规定:"公诉人出庭公诉的案件,被告人因经济困难或者其他原因没有委托辩护人的,人民法院可以指定承担法律援助义务的律师为其提供辩护。"除此之外,第34条还规定了两种强制指定辩护的情况,第一种是被告人是盲、聋、哑或者未成年人的,第二种是被告人可能被判处死刑的。所以,委托辩护优先的基本原则实际上在1979年《刑事诉讼法》中就已经确立下来,到1996年《刑事诉讼法》又进一步延续,然后2003年又颁布了《法律援助条例》。我们从另外一个角度来看一下委托人优先原则,2003年的《法律援助条例》在第10条和第12条规定了可以申请法律援助的情况,其中3个条款都明确把没有委托辩护人或者没有聘请律师作为申请的条件。同时,《法律援助条例》第23条从反面作出了规定,办理法律援助案件的人员如果遇到以下情形之一的应当向法律援助机构报告,法律援助机构审核之后要终止该项法律援助。其中第3项规定,受援人又自行委托律师或者其他代理人的,此时就应当终止法律援助。第23条实际上从反面规定了委托律师优先原则,也就是说有委托律师的时候就不应该有法律援助律师。无论是从《刑事诉讼法》还是从《法律援助条例》来看,委托辩护优先都是没有问题的,都规定得非常清晰,没有丝毫可以解释的空间。

这几个案件当中出现家属代为委托的律师和法律援助律师之间的冲

突后,学术界也有很多学者专门写文章去论证。比如清华大学的易延友老师写了一篇文章叫《论刑事被追诉人自行聘请律师的优先性——以罗尔斯的正义理论为分析框架》,顾永忠老师也专门写了一篇文章叫《论"委托辩护应当优先法援辩护"原则》。这两位老师的文章我都看过了,我也都非常赞同。

通过我们刚才梳理的脉络可以看出,从1979年《刑事诉讼法》以来,包括法律援助的相关规定,都牢固地确立了委托辩护优先的基本原则,委托辩护优先原则应该说是没有问题的,也没有什么可以解释的空间。我刚才说"占坑式辩护"是一个本不应该成为问题的问题,为什么说它不应该成为问题呢?因为法律规定得非常清楚。

为什么委托律师要优先?第一个原因,委托律师体现出被告人的意愿,选择什么样的人为其提供辩护是被告人的辩护权的应有之义。只有被告人选择自己喜欢的律师、自己信任的律师,被告人、犯罪嫌疑人和律师之间才能建立一种充分信任的关系,这对于有效辩护来说是非常重要的,也是委托律师优先最直接的原因。第二个原因,法律援助律师是由国家的经费来补贴,且法律援助实际上是一种补助性的、兜底性的权利,它是一种雪中送炭而不是锦上添花的法律帮助行为。只有当事人需要的时候才给提供法律援助。如果当事人已经委托了律师,为什么还要再给当事人提供法律援助呢?

虽然法律规定得已经很清晰了,但在实践当中出现了问题。在开始讨论的五个案件当中都出现了相应的委托律师和法律援助律师相互冲突的问题,为什么会出现这样一个问题?

2021年修改的《刑诉法解释》针对实践当中的委托辩护和法援辩护的冲突问题又专门作了针对性的规定。2021年《刑诉法解释》第51条又进一步重申了"对法律援助机构指派律师为被告人提供辩护,被告人的监护人、近亲属又代为委托辩护人的,应当听取被告人的意见,由其确定辩护人人选"。该条款针对近亲属代为委托的律师和法律援助指派的律师之间的冲突问题,确立了应当听取被告人意见,由他来确定辩护人的原则。

我觉得该条款非常具有进步意义,因为该条款明确规定由被告人选择谁来做他的律师,体现出对被告人意愿的尊重。但是我觉得即使该条款真的能落实,它也不一定能够解决问题。

我们刚才讲到了,当双方发生冲突的时候应当听取被告人的意见,但是问题在于被告人是处于羁押状态的。我们刚才所说的五个案件的共性就是被告人都处于羁押状态。犯罪嫌疑人和被告人都处于羁押状态,这个时候就出现了如何听取被告人意见的问题。由谁来听取被告人的意见?听取完被告人意见之后,被告人的意见又怎么传达出来?如果了解劳荣枝案件的话,大家就知道,当时劳荣枝案件出现委托律师和法律援助律师冲突的时候,南昌市公安局曾经发布了一个情况通报。情况通报的内容是,南昌警方从厦门将犯罪嫌疑人劳荣枝押解回南昌,目前羁押在南昌市第一看守所,为保障劳荣枝的法定权益,办案机关第一时间告知其可以聘请律师。2019年12月11日,劳荣枝分别以口头和书面形式向公安机关提出拒绝亲属与南昌警方接触,希望亲属摆脱阴影,拒绝家人为其聘请律师,同时向政府申请法律援助,公安机关充分尊重劳荣枝本人的意愿等,然后协调南昌市法律援助中心指派律师为劳荣枝提供法律援助。这个情况说明实际上针对的是被告人家属以及当时网络舆情关注的家属聘请的律师到看守所却没有办法会见的问题。

但是大家想一想,这个通报有没有解决问题?这个通报能不能取信于被告人家属以及被告人家属所聘请的律师?从事后引发的反应来看,很显然这个情况通报并没有解决问题,也没有很好地取信于被告人的家属。因为此时的劳荣枝处于被羁押的状态,这种情况通报实际上是通过公安机关传达出来的信息。被告人的家属实际上是没有办法通过一个有效的渠道去得知劳荣枝本人的意愿的,家属只能通过办案机关的传达来获取情况通报,但情况通报并未有效消解家属代为委托的律师和法援律师的冲突问题。尽管2021年《刑诉法解释》在这一方面作出了有重大进步意义的规定,但该规定能不能解决家属代为委托的律师与法援律师的矛盾问题,还应该打上一个问号。

2021年颁布的《法律援助法》是我们国家第一部具有法律性质的法律援助法,是非常重要的一部法律。《法律援助法》第27条针对家属代为委托的律师与法援律师的冲突问题作了规定,"人民法院、人民检察院、公安机关通知法律援助机构指派律师担任辩护人时,不得限制或者损害犯罪嫌疑人、被告人委托辩护人的权利"。所以《法律援助法》第27条是从禁止性的角度进行规定,希望来化解委托律师与法援律师的冲突问题。

我不知道大家在看到这个条款的时候是一种什么样的感受,我自己在读这个条款的时候就产生了一个很有意思的想法。首先,为什么办案机关指派律师来担任辩护人会限制或者损害犯罪嫌疑人和被告人委托辩护人的权利?法律援助是由国家买单为被告人免费提供法律帮助的,是一项大爱的、非常光荣的事业。为什么这样光荣的事情要在第27条规定不得限制和损害犯罪嫌疑人、被告人委托辩护人的权利?

事实上,确实在有些案件当中,法律援助已经限制或者损害了犯罪嫌疑人或被告人委托辩护人的权利。比如在货拉拉女孩跳车案中,被告人的妻子向长沙市法援中心提了一份申请,这份申请叫《关于要求撤销法律援助的报告》。这份报告当中明确提到:"我作为妻子为含冤的丈夫聘请律师保障我丈夫的权利,是我作为妻子应尽的义务,而且我家里的经济并没有困难到请不起律师的地步,国家设立法律援助的目的是保障经济困难人员获得法律援助,但是我认为我们家不需要法律援助,所以请求撤销法律援助。"这个申请就让人啼笑皆非,我们的法律援助是要给人家帮助的,结果现在被帮助的人主动提出来说,我们不需要帮助,你不要给我们帮助了,我们有钱,我们请得起律师。在这些案件当中,充满大爱的法律援助却产生了一种非常讽刺的结果。

为什么会出现这样一种问题?为什么本来是一种关爱被告人的事业反过来让被告人的亲属申请拒绝?它背后的机理是什么?另外,我们还要追问一下,这个禁止性规定能解决问题吗?按照中国程序法的原理,没有救济就没有权利。虽然规定了禁止性条款,但是如果办案机关违反了禁止性条款,会有什么后果吗?如果没有后果的话,该禁止性规定怎么去落实？

第二个部分我们来讨论为什么会发生冲突，冲突的背后是一种什么样的机理。

法律明确规定的委托辩护优先原则在实践中为什么会走样、会被异化、会被违反？只有搞清楚冲突到底是怎么发生的，我们才能有针对性地提出措施。

我们来总结一下刚才所提到的四个案件，这四个案件分别是杭州保姆纵火案、江西劳荣枝案件、湖南长沙货拉拉女孩跳车案以及江苏女辅警案。这四个案件当中有没有什么共性？为什么在这四个案件当中先后都出现了法律援助律师和被告人家属委托的律师之间的冲突问题？我们要把这四个案件进行归纳、汇总，从而发现冲突背后的机理到底是什么。我简单总结了几点。

第一，这四个案件都属于在地区甚至全国范围内的影响性案件。影响性案件是一个法律概念，在《刑事诉讼法》里面也有这个概念，比如重大疑难的案件，这种案件的特征导致其具有重大的社会影响。

它在法律舆情上会受到大家的广泛关注，无论是保姆纵火案、货拉拉女孩跳车案还是劳荣枝案，法律界本身都比较关注。由于影响性案件在舆论上受到比较广泛的关注，所以它在刑事诉讼程序中会受到特别的重视。比如2021年《刑诉法解释》第213条规定了哪些案件属于要陪审员参与审判，其中一种情况就是具有重大社会影响的案件。而且2021年《刑诉法解释》第216条也规定了具有重大社会影响的案件可以提交审委会来决定。

同时，我们还要看到这类案件还有一个很有意思的特征，就是它对于全国的刑辩律师往往具有一定的吸引力，很多律师都比较关注这种影响性案件，并希望通过这种影响性案件去获得自己的社会声誉和职业声誉。比如前几年的李某某案件，李某某案件出来之后，北京乃至全国的很多律师专门给李某某的母亲发短信、打电话、做工作，千方百计地希望能够成为李某某以及这个案件当中其他犯罪嫌疑人的代理律师，因为这类案件对提升律师职业声誉确实有相当的作用。又比如德普诉前妻的诽谤案,全球的很多人都关注这个案件。德普的律师卡米拉之前只是一个名不见经传的一般律师,只是一个协理律师,她还没做到合伙人的位置。但经过德普案件之后,卡米拉的声誉、声望得到了非常大的提升。网上有很多卡米拉在法庭上的精彩表现,如卡米拉在法庭上不断提出异议。媒体在评论德普案件时指出德普不是最大的赢家,最大的赢家是他的律师卡米拉。影响性案件对于很多律师具有吸引力,特别是一些在业界还没有很高声望的律师。这四个案件都是影响性案件,所以它会受到所在办理案件的法院的重视以及律师界的重视。

第二,四个案件中的犯罪嫌疑人、被告人都处于被羁押的状态。劳荣枝、许艳、周阳春以及莫焕晶都处于被羁押的状态当中,他们没有办法自己去聘请律师,只能让其家属代为委托律师。而冲突就出现在家属代为委托的律师在申请会见的时候。因为代为委托律师需要通过申请会见去获得授权,但是在第一次会见的时候就受到了阻碍。四个案件中的犯罪嫌疑人都处于被羁押、与外界隔离的状态,这是导致委托律师和法律援助律师之间发生冲突的一个重要原因。

第三,这四个案件的主要冲突都发生在指派的法律援助律师和家属代为委托的律师之间,家属代为委托的律师往往在法援律师之前,或者说至少在部分案件中家属代为委托的律师都是先于法援律师的。根据媒体报道,在劳荣枝案中,2019年12月8日劳荣枝的家属委托了律师,2019年12月11日家属委托的律师到看守所去会见时发现会见不了,而2019年12月12日才指定的法律援助律师。所以在劳荣枝案中是家属先委托了律师,然后办案机关才指定的法援律师。周阳春案件也是一样。2021年2月24日周阳春的家属代为委托了辩护律师,2021年2月25日家属代为委托的律师去会见周阳春时发现无法会见,而且看守所的副所长打电话通知律师说周阳春拒绝律师会见,拒绝律师会见的理由是要申请法律援助律师,可见周阳春这个时候还没有法律援助律师。至少在这两个案件当中,家属委托的律师都在法律援助律师之前,就是说实际上家属已经委托了律师,而法律援助机构还没有指派律师。

第四,这四个案件当中,家属委托的律师基本上都是外地的律师。为什么要强调是本地的律师还是外地的律师?因为法律援助的律师主要是本地的律师,而在这四个案件当中,家属代为委托的律师都是外地的律师或者主要都是外地的律师,特别是有很多来自北上广等一线城市的律师。比如莫焕晶案件,莫焕晶一开始请的党律师是广州的,后来请的两位律师,一位是北京的,一位是上海的;劳荣枝的家属代为委托的两位律师都是北京的;许艳案件委托的是上海的律师,这位上海律师同时还是张扣扣案件的委托律师;周阳春案在一审时,其亲属委托的是湖南当地的一家律师事务所的律师,但是二审请的是北京的律师。所以除周阳春案件之外,基本上家属聘请的都是外地的律师,而且这些外地的律师都在业界具有一定的影响力。

第五,在家属代为委托的律师与法律援助律师发生冲突之后,由谁来进行辩护?莫焕晶案在经过法院做工作之后,一审还是由法援律师来辩护,但是二审改为由家属委托的律师来进行辩护。劳荣枝案也一样,一审由法律援助的律师来进行辩护,二审改为由家属委托的律师来进行辩护。在周阳春案中,一审也是由法律援助律师进行辩护,二审才改为由近亲属委托的律师进行辩护。江苏女辅警案的冲突主要发生在二审,所以二审最后是委托律师主动退出,由法律援助律师来进行代理。在这四个案件中,办案机关通过指派法律援助律师提前"占坑",或者提前介入的行为,最后都成功实现在一审当中由法律援助律师提供辩护。包括许艳案,许艳案的主要冲突发生在二审,最后也还是由法援律师来进行辩护。某种意义上可以说办案机关最后都在个案当中获得了胜利,由办案机关所主导的法律援助律师来提供辩护。但是,一旦案情进入下一个阶段,犯罪嫌疑人、被告人基本上都会把法援律师换成由家属委托的律师。

梳理了这四个案件之后,我们就会发现这当中还是存在相当多的共性,就是这些共性导致办案机关能够成功地让法律援助律师提前"占坑",并且最后由法律援助律师来提供代理。提前"占坑"的行为明显与委托辩护律师优先原则相互冲突。在法律规定明确的情况下,如何操作才能让法援律师提前"占坑"并且成功把坑占住?该过程的机理是什么?我认为,2021年《刑诉法解释》第51条特别强调的"对法律援助机构指派律师为被告人提供辩护,被告人的监护人、近亲属又代为委托辩护人的,应当听取被告人的意见,由其确定辩护人人选"。这一条本身有很大的进步,但仅仅只规定这一条实际上是不够的。比如劳荣枝案中南昌市公安局的情况通报里面讲了,办案机关是非常尊重被告人意愿的,但是被告人本身拒绝亲属和南昌警方接触,拒绝家人为其聘请律师,同时向政府申请法律援助。按照情况通报来看,办案机关好像是尊重了被告人意愿。此时如果完全按照尊重被告人意愿的原则来解决问题,那么就不应该发生家属代为委托的律师和法援律师之间的冲突,但是实践中这种冲突其实是存在的,所以需要深度地进行讨论。

犯罪嫌疑人、被告人的意愿是如何作出的?首先需要注意犯罪嫌疑人、被告人作出意愿的过程是否明智。犯罪嫌疑人、被告人表达意愿的前提应该是获得了充分的信息,犯罪嫌疑人、被告人只有在获得充分信息的情况下才能作出比较明智的决定,但这四个案件中的被告人都是在信息匮乏的状态下表达的意愿。当犯罪嫌疑人、被告人处于被羁押状态时,其了解案件信息的渠道只能来自办案机关。

《刑事诉讼法》第34条规定,侦查人员在第一次讯问的时候,要告知犯罪嫌疑人有权委托辩护人。人民检察院、人民法院在3天以内要告知犯罪嫌疑人、被告人有权委托辩护人。该条还规定了转达的义务,犯罪嫌疑人、被告人在押期间要求委托辩护人的,办案机关应当及时转达其请求。从《刑事诉讼法》第34条来看,规定了告知和转达义务,但在具体落实的时候,告知和转达义务并没有起到一个相应的效果,所以导致这四个案件中都出现了代为委托律师和法援律师之间的冲突问题。

办案机关应当告知犯罪嫌疑人、被告人什么内容?如果仅仅告诉犯罪嫌疑人、被告人有权请律师可能是不够的。比如在劳荣枝案中,在开庭的时候,劳荣枝在法庭上说:"刚开始我很抵触律师,我不知道这个律师是法律援助律师还是家里请的律师。"实践中，绝大部分犯罪嫌疑人的法律知识是非常匮乏的，其根本就搞不清楚法律援助律师和家里请的律师之间有什么区别。正如劳荣枝一样，劳荣枝的律师同劳荣枝在整个办案过程当中会见了16次，但劳荣枝根本就不知道这个律师到底是法律援助律师还是家里请的律师。所以仅仅告知犯罪嫌疑人、被告人有权请律师是不够的，还要告知犯罪嫌疑人、被告人其他的内容，比如你的家里人会为你请律师吗？你家里人有意愿为你请律师吗？你家里人为你请律师了吗？如果犯罪嫌疑人、被告人都不了解相应的信息，那么他就是在一种信息非常匮乏的状态下盲目表达意愿。

2015年广东省人民检察院制定了《关于依法保障辩护律师执业权利的若干意见(试行)》，该规定第2条特别强调，如果犯罪嫌疑人的监护人和近亲属代为委托律师的，人民检察院应当及时告知犯罪嫌疑人，由其去确认委托关系。过去的《刑事诉讼法》只规定办案机关告诉犯罪嫌疑人、被告人有权请律师，办案机关也可以帮犯罪嫌疑人、被告人把其意愿传达给家属，但是家属的意愿没有办法经由办案机关或者说没有规定经由办案机关传达给被告人，所以导致被告人本身是在一种信息非常匮乏的状态下作出决策的。比如在劳荣枝案中，劳荣枝根本就不知道她的亲属还愿意给她请律师，而且她的亲属也的确给她请了律师。如果她知道她的亲属已经给她请了律师，那么这种状态可能就会不一样。这是第一个需要强调的，犯罪嫌疑人是在信息匮乏的状态下作出的盲目的意愿表示。

犯罪嫌疑人、被告人应该在信息充分的状态下选择法律援助律师或者家属代为委托的律师。为了确保犯罪嫌疑人特别是被羁押的犯罪嫌疑人能够获得充分的信息，我也查阅了域外一些国家的做法。

在英国，当犯罪嫌疑人被羁押的时候，他必须获得载明下列权利的书面告知，书面告知包括：第一，让有关人员知道他被逮捕的信息；第二，他可以私下会见事务律师，而且不需要支付费用；第三，他可以寻求法律帮助。当犯罪嫌疑人处于被羁押的状态下，他是信息隔绝的，为了让他在相对充分的信息下作出比较明智的决策，就要给他提供相对多元的信息渠道。

法国也有类似的规定，一开始就必须告知处于羁押程序中的犯罪嫌疑人其享有以下的权利：一是通过电话告知亲属他被逮捕的事实；二是联系代理律师或者值班律师，在被询问之前向他提供30分钟的咨询。所以，当一个人处于被羁押的状态时，要给他提供一种信息渠道来获取相对充分的信息，他才能选择要不要请律师、请什么样的律师。这种信息就需要跟家属沟通、跟律师沟通，让他们了解的同时自己也去了解在这种情况下应该怎么办。因为被羁押的人是处于孤立无援的状态，如果这个时候他只有来自办案机关的信息渠道的话，那么他的信息渠道是被垄断的，在被垄断的情况下，他作出的决策和意愿本质上是非常盲目的，所以像英国、法国等法治比较发达的国家要去充分保障被羁押的犯罪嫌疑人获取充分信息的权利。

第一个问题是犯罪嫌疑人在作出意愿的时候应该是一种什么样的状态？他应该获取什么样的信息？如果这种信息本身是比较被限制的，那么他作出的意愿很难说是真实的意愿。

第二个问题是犯罪嫌疑人、被告人作出意愿后如何传达？在这四个案件当中，犯罪嫌疑人、被告人的意愿传达渠道非常单一，他们只能通过办案机关来传达，即使由被告人通过电话来传达也常常受到质疑。比如周阳春案件，被追诉人周阳春被释放之后，他在社交平台上表示当时的刑警支队长和大队长亲自提审并诱导他认罪认罚，最终，他在办案机关的胁迫下电话告知妻子放弃委托辩护。即使犯罪嫌疑人、被告人通过电话渠道来进行传达，这种传达本身的自愿性也可能受到质疑，因为犯罪嫌疑人、被告人处于被羁押的状态，家属代为委托的律师没有办法会见，家属跟犯罪嫌疑人、被告人没有办法通话，也没有办法会见，此时所有的渠道都由公检法垄断，所有的意见只能通过办案机关传达，但是办案机关传达的意见又没有办法取信于犯罪嫌疑人、被告人的家属，这个时候就陷入了"塔西佗陷阱"。

公检法无论传达什么样的信息都很难表明此信息真正传达了犯罪嫌疑人、被告人的意愿，即使办案机关传达的确实是犯罪嫌疑人、被告人的意愿,也很难取信于大家。其中有一个很重要的信息隔离问题,也就是犯罪嫌疑人、被告人和其亲属之间出现了信息的隔离,双方都没有办法对话、没有办法沟通。

此时就陷入一种怪圈,一方面近亲属代为委托的律师需要见到犯罪嫌疑人、被告人才能获得委托,另一方面办案机关又以犯罪嫌疑人、被告人已经或者准备接受法律援助律师为由拒绝近亲属代为委托的律师去会见,而代为委托的律师没有办法会见就无法了解犯罪嫌疑人、被告人的意愿。亲属没有办法确定办案机关传达的意愿是否是犯罪嫌疑人、被告人真实的意愿,犯罪嫌疑人、被告人的家属继而呈现出对办案机关的不信任。这种怪圈一定程度上也导致家属代为委托的律师和法律援助律师之间的冲突的出现。

我觉得未来有两种渠道去打破这种怪圈。第一种渠道是允许近亲属代为委托的律师会见犯罪嫌疑人,通过会见去确认犯罪嫌疑人、被告人的意愿,只有这样才可能让近亲属获得确信。第二种渠道可以考虑让近亲属就委托事宜与犯罪嫌疑人、被告人进行沟通和磋商。《看守所条例》第28条规定,被追诉人在羁押期间,经办案机关同意,并经公安机关批准,近亲属是可以与其通信和会见的。但是实践当中这种情况应该很少发生,因为一般都不批准。

这个部分还有一个问题,如果犯罪嫌疑人的意愿没有得到尊重会有什么后果?这四个案件当中都呈现出被告人的意愿可能没有受到尊重,但最后也没有什么后果的情况。《刑事诉讼法》第238条实际上规定了一种程序性制裁措施,在5种情况下可以裁定撤销原判发回重审,其中第3种情况是剥夺或限制了当事人的法定诉讼权利,可能影响公正审判的。如果犯罪嫌疑人、被告人的辩护权受到侵害或者自由聘请律师的权利受到侵害,他能不能援引《刑事诉讼法》第238条来获得救济?

我有个学生最近在写这方面的论文,我就让她去查有没有因为侵害被告人、犯罪嫌疑人自由聘请律师的权利而受到程序性制裁的案例,她告诉我没有查到。虽然现有规定强调要保障犯罪嫌疑人、被告人的辩护权,但如果被告人选择辩护人的意愿受到一定的侵害或者受到一定的限制,并不会造成什么后果,没有后果的权利是没有意义的。

我们也可以来看看域外的情况,比如英国。英国的犯罪嫌疑人在被羁押的时候应该获得书面通知,这个书面通知主要是对他享有的相应权利进行告知,比如让有关的人员知道他被逮捕的信息,告知他可以私下会见事务律师,也可以寻求法律帮助。如果相关的权利被剥夺的话,可能导致逮捕之后询问所获得的证据在审判阶段被排除,这就是一种制裁性后果。

又如美国,在2006年的美国诉冈萨雷斯·洛佩斯案中,被告人洛佩斯被指控阴谋贩毒,被告人家属就聘请了一位律师给他做辩护。在后续的程序当中,被告人提出要加州的一名律师加入他的律师团队为他进行辩护,这个加州律师也多次向法庭提交了申请,但是提交的申请都被法庭无理由地驳回。后来被告人只好聘请了当地的一名律师,当地这名律师请求让加州这名律师跟他一起进行辩护,但是这种请求也被拒绝了。陪审团裁定被告人有罪后,被告人洛佩斯就以《美国宪法第六修正案》赋予他的聘请律师的权利受到侵害为由提出上诉。审理上诉的联邦第八巡回法庭认为,《美国宪法第六修正案》赋予被告人的辩护权不仅仅指有律师为其提供辩护,而且隐含着被告人可以聘请自己喜欢的律师来为其提供辩护的意思,遂裁定本案中的行为侵害到被告人选择律师的权利,进而侵害到《美国宪法第六修正案》赋予被告人的辩护权,以5∶4的结果支持了洛佩斯的上诉请求,将这个案件发回重审。

美国诉冈萨雷斯·洛佩斯案实际上跟法援律师和委托律师之间的冲突有很相似的特征,其实都是对被告人自主聘请律师的权利的限制。我认为,《刑事诉讼法》第238条当中的二审的程序性制裁条款目前还没有被激活。当被告人、犯罪嫌疑人自由聘请自己所信赖的律师的权利受到侵害时,被告人、犯罪嫌疑人能不能援引《刑事诉讼法》第238条来获得上诉程序的救济?这是我们下一步可以讨论的课题。如果办案机关侵害到犯罪嫌疑人、被告人聘请自己喜欢的律师的权利也不会对案件造成影响的话,那么权利被侵害是必然的结果。

第三部分是冲突为什么会发生?

实际上冲突的发生跟这些案件本身的性质、案件当中被告人和犯罪嫌疑人的处境,以及现有规定对于被告人自主选择律师的权利保障可能还不够完善都是息息相关的。正因为我们现在对保障犯罪嫌疑人、被告人自主选择律师的权利的忽视,才导致这些案件当中出现了所谓的"占坑式辩护",即法律援助律师优先于委托律师的结果。那么,在这些影响性案件当中,为什么办案机关都主动地、有意无意地表达出希望让本地的法律援助律师为犯罪嫌疑人、被告人提供辩护,而不希望由近亲属代为委托的律师来提供辩护?为什么办案机关处心积虑地让法律援助律师提前占坑?办案机关到底在担心什么?

首先要区分法律援助律师和代为委托的律师之间的区别。这些案件中的法律援助律师基本上都是本地的律师。为什么要强调本地的律师?因为本地的律师跟本地的公检法之间是一种长期博弈的关系,本地的法援律师通常都比较配合办案机关,并不会以一种抗争性的姿态去介入案件的办理过程。在这四个案件当中,家属代为委托的律师都是来自北上广的外地律师,他们都在全国具有一定的影响力。比如女辅警案聘请的外地律师办过张扣扣案件,劳荣枝家属和莫焕晶家属聘请的律师都是政法大学的老师。这些家属代为委托的外地律师与本地的法律援助律师相比更有可能采取一种不太配合的,或者说以一种比较具有抗争性的、比较激烈的辩护方式介入案件,这可能是这些办案机关所不愿意看到的。这些影响性案件广受社会关注,办案单位担心由于外地的委托律师的介入导致审判出现变数,所以办案机关千方百计不愿意让外地的委托律师介入。

在杭州保姆纵火案中,被告人一开始聘请的是一位广东的律师,这位广东的律师在开庭前就提出了各种申请,比如提出了管辖权异议,提出了证人出庭的要求,提出本案应当在外地审理。该外地的委托律师还给最高人民法院写了信,申请由最高人民法院指定管辖,但是这个案件最后还是如期开庭。开庭不到半个小时,这位律师就对杭州市中级人民法院的管辖权提出异议,并要求终止庭审,在遭到拒绝后该律师当即离庭表示抗议,致使整个庭审中断。庭审中断引发了全国媒体的关注,这名律师的行为也引起了很大的争议。在事后的媒体采访里面,他说希望通过退庭来获得法院同意证人出庭等一系列的程序性要求。这名外地的委托律师的行为导致办案机关会特别担心类似情况的发生,因此,办案机关就采取了所谓的"占坑式辩护"。办案机关让本地的不太可能出现抗争性辩护的律师提前把坑占住,外地的委托律师就无法介入,这种防患于未然的行为恰恰可能是希望这些案件能够按照既定的节奏顺利审下来。

代为委托律师和法援律师冲突的背后实际上是法院和律师或者说是法院和委托律师之间的冲突,也就是辩审冲突的问题。辩审冲突的问题在近几年的很多案件当中都出现过,比如安徽的吕先三案。吕先三是一名为当地的一家公司提供法律服务的律师,这家公司被控涉嫌套路贷的诈骗案,吕先三也被控为诈骗案的共犯。吕先三的亲属就聘请了一位来自北京的律师,这位北京律师介入后发现这个案件可能存在问题,特别是存在非法取证的问题。律师拷贝了同步录音录像后向法庭申请启动非法证据排除程序,在法院拒绝之后,该律师就把同步录音录像发到网上来引起媒体的关注,后来法官给律师打电话让其赶紧撤下同步录音录像的视频,否则就向该律师所在的北京市朝阳区司法局通报,最后该律师被提出司法建议并受到了惩戒。包括刚才讲到的杭州保姆纵火案中的律师通过退庭、罢庭的方式,与法院之间形成了一种很紧张的关系,这种关系实际上涉及另外一个深层的法律职业伦理冲突的问题,即律师对于当事人的忠诚义务。这种忠诚义务是改革开放以后,随着律师行业的改革以及律师自主性的不断确立之后,律师行业所确立的一种律师为当事人服务的职业伦理。

改革开放的40年实际上是见证中国律师角色不断变迁的40年。1980年,我们把律师界定为国家的法律服务工作者,1980年的《律师暂行条例》(已失效)规定"律师是国家的法律工作者,其任务是对国家机关、企事业单位、社会团体、人民公社、公民提供法律帮助……"所以律师的服务对象首先是国家。到了1996年,《律师法》规定,"本法所称的律师,是指依法取得律师执业证书,为社会提供法律服务的执业人员",这个时候律师的角色变成为社会提供法律服务。直到2007年《律师法》再次修改,律师才是为当事人提供法律服务的执业人员。所以律师有维护当事人的利益、使当事人利益最大化的忠诚义务,这种忠诚义务实际上是在最近的十几年才慢慢确立起来的。2000年,全国律协所颁布的《律师办理刑事案件规范》(已失效)第5条规定,律师担任辩护人或者为犯罪嫌疑人提供法律帮助,依法独立进行诉讼活动,不受委托人的意志限制。但是到了2017年,第5条就改成了"……律师在辩护活动当中,应当在法律和事实的基础上尊重当事人意见,按照有利于当事人的原则来开展工作,不得违背当事人的意愿提出不利于当事人的辩护意见"。律师对于当事人的忠诚义务体现在刑事诉讼当中、刑事辩护当中,我们通常把这种辩护的伦理称为热忱辩护、积极的辩护。

有一位英国律师叫布鲁厄姆勋爵,他说一名律师在他履行其职责的过程当中只知道这个世界上的一个人,这个人是他的委托人,为了保护他的委托人,他可以采取任何的手段和权宜之计,不必顾及其他人的危险和付出的代价,因为这是他首要的也是唯一的责任。这是对律师的忠诚义务,或者说律师的热忱辩护的一种主张。慢慢地,大家开始探索这种主张有没有边界,应该说在域外很多国家是有相应的规定的。尽管为当事人服务是律师的第一职责,但是现代律师在为当事人服务的时候,还有对于社会、对于法庭的职责。律师一方面是委托人的代理人,但同时,用美国的法律职业伦理的表达,律师也是法庭的职员或者官员,所以律师对法庭还承担了相应的义务。日本人把律师叫"在野法曹",所以律师不能仅仅是一个雇佣的枪手,他在履行忠诚义务的时候不能无所不用其极,他还要承担一定的公益的义务。这种公益的义务包括很多方面,包括对于法官和法庭秩序的尊重,包括庭外宣传的界限等。

域外一些国家为了避免律师采用比较过激的手段进行辩护,通常规定了两种预防方式。

第一种预防方式,主要是通过律师的职业行为规范来规定律师不能做过激的辩护行为。律师的职业行为规范里面会特别强调律师对于法庭审判承担的尊重义务,《美国律师协会职业行为示范规则》第3.5条就特别强调律师对于法庭要承担的职责。第3.5条一共有4款,其中第4款就规定律师不得从事扰乱裁判庭的行为。相应的注释讲到,如果在审判的时候法官出现过错了,律师可以坚决抵制法官滥用权力的行为,但是不能相互报复,法官的过错不能成为诉辩者渎职的理由。但律师可以提出理由,然后把这些理由通过庭审的记录保存下来,再通过上诉获得救济。《加拿大律师协会联合会职业行为示范守则》也强调律师必须鼓励公众去尊重司法。在尊重司法这一方面,律师的责任要高于一个公民的责任,因为律师本身是懂法的人。如果律师跳出来说司法是腐败的、审判是不公正的,其给公众带来的影响是非常巨大的,所以就特别强调律师在指责司法或者说破坏公众对于司法的信心的时候要特别慎重。包括英格兰、苏格兰等地的律师职业行为指引或者规范里面,都特别强调律师要尊重法庭。

域外的法治发达国家除通过律师职业行为规范对律师本身的职业行为进行规范之外,两大法系的国家都规定了藐视法庭罪。如果律师在法庭上指责法官、罢庭或者不准时出庭等都有可能会变成藐视法庭的行为,会受到法官的惩戒,甚至入罪。当然,域外的法治发达国家对于律师比较激进的辩护行为不仅仅是堵住其退路,更重要的是为被告人和辩护人提供了一个机会。首先要给被告人和律师的权利保障提供充分的救济,被告人的辩护权受到侵害可以成为上诉的理由,从而通过上诉法院甚至最高法院来获得救济。比如在洛佩斯案中,被告人选择律师的权利受到限制和侵害,那其就可以上诉,而且限制行为本身可以成为上诉的理由,这在洛佩斯案中也获得了上诉法院的支持。从整体上来说,域外法治发达国家解决这个问题时的总体思路是,如果法官滥用了权力或者说侵害了被告人的辩护权,就可以通过救济的司法渠道来解决。如果给被告人和律师提供一种救济的渠道,冲突就可以在司法的渠道里面解决。如果没有提供救济的渠道,律师可能只能诉诸公益、诉诸网络、诉诸媒体,这样就会导致一种很紧张的冲突关系。

第二种预防方式,尽管域外法治发达国家的法官都有藐视法庭罪的武器,但是法官在运用藐视法庭罪的时候也会比较慎重,如果法官滥用了藐视法庭罪或者说滥用藐视法庭罪打压律师的话,法官也会受到惩戒。1991年美国密歇根州有一个初审法官在审理一个未成年人监护人的案件时,对律师比较粗鲁无礼、言语尖刻,两人遂在法庭上发生口角,这个法官就判律师构成藐视法庭罪,然后律师就投诉法官说他行为不当。后来密歇根州最高法院判定这个法官无理在先,用挑衅的言辞刺激律师,又以藐视法庭罪压人,行为显属不当,有碍司法公正。所以,尽管对于律师有严格的规则、规范和藐视法庭罪,但同时对于法官的言行也要作相应的规范。所以改革的逻辑应该是律师要像律师,但是法官也应该像法官,律师应该遵守自己所有相应的规范并尊重法庭,但同时法官的行为也得像法官本身的行为。

国内针对律师现在的过度热忱的辩护行为主要还是采用了"堵"的办法,主要通过两个方面来进行惩戒和规范。

第一个方面,2021年《刑诉法解释》当中有一节专门规定了法庭的纪律。第308条规定,担任辩护人、诉讼代理人的律师如果严重扰乱法庭秩序,就会被强行带离法庭或者处以罚款、拘留,同时人民法院还要通报给司法行政机关,并可以建议依法给予相应的处罚。所以杭州保姆纵火案的律师就受到了停止执业6个月的惩戒,吕先三案的律师也受到了停止执业1年的惩戒。律师一方面被惩戒,但另一方面受到了当事人的欢迎,甚至在开庭的时候,在做行政处罚的听证的时候,很多当事人都跑到当地行政处罚的场所的外面给律师送锦旗。此时,法院的惩戒或者说司法行政机关对于律师的惩戒与当事人的评价形成了一种鲜明的对比。

第二个方面,我们还规定了行政处罚。行政处罚主要体现在司法部的《律师执业管理办法》第38条、第39条。第38条规定,律师不得以下列不正当方式去影响依法办理案件,比如违规披露、散布不公开审理案件的信息材料,或者本人和其他律师在办案过程当中获悉的有关案件的重要信息和材料。吕先三案里就是以这个条款对律师实施的惩戒。第39条规定,律师如果无正当理由,拒不按照人民法院通知出庭或者违规擅自退庭的,就属于妨碍、干扰诉讼、仲裁或行政处理活动正常运行的活动。现在一方面是通过《刑事诉讼法》的规定对于违规的律师进行惩戒,另一方面是通过司法部的相关规范以及律师执业行为规范对律师的行为进行相应的惩戒。但是当下对律师过度辩护的规定可能只有堵没有疏,只有限制而没有保障律师和被告人辩护权利的方面。如果不考虑被告人和律师在辩护当中的诉求,只进行单纯的"堵"的行为,其本身效果不明显或者效果不太好,也正因为它效果不太好,所以办案机关现在采取了"占坑"的方式。这种惩戒对于律师起不到相应的效果,或者即使规定了一些惩戒,很多律师还是会通过一种比较极端的方式来进行辩护。不能单纯采取对律师进行惩戒的方式,同时也要对律师提出的诉求给予一些积极的回应。

比如证人出庭的问题。证人出庭是我们国家的一个大难题,《刑事诉讼法》规定证人出庭的条件,特别是必须出庭的证人的条件是异常的苛刻:控辩双方对证人证言有异议,且该证人证言对案件定罪量刑有重大影响,人民法院认为证人有必要出庭的。这三个条件当中的第二个条件、第三个条件完全取决于法院的自由裁量权,法院在证人出庭问题上拥有的巨大的裁量权导致很多案件中律师会跟法官直接产生冲突,这种巨大的裁量权可能与律师采取一种比较激烈的手段来进行辩护有很大的关系。为什么在有些案件当中律师会以一种激烈的行为去要求排除非法证据?因为非法证据排除程序启动难,只有少数的案件启动了非法证据排除程序。启动了非法证据排除程序之后能不能排除相应的证据?排除了相应的证据之后能不能对案件结果有影响?有什么样的影响?这些可能本身也是刑事辩护、刑事审判当中的难点和痛点,正因为它本身是刑事诉讼当中的难点和痛点,所以在这些影响性案件当中才会变成难题。这些影响性案件当中的律师特别是委托律师在介入之后可能更愿意在这些问题上面提出抗争,进而可能导致整个法庭的审判变得不那么顺利,所以在这些案件当中就很容易出现所谓的辩审冲突。

最后我想简单讲的第一点意见是,影响性案件当中的"占坑式辩护"的行为应该被放弃,或者说这是一种非理性的、不正常的行为。在这四个案件当中,尽管法院最后都在一审当中让法援律师"占坑"成功,但这些案件最后带来的效果并不好,不仅法治效果不好,它给整个社会带来的观感也不好,对于被告人整个权利的侵害也是比较糟糕的。这种行为是值得反思的,可能更重要的是要打破被告人在被羁押之后的信息匮乏的状态,采取一些方式打破被告人被信息隔离的状态才有可能真正解决委托辩护与指定辩护之间的问题。

第二点意见是,我们不妨赋予影响性案件更大的程序空间。《刑事诉讼法》和相关的司法解释目前对于那些存在证据争议的案件其实已经给了一些特别的对待,比如在考虑要不要召开庭前会议,要不要让证人出庭,要不要启动证据的合法性审查程序,证据要不要进行单一质证,二审要不要开庭等环节,都特别注意该证据对案件的事实有没有争议。如果有争议的话可能就会召开庭前会议,可能就会更愿意让证人出庭,就更有可能启动证据合法性的调查,以及对于这些有争议的证据进行单一的质证。既然《刑事诉讼法》和相关的司法解释已经有这样一个基本思路,那么今后不妨赋予影响性案件更大的程序空间。既然有重大社会影响,不妨给予程序权利足够的保障,这对于整个社会来说也是很好的法治课程。最后我用两句话来总结。现在出现的指定辩护和委托辩护的冲突问题不仅伤害到被告人选择律师的权利,还严重伤害了法院的审判公正性和整个的法治事业。促进社会公众对于法治的信仰应该是所有法律人的职责,只有在大家各尽其责的基础上,大家都去遵守好彼此之间的职业界限和职业伦理,让法官像法官,让律师像律师,让警察像警察,让检察人员像检察人员,这样我们的法治才能真正得以实现。我就简单讲到这儿,感谢大家的倾听,也期待两位与谈人和主持人的点评,谢谢。

主持人：李昌盛

非常感谢吴洪淇老师将近两个小时的精彩讲座，吴洪淇老师今晚讲授的问题非常具有中国的特色，这种"占坑式辩护"的问题确实在法治国家很少遇到。吴洪淇老师今晚上首先从我国最近的一些影响性案件出发，比如杭州保姆纵火案、江西的劳荣枝案等案件，得出委托辩护与指定辩护的冲突在中国目前刑事辩护当中并非个案（的结论）。作为一个研究者，我特别认同洪淇老师最后讲的法律人各负其责、各司其职，我们作为法学研究人员要透过这些问题寻找到它的一些症结，提出完善国家法治的一些理论上的问题。

我们国家的法律规定了委托辩护优先原则，但是法律和实践之间出现了巨大的冲突。针对实践同规则之间的背离，吴洪淇老师总结了几个方面的原因，第一个方面是我们国家只有原则，没有保障原则的细则，规则本身在保障委托辩护优先方面是有一些短板的，尤其是洪淇老师说的制裁性条款比较模糊、无法适用。第二个方面，吴洪淇老师进一步分析了问题产生的原因是被告人意愿的作出缺乏足够的明智性。其实这个问题在我们国家20世纪90年代就特别突出，2012年《刑事诉讼法》修改之前甚至没有赋予被羁押的犯罪嫌疑人、被告人的法定代理人、近亲属直接委托辩护人的权利。第三个方面是被追诉人意愿的传达渠道问题。第四个方面是办案机关就算损害、限制了犯罪嫌疑人、被告人的辩护权也不会造成什么后果。最后洪淇老师从法理、比较法以及地方治理的角度分析了为什么办案机关会反复阻碍委托辩护，他认为核心可能是两个方面的问题，第一个是地方有效治理的需要与外地律师不受地方管控的冲突。第二个是中国前几年对这种"死磕式"辩护采取了提前堵截的措施。

接下来有请两位与谈人就这个问题提出意见。因为你们参加的是西政的论坛，我们西政论坛都有个规则，少说好话，多批评，多提问。下面首先有请第一位与谈人穆远征副教授发言。

与谈人：穆远征

感谢主持人李昌盛老师，非常荣幸能够借助西政这么好的平台，跟李昌盛老师、吴洪淇老师还有孙皓老师一起学习。刚刚李老师对吴老师今天晚上的讲座做了非常详细的背景梳理，我的学习心得体会有这几个方面。

首先，"占坑式辩护"本来不应该是一个问题，但是它成为了一个问题。在规则层面，特别是2021年《刑诉法解释》以及《法律援助法》里都已经非常明确地确立了委托辩护优先的原则。尽管规则可能确实需要细化，但是这个规则的基本面体现出来的规范导向和效果非常明确。对于公权力行使的规则，哪怕规定得再模糊都不影响实际的运行，而私权利实现的规范如果有一点点的缝隙，都能够让已经显露出来的规则的内容大打折扣，甚至全然无用。这种现象不仅仅在委托律师和法律援助律师的问题上体现出来，在很多方面都有体现。

大学教材已经写到刑事诉讼中公权的主动性、深刻性和广泛性，以及由此带来的对于私权利或者公民基本权利的干预影响，甚至是造成非常严重的侵害，这种基本特点和基本规律也产生了对于刑事诉讼法的定性。特别是近现代以来，不管哪个法系，这些共同的基本的价值理念，比如保障公民基本权利、"小宪法""宪法的测震仪"等对刑事诉讼法的一些期待和我们认为它应当具有的品质，恰恰能够反映出这个特点。无论是对诉讼制度的改革、具体程序的设计、未来的走向、创新的一些方式，最基础、最本源、最规律性的东西是始终不能够丢的。

委托辩护与指定辩护之间的冲突绝不只是在这几个有影响性的案件中发生，在一些所谓的没有这么大影响力的案件中也会发生。这种现象的发生既有规则的原因，同时也有司法理念和整个法治环境的原因。

委托辩护优先的本质在于保障被追诉人、犯罪嫌疑人、被告人最核心的利益，在权利规则上面体现出被追诉人的辩护权，将权利的归属追溯到源头。基于这个逻辑，吴老师对被告人意愿的作出以及传达在现实中存在的问题进行了展开，比如事先的告知可能不够充分、不够详细，在转达的问题上出现了所谓的信息的隔离，意愿进不去出不来，委托的律师无法会见的一种怪圈。由此我联想到了证据的规则问题，原始和传来证据的划分有一个基本的指引，对于传来的证据应该尽量地核查它的真实性。

通过办案机关进行转达的模式带来了一些问题。律师的第一职责应该是面向当事人的、具体的，律师其他的一些职责和功能应该属于功能性的、司法整体性的。因此要构建利益一致方的直接沟通机制，或者说由法律服务的提供者与被服务者、权利的享有者、利益的归属者直接进行沟通，构建一个真正面向直接服务对象的辩护或者法律援助的程序和市场。不管是公检法机关还是体制内外的很多单位，包括一个单位的部门，不是自己职责范围内的事情都不愿意轻易地替别人去做，但是在这几个影响性案件中办案机关都表现得非常积极主动，事出反常必有妖。办案机关常说案多人少，构建利益一致方的直接沟通机制还能够节约办案机关的人、财、物力，节约司法资源。

我的体会有两个方面。

第一个方面，委托律师的优先权会见要得到保障。实践中可能还有一些情况，比如因为主客观原因，在委托的律师去看守所会见之前，已经有两名法援律师进行了会见。由于《刑事诉讼法》规定只能有1~2名辩护人进行会见，所以在这种情况下委托律师的会见可能会遭到拒绝。我认为应该要保障委托律师的优先会见权，这种会见是一种有确认辩护关系或者协调辩护关系、协调辩护冲突的性质的会见，基于这种会见，我觉得是不是可以和传统的会见在一些配套措施上略有不同。比如为了这种情况下的确认委托或者协调冲突的会见，是不是可以折中一下，由办案机关或者看守所的工作人员陪同当面确认，也是类似于三方在场和见证的一种机制。

第二个方面，我觉得要开放、要扩大选择的空间，包括法援律师。我们还在大力地推进智慧司法，网络也非常发达，是不是可以在看守所设置一套系统,让当事人、家属、法律援助的机构、法援的律师能够同时在一个操作系统里进行选择或者确认,这种系统具有相当及时的传达性。比如家属先选了,嫌疑人、被告人就能够直接在系统里进行确认,或者自己选了以后家属能够在外边的操作端看到,家属知情了以后可以在嫌疑人、被告人已经初步选择的情况下跟律师对接委托的具体事宜,等等。哪怕是通过虚拟的网络空间,让为自己服务的人能够站到自己的面前,而不要经过其他人的转达。如果犯罪嫌疑人、被告人还不太清楚,我们是不是也可以构建一个让法援律师或者其他的值班律师、法律服务工作者在线上为犯罪嫌疑人、被告人提供咨询服务的平台。如果有系统和平台,那么所有的活动都可以实现特定功能,也可以有个留痕,这样也便于有一个基本的规范,或者一个最低限度的监控。

吴老师刚刚专门点到了《刑事诉讼法》第238条,并对于这种裁定撤销原判和发回重审的条文寄予了期待。我在吴老师的讲解下也受到了启发,我想是不是可以对第238条里具体的几项内容改造一下,温柔一点的做法可能是在剥夺和限制当事人的法定诉讼权利这一规定的前面专门点名列举犯罪嫌疑人、被告人的辩护权。再到位一点的做法是将犯罪嫌疑人、被告人的辩护权,特别是委托辩护这样最基本、最核心的权利,像其他几个条文一样单独列出来与其他几项并列在一起。需要注意的是,其他几项条文后边没有跟着"可能影响公正审判的",这样还可以进一步压缩自由裁量的空间,以及实践中的恣意使用的效果。把可能影响公正审判的放到最后一项,作为兜底条款,这样的条文梳理和重整可能更加突出我们想要追求的效果。

吴老师指出对这种有影响性的案件要赋予更大的程序空间。我认为基础性的规则和程序首先要保障到位,我赞同对这种案件更应该加强关注和保障,但是我觉得很多规则、很多程序和价值的理念在基础的程序中没有得到应有的发展与践行。《刑事诉讼法》的理念、规则、规范和保障的措施应该要回归本源,回归刑事诉讼的基本价值、基本理念、基本构架,从最基础的部分一条一条地落实。基础环境好的情况下,很多所谓的复杂的案件应该就不会成为一个仿佛是孤立的或者说突兀的现象。

主持人：李昌盛

谢谢远征老师简短而有力的与谈意见。远征老师先从宏观上对刑事诉讼法中与主题有关的问题进行了梳理，包括刑事诉讼当中的公权力与私权利之间的关系、刑事诉讼的公权力运行的特点，以及刑事诉讼先天的一些期待和要求，这都是比较宏观的。远征老师今天晚上的与谈意见当中没有提问，我觉得可能对洪淇老师有三点借鉴意义，这三点意见还是非常有想象力的。第一点，远征老师称之为三方在场的确认辩护关系的会见权。第二点，从智慧司法的角度在网络上赋予当事人、当事人家属选择律师的权利。第三点，远征老师对制裁怎么落实的问题提出了两步，第一步是把《刑事诉讼法》中的限制辩护权利做一个列举，明确将限制辩护权利加进《刑事诉讼法》第238条第3款，更好的做法就是像违反公开审判一样直接把限制辩护权上升为一种绝对客观事由，如果剥夺或限制了被告人的辩护权，直接认定为无效，这些措施可能会增强违法的程序性制裁的效果，非常具有启发意义。接下来有请天津大学的孙皓副教授。

与谈人：孙　皓

谢谢主持人！吴老师的两个小时的讲授还是有很多干货的，包括从刚才李老师的点评和穆老师对这个问题的看法中，我也有很多的收获。"占坑式辩护"的挤占问题听起来好像很意外，但其实是情理之中、有根可循的。我觉得一方面是由被追诉人本身在诉讼进程当中孤立无援的地位所影响或决定的，另一方面与辩护权本身在诉讼结构当中的功能设定有关。

首先是关于被追诉人的地位问题。刚才两位老师也反复提到被追诉人其实是处在一个信息闭塞、孤立无援的状态当中。没有人会频繁地触及刑事诉讼,在被启动强制措施或者侦查手段的情况下,特别是处于被羁押状况下,被追诉人本身可能已经惊慌失措了,此时由被羁押造成的信息闭塞会进一步加剧被追诉人内心的恐慌感。办案人员可能会语重心长地告诉被追诉人认罪才对其有好处,以及委托的律师和法律援助律师的效果是一样的,这样会给被追诉人造成很大的心理影响。除了公开的讯问,看守所的监室当中也可能有一些人给被追诉人传输找律师没有用不如自己认罪的观念。各种各样的因素、信息被传递给被追诉人之后会进一步加深他的固有认识。这些因素在很大程度上使法律援助律师在这些特定的案件当中反而优于了委托辩护律师。

刚才吴老师提到了看守所条例和家属会见的问题,我认为与其讨论如何让委托律师尽早见到或不受障碍地见到被追诉人,不如再想一想近亲属能否跟被追诉的犯罪嫌疑人在看守所见面的问题,这可能是将来的一个突破点。

1990年制定《看守所条例》时还未使用犯罪嫌疑人的称呼,也没有用在押人员,直接称呼人犯。1991年公安部又出了《看守所条例实施办法(试行)》,里面第34、35、36条强调在办案机关批准的情况下家属可以会见,特殊情况下在押人员可以出去探视。关于家属会见的条款当时设定得很细,也设定了一系列的限制,比如一个月可以见一次,每次30分钟,每次带3个人,不准谈案情,看守所的监管民警要在现场,可见当时并没有认为不能见家属。

2012年《刑事诉讼法》修改后加了可以代为委托辩护人的条款,当时就已经约定俗成家属肯定见不到被追诉人。在司法实践中,被拘留人进入看守所之后就石沉大海,家属也不知道里面发生了什么。很多时候家属急切地想聘请辩护律师是为了能够见到这个人,知道里边到底生活得怎么样,案情都成次要的了。可能直到审判开庭,家属才能见到被告人,这到底是不是一个正常的状态?如果是为了遵循侦查秘密原则,防止家属见完之后毁灭证据、威胁证人,导致诉讼进程受影响,那这是不是一个会普遍发生的现象?后来能会见的辩护律师就没有这个风险吗?家人进去跟在押人员会见会不会出现办案机关担心的这种情况？这几个典型案件很多是在审判阶段才爆发问题，审判阶段的案卷都已经能看了，为什么其家属还是不能会见？

这个阶段办案机关或者看守所到底考虑的是什么？到底是为了管理方便刻意制造一个与世隔绝的状态，还是因为担心侦查受到影响或办案受到影响？如果说办案机关把羁押始终当成其在诉讼当中占优势的一种手段，其内心如果存有一点以捕代侦的念头都会导致正常的制度运行受到扭曲，所以我认为要考虑家属会见的问题。包括《欧洲监狱规则》在内，很多国家的探视、会见其实不受那么大的限制。《欧洲监狱规则》规定不仅可以会见家属，有些情况下进去生孩子都不禁止。所以我们是不是考虑问题过于保守？制造这种封闭状态到底有没有意义？

这就涉及一个老生常谈的看守所中立的问题，2012年《刑事诉讼法》在修改时，公安机关为了确保看守所在公安机关的隶属之下，作出保证要保障律师的执业权利。2009年的"躲猫猫事件"之后，公安部采取一系列强化措施说看守所是政府的，是中立的，是服务于办案机关也服务于律师的。十多年过去了，看守所其实很难做到中立，某种程度上来讲它是办案机关的一个很方便的工具，这也客观上造成委托辩护过程当中会遇到各种各样的问题。从根源上来讲，这一系列的状况加剧了被追诉人局势的恶化，今天暴露出的法律援助律师与委托律师的问题只是一个层面，其他情况还是处于非常被动的局面，如果这种局面不改观，其他情况还会发生。

从根源上来讲，这与辩护权在整个诉讼结构当中的位置有关。在英美对抗制下，辩护权实际上有很大的自由开火权，无论律师的水平高低与是否尽责，他在取证、举证和庭审的策略中都有很大的发挥空间。

反观我们的刑事诉讼体系，从《刑事诉讼法》设定的结构来看，侦查、起诉、审判层层推进，整个过程当中始终是由权力主导的，辩护更多的是起补充、提示的作用，它不能在控辩审三方结构中成为稳定的一极。

2012年《刑事诉讼法》修改之后经常说到"听取意见"，比如讲要保障律师执业权，在辩护过程当中公检法要听取律师的意见。听取意见本身来讲不是正常程序上的固定项目。办案机关在审查案卷、了解案情信息的过程当中,要听律师有没有意见和提示,重点是要回到对案卷审查的结果。

我曾经在检察机关工作过几年,参与过一些公诉案件的办理,当时我在基层检察院协助办理一个存疑不诉的案件,被告人的辩护人经常给办案机关提示一些证人,或者拿一些证人写的信讲一些情况,包括拿出一些特定的证据。每一次我们都想这律师怎么又提了一个新状况,包括在结局出来之后也总是在想其实我们办案机关付出了很多,但是对外来讲,好像存疑不诉是一个类似于无罪辩护的结果。我们不能直接将律师提出的东西放到案卷里,办案机关要经过反复的核实检验之后才能决定要不要放到案卷里、要不要信,才能作出最后的决定。

其实当时的辩护人起到的作用很重要,很多东西如果他不提示,我们的刻板偏见、我们的预断可能会导致犯罪嫌疑人被追诉。但当时会觉得办案机关起到的作用更重要,律师起到的是次要的作用。这是一个非常普遍的状况,更多时候办案机关更相信自己对于案件的判断和审查案卷的结果,因此无论辩护律师的水平高或低,其实发挥的空间都很有限。

很多办案机关在这些重大案件当中试图用法律援助律师去挤占委托律师的空间,选择另外一些其觉得可能更听话,或者说不会造成更大影响的律师来参与辩护,这样才不会打乱办案机关的部署,也不会造成额外的影响。在这个过程当中,被追诉人信息闭塞,他已经不具有自由意志了,他的认知是有限的。

我们在认罪认罚从宽制度当中总讲自愿性难,难就难在信息不对称。辩护的空间本来就很有限,在权力主导的结构下,办案机关就算不用这种方式去操作可能还是会占据优势。但是委托辩护和指定辩护的冲突的出现也客观反映了从1979年到现在我们的辩护质量在提升,特别是委托辩护和一些法律援助辩护,所以办案机关才会产生这种隐忧。不过,如果这种权力配置的框架没有被突破,没有一些根本上的变更,辩护人还是处在弱势,被追诉人还是处在弱势,从这个角度来看又让人有一种比较悲观的情绪。

总的来讲,我觉得委托辩护与指定辩护的冲突问题虽然表面上看不是很大,但其实还是很能反映出一些问题的,还是很具有本土的一些特质的。

主持人：李昌盛

谢谢孙皓教授！孙皓老师把讲座的主题从现象推升到了诉讼的整个结构,甚至上升到国家设计辩护制度的一些理念方面。孙皓老师大概提出三大方面的意见：第一点,他把委托辩护与指定辩护的冲突问题称为由于被追诉人的孤立无援,或者说是由于被追诉人处于绝对封闭的状态所导致的。他反思了很多问题,例如被追诉人本身被羁押,家属不能到看守所会见的问题,还进一步反思了看守所本身的中立性问题,被追诉人处于绝对封闭的状态是根本的问题。第二点,他把这个问题拔高到了辩护权在刑事诉讼结构中的地位的问题,他认为辩护权在法治国家就叫自由开火权,然后从实务的角度出发,提出很多的司法实务部门认为辩护律师有提示注意相关问题的权利,但是辩护律师不能够随便乱"开火"。他认为对辩护权的这种限制,或者说结构中的地位设定导致实践中的法援、委托辩护可能难以起到作用。第三点,他认为委托辩护与指定辩护的冲突问题不单纯是一个辩护冲突问题,实际上是辩护权在刑事诉讼中的结构能不能够被突破的问题。这可能是一个非常宏大的话题,但也可能是一个更根本性的问题。

主讲人：吴洪淇

谢谢昌盛兄的主持。穆远征老师和孙皓老师从不同的角度对委托辩护与指定辩护的冲突问题给予了补充,非常感谢。远征老师更多的是从建议的角度,比如怎么去解决犯罪嫌疑人、被告人跟外部的家属之间的信息隔绝问题。我觉得解决问题应该不是很难,更关键的是在于有没有意愿去解决这个问题,办案机关包括看守所、侦查机关、审查起诉机关、审判机关等公权力机关有没有意愿去解决这个问题。就像远征老师说的,在刑事案件当中对于公权力规定得再模糊,也会想办法去解决,对于私权利规定得再清楚,也还是可能被剥夺。

我们国家的整个私权利相对比较弱势,体现在刑事诉讼当中就是被告人和为他代理的辩护人在整个刑事诉讼构造当中是非常弱势的,辩护律师在整个刑事诉讼过程中所传达的声音很难被听到。刑事诉讼制度的一个设计出发点就在于方便办案机关。另外,将犯罪嫌疑人、被告人作为一种证据种类,比如《刑事诉讼法》规定了犯罪嫌疑人、被告人的供述和辩解,我们更看重的是他作为一种证据的信息价值,而不是他作为刑事诉讼主体的主体性地位。为什么要对犯罪嫌疑人、被告人采取信息隔离?因为犯罪嫌疑人、被告人只有在这种信息隔离的状态下才能按照办案机关想要的供述方式去供述,而不是采用一种对抗的方式去翻供。

回顾过去的40年,刑事诉讼的构造已经给了被告人一个口子,比如在每一个阶段可能要听取律师的意见,如果律师有书面意见要附卷。对于被告人来说,如果有可能的话,在每一个阶段都要去讯问他,要听听他的想法,但是这种规定从总体上来说还是非常弱势。刚才孙皓老师讲道,对于律师来说更多的可能只是一种提请注意的义务,律师提出这些问题之后可能不会得到一个有效的回应。律师提出的问题有没有影响?影响有多大?不得而知。北京大学的陈瑞华老师曾经写过很多文章,比如向谁辩护,谁来倾听,倾听之后会有什么样的反应,这些都反映了犯罪嫌疑人、被告人以及相应的辩护律师在整个诉讼构造当中总体上处于一个相对弱势的地位。这种弱势的地位跟我们把犯罪嫌疑人到底当成当事人还是当成一种证据信息的来源有关,在考虑问题的时候是以保障被告人权利为出发点,还是仅仅把其当成一种办案的信息来源?考虑问题的出发点不一样,思考问题的落脚点不一样,会导致在处理证据问题、辩护问题,包括办案人员要不要认真对待辩护意见的问题的时候也不一样。过去的40年来被告人的权利一定程度上增加了,但并没有从整体上达到一个控辩平衡的、能够跟公权力独立对抗的结果。

我也同意刚才孙皓老师说的辩护律师的能力在增强,刑事辩护律师的辩护能力在不断地增强也可以反过来去阐释为什么办案机关要担心这种委托律师的介入。但是这种力量还没有从根本上去改变、影响刑事诉讼的构造,刑事诉讼的构造应该说还是一种超职权主义的构造,或者说强职权主义的构造。在这种构造下面,我们刚才谈到的这些问题就会不断地出现。

主持人:李昌盛

3个小时的时间,洪淇老师还有两位与谈嘉宾就"占坑式辩护"的问题进行了一个非常深入的探讨。其实关于辩护问题的探讨是非常多的,除了"占坑式辩护",我觉得在中国有很多种辩护的类型值得探讨,例如,我所追求的理想的辩护是依法据理的辩护,我希望以后告别的是死磕式的辩护,我希望不要出现勾兑式的辩护,我希望不要让当事人的家属面对"占坑式的辩护",也希望律师能够自我克制,告别过场式的辩护,这是我对辩护的期待。依法据理的辩护、"死磕式的辩护""勾兑式的辩护""表演式的辩护""占坑式的辩护"在现实中都存在,而且每个问题有各自发生的背景和原因,我们今天探讨的只是其中的"占坑式辩护"。

我们今天跟大家在线上交流的内容就到此为止,感谢大家一直聆听我们的讲座。今天晚上的《全国青年刑诉学者在线系列讲座》第六讲就到此结束,谢谢大家。

第七讲
量刑建议的前世与今生

主讲人　陈　实　中南财经政法大学教授
主持人　魏晓娜　中国人民大学教授
与谈人　侣化强　华东师范大学教授
　　　　吴啟铮　上海师范大学副教授
时　间　2022年6月15日19:00—22:00

主持人：魏晓娜

我是中国人民大学法学院的魏晓娜，很荣幸能够作为主持人参与"全国青年刑诉学者在线系列讲座"第七讲。这次的主讲人是中南财经政法大学法学院教授、诉讼法学系主任，文澜青年学者，中国刑事诉讼法学研究会理事，第六届湖北省十大中青年法学家陈实。

另外，今天我们还有幸邀请了华东师范大学法学院的侣化强教授，以及上海师范大学的吴啟铮副教授担任与谈嘉宾。

今天陈实教授演讲的主题是"量刑建议的前世与今生"。我觉得陈实老师在海报的引语里讲得特别好——量刑建议在过去的二十年间实现了从"青铜"到"王者"的逆袭。那么今天陈实教授将围绕"量刑建议的前世与今生"跟我们做一个详细的解读。闲话少叙，言归正题。现在我们有请陈实教授给大家做演讲。

主讲人：陈　实

谢谢晓娜老师，大家晚上好！非常高兴今晚参与这个活动，与大家在这里见面。首先要感谢主办方——教育部刑事诉讼法课程虚拟教研室和西南政法大学诉讼法与司法改革研究中心推出这样重磅的学术活动。尤其要感谢孙长永老师,孙老师是此次活动的总策划人,同时也为我们这次活动做了很好的开场演讲。前几场的讲座都非常精彩,我都在线进行了学习,希望今晚的活动能够延续此前的精彩。今晚的主持人是晓娜老师,我感觉非常亲切。晓娜老师对于认罪认罚从宽制度,尤其是我今晚所讲的这个主题——量刑建议问题,有一些非常好的研究,所以今天也是一个非常难得的交流和请教的机会。

回到今晚的话题,为什么要聊量刑建议?现在认罪认罚案件在刑事案件中的占比已经很高了,量刑建议也被正式写入了《刑事诉讼法》。然而,围绕量刑建议的争论非但没有平息,反而愈演愈烈。因此,本次讲座我将梳理量刑建议的发展历程,展现这一制度从"青铜"到"王者"的逆袭过程,并分析量刑建议的性质和功能的嬗变,以及反思量刑建议在当下面临的主要问题。

一、量刑建议:从"青铜"到"王者"

(一)量刑建议的"青铜"时期

在1996年以前,根据1979年《刑事诉讼法》,我国审判方式为"审问式",概括起来有三个基本特点:案卷全案移送、庭前实质审查、庭审法官查证。因此,1979年以来的司法实践中,"先定后审"现象普遍存在。案卷全案移送法院,法官对这些证据在庭前已经进行了实质性的审查判断,形成了案件定性和量刑的结论。庭审程序中无控方举证的制度,举证责任转由法官承担,整个庭审成为法官对已形成的定论的核实程序。

1996年,《刑事诉讼法》第一次"大修",审判方式由"审问式"初步转变为"控辩式",后者概括起来有三个特点:部分证据移送,即移送证据目录、证人名单和主要证据复印件或者照片;庭前程序审查,即审查起诉书中有明确指控的犯罪事实并且附有证据目录、证人名单和主要证据复印件或者照片的,是否应当开庭审理;控辩初步对抗,即法官退回裁判员角色,由控辩双方在庭审中展开举证、质证对抗。

经由1996年《刑事诉讼法》修改的审判方式中,公诉人的证明责任被加强了,在审判程序中开始承担举证和说服义务。为了应对这种挑战,全国各地检察机关开始积极探索公诉制度改革,涌现出一系列公诉改革举措,诸如"主办检察官制""介入侦查引导取证""不起诉公开审查""公诉人多媒体实证"等。其中有一项一经出台就引起广泛关注,后续也引发极大争议的举措——量刑建议。

1999年8月,北京市东城区人民检察院尝试推出"公诉人量刑建议"举措,在两个案件中提出了检方的量刑建议。2000年年初,该检察院成立课题组,将公诉人量刑建议确定为公诉改革的课题之一。关于1999年出台的这份全国首例量刑建议,近年来多被提及。有资料说,北京市东城区人民检察院首次向法院提交了量刑建议书,并得到法院的采纳。这一说法可能存在一些误解。澄清这一点,对于理解量刑建议的起源、性质和后续演变比较重要。

根据当时的新闻报道,当年北京市东城区人民检察院并没有提交所谓的量刑建议书,只是公诉人将量刑建议写入了公诉意见书并当庭发表。公诉意见书是检察机关指派的公诉人在法庭辩论阶段对证据和案件情况集中发表意见时使用的文书。公诉意见书其实是1996年《刑事诉讼法》修改之后的产物,此前叫"公诉词"。这里需要指出的是,公诉意见书并非法律文书,甚至在2002年最高人民检察院启动法律文书改革,将公诉意见书作为36种公诉法律文书之一并印发统一制式之前,公诉意见书只是辅助公诉人在庭审中发表公诉意见的检察机关内部工作文书,既不是必须撰写制作,可庭前也可庭后撰写制作,也不是必须提交法庭,一般是庭审后提交。

从这里可以看出,23年前的这份所谓"全国首例量刑建议",实际上就是公诉人在法庭上发表公诉意见时附带表达了对量刑问题的意见。以现在的眼光来看,这份量刑建议与现在检察机关的量刑建议大相径庭。但是,这一尝试在当时被认为是在"法庭上走下公诉席的'立体公诉',是深化公诉改革和实现公诉工作的突破",获得全国检察系统的高度关注,并迅速引发多地检察机关的跟进。

作为一种新生事物,这一时期的量刑建议由于缺乏规范指导,在具体适用的案件类型和范围上表现出了差异化的地方实践样态。根据一些文献的记载,有的检察机关仅对适用普通程序审理的案件试行量刑建议;有的检察机关对适用简易程序审理的案件试行量刑建议;有的检察机关仅对定性无争议性的案件试行量刑建议;有的检察机关仅对公安机关侦查的,宣告刑为3年以下有期徒刑的案件试行量刑建议;有的检察机关仅在初审程序中试行量刑建议;有的检察机关还在上诉审和抗诉审程序中试行量刑建议;等等。

由于处于起步探索阶段,除差异性以外,这一时期的量刑建议实践与东城区首例量刑建议相比,并未产生实质的变化,更多地表现出一些共性。概括而言,这一时期的量刑建议具有以下几个特征:①提出量刑建议的时间。各地检察机关几乎都是在发表公诉意见时附带提出量刑建议。②提起量刑建议的方式。量刑建议写入公诉意见书或者当庭口头发表。③提出量刑建议的内容。量刑建议的内容较为概括,主要是原则性提出要求从宽或从严处罚的意向,或者概括性提出法定刑幅度,即概括型量刑建议。④提出量刑建议的效果。就庭审效果而言,对公诉人提出的量刑建议,法庭和辩方基本不发表意见。另外,就采纳效果而言,判决采纳率较高。这主要是因为定罪率较高,概括型量刑建议的采纳率必然很高。

"青铜"时期的量刑建议小结:量刑建议缘起1996年《刑事诉讼法》修改后的公诉改革,旨在强化审判阶段的公诉职能,是检察机关当庭对量刑问题所发表的公诉意见。

(二)量刑建议的"白银"时期

1. 质疑与回应

量刑建议的横空出世和遍地开花,引起了实务界和理论界的诸多关注,同时也引起了一些质疑。主要质疑两个问题:一是量刑建议"是什么",即量刑建议是何性质;二是量刑建议"为什么",即检察机关能否提出量刑建议。

众所周知,检察机关向来具有改革精神,也善于以理论武装捍卫和支持改革。2001年9月中旬,最高人民检察院组织了一次讨论,这是自1999年首份量刑建议出台以来首次召开的关于量刑建议的高规格研讨会。与会代表除了最高检的官员,北京市东城区人民检察院检察长等部分推行量刑建议的地方检察机关的检察长,还邀请了全国人大常委会法制工作委员会和最高人民法院的代表,以及部分学者。研讨会讨论的核心议题就是量刑建议是"什么"以及"为什么"。应该说,这场研讨会上的观点争鸣较为激烈,有一些较为一致的共识,但主要是质疑和反对的声音。

对于量刑建议"是什么",多数与会代表从实然的角度认为,其是一种针对刑罚问题所提出的公诉意见。争议最大的是关于量刑建议"为什么",即检察机关提出量刑建议的理据和必要性问题。全国人大常委会法制工作委员会的代表对此质疑,认为量刑建议是公诉权从属和派生的产物,不是一种独立制度。还有学者指出,从两大法系检察机关的公诉权来看,均无量刑建议的立法规定。来自最高人民法院的代表的反对观点最为明确直接:一是公诉权的具体行使须有明确的法律授权,立法对于公诉权的规定并无量刑建议的内容。二是量刑权是法院独享的权力,法院量刑权不受检察机关量刑建议的约束。

面对这些激烈的质疑和反对,向来以理服人的检察机关显然是有备而来。研讨会上,来自检察机关的代表对量刑建议抛出了一个很有理论意味的理据,即"求刑权",认为刑罚权产生公诉权,公诉权必然包括对犯罪实现国家刑罚的请求,因而从公诉权中可以分解出求刑的部分,检察机关行使求刑权有助于促进和实现国家刑罚权。

我在这里想指出,所谓"求刑权",并非检察机关创造的概念,而是来自实体法理论。实体法上的刑罚理论认为,刑罚权包括制刑权、求刑权、量刑权和行刑权,其中求刑权就是公诉权。检察机关是对求刑权概念进行了理论延伸,认为公诉权包括起诉权和求刑权,起诉权是对定罪的请求,求刑权是对刑罚的请求。

2. 坐实求刑权

"求刑权"论抛出后,对于如何将这一量刑建议的理据落地和坐实,检察机关主要依托两项改革举措。

（1）起诉书样式改革。2002年，最高人民检察院启动了法律文书改革，制定并启用了新的起诉书样本格式。在此之前的旧版起诉书中，"起诉要求和根据"部分只要求写明起诉罪名和起诉决定，对于刑罚问题无须写明检察机关的认定意见，仅作"可以从轻或减轻处罚"的笼统表述。而在新版起诉书样式中，"起诉要求和根据"部分则要求增加量刑的法律依据，并提出了具体格式的要求：对于具备轻重不同的法定量刑情节的，应当在适用简易程序的起诉书中作出认定；对于酌定量刑情节，可以根据案件的具体情况，从有利于支持公诉的角度出发，决定是否在适用简易程序案件的起诉书中作出认定；适用普通程序的案件，对于涉及量刑情节的事实，可在案件事实之后作认定。可以看出，新版起诉书除认定涉嫌犯罪的事实并确定罪名以外，还对涉嫌犯罪的量刑情节作出了认定。

这一举动看似不起眼，其实意义不可小觑：①量刑建议提出时间前置化。在起诉书中表明检察机关的量刑意见，把提出量刑建议的时间节点从庭审辩论阶段提前到审前起诉阶段，使量刑建议开始与公诉意见脱钩，并与起诉权勾连起来，形成了定罪请求（起诉）和量刑请求（求刑）并行状态。②量刑建议提出方式文书化。在之前的探索试行中，量刑意见只写进公诉意见书。公诉意见书在检察机关法律文书改革之前只是检察机关的内部文书，即使在2002年改革后，检察机关把其视为36种公诉文书之一，但是在《刑事诉讼法》和检规司法解释中并无法律依据。因为《刑事诉讼法》和检规中都只规定公诉人发表公诉意见，未要求制作和提交公诉意见书。而经过文书改革将量刑意见载入起诉书，使量刑建议具有了法律文书外显化的意义。

（2）法律监督改革。虽然检察机关为量刑建议冠以了求刑权的理据，并试图通过改革法律文书将量刑建议进一步做实，但是在司法实践中，量刑建议并不受法院的待见，甚至遭受消极抵触，形成一种"你提你的，我判我的"的局面。真正使量刑建议坐实的契机是"量刑规范化改革"。

随着1996年《刑事诉讼法》确立的新型审判方式的运行,刑事审判的主要矛盾逐步发生了变化。以往罪与非罪、此罪与彼罪的定罪问题已经不再是司法实践中的主要问题,而诸如罪责刑不相适应、同案不同判、量刑过程封闭不透明等与量刑有关的弊端逐步暴露。于是,改革以定罪为中心的审判程序,推进量刑程序的规范化被提上司法改革议程。

2005年,最高人民法院发布《人民法院第二个五年改革纲要(2004—2008)》,提出"健全和完善相对独立的量刑程序",由此正式拉开了我国量刑程序改革的序幕。

在这一时期,检察机关也正在谋划一场轰轰烈烈的改革。

2004年12月21日至23日,最高人民检察院在海南召开全国检察长会议,提出了"加强法律监督能力建设"的总目标,并把检察机关的法律监督能力概括为五个方面,其中一个方面就是"敢于监督、善于监督、规范监督,促进严格执法和公正司法的能力"。2005年6月,最高人民检察院出台《关于进一步加强公诉工作强化法律监督的意见》,提出:"积极探索量刑建议制度。为更加充分地发挥公诉职能,强化对审判机关量刑活动的监督制约,保证案件公正处理,要在总结一些地方探索量刑建议经验的基础上,进一步积极稳妥地开展量刑建议试点工作。"2005年7月,最高人民检察院出台《人民检察院量刑建议试点工作实施意见》,提出:"检察机关要根据罪刑相适应的原则,依照刑法、司法解释有关规定和案件的具体情况,在庭审中就被告人量刑幅度向审判机关提出具体建议。要把探索实行量刑建议制度与加强检察机关对刑事审判活动的监督结合起来,推动量刑工作严格依法进行。"

如此一来,有了求刑权的理论基础,又有了强化审判监督这一功能的加持,使量刑建议正当性不足的危机在一定程度上得以缓和。2005年7月,最高人民检察院在全国选择了不同层级的共计11家地方检察机关开始有组织地实施量刑建议试点。

总结这一时期的试点情况,量刑建议表现出以下几个特征:①量刑建议的提出范围。提出量刑建议的适用案件范围扩大,不再区分轻罪重罪和适用的审判程序,原则上覆盖所有公诉案件。但是,实际提出量刑建议的案件比例并不高。②量刑建议的提出时间。部分案件仍然在法庭辩论时提出量刑建议,如适用普通程序审理的案件。部分案件改为在起诉时提出量刑建议,如适用简易程序审理的案件。③量刑建议的提出方式。在法庭辩论时提出的量刑建议,以口头或书面形式写入公诉意见书,在起诉时提出的量刑建议除写入起诉书以外,开始出现单独的量刑建议文书。如在"北仑模式"中,检察机关对适用简易程序审理的案件制作专门的"求刑意见书",一式三份,一份提交法院,一份送达被告人,一份备案留存。④量刑建议的提出内容。从此前的概括性量刑建议变为幅度刑量刑建议,即提出一个刑种及其量刑幅度。这里的量刑幅度,是在法定刑幅度范围内进一步压缩,提出一个小幅度的量刑。这个所谓的小幅度是要多小才合适,在当时也存有一些争议。幅度过大,失去了量刑建议的意义,而幅度越小,量刑建议的提出难度,以及量刑建议与法院判决之间产生误差的风险也随之增大。当时的做法是,提出幅度刑量刑建议的幅度把握在1年左右,一般不超过2年,如"请求判处被告人5年以上,7年以下有期徒刑"。另外,在这一时期的试点中,部分检察机关开始尝试对部分案件提出绝对的、精确的量刑建议,如在"北仑模式"中,当地检察机关认为,对被告人的量刑只能是一个"点",而非一个"度",求刑也是一样,只有确定一个具体刑罚,才是真正意义上的求刑,幅度刑遮遮掩掩,对量刑态度不明朗,不利于对法院量刑进行监督。北仑区的检察机关率先尝试对适用简易程序审理的案件提出精确的量刑建议,精确的程度包括了刑种、刑度、附加刑和刑罚执行方式。如"请求判处被告人有期徒刑2年6个月,缓刑3年,并处罚金人民币10000元"。此为"确定刑量刑建议"。⑤量刑建议的提出效力。量刑建议对法院量刑裁判仍然只具有参考作用,但由于有审判监督功能的加持,部分地方检察机关要求法院的判决书要载明公诉机关的求刑意见,并对是否采纳求刑意见阐明理由。另外,量刑建议的采纳率也较高,试点检察机关的量刑建议的平均采纳率高于50%,部分试点地区的采纳率甚至高达80%。

这里解释一下,这一时期量刑建议采纳率较高的原因主要有三点:首先,幅度刑量刑建议导致采纳率不会低。其次,受量刑建议容差率影响。很多检察机关认为,求刑建议只是法院提供量刑参考,并非要求法院必须依照求刑建议判决,因而不能完全以法院的量刑判决来衡量求刑建议的准确度,求刑建议与量刑判决基本一致即可视为采纳。何为基本一致? 不同检察机关有不同的容差率。如适用普通程序审理的案件量刑建议采纳率的计算不允许改变刑种,但允许1年以内的误差;适用简易程序审理的案件量刑建议采纳率计算允许6个月以内的误差,同时允许改变刑种,如有期徒刑改为拘役,拘役改为单处罚金或者管制。最后,缓刑量刑建议的高采纳率被拉升。缓刑适用有具体明确的条件,检法两家容易形成一致标准,虽然刑种和刑度的量刑建议存在较大误差,但采纳缓刑量刑建议也被视为采纳,拉升了量刑建议的整体采纳率。

"白银"时期的量刑建议小结:这一时期的量刑建议,提出时间从庭审阶段前逐步移至庭前起诉阶段,提出方式从口头表达逐步转向书面表达,提出内容从概括刑逐步走向幅度刑,甚至开始出现确定刑量刑建议。量刑建议在性质上,开始与庭审公诉意见相分离,成为与提起公诉即"定罪请求"并列的一种诉讼请求,即"量刑请求"。量刑建议基本实现了"独立化""文书化""幅度化",并借由法院量刑程序改革,通过审判监督职能进一步获得制度正当性和实施空间。

(三)量刑建议的"黄金"时期

1. 全面试行

2010年2月,最高人民检察院吸收总结2005年试点实施以来所积累形成的操作经验,印发《人民检察院开展量刑建议工作的指导意见(试行)》(简称《量刑建议指导意见》),决定在全国检察机关全面试行量刑建议工作。该《量刑建议指导意见》是自1999年首例量刑建议产生以来,最高检对量刑建议所做的首个规范性文件,对量刑建议的性质地位、功能作用、基本原则,提出的条件、方式、程序作出了全面的规定。

根据《量刑建议指导意见》,可以了解这一时期量刑建议的主要操作和特征:①量刑建议的定义:量刑建议是指人民检察院对提起公诉的被告人,依法就其适用的刑罚种类、幅度及执行方式等向人民法院提出的建议。②量刑建议的性质和功能:量刑建议是检察机关公诉权的一项重要内容,依法行使检察机关的法律监督职权,争取量刑建议的最佳效果。③量刑建议的提出范围:人民检察院对向人民法院提起公诉的案件,可以提出量刑建议。④量刑建议的提出时间和形式:人民检察院提出量刑建议,一般应制作量刑建议书,应当将量刑建议书与起诉书一并送达人民法院。根据案件具体情况,也可以在公诉意见书中提出。⑤量刑建议的提出内容:以幅度刑量刑建议为主,以确定刑量刑建议为辅,以概括刑量刑建议为例外。另外,除有减轻处罚情节外,量刑建议应当在法定量刑幅度内提出,不得兼跨两种以上主刑。建议判处有期徒刑的,一般应当提出一个相对明确的量刑幅度。根据案件具体情况,如确有必要,也可以提出确定刑期的建议。建议适用缓刑的,应当明确提出。建议判处附加刑的,可以只提出适用刑种的建议。对不宜提出具体量刑建议的特殊案件,可以提出依法从重、从轻、减轻处罚等概括性建议。

与上一个时期相比,这一时期除在不同刑罚种类及其幅度把握上有一些细化规范以外,量刑建议的主要特征没有太大变化,但在规范意义上,意味着量刑建议完成了从自发探索到有限试点的历程,成为我国检察制度中的权力"标配",步入了在全国检察机关正式推行的新的历史时期。

2. 乘势做大

自2005年启动的"量刑规范化改革"经过5年来的探索、调研和试点,也形成了制度经验。2010年9月13日,最高人民法院印发《人民法院量刑指导意见(试行)》(简称《量刑指导意见》)。该《量刑指导意见》分为量刑的指导原则、量刑的基本方法、常见量刑情节的适用、常见犯罪的量刑、附则5个部分,自2010年10月1日起试行。这标志着长久以来传统的"估堆式"量刑方法被摒弃,规范化量刑方法的时代开启。2010年9月13日当天,"两高三部"还联合会签《关于规范量刑程序若干问题的意见(试行)》,就量刑程序的规范化问题作出了规定,其中专门就检察机关提出量刑建议的程序作出了规定。这意味着量刑建议这一以往仅存于检察系统内部文件中的制度,正式进入中央司法改革文件,获得了国家司法改革顶层设计的认可。

为此,最高人民检察院于2010年9月制发了《人民检察院量刑建议书格式样本(试行)》,规范统一了量刑建议的法律文书。2010年10月,最高人民检察院印发了《关于积极推进量刑规范化改革全面开展量刑建议工作的通知》(以下简称《量刑建议工作通知》),旨在阐明量刑建议与"量刑规范化改革"之间的关系,以及强调全面推行量刑建议的重要性。该《量刑建议工作通知》指出:"检察机关对公诉案件提出量刑建议,是依法履行法律监督职能的重要内容,有利于保障当事人的诉讼权利,有利于强化对量刑裁判的监督制约,促进法院公正量刑。各级检察机关要认真学习贯彻'两高三部'《关于规范量刑程序若干问题的意见(试行)》,继续抓好《人民检察院开展量刑建议工作的指导意见(试行)》的贯彻落实,积极开展量刑规范化改革,全面推进量刑建议工作。"

两年后,即2012年10月,最高人民检察院第十一届检察委员会第八十次会议第二次修订通过了《人民检察院刑事诉讼规则(试行)》,量刑建议的相关内容正式写入"检规"。此举标志着量刑建议实现了从检察系统内部规定到中央司法改革文件以来的又一次跃升,即量刑建议制度进入了刑事诉讼法司法解释。

3. 软肋硬伤

值得注意的是,2012年《刑事诉讼法》修改时,量刑建议制度并未写入《刑事诉讼法》,未获得立法的认可。究其原因,可能主要有两点:

一是量刑建议的理论基础不牢固。早在2000年左右,量刑建议产生之初,检察机关就提出了"求刑权"的概念,并试图将其理论化,即将量刑建议从公诉意见中分离出来,视为与起诉权并列的一种独立请求权,即量刑请求权,统合于公诉权之中。但量刑建议的求刑权理论基础并不牢固。理由主要有两点:①量刑建议对量刑程序无拘束力。诉讼权力的基本特征是具有对某种诉讼活动的拘束力。如起诉权,即定罪请求权,对于审判活动的程序开启以及审理的对象、内容具有"不告不理"的拘束力。而所谓量刑请求权的量刑建议却不同,在没有检方量刑建议的情况下,审判活动中的量刑程序照样可以依职权启动。另外,在量刑程序的审理方面,法院拥有独立的量刑事实和证据的调查权,不依赖量刑建议,判决亦不受其拘束。②量刑建议并非检方当然之权力。从世界范围来看,并非各国检察机关都发表量刑建议,所谓量刑请求权则更属子虚乌有。如在英国,量刑程序虽然与定罪程序是分离的,检察官在量刑程序中可以陈述影响被告人量刑的事实和情节,也可以提示法官注意有关量刑的法律条款和判例,但不能对刑罚问题提出任何具体的意见。在美国,检察官虽然拥有几乎不受任何限制的自由裁量权,但根据《美国联邦刑事诉讼规则》的规定,在指控过程中对被告人的量刑问题提出具体性建议只存在于辩诉交易制度之中。在法国和德国,量刑程序和定罪程度并未分离,检察官在庭审中常常就被告人的处刑问题发表具体意见,但这向来仅被视为对处刑的指控意见,而并非任何对量刑的请求权。另外,即使是与我国刑事诉讼法具有同源性的俄罗斯刑事诉讼制度,在 2005 年以后也禁止检察官对量刑发表具体意见,只能提出概括性量刑意见。

二是量刑建议制度的实施效果不佳。2010 年前后全国检察机关实施量刑建议制度的总体情况而言,效果未达预期。表现为:①量刑建议的适用范围较窄,未按照《量刑建议指导意见》要求的原则对公诉案件都提出量刑建议,而只对部分案件(如常见罪案件)提出量刑建议。②量刑建议提出形式"打折",未按照《量刑建议指导意见》要求,提出量刑建议一般应当制作量刑建议书,而仅对部分案件("两简"案件)提出量刑建议书,其他案件仍只在庭审中口头表达量刑意见。③量刑建议提出的幅度混乱。未按照《量刑建议指导意见》的幅度刑要求提出量刑建议,而是幅度宽窄不一。存在两个极端:有的量刑建议具体到了天数,如提出量刑建议拘役 1 年 18 天;有的量刑建议幅度跨越数年,如提出量刑建议 1—7 年。

导致这一时期量刑建议制度实施效果不佳的原因主要有三个方面:①检察机关怠于提出量刑建议。量刑建议制度未获行业认同。检察系统内部相当一部分人认为公诉权就是提起公诉,请求定罪,至于量刑问题,向来是法院的工作,加之"重定罪,轻量刑"思维的根深蒂固,量刑建议工作不受重视。量刑建议加重公诉工作负担。公诉人提出量刑建议通常要经过多个步骤:归纳所有量刑情节,予以整合计算,将拟量刑建议报"三级审批",制作量刑建议书加盖公章并送达文书,在庭审中发表量刑建议,并对量刑建议采纳情况进行评价。耗费时间和精力提出的量刑建议,对法院没有任何约束,还不受法官的理解。此外,量刑建议引发公诉工作风险。未实行量刑建议时,量刑都是法院判,风险矛盾在法院,提出量刑建议后,风险矛盾前移,增加公诉人压力。因此,公诉人认为量刑建议纯属"鸡肋",故而消极应付执行。②办案人员难以提出量刑建议。量刑情节和证据不足。在"重定罪,轻量刑"观念的影响下,侦查机关对量刑证据疏于收集和移送,导致量刑情节和证据信息不充分。量刑计算的能力和经验不足。公诉人普遍不熟悉量刑的过程和方法,对量刑建议畏难。虽然2010年最高人民法院发布了《量刑指导意见》,但对于缺乏量刑能力和经验的公诉人而言,仍感到十分棘手(如:如何确定起点刑,如何增加刑罚量,如何整理评价各类法定和酌定量刑情节,如何调整基准刑)。这也是量刑建议仅对常见罪名提出的直接原因。量刑事实和情节动态变化。一些量刑情节常常在不同诉讼阶段产生变化,如自首认罪、退赃退赔、达成谅解等,导致公诉人难以把握量刑建议,并常常在审判阶段量刑情节变化后措手不及。③法院对量刑建议配合度不高。法院对量刑建议认可度不高,其素来认为量刑是其专属的权力,对检察机关的量刑建议染指量刑权感到抵触,尤其不满检察机关携审判监督权强推量刑建议。量刑建议增加法官的工作量。将量刑建议纳入庭审程序,对量刑建议进行审查,事实上也会增加法官的工作量。量刑建议引起判决风险。当事人和社会难免以量刑建议为基准衡量法院判决,判重易引发被告人上诉,判轻恐引发被害人不满和社会公众的猜测,引起不必要的判决风险。

"黄金"时期的量刑建议小结:量刑建议成为检察权"标配",量刑建议制度出台并在全国正式推行。量刑建议以审判监督之名,借量刑规范化改革之势,进入中央司法改革顶层设计,并写入刑事诉讼法司法解释,实现了定型化、规范化、准立法化,但因理论基础薄弱和实施效果不佳而折戟法典化。

(四)量刑建议的"铂金"时期

1. 协商制雏形

2014年6月27日,全国人民代表大会常务委员会发布决定,授权"两高"在部分地区开展刑事案件速裁程序试点工作。根据全国人大常委会的授权决定,2014年8月22日,"两高两部"联合印发《关于在部分地区开展刑事案件速裁程序试点工作的办法》(以下简称《速裁程序试点工作办法》)的通知。

《速裁程序试点工作办法》第1条规定,对危险驾驶等犯罪情节较轻、依法可能判处一年以下有期徒刑、拘役、管制的案件,或者依法单处罚金的案件,案件事实清楚、证据充分,犯罪嫌疑人、被告人承认自己所犯罪行,对指控的犯罪事实没有异议,当事人对适用法律没有争议,犯罪嫌疑人、被告人同意人民检察院提出的量刑建议,犯罪嫌疑人、被告人同意适用速裁程序的,可以适用速裁程序。

从这里可以看出,在速裁程序中,被追诉人同意检察机关提出的量刑建议是四个必备条件之一。这里存在一个非常重要的转变,被追诉人同意检方的量刑建议,这意味着控辩双方就量刑问题达成了一致。换言之,在速裁程序中,量刑建议不再仅是检察机关的单方指控意志,而是变成了控辩双方的合意。因此,速裁程序在2014年一经推出,就被视为一种控辩量刑协商制度的雏形。

2. 改革的成效

因为量刑建议具有了控辩合意性,虽然《速裁程序试点工作办法》没有要求法院必须采纳量刑建议,但是从速裁程序试点的情况来看,量刑建议的采纳率非常高,量刑建议实质上表现出了对法院量刑裁判事实上的拘束力。以北京市东城区人民法院2014年12月21日至2015年12月31日的数据为例:法院对所有适用速裁程序审判的案件,作出的判决结果均在检察机关量刑建议的幅度内。其中,甚至对于包括法官认为部分不适当的量刑建议,法官在访谈中给出的采纳理由是要尊重量刑建议的合意性。

从全国的数据来看,2015年11月2日,"两高"发布《关于刑事案件速裁程序试点情况的中期报告》显示,截至当年8月20日,各试点地区共适用速裁程序审结刑事案件15606件,涉案人数16055人,占试点法院同期判处一年有期徒刑以下刑罚案件的30.70%,占同期全部刑事案件的12.82%,其中检察机关建议适用速裁程序的占65.36%。检察机关审查起诉周期由过去的平均20天缩短至5.7天;人民法院速裁案件10日内审结的占94.28%,比简易程序高58.40%;当庭宣判率达95.16%,比简易程序高19.97%。检察机关抗诉率、附带民事诉讼原告人上诉率为0,被告人上诉率仅为2.10%,比简易程序低2.08%,比全部刑事案件上诉抗诉率低9.44%。

"铂金"时期的量刑建议小结:经由速裁程序试点,量刑建议成为适用审判繁简分流程序的重要机制,量刑建议由控方单方意志性转变为控辩合意性,进而事实上获得对法院量刑裁判的拘束力。

(五)量刑建议的"王者"时期

2016年9月3日,全国人民代表大会常务委员会发布决定,授权"两高"在部分地区开展刑事案件认罪认罚从宽制度试点工作。根据全国人大常委会的授权决定,2016年11月11日,"两高三部"联合印发《关于在部分地区开展刑事案件认罪认罚从宽制度试点工作的办法》(以下简称《认罪认罚从宽制度试点工作办法》)的通知。

《认罪认罚从宽制度试点工作办法》中规定:

第1条:犯罪嫌疑人、被告人自愿如实供述自己的罪行,对指控的犯罪事实没有异议,同意量刑建议,签署具结书的,可以依法从宽处理。

第11条:人民检察院向人民法院提起公诉的,应当在起诉书中写明被告人认罪认罚情况,提出量刑建议,并同时移送被告人的认罪认罚具结书等材料。

量刑建议一般应当包括主刑、附加刑，并明确刑罚执行方式。可以提出相对明确的量刑幅度，也可以根据案件具体情况，提出确定刑期的量刑建议。建议判处财产刑的，一般应当提出确定的数额。

第20条：对于认罪认罚案件，人民法院依法作出判决时，一般应当采纳人民检察院指控的罪名和量刑建议……

第21条：人民法院经审理认为，人民检察院的量刑建议明显不当，或者被告人、辩护人对量刑建议提出异议的，人民法院可以对建议人民检察院调整量刑建议，人民检察院不同意调整量刑建议或者调整量刑建议后被告人、辩护人仍有异议的，人民法院应当依法作出判决。

从制度发展脉络来说，认罪认罚从宽制度与速裁程序具有改革承袭关系。正是在总结速裁程序试点经验的基础上，"两高三部"制定了认罪认罚从宽制度的改革方案。具体而言，改革方案继续将认罪认罚作为适用繁简分流审判程序的前提，并把适用案件范围扩展至所有刑事案件，再按照案件可能判处的刑罚轻重走速裁程序、简易程序等不同的审判程序。

其中，量刑建议成为认罪认罚从宽制度的核心实施机制，即被追诉人承认指控罪行，并且同意检察机关的量刑建议的，可以适用认罪认罚从宽制度。量刑建议的内容以幅度刑为主，以确定刑为辅，具体包括主刑、附加刑和刑罚执行方式。

特别之处在于，改革方案规定，法院审理认罪认罚案件，一般应当采纳检察院的量刑建议。换言之，量刑建议具有了明确的拘束法院量刑裁判的效力。且为了保障量刑建议的效力，防止法院以量刑建议不当为由拒绝采纳，制度方案进一步约束了法院的自由裁量权，即法院即使认为认罪认罚案件的量刑建议存在明显不当，仍不能径行裁判，而是须由检方调整量刑建议予以补救，只有当检方不予调整或者调整后仍明显不当的，法院才能作出判决。

至此，以量刑建议拘束法院自由裁量权，通过认罪认罚从宽制度改革而实现。这是在量刑建议产生之初连检察机关恐怕都不敢想象的情况。不仅如此，2018年10月，《刑事诉讼法》修改，认罪认罚从宽制度改革成果载入立法,量刑建议也随之被写进《刑事诉讼法》,正式获得立法的承认。并且,可能令很多人没有想到的是,立法完全照搬了《认罪认罚从宽制度试点工作办法》第20、21条关于认罪认罚案件量刑建议"一般应当"采纳及其庭审调整的规则,即后来引起巨大争议的《刑事诉讼法》第201条。2019年10月"两高三部"联合签发《关于适用认罪认罚从宽制度的指导意见》(以下简称《认罪认罚指导意见》),其中对认罪认罚案件量刑建议的提出内容作了修改,从之前的"以幅度刑为主,以确定刑为辅",改为"一般应当提出确定刑量刑建议",即"以确定刑为主,以幅度刑为辅"。

"王者"时期的量刑建议小结:经由认罪认罚从宽制度改革,量刑建议正式进入立法,提出内容从幅度刑转向了确定刑,提出效力从司法效果转向了立法效力,实现了量刑建议的立法化、精准化和效力化。

二、量刑建议:性质与功能的嬗变

从量刑建议的发展历程来看,其历经二十多年和数个时期,但如果从性质功能的视角来看,2014年的速裁程序试点是一个明显的分水岭。

(一)量刑建议的性质嬗变

在2014年速裁程序试点以前,不论量刑建议经历了多少历史阶段,以及在提出时间、方式、内容等方面有多少变化,量刑建议的基本性质始终未变,即是检察机关单方的指控意志表达。在2014年速裁程序试点以后,包括在认罪认罚从宽制度中,量刑建议的基本性质由检察机关单方指控意志转变为控辩双方量刑协商合意。

关于量刑建议的"协商"性质,最早的表述是在司法部于2014年10月印发的《关于切实发挥职能作用做好刑事案件速裁程序试点相关工作的通知》中。该通知规定,"值班律师应当告知犯罪嫌疑人、被告人适用速裁程序的法律后果,帮助其进行量刑协商"。2017年8月,多部委联合发布的关于值班律师的"升级版"文本,即《关于开展法律援助值班律师工作的意见》(已失效)中,"进行量刑协商"的字样又被删除,取而代之的是"对检察机关定罪量刑提出意见"。2016年《认罪认罚从宽制度试点办法》中也没有任何"协商"的字样。对此,最高司法机关相关人士披露了缘由:"我们在制度设计的时候,也是尽量避免用'协商'这样的字样,避免社会对这项制度的误解,所以整个制度没有用'协商',而是用了'认罪认罚从宽',控辩双方就量刑达成一致意见。"

值得注意的是,在开展刑事速裁程序试点的过程中,曾出现了"量刑协商""签署认罪协商承诺书"等做法。制度设计者还披露,甚至考虑过控辩量刑协议的形式。2019年,"两高三部"联合出台《认罪认罚指导意见》,对于量刑建议的协商性则不再隐晦,该意见第33条再次强调了检察院在认罪认罚案件中提出量刑建议应当充分听取辩方意见,但在结尾处增加了一句"尽量协商一致"。

(二)量刑建议的功能嬗变

2014年以来,量刑建议基本性质改变的根本原因,在于其功能和作用发生了转变。量刑建议的功能和作用从过去一直所强调的强化公诉权,监督审判权转变为在繁简分流体系中承担认罪激励作用。

2014年,党的十八届四中全会决议提出要"推进以审判为中心的诉讼制度改革",进一步提出要"推进案件繁简分流,优化司法资源配置",并开启了速裁程序试点和认罪认罚从宽制度改革。这一背景在2016年7月20日"两高三部"联合会签的《关于推进以审判为中心的刑事诉讼制度改革的意见》中有明确表述:"完善刑事案件速裁程序和认罪认罚从宽制度,对案件事实清楚、证据充分的轻微刑事案件,或者犯罪嫌疑人、被告人自愿认罪认罚的,可以适用速裁程序、简易程序或者普通程序简化审理。"

繁简分流体系的基本原理是使部分案件不经过普通审判程序,而是通过快速化的审理程序予以审结消化。所谓快速化的审理程序,即简化甚至省略烦冗耗时的法庭调查和法庭辩论环节,这意味着审判程序无法再对案件的定罪和量刑问题进行实质性的审理。这进一步要求,适用快速化审理程序的案件必须是认罪案件。因为只有被追诉人自愿认罪,才能避免对是否构罪的问题进行实质性审理。而要被追诉人自愿认罪,则要求有认罪激励机制,即通过给予一定程度的量刑减让,激励被追诉人自愿认罪。在速裁程序和认罪认罚从宽制度中,检察机关提出量刑减让的量刑建议,与被追诉人协商,激励其认罪认罚,以实现案件繁简分流。因此,2014年以后,从功能和作用的意义上看,量刑建议从过去的公诉权强化机制变为认罪激励机制。

三、量刑建议:当下面临的主要问题

(一) 量刑建议的协商性缺陷

按照改革方案的设计,在繁简分流体系中,量刑建议是一种认罪激励的控辩协商机制,即量刑建议应当经过控辩双方的充分协商而提出。但是在司法实践中,量刑建议反映出的主要问题就是协商性不足,表现为制度设计上的"弱协商性",如"听取意见式"协商,还表现为司法实践中的"去协商化",如不予协商、不能协商、虚化协商、缺乏量刑协商的程序内核设计。尽管学界和司法实务界不断呼吁要加强量刑建议的协商性,但对此不应持乐观态度,原因在于量刑建议的协商性具有难以完善的结构性缺陷。

从繁简分流体系的基本原理出发,认罪激励机制大致可以划分为两种模式,即"法官主导型"和"检察官主导型"。"法官主导型"是指由法官主导与被追诉人进行量刑协商;"检察官主导型"是指由检察官主导与被追诉人进行量刑协商。从两大法系主流的程序法治国家的快速审判程序的认罪激励机制来看,大多数国家采取"法官主导型",如英国的有罪答辩程序、德国的认罪量刑协商制度、日本的简易公审程序。只有少数国家采取"检察官主导型",如美国的辩诉交易制度、法国庭前的认罪答辩制度、意大利的量刑协商制度(法国和意大利的例子较为特殊)。究其原因,主要有三点:

首先,量刑专属于法院,各国刑事司法对此不持异议。凡量刑之问题,一般皆应提交给法官裁量。

其次,"法官主导型"机制更有利于实现认罪案件的量刑减让。量刑减让一方面关乎对被追诉人认罪的激励,另一方面也关乎实体意义上的量刑公正和量刑均衡。法官无论是在独立、中立的司法地位上,还是量刑的能力、经验上,都是最能胜任的主体。

最后,"检察官主导型"机制是一种极为特殊、难以复制的机制。典型的辩诉交易制度至今只存在于美国,这并非偶然。辩诉交易令人惊异之处就是控辩双方像商人般讨价还价,这当然与美国独有的契约文化和实用主义哲学有关。但更重要的是,控辩双方拥有实际议价的资本,即协商能力,具体包括控辩双方当事人化的平等地位、对等化的诉讼权利、透明化的证据开示机制等。换言之,在美国刑事司法中,控辩双方在地位、资源、筹码等协商所需的能力方面均旗鼓相当,因此能展开协商。从历史上来看,虽然辩诉交易的性质是控辩双方为了避免激烈复杂的庭审对抗而产生的一种审判替代措施,但其本质上仍与对抗制共生,是一种"司法竞技主义"的产物。这也在某种程度上说明了一个事实,即辩诉交易为什么产生于美国而非欧洲大陆国家,甚至也不是英国。因为控辩协商能力是一种脱胎于对抗制的复杂构成,需要诉讼理念和程序制度等方方面面的适配,并非所有国家都具备这样的基础和条件。

德国于2009年建立认罪量刑协商制度时,德国司法界人士对于为何建立"法官主导型"而非"检察官主导型"的量刑协商制度作过解释:"应当充分意识到,控辩协商是以当事人主义为基础的制度,与德国刑事诉讼结构并不相容。德国并没有控辩协商的传统,检察官也不具有当事人地位,如果引入美式辩诉交易,势必会造成控辩之间的强制交易。"而这也正是法国和意大利引进辩诉交易制度,建立"检察官主导型"量刑协商制度,但是实际效果并不成功的原因。

法国于2004年借鉴辩诉交易制度创立了"庭前认罪答辩程序",被追诉人认罪后,检察官提出量刑建议,被告人只能选择同意或者不同意,而不能进行量刑协商。法国学者将此种模式称为"有合意而无协商"。司法实践中,由于没有协商,被告人及其辩护律师大多不接受检方的量刑建议,导致庭前认罪答辩程序的全国适用率不到5%。

意大利于1988年对辩诉交易加以改造建立了检察官主导的控辩量刑协

商制度,但该制度在随后的实践中几近搁置,早期的适用率还不到4%。① 意大利于2003年进行改革,扩大了量刑协商的适用范围,适用率有一定提升,但实际的情况是,很多被告人更愿意在审判程序中与法官,而不是与检察官进行量刑协商。

我国刑事诉讼制度与大陆法系有许多类似之处,比如同样缺乏控辩对抗的传统。此外,我国司法环境还有一些阻断辩方协商能力的事实性特征,体现在以下三个方面:

一是犯罪嫌疑人审前羁押率高。我国犯罪嫌疑人的审前羁押率远高于两大法系的主流法治国家。有数据统计,2006年以前,我国犯罪嫌疑人的逮捕率高达90%,2006年以后有所降低,但总体也高达80%。即便认罪认罚从宽制度推行以来,强制措施轻缓化被当作是程序从宽而被强调和适用,但实证数据显示,逮捕率依然居高不下,逮捕作为"刑罚预支手段"的性质几乎没有变化,甚至在部分试点地区,逮捕率不降反升。

二是犯罪嫌疑人有效辩护率低。我国刑事辩护率长期以来未超过30%,与欧美主流法治国家90%以上的辩护率相比差距巨大。即使在2012年《刑事诉讼法》作出扩大辩护权的修改以及近年来推行"律师辩护全覆盖"以来,有实证调查显示,受制于各方面因素,辩护率较5年前不仅没有改善,刑辩缺口反而加剧,只有20%的犯罪嫌疑人能够获得律师辩护。这与认罪认罚从宽制度推行以来的辩护率的情况较为一致,即使在全国较为发达以及辩护率较高的试点地区,实证调查显示,只有15.7%的犯罪嫌疑人有辩护律师,也就是说84.3%的量刑协商都只在公诉人与犯罪嫌疑人之间进行。另外,即使在值班律师覆盖的情况下,其认罪劝说者和认罚见证人化的作用在短期内难以扭转,有效法律帮助的作用非常有限。

三是控辩双方地位权利不对等。我国诉讼制度从来没有契约化传统,主要原因就是控辩双方的地位和权利均不对等。一方面,检方在诉讼中的地位因其监督者的身份而被拔高;另一方面,犯罪嫌疑人诉讼客体化

---

① 万毅老师以前讨论过意大利的问题。

的地位还未被完全扭转,辩护律师的身份地位被矮化,诉讼权利也长期受到限制和制约。控方无论是在身份定位、权利配置,还是在信息占有等方面的优势均远胜于辩方,甚至以碾压之势来形容也不为过。

从上述三个事实特征可以看到,我国犯罪嫌疑人在审前程序中大多处于人身被羁押的状态,又缺乏有效辩护的帮助,几乎没有任何与控方进行协商的能力,无法在认罪认罚量刑协商过程中争取自身利益。因此必须正视的是,"检察官主导型"的量刑协商制度植根于控辩对抗制,是"司法竞技主义"的产物,虽然不要求控辩双方像庭审中一样激烈对抗,但同样要求控辩之间具有平等尊重、利益互惠的内在机制。因而从某种意义上来说,"检察官主导型"的量刑协商是控辩双方在法庭外展开的一场对抗。我国在20世纪初步建立了控辩式审判制度,如今看来并不算成功,原因就在于控辩之间无法真正对抗,如今又试图以控辩协商来代替控辩式审判。遗憾的是,我们似乎未能充分认识到,看似不同的两种制度,其内在逻辑是一样的。如果说审判制度中的控辩双方无法对抗,又凭什么认为认罪认罚量刑协商中的控辩之间能有效协商?

这里还有一个值得思考的问题,即量刑建议作为认罪激励的控辩协商机制,源于速裁程序试点,因试点效果较为成功,后继续沿用于认罪认罚从宽制度之中。那为何量刑建议机制在速裁程序试点中能取得成功,在认罪认罚从宽制度中却暴露出协商性不足的问题?主要原因在于:案件类型不一样,对控辩协商性的要求也不一样。

速裁程序试点中适用的案件类型是可能判处一年有期徒刑以下刑罚的案件,并且其中相当比例的案件是危险驾驶罪。首先,这种案件的客观证据(血液酒精浓度)往往能起到直接证明的作用,被追诉人基本没有否认指控的空间,因而认罪较为容易。其次,由于可能判处的刑罚本身就很低,检方提出的量刑建议很容易获得被追诉人的认可,控辩双方很容易达成一致。一些实证研究也证明了这一点,有调查指出,在速裁程序试点过程中,大多数案件的量刑建议缺乏有效的控辩协商,甚至1/4以上的案件没有任何协商,但这并不妨碍控辩之间就量刑建议达成一致。然而,一旦案件适用范围扩大到所有案件,想要被追诉人认罪,尤其是认罚,就变得不再容易。因此,速裁试点的经验其实有非常大的局限性,并不能说明"检察官主导型"量刑建议是适合我国的,将其推广复制到认罪认罚从宽制度之中的,控辩协商的结构性缺陷就被充分暴露。

在这一点上,法国和意大利有一定的预见性,两国在引入辩诉交易构建相应的量刑协商制度时就限制为在轻罪中才可适用。法国庭前认罪答辩程序仅适用于主刑为罚金刑或者5年及以下监禁刑的犯罪。意大利量刑协商制度仅适用于单处或与财产刑并处的5年以下有期徒刑或拘役的犯罪。

(二)量刑建议的精准化尺度

当前认罪认罚从宽制度对于量刑建议的内容明确了两个方面:一是量刑建议的内容应当包括主刑、附加刑以及是否适用缓刑;二是提出量刑建议应当以确定刑期的量刑建议为主,以相对确定的量刑建议为辅。据此,在认罪认罚案件中,检察机关在一般情况下应当提出确定刑期的主刑、明确的附加刑以及明确适用缓刑的量刑建议,这种包括了刑种、刑度和处刑方式的绝对化量刑建议方式在过去是例外,而在当前认罪认罚案件中则是常态,检察机关现在也称之为"精准量刑建议"。

检察机关主张在认罪认罚案件中提出精准量刑建议有以下三个方面的理由:一是精准量刑建议有助于激励认罪认罚;二是精准量刑建议有助于实现量刑从宽;三是精准量刑建议体现了控辩量刑协商合意。为了推进量刑建议精准化,检察机关也采取了一些举措,主要包括三种:制定量刑建议指导性规范[《人民法院量刑指导意见(试行)》的量刑建议版];开发应用量刑建议智能辅助系统(借助人工智能办案辅助系统);建立检法量刑建议沟通协调机制("类案沟通和个案沟通相结合""审前沟通和判后请教相结合")。从认罪认罚案件的司法实践来看,检察机关推进认罪认罚案件量刑建议精准化也取得了一定的效果,地方检察机关的量刑建议精准化比例提升明显,部分地区检察机关的量刑建议精准率甚至已达100%。

精准量刑建议即确定刑量刑建议,早在2005年前后量刑建议首次试点过程中就已出现。在过去,检察机关很少提出精准量刑建议,除提出精准量刑建议本身的难度以外,主要原因在于法院量刑裁判权的专属性。众所周知,依照《刑法》上量刑原则和量刑情节的规定权衡刑事责任的轻重,判断决定是否对刑事被追诉人适用刑罚一直被视为法院进行刑罚裁量的权力所在。其中,对合适的刑种、刑度以及刑罚执行方式的判断和选择,更是法院刑罚裁量权的核心特征。而精准量刑建议所包括的绝对确定的刑种、绝对确定的刑期、绝对确定的附加刑、绝对确定的财产刑和确定的刑罚执行方式,从内容上看,与法院最终作出的量刑裁判并无二致。尤其在当前认罪认罚案件中,量刑建议具有法定效力的情况下,采取精准量刑建议的方式,无异于将量刑判决前置,量刑裁量权实际转移给了检察机关行使。

令人不解的是,精准量刑建议在过去一直是例外,以至于检察机关基本不提精准量刑建议,为什么如今在认罪认罚案件中成了常态。基于量刑建议的激励功能,量刑建议的内容的确需要相对具体化和明确化,但这种具体化和明确化是否没有底线?是否可以精准到僭越和架空法院的量刑裁量权?接下来以美国辩诉交易为例说明这个问题。

根据《美国联邦刑事诉讼法规则》第11(C)(1)条的规定,控辩双方可以进行三种类型的辩诉交易,即指控协议(对是否指控以及指控罪名、罪数的协议),量刑协议(对量刑问题的协议),混合协议(涵盖指控和量刑的协议)。对量刑协议的具体内容,我们或多或少存在一些误解。在辩诉交易中,量刑协议的文书模板由法院提供,法院通常并不允许控辩双方协商具体刑罚,尤其是主刑。控辩双方被允许的量刑协商范围通常包括:是否适用某种刑事政策,是否适用量刑指南的某条规定,是否请求法官重点考虑某项量刑因素等。其中,最为直接而常规的方式是,控辩双方在量刑协议中协商根据《美国联邦量刑指南》规定的量刑等级将案件下调若干等级。

美国辩诉交易中的量刑协议也是具体而明确的,体现了控辩量刑协商的精准性,但这种精准并非指向最终的处刑,而是指向量刑减让的具体等级或幅度。这是一种非常合理而明智的方式,控辩量刑协商既有可视化的量刑减让激励,体现了协商的精准性,又避免了对具体刑期的协商,从而侵犯量刑裁判权。

(三)量刑建议的约束力模式

《刑事诉讼法》第 201 条第 1 款吸收了《认罪认罚从宽制度试点办法》的规定,也以"一般应当+除外情形"的方式明确了法院对量刑建议的采纳义务。这意味着量刑建议在认罪认罚案件中对裁判权的拘束力突破了改革政策的围栏,成为法典规则。立法意旨很明确,量刑建议是控辩双方量刑协商的载体,具有合意属性,出于对控辩合意的尊重和兑现协议的需要,裁判权应受到约束,不能轻易拒绝量刑建议。然而,问题在于,逻辑明确并不意味着模式正当,以直接立法模式赋予量刑建议司法制约力,其正当性值得商榷,理由有三点:

一是世界各国刑事司法制度均无此成例。从世界范围来看,量刑建议本身并非世界各国刑事司法制度上规定的检方当然之权力。即使在允许检方提出量刑建议的国家,其也绝无可能具有司法制约力。即便在美国辩诉交易制度中,法官通常采纳检方提出的量刑建议,但这也并非制定法或判例法上的依据,而只是一种"道义上的约束力"。

二是造成请求权拘束裁判权的背反逻辑。不容否认的是,无论在何种情况下,量刑都是裁判权分内之事。"裁判权的核心特征就是自由裁量,这并非指裁判过程不应受到任何限制,而是指裁判者能对法律关系及其处理自行判断、自行选择的法律意志的自由,而不受任何其他意志的干涉和约束。"①认罪认罚案件中的量刑建议虽然具有控辩合意性,但其本质上也仍然属于一种诉讼请求。以量刑请求权拘束量刑裁判权,有悖基本诉讼法理。

三是造成认罪认罚案件量刑问题去审理化。在认罪认罚从宽制度

---

① 张军:《法官的自由裁量权与司法正义》,载《法律科学》2015 年第 4 期。

中,法院对量刑建议须进行实质化审理,理由有两点:第一,法院对控辩量刑协商具有审查义务。这在控辩量刑协商制度中均不例外,包括辩诉交易。第二,认罪认罚从宽制度的立法目的要求法院对量刑建议进行实质性审查。认罪认罚从宽制度不仅是繁简分流制度,还是落实宽严相济刑事政策的制度,这在《认罪认罚从宽制度试点办法》和《认罪认罚指导意见》中都已明确。《认罪认罚指导意见》第40条规定:"……对于人民检察院提出的量刑建议,人民法院应当依法进行审查……",这里的审查应当理解为实质性审查。尤其在控辩协商性不足,被追诉人认罚自愿性面临风险的情况下,法院更应对量刑建议进行实质性审查。但是,在量刑建议对量刑裁判具有法定拘束力的情况下,难免会在一定程度上出现法官对量刑建议怠于审查的"搭便车"现象,造成认罪认罚案件量刑问题的去审理化。

《刑事诉讼法》第201条第2款规定,人民法院审理认为量刑建议明显不当,人民检察院可以调整量刑建议,人民法院认为调整后的量刑建议适当的,应当予以采纳,人民检察院不调整量刑建议或者调整后仍然明显不当的,人民法院应当依法作出判决。立法意图十分明显,即维护检察机关量刑建议的效力,防止法院以量刑建议不当为由拒绝采纳。应当说,尊重控辩双方量刑协商意愿和兑现检方对辩方量刑承诺的角度的确是法院审理认罪认罚案件的必要道义,但这一道义并非没有底线,当量刑建议明显不当仍得以对裁判形成拘束时,则超过了必要限度,其正当性值得商榷。理由有三点:

一是违反审判行为理论。按照诉讼系属和审判行为理论,案件一旦进入审判程序,诉讼就成为存于法院的事实状态,即诉讼当事人之间的特定请求置于裁判权之下而成为待审查裁决的状态,法院可径行裁判。量刑建议虽有合意性,但本质上仍是对量刑问题的诉讼请求,根据审判理论,作为诉讼请求的量刑建议明显不当时,法院应能径行裁判。

二是可能有损裁判权中立地位。如果法院认为量刑建议明显不当而告知检方予以调整,则法院势必需要向检方说明量刑建议明显不当的具体情形,在此过程中难免会透露法院的量刑裁判意图。另外,如果检方接受法院的告知,对量刑建议作出调整,为了避免调整后再次出现明显不当的情形,也会与法院积极沟通以理解量刑裁判意图。如此一来,法院作为裁判者的中立角色势必会因此而受损,甚至会给辩方和外界带来检法串通勾兑的负面印象。

三是可能导致调整程序搁置。繁复的程序设置可能导致程序被搁置弃用,最终结果可能是实体正义受损。这种现象在当前认罪认罚案件的司法实践中已经出现。有些法官对于检察官提出的精准量刑建议并不认同,但如果进行调整又必须经过复杂的对接程序,因而只好无奈地接受检察官的量刑建议。

我就暂时说到这里。其实我这里只是提出了问题,期待在接下来的与谈环节,这些问题能够得到一些精彩的回应,谢谢大家。

主持人:魏晓娜

好的,谢谢陈实老师刚才非常详尽的讲解。陈实老师的讲解分了三个部分,对量刑建议发展的整个历史进行了非常系统的梳理,而且非常形象地把这个发展过程比喻为"青铜"时期、"白银"时期、"黄金"时期、"铂金"时期以及"王者"时期。而且对历史的梳理不仅仅是一个纯粹的叙述,还有理论上的概括和归纳。这是我第一次听到对量刑建议的历史发展如此清晰的脉络梳理和总结,无论是从历史还是从理论的角度。当然,陈实老师也提到了另外两个内容,即关于量刑建议在性质和功能上的嬗变,以及对由此引起的问题产生的一些反思。

陈实老师讲的内容里有很多真知灼见。当然,实际上陈实老师最后的讨论仍然落脚在《刑事诉讼法》第201条第2款。在刑诉法学界众所周知,这是一个众说纷纭的条款。感谢陈实老师精彩的演讲。

我们接下来还有两位与谈人,第一位是华东师范大学的侣化强教授。我们有请侣化强教授与谈。

与谈人：侣化强

谢谢魏老师，谢谢孙老师，也谢谢陈实老师的精彩演讲。我本人从讲解当中获益很多，对量刑程序和检察机关的量刑权有了一个很详细的重新认识。

我想补充一下：第一，陈实老师对于《刑事诉讼法》第201条逻辑上的矛盾分析其实是很精彩的一点。这一点反映出认罪认罚从宽程序设计出现的一个偏差。这是一个很好的窗口，通过这样一个窗口，我们看到的，首先是量刑权之争，也就是检察机关和法院就量刑权归属之争。

第二，由于有《刑事诉讼法》第201条的加持，同样一个案件，认罪认罚案件和不认罪认罚的案件在量刑上可能没有区别，量刑可以没有折扣，甚至量刑建议不减反重，这是一个制度性陷阱。

第三，司法资源的节省。我们说认罪认罚从宽制度是为节省司法资源而设计的，但司法资源仅仅是在审判阶段有所节省，其节省的量可以用小时来计，至多只能节省几个小时，审判资源的节省十分有限。不仅如此，审前资源的消耗丝毫没有减少。认罪认罚案件的审查起诉反倒增加了一些审批程序。就侦查资源而言丝毫没有节省。所以从总体上来看，司法资源没有任何减少。我们不仅没有把法院解脱出来，检察机关花费的精力以及侦查机关投入的取证资源也丝毫没有减少。

第四，其实这种协商，不可能有协商的任何因素，结果就容易导致反悔。这种情形下，上诉权是不是应该得到保障？

第五，按照最高人民检察院的司法解释，检察机关的量刑权或量刑建议权、批准逮捕权有可能成为逼迫犯罪嫌疑人就范的一个工具。

之所以呈现这些问题，其实是因为设计思路出现了偏差。我国当前对认罪认罚从宽程序的设计，依然套用了普通程序的多方参与、权力制衡的设计思路。主体多元，参与主体公、检、法一个没少，没有一个退场，从头到尾和普通程序没有任何区别或职能的区分。在普通程序中，为了防止冤假错案,才把权力进行分割。但是在认罪认罚从宽制度中,也因循这个套路,把认罪认罚从宽程序打造成多方参与的权力制衡的模式。但是《刑事诉讼法》第201条把量刑建议法定化以后,就变成了一种权力和利益之争,协商模式在实践当中已经被证明破产了。模式从来都是对实践的一种总结,而不是说实践会按事先的设计不折不扣地运行。为了表示对《刑事诉讼法》第201条的不满,法院会在某些案件中"偶露峥嵘",典型案例有北京的余金平交通肇事案,上海和其他地方的法院也有类似动作。协商模式,也即所谓的协作模式,在多元的主体参与之下,因利益之争注定是要破产的。

那么如何面向未来?其实普通程序和认罪认罚从宽程序是两种不同的思路。权力设计或者构架以及价值追求都是不一样的,有时候甚至是截然相反的。在普通程序中,事实认定的渠道是司法证明,证据与事实是分野的,认定犯罪事实必须跨越证据和司法证明这两道门槛。在这里,事实变得不是那么重要,重要的是这个事实怎么样呈现,即怎样通过规范的司法程序并依靠证据来予以证明。相反,对于认罪认罚从宽程序,不妨采用一种自然的、非规范性的事实认定方法,更为便捷,不需要遵守证据裁判原则,只要有犯罪嫌疑人供述,那么其他的证据都不需要了,除了必要的专业鉴定。这样就能够把侦查资源节省出来,并获得了从宽处理的正当性。在普通程序中,必须收集所有的证据,只有一种证据是不能收集的,那就是犯罪嫌疑人供述,其没有供述义务,当然,其有权利辩解。在所有证据种类中,犯罪嫌疑人供述是最完整、最大的资源,其被称为"证据之王"就是从这个角度而言。但是,由于禁止强迫自证其罪原则的存在,这个最大的资源绝对不允许被公权力利用。这就给国家权力施加了一种巨大的压力,促使公权力不得不和被追诉人协商。所以,在普通程序中,犯罪嫌疑人的口是闭上的;在普通程序的证据种类中,从来不应该有犯罪嫌疑人供述这一项。但在认罪认罚从宽程序当中,只有犯罪嫌疑人供述这一"证据之王"就足够了,当然,如果涉及专业鉴定,在必要的情况下做一个鉴定就可以了。

我们要认识到,认罪认罚从宽制度是一个妥协或双赢的设计,即个人以放弃《宪法》和《刑事诉讼法》所保障的诉讼权利来换取实体刑罚的优惠,而政府是以牺牲部分刑罚权来换取嫌疑人的有罪供述,赢得效率,为审判中心主义服务。这样,全部的侦查资源就可以投入疑难案件的侦破过程,检察官的主要精力就可以投入有争议的案件,有限的审判资源就可以集中到有事实争议或法律争议的案件中。总之,各得其所,各取所需。

我认为思路不妨重新改进一下。为了节省侦查资源、起诉投入和司法资源,同时减少检察机关与法院的冲突,最好的办法就是减少参与的主体,其中的一方必须退场。有两个备选项,我认为可以借鉴一下陈实老师所说的检察官主导和法官主导。首先,轻罪案件扩大不起诉的范围,由检察官来主导,直接作出不起诉决定,省却审判环节。其次,必须由法院定罪量刑的重罪案件,就由公安机关从侦查开始节省资源,只要认罪了或者做了必要的鉴定就可以直接到法院,绕开审查起诉环节,把公安机关从繁杂的取证工作中解脱出来,同时也把检察机关解脱出来,直接由被告人的委托律师或值班律师与法官进行协商就可以了,避免权力冲突。这个时候,被告人也获得了实质上的量刑折扣,警官也省去了"麻雀虽小、五脏俱全"的取证工作,实现你给我节省时间,我就给你量刑折扣。所以我认为要充分利用这种利益上的需求,来构建一种特殊的认罪认罚从宽程序。

但是,目前的制度设计却背道而驰:侦查阶段除嫌疑人有罪供述外,所有证据种类成了"满汉全席";案件到了检察机关,公安机关把所有的"菜"都做好了,把所有的证据都收集好了,这时候让检察机关再和被告人协商是不可能的。因为结果都一样:我有所有证据,不怕你不认罪或翻供,凭什么与你协商?2012年《刑事诉讼法》引入了"禁止强迫自证其罪"条款,而在大部分案件中,被告人放弃了沉默权,放弃了"禁止强迫自证其罪"的保护作出有罪供述,但警方花费大量的时间和精力获取了其他证据,此时,侦查机关、检察机关和审判机关没有任何压力,是稳操胜券的。在法院审判阶段亦然,法院甚至能从"满汉全席"中找到加重情节的证据,北京余金平交通肇事案的加重情节就是这样认定的。如果仅有被告人供述和必要的鉴定意见,二审法院还能加重判决吗?根本不可能。但是,在目前的设计框架内,三方都没有任何收益,甚至沦为一种互害模式。

我认为要反思一下程序正义的适用空间。程序正义或正当程序,其仅适用于普通程序,并且,在我国相当长的未来,程序正义和个人的诉讼权利也应当进一步加强。但是,在认罪认罚从宽程序当中,程序权利是被放弃了的,程序正义并无多少存在的空间和理由。其实我们应该解放思想,大胆设想。程序正义或者权利保障是集中于普通程序的,我们要加强的是普通程序。但是我们在设计的时候,我看陈实老师也指出,即普通程序和认罪认罚从宽程序在逻辑上是统一的。这就是问题所在。要转换不同的思路,"井水不犯河水"。把两者混淆起来,普通程序中的审判中心主义也会被侵蚀掉。我们要使用不同的思路、运用不同的原则来构建两个不同的程序。

刑事诉讼中一个好的制度设计,不仅能让控辩审三方解脱出来做更有意义的事情,还能为这个国家的全方位发展提供更多助力。

我就谈这些吧,不对的地方,请大家多多批判。

主持人:魏晓娜

感谢侣化强教授做的精彩点评。他指出,认罪认罚从宽制度在实施过程中出现了很多的悖论和问题,他提到一点让我印象特别深刻,就是关于节省司法资源的问题。节省司法资源是认罪认罚从宽制度,包括速裁程序在试点的时候,非常重要的一个动因,但是在司法实践中,确实出现了刚才侣化强教授指出的很多问题,比如他提到了侦查资源并没有任何的减少,审查起诉程序繁琐,工作量反而增加的问题。实际上我也想到,其实在审判阶段也有一个比较有趣的现象,就是如果被告人在审前阶段没有认罪认罚,在审判阶段认罪认罚的话,法院通常是让检察机关和被告人进行协商。但案件已经到审判阶段了,先协商好,再继续适用这样的程序,其实也是一种程序烦琐的表现。刚才侣化强教授也谈到了很生动的案例,包括控辩双方、检察院跟法院之间的冲突,上诉的问题,抗诉的问题,其实引发了很多新的冲突。这个确实是要注意和解决的问题。

与谈人:侣化强

我再补充一下。我看英国中世纪的案例中,开庭首先进行的一个项目就是,在组成陪审团之前,法庭首先问被告人"你是不是认罪",如果认罪了,就没有陪审团召集程序,也没有庭审程序。中世纪是如此,现在也是。在开庭之初,被追诉人的一句话"我认罪",这就是"证据之王",无须另行举证。我们为什么还要走那些烦琐的程序?我们的初衷是要减少诉讼资源消耗的。固守教条主义,让我们忽视了普通程序与认罪认罚从宽程序的区别。

主持人:魏晓娜

谢谢侣化强教授。我们一会儿再进行讨论。接下来我们有请第二位与谈人,上海师范大学的吴啟铮副教授。

与谈人:吴啟铮

谢谢我们尊敬的主持人魏晓娜教授。非常感谢今天有机会能够参加这个讲座,我学习了很多,也非常感谢我们的主讲人陈实教授和与谈人侣化强教授。我在这几天接到了与谈任务之后,陆陆续续对我国的量刑程序和量刑建议问题进行了学习,尤其是重点学习了陈实教授最近发表的几篇论文。接下来我大致谈一下我对这个问题的一些学习体会。

在一开始,因为我们始终是从程序法的角度上来谈量刑建议的,它始终是量刑程序的一个部分。但其实我们是没有单独的量刑程序的,因为在刑事诉讼法中,定罪和量刑一开始是合二为一的一种程序、模式。但在世界上的其他法域中,主要在英美法系中,存在独立的量刑程序。所以基于定罪量刑合二为一的情况,学界发现了很多问题。之后,立法机关和司法机关就开始对量刑程序进行改革,也就是从这种合二为一的模式中逐渐把它拆分开,向一种相对独立的量刑程序的方向发展。

在这个过程中,就产生了检察机关的量刑建议。所以刚才陈实教授所做的历史梳理,我觉得非常有新意、非常有价值。尤其是用青铜、白银、黄金、铂金和王者五个阶段来区分,线索非常清晰。

其实这个过程,也可以被视为检察权逐步得到扩大的过程。由于有了量刑建议,在量刑程序相对被分离出来的过程中,检察权逐渐得到扩大。量刑作为后续专门的过程,主要体现在认罪案件中。由于定罪过程被相对简化了,所以认罪认罚从宽案件实际上就成为我国量刑建议制度历史上的一个转折点。

在第一部专门关于规范量刑程序的司法解释,也就是"两高"的《关于规范量刑程序若干问题的意见(试行)》中,除提出量刑程序、量刑建议的概念之外,还用了另外一个词,就是针对当事人的,也就是包括当事人的诉讼代理人、辩护人提出"量刑意见"这个词。这两个词,一个是量刑建议,另一个是量刑意见。乍一看,好像这两个词是对等的关系,看似就是来维持控辩双方平衡的一种关系,因为从语义上来说,量刑建议毕竟也是一个意见。在中文里面经常看到这样的表达,即某一个主语有权提出意见和建议,就经常把建议和意见合并在一个句子里面。所以从这一点和文义上来说,实际上量刑建议跟量刑意见的区分只存在于主体上。从文义上来说,意见跟建议的差异可能不是非常大,但是在实践运行逻辑中不是这个样子。我觉得解释法律或者法律条文,文义解释和逻辑的分析肯定是最基本的。从中文文义来说,建议毕竟只是一种建议,它能否产生司法效力或者是司法的约束力,就会带来一个逻辑上或者文义上的问题,即一个建议能不能产生司法效力?在演变的过程中,这种效力实际上是逐渐加强的。一直到2018年《刑事诉讼法》修改,认罪认罚从宽制度建立之后,"一般应当"四个字实际上就把量刑建议强加到足以约束法院的司法裁量权的程度,成为一种具有司法约束力的制度。

从各种文献资料所反映的量刑建议的采纳率来看,即使是在认罪认罚从宽制度写入《刑事诉讼法》之前,其采纳率也是极高的。这从一个侧面反映,辩护人的量刑辩护在很多案件中和检方的建议相比,处于十分不对称的地位,量刑意见和量刑建议在实践中基本上作用微弱,并没有产生多大的辩护效果。在法院审理中,量刑程序是不是就存在一种非常明显的、流于形式的风险?法院始终是代表司法权威的,这种权威通过行使司法裁量权来体现。另一方面,辩护方无法形成有效的影响,所以控方这种量刑建议就不可避免地具有压倒性的优势,在量刑方面成为一种决定性的力量。

量刑程序中的法检关系是非常重要的,而我们有时候可能对量刑程序中的刑事诉讼模式产生某种误解。特别是在其他大陆法系国家,法院依职权进行调查,这是他们的一个基本特征,前面陈实教授也提到过,大陆法系的量刑裁决也不以检方的量刑建议为前提。另一个例子就是在英美法系中,英美法系存在独立的量刑程序,但是独立的量刑程序也并非一定是对抗式的,它也具有一种职权主义的构造。比如,英美法系也有缓刑制度、缓刑官制度,法官可以委托缓刑官在量刑前作出报告,相关报告直接提交给法庭,法庭将量刑报告交给控辩双方,然后控辩双方围绕量刑报告来展开辩论,之后法院在这一基础上进行裁判,所以英美法系国家在量刑程序上也具有一种职权主义特征,这是和定罪程序不太一样的一种逻辑。陈实教授刚才举的这个例子其实也挺好的,即使在诉辩交易中,检方的量刑建议也是很有限的,并不能够像我们今天这样给出一个非常具体的宣告刑建议。所以对于量刑建议、量刑程序同诉讼模式的关系的理解上,我们需要厘清和正视,但是立法逻辑可能更多考虑了各方力量博弈的因素。

这种量刑建议模式实际上也有很多局限。比如检方的量刑信息可能是不完整的、不准确、有偏向性的,另一面就是辩护人在量刑辩护中实际上也很难进行一些非常具体的调查,这种调查可能是非常有限的。在审前阶段，这种情况可能更加受限，在量刑事实信息严重不对称的情况下，辩方就可能在认罪认罚协商过程中处于一种不利的地位。法官的超然中立可能未必在量刑方面发挥更为公正的作用。两大法系在量刑方面多多少少都有一些职权主义的特征，这反倒提醒今天的我们，认罪认罚从宽制度入法之后，检察机关趁势而为，检察机关在这一领域更加强势。这种"检察官主导"，使法院的司法裁量权对于量刑的裁量方面可能更加被动、局限。就如前面所说，从文义上来说，约束力可能就源于立法上的"一般应当"的规定，这种立法模式使审前控辩双方的协商性被大大削弱了，协商实际上没有起到实质的效果，尽管司法解释有"尽量协商一致"这种条文，但实际上很明显，在"一般应当"的立法模式下，在实践中这种效果很难实现。这跟与文义中"建议"这个词在逻辑上的矛盾有关，这就可能导致既不利于辩护、也不利于法院的司法裁量权或者最终司法权威的结果。

我学习了陈实教授最近的几篇文章，觉得陈实教授提出了非常有益的思路和非常有益的建议。这就是我经过近几天的学习，结合今晚陈实教授的讲座，还有魏老师、侣老师的点评，产生的一些粗浅的看法。

主持人：魏晓娜

谢谢吴老师。刚才吴老师其实也是针对《刑事诉讼法》第 201 条"一般应当采纳"条款以及量刑建议的问题，提出了自己的意见，我也非常赞同吴老师刚才的意见。

刚才陈实教授提出一个观点，就是量刑建议体现了一种控辩之间的合意，但是实际上，不管它背后是不是体现了一种合意，它毕竟只是量刑建议。量刑建议实际上主要反映的是检察院和法院之间的关系，量刑协议体现的是控辩双方之间的关系。当然，量刑协议的约束力到底有多大依旧存在问题，我们用的是"具结书"这种表述，实际上就是一个保证书。所以，整个认罪认罚从宽制度在设计上确实像刚才侣化强教授所说的，我们的设计思路是有一定问题的。量刑建议反映了检法两家的关系，这是主要的矛盾、主要的问题。

从"建议"这个词的本义来说，"一般应当采纳"这种处理模式确实是存在问题的。但是话又说回来，虽然说量刑建议主要体现的是检法两家的关系，但实际上这里也应该注意到辩方的利益。我记得2021年9月的《人民司法》第26期刊载了赵双根涉嫌危险驾驶案。这个案子是这样的：在审判之前控辩双方已经达成了量刑协议，约定要判缓刑，然后检察机关提出了量刑建议，但是到了法院之后，法院没有采纳量刑建议判缓刑而是判了实刑，后来被告人提起上诉。我认为二审法院的判决非常经典，因为一般在我们的理解中，量刑建议体现了检法两家的关系，是检法两家的问题。我为什么觉得这个案件非常有价值，是因为二审法院判决认定：一审法院固然可以改变量刑，但是在改变量刑之前没有给予被告充分辩护的机会就取消了缓刑，给被告人造成实质性的不利后果，在这种情况下，一审法院并没有给被告人围绕是否取消缓刑的问题进行辩护的机会，所以最终的判决结果是二审法院以一审法院"严重剥夺被告人的辩护权"为由，撤销原判、发回重审。确实，以前我们在讨论量刑建议的时候一般都是认为这是检法两家的事，法院可以改变量刑建议，因为量刑建议毕竟只是一个建议，以前的关注点是在检法两家的角逐上，但实际上在这里确实还应该考虑被告人的利益。所以，虽然在量刑建议问题上法院有量刑裁量权，但法院在行使量刑裁量权的时候，一定要关注被告人的辩护利益。量刑建议背后所体现的主要矛盾是检法两家的矛盾，但是在这个矛盾背后，实际上也体现着被告人辩护权的保障问题。

当然，我也借这个机会稍微表达了我个人的一些观点，对于陈实教授今天晚上演讲的绝大多数观点我都是非常赞同的，尤其是他提到一个观点——"辩诉交易与对抗制是一种共生的关系"。我非常赞同。因为我觉得对抗制与合意的司法实际上是一个硬币的两面，没有对抗制就没有合意，所以目前国内有一些研究把"认罪认罚的案件"列为"合意式司法"，把"不认罪认罚的案件"列为"对抗式司法"，我觉得这样不太符合中国的实际。就像刚才陈实教授说的,中国的司法在引入认罪认罚从宽制度之前,从来没有真正的对抗,在控辩力量高度悬殊的情况之下、在这种职权主义状态之下,并不存在真正的对抗,按照这个逻辑也不存在真正的合意。

如果按照系统论的观点来考虑,会发现刑事诉讼在中国职权主义的大环境中——职权主义的目标,就是查明案件真相——给法院、检察院、公安配置了非常广泛的权力。为什么要配置这么广泛的权力?因为他们三方负担着非常沉重的查明案件真相的义务或者责任,所以他们的权力也比较广泛。在这种制度环境下有一套术语体系,包括法官的角色定位,中国老百姓对法官的期待就是明察秋毫。这是一个大的制度环境,认罪认罚从宽制度相当于在这个大的制度系统中引入了一个像英美的对抗制一样的方案,而在这个小的系统中,它的逻辑实际上是解决纠纷。当然把它纯粹说成解决纠纷也并不准确,但是它引入了这样一种思想和逻辑。包括刚才像侣化强教授所说,像美国和英国就是在审判开始之前询问被告人认罪不认罪,如果认罪的话,审判就不必举行,陪审团也不用组成了,这里体现的其实就是一种解决纠纷的逻辑:既然被告人在审前已经认罪了,就没有纠纷了,所以对抗制审判既没有必要,也没有可能再进行下去,再进行交叉询问、直接询问都失去了必要。它体现的是解决纠纷、解决争议的思路。它尊重当事人对权利的处分。所以我们引入认罪认罚从宽制度之后,实际上也引入了协商,同时植入了解决争议、解决纠纷的思路、逻辑,包括量刑协议。

但是不要忘记,这个制度存在于小的刑事诉讼系统中,在这个小的系统之外有一个职权主义的外部环境,小系统跟外部环境之间是肯定要有碰撞的。在这种情况下,它们一定会发生冲突。现在的问题是什么?这个冲突我们大家都看到了,陈实教授、侣化强教授、吴老师也都提到了,现在的问题就是我们如何解决这种冲突,下一步怎么走?我觉得这是我们接下来需要重点思考的一个问题,在我看来,要么是管控冲突的范围,要么是管控冲突的烈度。

第一个思路是管控冲突的范围。怎么管控冲突的范围？现在的认罪认罚从宽完全不限制案件的适用范围，这就导致它直接和外部环境发生了冲突。为什么我们很难贯彻解决纠纷的逻辑？因为法官的职责没有变化，法官仍然是错案终身追究制度，所以法官放不了手。如果法官按照检察官的量刑建议来判，未来发生错判后不追究法官的责任，我想任何法官都是愿意放手的。但是我国法官的责任制和职权主义的诉讼大环境是配套的，所以在外部的职权主义诉讼环境没有根本变化的情况下，要求法官无原则顺从检察机关的量刑建议是很难办到的。所以我认为改革思路可能是要限制认罪认罚从宽制度的适用范围。刚才陈实教授提到"为什么在速裁程序试点期间，量刑建议的采纳率非常高。其中一个重要原因就是案件范围很狭窄，当时仅限于一年有期徒刑以下刑罚的案件"。在认罪认罚从宽制度实践期间，3年有期徒刑以下刑罚的案件都没有问题，法院是乐于配合的，而且法院没有那么多的抵触情绪。但是进入立法之后，我们没有限制认罪认罚适用案件的范围，实际上就和外部的刑事诉讼制度的大环境，包括法官的职责直接碰撞了，所以说检法之间的冲突是不可避免的。这是我的第一个思路，未来我们可以管控冲突的范围，把协商性的认罪认罚思路，限制于3年有期徒刑以下刑罚的案件，使它不至于和整个的刑事诉讼制度发生全面的冲突。

第二个思路是管控冲突的烈度。什么叫管控冲突的烈度？因为现在的认罪认罚从宽实际上是把制度设计为一种案件解决方式，在这种情况下，这种模式肯定和职权主义直接矛盾了，法官有查明真相的责任，有准确裁判的责任，而在这种模式下，控辩双方一合计就没有法官的事了，这和职权主义的逻辑是矛盾的。那么怎么让这之间的冲突烈度降低？我认为可以借鉴德国的思路。德国的处理方案是不把这种模式作为一种案件处理机制，只是把它当成获取口供的工具，也就是法官跟被告人进行协商，交易的砝码是被告人把口供给法官，法官给被告人量刑上的"优惠"，而不是控辩双方直接拿出一个案件处理方案。通过这种处理，协商机制就变成发现真相的工具。在这种情况下，其实是把协商机制纳入德国职权主义框架,避免了和职权主义发生直接的冲突。我觉得德国的处理方案虽然没有限制协商的案件范围,但是管控了冲突的烈度,不会让它直接和职权主义逻辑发生矛盾。

这是我想到的解决《刑事诉讼法》第201条第2款冲突的方案,第一个是管控冲突的范围,第二个是管控冲突的烈度,把交易仅限于换取被告人的供述,但是这样一来其实跟"认罪认罚"的名称有点矛盾。所以我觉得在中国比较可行的方案,可能是第一种方案,即把认罪认罚从宽制度局限于3年有期徒刑以下刑罚的案件。

这就是我对于刚才陈实教授、倪化强教授、吴老师的发言和点评的一些感想。刚才我和两位与谈人也提出了一些问题,对陈实教授的观点有一些不同的看法。我想问陈实教授,你有没有需要回应的内容?

主讲人:陈 实

谢谢晓娜老师。我刚才仔细听了几位老师的想法,晓娜老师讲的管控的两个手段,一个是管控的范围,一个是管控的烈度。这一点我特别赞同,实际上我在刚才的报告当中也提到了管控范围的问题。

我讲一下协商性的问题。协商性的合理基础就是从速裁程序上来的。正是因为速裁程序获得成功,我们才把它扩大到认罪认罚从宽。那么为什么扩大之后速裁程序就不成功了?是因为出现了很多协商性的问题,实际上就是范围的问题。我刚才讲到,1年有期徒刑以下刑罚的案件,大多数都是危险驾驶案件,其实证据都很扎实,认罪认罚的条件都非常容易达成,哪怕是没有协商,也可以达成合意。但是案件范围一旦放大之后就有问题了,所以范围问题确实是一个真问题。

所以我刚才说量刑建议对于速裁程序而言是成功的,这个经验可能是具有局限性的。我刚才还举了法国和意大利的例子,他们也是检察官主导的、间接的辩诉交易,但是他们也注意到了这个问题,所以就把范围限制在5年有期徒刑以下刑罚的案件,其实国外也注意到了刚才晓娜老师说的范围的管控问题。我是赞同这种做法的。

另外说到管控烈度的问题,刚才举了德国的例子,实际上换一个角度来讲,我认为应该叫它法官主导型。刚才晓娜老师说实际上可以把它看作一种口供的获取机制,在这种模式下,只要被告人认罪、把口供给法官,法官就给被告人一定的减刑,实际上是让法官和被追诉人之间协商。这就是为什么刚才在报告中讲这两种类型就是解决控辩、繁简分流的机制问题。看起来是法官主导和检察官主导两种模式——有些国家也都采取了检察官主导——但实际上真正成功的是法官主导。检察官主导也就是辩护交易的情形,如法国和德国,我认为至少在实践当中的表现上看是有问题的。当然,我没有在报告当中展开讲如何解决这个问题,只是提出了关于协商性、精准化和效率模式的问题。但是刚才晓娜老师所说的,我完全同意。

主持人:魏晓娜

好的,我现在理解你的意思了,可能一开始我没有太理解你说的"检察官主导",而且我对"意大利的当事人请求适用刑罚程序"归入你所说的检察官主导有一点不同看法。这个程序自1988年、1989年被意大利引入之后,适用率非常低。这个程序原来的适用范围是非常小的,适用只能判处2年有期徒刑以下刑罚的案件。在2003年的时候,意大利采取了一系列的举措,这个范围就被扩大到可以判5年有期徒刑以下刑罚的案件。同时,为了提高辩诉交易的适用率,意大利也采取了一个举措,就是取消了"检察官同意"的要求,所以说检察官不同意,法官照样可以适用有关规定。其实2003年之后,意大利的当事人请求适用刑罚程序也应该归入法官主导型模式。

主讲人：陈　实

对，我刚才没有展开讲，我也注意到了这个问题。意大利自 2003 年改造之后，还设置了一个类似处罚令的制度，后来适用率的提升，相当程度上是处罚令的适用率提升。您刚才讲到的这个问题，在这种模式下不一定非要检察官同意，没有达到合意，在审判阶段被告人一样可以跟法官协商，法官和被告人达成合意之后也可以。所以，意大利被告人实际上既可以跟检察官协商，也可以跟法官协商，从严格意义上说这并不一定是属于检察官主导模式。

晓娜老师刚才说的对我也非常有启发，我非常赞同。我觉得实际上，认罪认罚从宽制度嵌入整个刑事司法系统当中是一个"bug"。我理解晓娜老师所说的，我们的整个大环境其实是不支持这个小系统的，突然把范围那么大的小系统植入进去，一定是会出现些适用上的障碍。尤其是我们的法院的审判职责、追责机制都没有变，所以法院放不了手。而在美国，只要被告人自愿认罪，甚至都可以放弃无罪推定，但是在我国这无法做到，因为法院的职责还在，认罪自愿性也没有相应的保障。所以法院还得去审查认罪，放不了手。我们之前讲到证明标准能不能降低，这个我们也做不到。其实在辩诉交易当中，只要被告人真的认罪的话，一切保障都可以放弃，都可以直接量刑，直接不受无罪推定的保障。但是为什么在我们国家这些通通做不到？我觉得晓娜老师刚才提了一个很好的想法，它确实是一个"bug"，它无法嵌入我国现有的司法系统模式。

主持人：魏晓娜

好的，我觉得我国整体的刑事诉讼制度环境，不但不支持，实际上它和认罪认罚从宽制度所承载的纠纷解决或者合议、协商的逻辑是针锋相对的。

主讲人：陈　实

就像我们身体的排异反应一样，没办法协调。

主持人：魏晓娜

没错。所以现在看到的很多的问题，比如控辩冲突、上诉，既然已经达成协议了，而且在达成协议时，被告人一定是充分考虑到案件的很多具体细节，但在达成这样一个协议后，被告人又上诉了。但我们的制度的逻辑是什么？我们的制度逻辑是通过上诉制度实现上级法院对下级法院的监督，这体现的是一种监督逻辑，是一种科层模式，所以在上诉制度上又发生问题，公诉人对于被告人的上诉毫无办法。检察系统以抗诉对抗上诉，但实际上这种做法遭受了激烈的批评。其实我一边写文章批评检察机关这么做，一边也很同情检察机关，因为在这样一个大的制度环境中，确实没有给检察机关配置任何手段去应对这种问题。由于我国的刑事诉讼环境，是一个科层模式，是一种官僚模式，要通过从上到下的审级制度来贯彻对一审的监督，好像对一审不是很信任。但是在像美国这样的同位模式之下，一审法院在事实认定问题上是有绝对权威的，被告人在这个问题上的上诉权是很有限的。

这也是为什么引入认罪认罚从宽制度之后，在上诉制度问题上也发生了碰撞，这也是两种完全不同的逻辑，我们的整个制度环境就是与案件事实查明和监督的逻辑配套，所以在平面的和立体上的大制度环境不相容的情况之下，这个冲突不仅仅是一个平面上的冲突，垂直方向也会存在一系列的冲突。

主讲人：陈 实

对，我其实还有一个困惑。我刚才提到，认罪认罚从宽制度其实来自速裁程序，官方其实说得很清楚，速裁程序追求的目标主要是节省司法资源、提升司法效率。但是进入认罪认罚从宽制度之后，立法所追求的好像又发生了变化，又不只是单纯去追求效率，还有宽严相济等效果。几个文件一再强调要实现宽严相济的目标，也就是说要在被告人认罪之后给予相应的量刑优惠，既然是要赋予被告人这个"优惠"，采取德国模式不好吗？被告人给法官口供，法官直接给被告人一个"优惠"，为什么要落实宽严相济又把量刑减让权给检察官？在检察官主导之下，宽严相济能实现吗？所以我有时候对改革思路里追求的东西感觉很困惑。

主持人：魏晓娜

刚才倪化强教授其实也提到了，我国的速裁程序也好，认罪认罚从宽制度也好，虽然以简化为目标，但实际上就是一个主体都不少，公检法三家都是齐聚的，哪个环节都不少。我原来有一种设想，能不能在警察抓到犯罪嫌疑人之后，把他直接带到法院，法官一批准就可以了？但是在中国不行，越过检察院是不可接受的，这就是为什么我们的程序很难真正地实现节约司法资源的目的。

主讲人：陈 实

我们审前没有节约，侦查阶段没有节约，在审查起诉阶段也没有节约。在法庭审理阶段，我们看起来节省了一点庭审时间，但实际上在庭审实质化没有实现之前，庭审时间本身其实很短。大量耗时是在庭后的书面审理，把这些卷宗报到办公室之后要几个月，光减少庭上这样一点时间,简化法庭调查、法庭辩论,有什么意义?

与谈人:侣化强

其实在普通程序当中,99%的案件都有被告人供述。在英美国家,只要有这一项证据,就不会走普通程序的。我们应该节省的没有节省,应该复杂的没有复杂起来。在普通程序中,不能存在犯罪嫌疑人提供自我指控的证据,警察只能采取间接、迂回的打法,通过嫌疑人之外的其他途径来收集证据。这就给警察、给国家增加了很多负担,所以国家不得不拿量刑折扣来换取犯罪嫌疑人、被告人的口供。但是我国的认罪认罚从宽制度规定,证据种类一个都不能少,与不认罪认罚的普通程序没有什么两样。

主讲人:陈 实

反而还增加了工作量。

与谈人:侣化强

对,其实我们减少的都是庭审中的几分钟的时间,最多两个小时,还是没有辨清什么是普通程序,什么是简易程序。谈到诉讼效率的价值时,效率从来都不能是普通程序的追求目标,效率只能是简易程序追求的目标。但是我们往往把两个不兼容的东西整合在一起,就好像不这样做,便唯恐理论上有缺陷,其实这不是理论上有缺陷,而是因为我们没有把它分清楚,就像苹果系统和安卓系统不能兼容,普通程序和认罪认罚从宽程序也是如此,它们是两个不同的系统,一个是"苹果系统",一个是"安卓系统",我们现在把它们整合在一起的时候,一定会有一个被摧毁,在中国被摧毁的是普通程序。当然,认罪认罚从宽制度被扭曲,也是一个次生灾害。就普通程序的构建而言,我们还处在一个起步阶段,我觉得应该调整思路。

主持人：魏晓娜

我也同意侣华化强教授的观点。实际上认罪认罚从宽制度,包括速裁程序,实际上是给被告人权利做减法的制度,像刚才陈实教授提到的,我们的认罪认罚从宽制度从一开始在功能上实际上是应该配合以审判为中心的诉讼制度改革的。现在,虽然我一直在坚持写这方面的文章,但是以审判为中心的诉讼制度改革大家都不怎么提了,而且在实践中改革也没有多大的进展,因为以审判为中心是给被告人权利做加法的一个改革,而速裁程序、认罪认罚从宽制度是给被告人的权利做减法的一个改革。

主讲人：陈　实

但是我觉得实施速裁程序和认罪认罚从宽制度,最为获益的其实是检察机关。

与谈人：侣化强

对,就像你说的,检察机关的量刑建议权得到了扩张,得到了立法层面的正式确认。

主讲人：陈　实

所以我之前讲过,认罪认罚案件实际上就是以检察机关为中心了;不认罪的案件,以侦查为中心,然后以审判为中心。

主持人：魏晓娜

今天的这个讲座其实也引出了一些比较沉重的话题,引出了很多的制度性问题了。如果陈实老师、佴化强老师、吴老师没有补充性发言的话,我们今天的活动就告一段落。

今天的讨论,一方面,陈实教授带给我们一个非常好的思想盛宴,但是另外一方面,更重要的是,他提出的很多问题是值得我们进一步去思考的。最后非常感谢陈实教授精彩的演讲,也感谢佴化强教授、吴老师精彩的点评和参与,也感谢各位朋友今天晚上的耐心聆听。

主讲人：陈　实

今天的讲座,晓娜老师也做了精彩的点评,也是很好的延伸。谢谢。

第八讲
反思与前瞻：我国刑事案件人民陪审员制度改革

主讲人　刘仁琦　西北政法大学教授
主持人　万　毅　四川大学教授
与谈人　张友好　华南理工大学教授
　　　　潘　侠　中国海洋大学副教授
时　间　2022年6月22日19:00—21:30

主持人：万　毅

尊敬的各位听众，欢迎大家来参加"全国青年刑诉学者在线系列讲座"第八讲。我是主持人，四川大学法学院的教授万毅。今天我们有幸迎来了在线系列讲座的又一位青年才俊——刘仁琦教授。刘仁琦教授现任西北政法大学刑事法学院副院长，长安青年学者，兼任中国法学会法学教育指导委员会模拟法庭专业委员会副主任。

同时，我们今天的讲座还有两位与谈人，第一位与谈人是张友好教授。张友好教授现任华南理工大学法学院副院长，兼任广东省人大立法与咨询服务基地副主任。第二位与谈人是潘侠副教授。潘侠是中国海洋大学法学院副教授、法学博士。

好，现在我们将话筒交给主讲人刘仁琦教授。他今天的讲座主题是"反思与前瞻：我国刑事案件人民陪审员制度改革"，有请刘教授。

主讲人：刘仁琦

谢谢万老师，谢谢主办方的邀请，同时也感谢中国政法大学郭烁教授的举荐。今天我想与大家聊的是近几年来我国学界讨论较为热烈的话题之一——人民陪审员制度改革。由于人民陪审员制度改革内容十分庞杂,涉及三大诉讼法中的若干项制度,所以今天我选择从刑事案件人民陪审员制度改革的视角与大家进行分享。

我国人民陪审员制度改革相对来说较为匆忙。2015年,最高人民法院、司法部印发了《人民陪审员制度改革试点工作实施办法》,同时根据2015年4月第十二届全国人大常委会第十四次会议通过的《关于授权在部分地区开展人民陪审员制度改革试点工作的决定》,陕西、北京等10个省、直辖市的50家人民法院开展为期两年的试点工作。2018年4月27日,我国通过了《人民陪审员法》,至今已经运行4年多。但是人民陪审员的制度当中仍然有许多的问题值得我们去研究。前期我也查询了一些资料,发现2015年至2018年,我国学者关于人民陪审员制度的理论研究达到了高峰。但近几年来,理论学者关于人民陪审员制度改革以及人民陪审员制度理论与实践的研究相对较少。这一现象的出现值得引起我们的思考——是否因为人民陪审员制度研究已经趋近成熟才导致学者对其的研究逐渐减少?是否因为人民陪审员制度在司法实践中的运行良好才导致理论界上和实务界对其不再关注?

经过前期调研发现,我国的人民陪审员制度在运行的过程中仍然存在较多问题。为了准备此次讲座,我也做了专门的调研。我在西安市选择了几家法院的刑庭,对人民陪审员制度运行情况进行了调研,获得了较为庞大的信息量,最直观的感受是自2018年4月《人民陪审员法》通过以来,人民陪审员制度在实践运行中存在的问题仍然非常多。因而今天我想要从刑事案件人民陪审员制度中的问题出发,向大家汇报,以期引起大家的一些思考和共鸣:我们想要探究我国人民陪审员制度是否已经达到改革目的、取得了改革成效?是否已经不需要再对其进行继续改革和细化?

首先,我想先与大家分享托克维尔的一句话,托克维尔把陪审制度首先看作一种政治制度,其次才将其看作一个司法制度。托克维尔认为,陪审制度实际上是一种将"主权在民"外化的政治制度,是政治制度在司法领域的一种体现,所以应该把它当作一种政治制度。当然,它是在司法程序当中运行的,所以应该在政治制度运行的前提之下,再把它当作司法制度来对待。在正式分享之前,我想先通过几个小事例和在调研的过程中所发现的一些问题来引出今天想要与大家分享和交流的内容。

首先,分享的是在人民陪审员制度改革之前,我担任法官时的一个案例。这个案例是一个简单的盗窃罪案件。被害人与行为人之间是情人关系,被害人来到西安之后,将行为人从湖北叫到了西安。被害人说要去陕南出差几天,把行为人留在了宾馆里。被害人出差之前,在宾馆的衣橱里藏了两万元现金。被害人自称并没有告诉行为人衣橱里有两万元现金,行为人对此也并不知情。恰巧在被害人出差的这几天时间里,行为人家里发生了一些变故,急需用钱。于是,行为人几次打电话与被害人进行协商,被害人声称自己的卡上没有钱了,也没有钱可以转给行为人。之后有一天,行为人偶然间发现衣橱里有两万元现金,于是就将这两万元现金汇款回了湖北的老家。被害人回来之后发现钱不见了,便报案了。在这个案件审判过程中,法官和其中一名人民陪审员全程坚持认为定盗窃是没有任何问题的,但该案件的另外一名人民陪审员认为定盗窃罪存在问题,该人民陪审员认为被害人是在"钓鱼",其目的是甩掉他的情人,因而采取这样的计策。这时在案件审判过程中就出现了十分戏剧性的场面,这位人民陪审员在合议的过程中提出了相反的意见。不止如此,他还写了很多的信到政法委及相关机关,同时还给审委会以及法院领导班子写了信。信的大致内容是,如果这个案子被判成有罪的话,他就会代表被害人上访到最高人民法院。那我们就不禁要进行反思,为什么我们法院自己的人民陪审员会出现类似这样相对比较极端的行为?

其次,我想分享我在调研的过程中发现的与上述案例较为相关的几种情况。

第一种情况是在改革前后,人民陪审员制度运行过程中,当陪审员无论基于何种想法想要架空法官时,我们应当做什么?

第二种情况是我在法院工作期间及在调研时发现的类似情形——人民法院里都配置了人民陪审员办公室，但是许多人民陪审员在没有案子时，习惯性来往于各个法官的办公室，以形成熟人关系。在人民陪审员制度改革之前是没有案件量上限的，因而当人民陪审员与每一个法官或者每一个合议庭熟悉之后，就可以拿到大量的案源。调研发现，人民陪审员制度在改革之前，一个人民陪审员一年最高可以审理211起案件，堪比一个法官。在改革之后再去调研也仍然存在上述现象，这就展现出了我们必须要深思的问题。在大量刑事案件的合议过程中，陪审员跟法官的观点绝大部分都会出奇地一致。与上述第一种情况相较而言，如果第一种现象中人民陪审员可以架空法官的话，那么第二种现象便是另外一种不同的情况了。此时我们应该考虑，如果无论是在事实审查还是法律审查的过程中，人民陪审员永远都与法官的意见保持一致，又应该如何反思这种现象？

第三种情况出现在我进行的三次调研过程中，第三次调研分别发生在人民陪审员制度改革之前、2019年人民陪审员改革之后以及此次和大家分享之前。每一次进行调研都会观察到一些新的情况，例如每当调研刑庭的法官和刑庭的人民陪审员时，二者总会出现较多的反差性意见，一致性意见几乎是很少见的。根据上述现象，这三次调研启发我进行了一些反思，我们应该认真思考以下四个问题。

第一，我们国家的人民陪审员制度改革究竟选择了何种路径？以参审范围或者参审机制举例，在改革之前，针对所有的案件人民陪审员都可以参与到事实审和法律审当中；而改革之后，我国进行了三人庭和七人庭的区分。在此种情况下，我们国家的人民陪审员制度究竟选择了何种路径？是靠近英美法系，还是靠近大陆法系，或者是靠近日本，抑或我们国家独创了一种制度？这是一个值得我们思考的问题。

第二，什么是"清单"？"清单"应包括哪些内容？这是司法实践中反映较为强烈的一个问题。从事实务的法官告诉我，人民陪审员要求法官告诉他们什么是法律清单、什么是事实清单、什么是证据清单，这些清单的内容究竟都是什么？我们应该思考就单个刑事案件而言，我国的人民陪审员制度改革是否遵循了司法规律？

第三，我国的人民陪审员制度是如何观照司法现实的。中国的司法现实是一种"比较现实"的现实，多年以来，我国进行了许多刑事司法改革。比如，从1998年至今，我国共出台了11个《刑法修正案》，目前《刑法》的罪名已多达486个。然而，在我国多年来对证据制度、认罪认罚从宽制度以及当下正进行得如火如荼的企业合规制度，所做的诸多司法改革中，是否有考虑到人民陪审员制度？实际上，人民陪审员制度改革与庭审实质化几乎是同时间提出来的。当然，我们可以相信立法者是想要通过人民陪审员制度的改革来实现提升庭审质量，进而提升案件质量的目的。但问题在于我国进行了人民陪审员制度改革后，庭审质量是否有所提升？案件质量又是否有所提升？庭审实质化是否能够实现既定的目标？

第四，在我国的人民陪审员制度运行过程中如何保持中国的立场。我们的改革不是单方面进行的，世界范围之内关于陪审制度的改革仍在进行。每个国家都在进行着陪审制度的改革，我国也会借鉴别国的经验与教训。那么，我们应该如何以世界的眼光去看待中国的人民陪审员制度改革？中国的人民陪审员制度改革如何能在现有的法律体系和框架之内进行？如何保持中国的立场？

对于人民陪审员制度的改革成效，我个人有一个先期的预断，我认为2018年4月出台《人民陪审员法》至今，人民陪审员制度改革可以说是基本成功的。当然也要看到，人民陪审员制度仍然存在许多问题，甚至比制度改革之前问题还要多，例如事实问题、法律问题和证据问题的区分问题，这是如今制约人民陪审员制度大踏步地前进、实现立法者改革目的的重要障碍之一。

所以，今晚就上述一个案例、两种现象、三次调研和四个反思，我想要和大家共同交流六个问题。

前三个问题相对比较小。

第一个问题：关于我国陪审制度的发展历程。

第二个问题：我认为应该回顾一下，当下的人民陪审员制度是如何遵从我国的立场的，应该如何改革才能实现其目的？想要解决上述两个疑问，必须回顾过去，从世界范围之内去理解陪审制度的价值功能定位。

第三个问题：本次人民陪审员制度的改革重点是什么？此次我国改革重点有七个大的方面，但是真正能够制约人民陪审员制度发展或者深入推进的改革内容，无外乎只有一两点。因为其他例如选任和惩戒等内容都可以通过技术去解决，而关于参审内容、参审职权的问题是改革的实质要点。这些要点在技术层面很难能够实现，必须通过理论研究去解决。

第四个问题：关于我国人民陪审员制度改革后，当下司法实践运行过程中的难题都包括哪些？

第五个问题：陪审制度应该有其一体化的基础。当前我国现行的刑事实体法、刑事诉讼法和刑事证据法应该是一体的。人民陪审员制度是运行在刑事诉讼程序当中的。不论人民陪审员制度做何种技术化的改革，都无法脱离陪审制度，其就是在刑事一体化及刑事诉讼程序中运行的。所以人民陪审员制度不可能去改变，只能够去适应我国的刑法、刑事诉讼法和证据法学。而目前的问题是，我国人民陪审员制度并没有注重一体化的基础。

第六个问题：作为学者，如何在一体化的基础上完善我国的人民陪审员制度？

以上就是今天我想要与大家交流的六个问题。

一、我国陪审制度的发展历程

第一个问题是我国陪审制度的发展历程，我把它分成了三个时期——幼生期、慢生期、疯长期。

（一）幼生期

我国在抗日战争时期，就已经有了陪审制度的相关条例和内容。我查找资料能力有限，查询到的相关内容不是十分完善。但根据查找到的资料，我将60年代之前这一时期划分在陪审制度的幼生期中。在这个阶段,人民陪审员制度的法律框架已经日渐清晰,尤其是新中国成立后的50—60年代,人民陪审员制度已经拥有比较完善的体系,法律框架也比较清晰。只是受70年代运动的影响,这些陪审制度没有很好地运行。包括建国之前,由于战事不断,我国的陪审制度和人民陪审员制度并没有得到很好地运行。

(二)慢生期

我将第二个阶段称作慢生期。"文化大革命"结束后,我国开始注重人民陪审制度的发展,1978年《宪法》便规定了人民陪审制度的有关内容;1979年《人民法院组织法》也对人民陪审制度进行了规定;在1979年至1980、1981年间,我国三大诉讼法和相关的司法解释均对陪审制度作出了明确规定,这些规定一直都在不断推行与实践。直至2004年,我国第一次以单行法律的形式对人民陪审员制度作出了全面的规定。这个规定就是《全国人民代表大会常务委员会关于完善人民陪审员制度的决定》(已失效)。之后的几年里,最高人民法院陆续颁布了一系列规范性文件,对人民陪审员制度在顶层设计上作出了一系列改革和尝试。但是,这些改革和尝试都浅尝辄止。例如,1978年的《宪法》修改后便是1982年的《宪法》,至今我国实行的是1982年《宪法》。然而,1982年《宪法》中并没有规定人民陪审制度。正如我们在讲座伊始所说,无论国内外都不可否认的一点是,陪审制度先是一个政治制度,之后才是一个司法制度。我国的人民陪审制度却没有规定在我国的根本大法——1982年《宪法》当中,而只是后续制定了一些相对规格较高的规范性文件来对其进行规定,这便造成了我国人民陪审制度在发展过程中的基础不夯实。倘若我们如今不能及时修改《宪法》,而只能够通过不断的修改相关规范性文件、单行法律、三大诉讼法以及制定《人民陪审员法》来规定人民陪审制度,它的法律渊源将是不健全的。

(三)疯长期

第三个阶段,人民陪审制度发展到了疯长期。2013年,我国人民陪审员倍增计划在全国开始实施,疯长期便是从2013年开始的。那时,陕西省已经成为试点地区,不单是人民陪审员的倍增计划在陕西实行得如火如荼,在陕西省宝鸡市的一个下属县里,还推出了更加前沿的人民陪审团制度。试行了一段时间后,当地认为人民陪审团制度非常好,人民都参与到审判中来了,且人民的积极性非常高。但试验不久,该制度便被叫停了,上级认为这与我国的司法制度及社会性质不太相符,因而将其叫停了。2015年到2016年间,对全省25家法院大调研时,在现场发现了人民陪审团制度在运行时留下的一些蛛丝马迹及一些痕迹证据。

从2013年开始,我国快速进行人民陪审员制度改革。2013年、2014年党的十八届三中和四中全会两次都对人民陪审员制度改革作出了重大部署,因而才有了2015年人民陪审员制度改革。当时,陕西省共有5家法院参与这次改革,有案源量在全省占比最多的雁塔区法院,也有中级人民法院,同时还有相对偏远一些的陕南地区的法院参与到这场改革中。那时,我们受陕西省高级人民法院的委托成立了一个较大的项目组,历时八九个月,对这场改革进行了前后的追踪。

至2016年,我们取得了一定的成果。因而2016年,在西北政法大学召开了一届论坛,主要的研究内容便是人民陪审员制度的改革。

2018年正式出台了《人民陪审员法》,我们将其称为我国第一部关于人民陪审员制度的专门法律。虽然只有短短几十条,但其对于人民陪审员制度,从选任到惩戒到职责保障等方面均进行了比较细致全面的规定。再之后,人民陪审员制度又增添了一些例如选任办法、奖惩工作办法等方面的内容,这些内容都助益人民陪审员制度的实施。

二、陪审制度的价值定位

第二个问题,我们简单地理解一下陪审制度的价值功能定位。根据我个人的理解,我将陪审制度的价值功能共分成了两大的定位——一个是政治功能的定位,另外一个是司法功能的定位。政治功能的定位是根本定位,而司法功能的定位是表象定位。针对政治功能的定位,我把其分为两个层面,一个层面是司法领域中主权在民的直接体现,另一个层面是推动公民有序参与司法。由于我们对陪审制度的关注比较久且理论研究较深,所以在政治制度这方面,我不作过多的阐释。针对陪审制度的司法功能方面,我认为其首先可以推动个案实现实体的公正,另外陪审制度也是对法官的监督与经验的补充。

人民陪审员有着丰富的生活经验和社会经验。人民陪审员虽然没有案件办理的经验,但是其生活经验可以作为法官思维的有益补充。所以人民陪审员对于法官来讲,是能够起到一定的辅助作用的。例如,在经济犯罪案件中,在涉及较为专业的领域时,法官跟人民陪审员之间便可以形成互补。我特意提及这方面内容是因为在此次讲座之前和2018年两次调研过程中,我均询问了法官关于如何看待专业的人民陪审员的问题。我询问了几十个法官,约80%的法官对于专业的人民陪审员持排斥的态度。这种排斥态度的出现有两点原因,其中一点原因在于,法官认为人民陪审员对涉及他们专业领域的内容虽然更为了解,但是这些人民陪审员对于法律并不擅长。而对涉及人民陪审员专业领域的事情,职业法官又是不专业的,所以此时一旦人民陪审员对法官进行蒙骗,法官也是不知情的。例如在审理医疗过失类犯罪案件时,医疗专业领域的人民陪审员与全省范围内的专业医疗人士几乎都是相熟的。所以在此种情况下,若法官想要判行为人有罪,专业的人民陪审员可能会持反对意见,认为这并不构成有罪。因为以专业视角来看行为人的行为并没有什么大问题,这可能仅仅是行为人医术或者其他方面的问题,但绝对没有达到医疗过失的程度。在此种情况下,便出现了刚才两个反思中所提及的,人民陪审员架空法官行使相关职权的问题,在此种情况下,法官便无可奈何。当我问法官应该如何处理此种情况时,法官表示,与其请专业的人民陪审员,不如请专家证人或者专家辅助人来解决法官在专业领域中的不足。

我们要讨论的另外一个问题是关于法官的监督。在此,我就不对这个问题赘述了。

三、本次人民陪审员制度改革重点

第三个问题是本次人民陪审员制度改革的重点内容。虽然我们此次改革共分为了七个大部分，但是我认为这其中有很多内容是可以通过技术来解决的。如上所述，有些方面的内容无法通过技术来解决，所以我们将其称为改革的重点或难点。而改革的重点、难点必然需要理论学者不断地研究、批评、指正。我们今天要讨论的改革重、难点分别是人民陪审员的参审质效问题和人民陪审员的履职保障问题。

（一）关于人民陪审员参审质效

关于人民陪审员的参审质效问题，我将其分成了两个方面。一个方面是关于人民陪审员参审范围的问题，另一方面是关于事实审和法律审区分的问题。

1. 关于参审范围

以刑事案件为例，人民陪审员的参审范围被分成了三人庭和七人庭。关于现行三人庭和七人庭运行效果，我可以很负责任地说，至少在西安我所调研的这几家法院里，参审范围的运行效果非常不理想。例如当下，三人庭存在被滥用的情况，不仅是个别法院或者个别法官，个别刑庭对三人庭滥用，而是在司法实践中存在较大范围的滥用。这种滥用主要存在于速裁程序和简易程序中。

我国《刑事诉讼法》规定，简易程序以3年为限，3年有期徒刑以下刑罚的案件，可以适用独任制；3年有期徒刑以上刑罚的案件，便必须采用合议制。二者之间的审限差别较大。3年有期徒刑以下刑罚的案件必须在20天之内审结，而3年有期徒刑以上刑罚的案件可以延长至一个半月。因而我们发现，在司法实务中应该适用简易程序的，法官选择适用简易程序。但是应该适用简易程序，可能判处3年以下有期徒刑的案件，法官有时依然选择适用人民陪审员制度。对此法官的解释理由是，法律规定可能判处3年以上有期徒刑的案件应该适用三人庭，需要人民陪审员。我问法官，实质上的问题不是因为审限吗？我和法官说大部分的司法实践我还是了解的。

后来我们在调研中发现,有些法官会向我们反映他们的真实想法,即实务界对"可能"的理解过于宽泛了,因而在许多情形下法官便可以适用人民陪审员制度。此种情况下法官适用人民陪审员制度不是因为案件的难易程度,许多法官并不认为人民陪审员介入案件会对其办案提供帮助,反而认为人民陪审员是其审理案件的阻碍。在这种情况下,法官仍然选择适用人民陪审员制度的直接目的在于可以延长案件的审限。尤其是每年9月份后,我们就会发现,大范围的3年有期徒刑以下刑罚的案件会适用人民陪审员制度。

上述现象出现的主要原因就是审限。从我国人民陪审员制度改革的本质来讲,应该将人民陪审员的生活经验、社会经验、工作经验用到最应该用的地方,也就是要把人民陪审员制度用到实处,用到刀刃上。但就当下司法实践而言,人民陪审员制度已经被用歪了,人民陪审员被用到一些不应该用到的案件当中,这样不但降低了诉讼效率,而且没有发挥保障公正的作用。

谈及七人庭,我相信有很多朋友可能会参与到七人庭当中。比如黑社会性质组织犯罪的案件,我们一般用到的就是七人庭。然而在适用七人庭的案件里,我们往往会发现人民陪审员也存在陪而不审的情况。众所周知,在2015年人民陪审员制度进行大幅度改革之前,我们的改革目标就是改变我国的人民陪审员陪而不审、审而不议、议而不言、言而不裁的问题。但自七人庭出现在司法实践中以来,我国人民陪审员依然是这样的状态。

对于此种状况,法官的解释是,法律规定对于一些特定案件应该适用七人庭,法官便与人民陪审员组成七人庭对案件进行审理。但是对于黑社会性质组织犯罪、金融类犯罪等案件中犯罪嫌疑人是否构成犯罪,专业法官都难以把握,更不用说人民陪审员了,但是法律规定此种情形必须要有人民陪审员的参与。

2.关于事实审与法律审的区分

第二个方面是关于事实审和法律审的区分问题。《人民陪审员法》规定,人民陪审员参加三人合议庭审判案件,对事实认定、法律适用,独立发表意见,行使表决权。人民陪审员参加七人合议庭审判案件,对事实认定,独立发表意见,并与法官共同表决;对法律适用,可以发表意见,但不参加表决。但是对于一些案情复杂的犯罪案件,法学专业人士都难以把握,例如组织、领导传销活动罪的认定。以现在的组织、领导传销为例,并不是传统的组织、领导传销模式,它的层级结构、人头等都发生了质的改变,职业法官都难以掌握这些内容,想要让人民陪审员去认定传销组织内部是否存在金字塔的结构,就有些强人所难了。但如今法律规定人民陪审员必须要对事实认定发表意见,同时我国法律规定,对于事实审、法律审和证据的相关问题,法官要对人民陪审员进行引导。在此种法律规定下,法官便陷入了两难境地,如果法官对人民陪审员引导过多,就会有引导过限的嫌疑,但是如果法官引导效果不佳,人民陪审员不能很好地理解相关内容却还要参加案件表决,法官便会陷入被动境地。

(二)关于提升人民陪审员履职保障水平

本次人民陪审员制度改革重点的第二个大方面是提升人民陪审员履职保障水平的问题。此部分我将会用大量的数据观点来做支撑,但由于调研时比较匆忙,所以大部分都是关于定性的调研,只有少部分是关于定量的调研。

1.关于参审信息知悉权

提升人民陪审员履职保障水平的第一个方面应该保障人民陪审员的参审信息知悉权,也就是解决关于人民陪审员阅卷的问题。在司法实践中,绝大部分人民陪审员是不阅卷的。首先要明确人民陪审员是可以阅卷的。虽然在开庭之前几天才对人民陪审员开始摇号,但是在摇号结束确定参与案件审理的人民陪审员后,其也很有可能不去法院阅卷。法官通知人民陪审员前往法院阅卷后,人民陪审员看到是黑社会性质组织犯罪的案件,案件可能有几百本卷宗,便有可能会放弃阅卷。当人民陪审员不阅卷时,法官也无可奈何。

2. 关于参审补助

提升人民陪审员履职保障水平的第二个方面是关于人民陪审员参审补助的问题,这是一个技术性问题。如今人民陪审员的参审补助问题在社会上引起了很大反响,例如陕西省人民陪审员的参审补助是不确定的,大概150~200元不等,此等数额的补助可能会消磨人民陪审员对审理案件的动力。有人民陪审员认为,如果参审补助增加一些,才可以与他们所承担的职责相匹配。他们认为,在庭审过程中,他们与法官担任类似的角色,也是一个裁判者,但在参审补助如此低的情况下让人民陪审员承担这么大的责任,是不对等的。所以当下,参审补助也成了一个不是传统技术性问题的技术性问题了。但是当我们询问法官可否提高人民陪审员的补助时,法官也给出了否定方案。法官认为,如今人民陪审员参与一件案件时,获得200元的参审补助已经很多了。在案件实际审理中,人民陪审员参与一件黑社会性质组织犯罪案件,可能要连续多天参与庭审。在此种情况下人民陪审员也只能获得200元的参审补助,有时人民法官可以通过不断向上级申请为人民陪审员多发一些补助。但此时又出现了新的问题。人民陪审员因连续多天审理案件,可能在原单位有十几天、二十几天都处于旷工状态,这种情形下会导致原工作单位的不满。当然,《人民陪审员法》也规定在人民陪审员参审的过程当中,相关单位不能扣发人民陪审员的相关工资。

以上是本次改革过程中的一些重点内容。

接下来,我想要用数据和大家讨论一下如何理解上述这些重点内容,探讨一下司法实践中是否出现了一些急需解决的问题。

四、人民陪审制度的实践难题——以刑事案件为重点

(一)"无感而陪"明显,折射出人民陪审员的履职保障亟待规制

人民陪审制度在司法实践中出现了一些实践难题,本次我们讲座主要以刑事案件作为重点。我认为,人民陪审制度的第一个实践难题便在

于"无感而陪"。当下此类陪审状态格外明显,它折射出我国人民陪审员的履职保障亟待规制。以刑事案件为例,我共访谈了89名人民陪审员。因为时间原因没有来得及修改问卷内容,因而本次调查问卷与2017年调查问卷的内容相同,但是根据问卷得出的结论与之前没有较大区别。

"无感而陪"指的是人民陪审员对这个案子没有任何的感受,只是形式性地参与庭审,真正做到了"陪而不审"的状态。针对人民陪审员对案件情况的知悉来源,我进行了调查,数据显示有21人是通过阅卷知悉,有50人是通过法官讲述知悉,还有18人是通过主动询问法官得知的。收回问卷后,我又对这些人民陪审员进行了个别采访,询问其在何时阅卷。受访的21人基本上都是在现场进行的阅卷,即在开庭时法官将案卷带到审判席上,人民陪审员当场进行翻阅。结合案情,如果是类似交通肇事、危险驾驶类的案件,现场翻阅也是可行的,只要可以找到案卷中描述"已经超过80毫克的酒精含量"的关键性信息,大多数情况就不存在问题了。但如果是案情复杂的案件,人民陪审员现场阅卷是否可行呢?即使是黑社会性质组织犯罪的案件,有些人民陪审员,也依旧是现场阅卷。还有法官向我讲述,有些人民陪审员在开庭之前,会去法官办公室报到,此时法官会向人民陪审员描述案件的基本情况,法官在描述案情时已经阅完卷了,所以此时法官心里可能已经有了先入为主的想法,那么法官带着这样的想法为人民陪审员讲解案情时,是否会误导人民陪审员的实质性判断呢?

也就是说,我们又回到了之前所谈到的"无论是在事实审查还是法律审的过程中,人民陪审员永远都与法官的意见保持一致时,应该如何反思这种现象"的问题。如上所述,在司法实践当中,绝大部分法官和人民陪审员关于事实、法律的看法都出奇的一致。人民陪审员不阅卷,而由法官来讲述整个案情,会不会引导或者误导人民陪审员对于案情的基本判断?当然实务中也存在主动询问案情的人民陪审员。

此外,主动询问主要发生在摇到了号确定人民陪审员之后,书记员打电话通知人民陪审员时,人民陪审员有时会主动询问书记员要审理什么类型的案件。书记员作为非专业法律人士,有可能对案件并不知情,此时书记员只会向人民陪审员简单描述案情,上述情况我将其列为主动询问。这种主动询问,一般都是在通知开庭时,或者是在开庭时。

(二)"陪而不审"没有改变,折射出人民陪审员的参审权责亟待规范

人民陪审制度的第二个实践难题是关于"陪而不审"的问题。2018年起,我们接受了深圳市某基层法院委托,参与了关于庭审直播案件评审的项目,每一年该法院都会向我们发送庭审直播所刻的光盘。从全国层面看,该基层法院的受案数位列第3名。2021年,该基层法院共向我们发送了69件庭审直播的案件,包括民庭、刑庭等。我们重点观看了这些案件的庭审录像,发现98%以上的庭审直播中,主审法官与人民陪审员全程是没有任何交流的,甚至连眼神交流都没有。即使有偶然的眼神交流,也是主审法官朝人民陪审员左边右边各点了一下头,但是我们无法理解他们点头的意思,猜测大概意思就是我们进行下一个程序吧。所以在法官向人民陪审员点头的时候,人民陪审员也是心领神会地点头。但是在庭审过程中,法官与人民陪审员对于案情的交流沟通几乎为零。

在调研时,我向部分人民陪审员询问是否与法官进行沟通。对于结果,我将其分为几个层面,基本不沟通的是61人,很少沟通和经常沟通的选择人数是12人,每个案子都沟通的选择人数是4人。这个数据可以证明我们的结论,即在庭审的过程中,基本不沟通占绝大多数,而对于很少沟通,因为调查时间过于匆忙,我们也没有明晰"很少沟通"的具体程度。

总之,人民陪审员与法官对于案情经常沟通和每个案子都沟通的概率非常低。我认为,假如说案情简单,不需要沟通便可以审理清楚的话,不沟通也是可以的。但如果是复杂的案件,人民陪审员与法官在庭审过程中完全不沟通,是不是就存在问题?如果是在做有罪量刑辩护和无罪辩护的案件中,人民陪审员与法官完全不沟通,是否就存在实质性问题了?在此种情况下,人民陪审员能不能理解辩护人无罪辩护的理由?能否理解案情的核心点?在绝大多数人民陪审员都没有法律背景的情况下,人民陪审员不与法官沟通又怎么能理解案情呢。

以上是关于人民陪审员"陪而不审"的部分介绍,我觉得这种情况并没有发生什么实质性的改变,这也折射出来人民陪审员在参审权责方面是亟待规范的。

(三)"审而不议"较为突出

下面是关于人民陪审员"审而不议"的问题。关于"审而不议",无论人民陪审员参与案件是法律审还是事实审,无论法律赋予人民陪审员事实表决权和法律表决权,抑或仅赋予人民陪审员事实表决权,都没有任何问题。关键的问题在于,人民陪审员在表决的时候如何进行表决,而这也就折射出"审而不议"的现象也是非常突出的。众所周知,法院附卷的合议笔录是由法官和人民陪审员经过整个合议过程后签署的,是需要承担法律责任。对此,我们也进行了调研,调研内容是关于人民陪审员制度改革后"审而不议"现象是否还存在。调查结果显示,改革后"审而不议"现象不仅存在,而且大范围、实质性的存在。我们共访问了89个刑庭的人民陪审员。调查结果显示,没有参加过合议庭评议,在开完庭后法官让在空白纸上签字便离开的有10人;较少参加合议庭评议,大多数情况是在空白的合议笔录上签字的有9人。上述两种情形是完全不同的。第一种情形是开完庭后人民陪审员便离开的。第二种情形是开庭后,经过一段时间,当人民陪审员再次来到法院时,法官让人民陪审员在已经形成意见的合议笔录上签字。第三种情形是法官和我们讲的,因为疫情原因,会出现书记员在电话里与人民陪审员沟通评议事宜,向人民陪审员表达法官的意见的情形,涉及这种情形有7人。据法官讲述,评议是存在顺序的,一般是人民陪审员先表决。但在进行电话会议时,实际上是法官先表决的,所以大部分的意见都是法官的意见。第四种情形是人民陪审员在多数情况下都会参加合议庭的评议,这种情形比较多,有30人。第五种情形是每次评议都参加,有33人。虽然上述数据较为可观,参加评议的人民陪审员的比例已经占据多数,但这并不代表不存在问题。因为我们要求的是每一个案件的人民陪审员都应该参与到评议过程中,如果参与评议的人民陪审员比例仅是多数而不是全部,是否也说明了一些问题?人民陪审员不参与评议的现象是否会对人民陪审员实质参与评审造成实质性的冲击？

五、陪审制度的"一体化"基础

接下来我们讨论的是陪审制度的"一体化"基础。我们可以看到，英美法系和大陆法系的所有制度都是对行的。比如英美法系是当事人主义的诉讼模式，它所对应的就是陪审制，即陪审团制度。陪审团制度是没有严苛的犯罪构成的，其对应的证据制度也是比较特殊的，比如合法性、关联性以及可采性的问题。而大陆法系职权主义的诉讼模式，其所对应的是三阶层的犯罪构成要件，所对应的证据制度是证据能力、证明力等。

我国现在所采用的是要件式的犯罪构成。现在司法之间通行的证据的三性说，是职权主义的诉讼模式。所以我们国家的人民陪审员制度是否能够对应到"一体化"的基础之上。也就是说人民陪审员制度要在刑事诉讼程序当中运行，便必须要考虑到刑法、刑事诉讼法和证据法之间的关系。在这里我想说一个题外话，如今我国研究刑事实体法的学者留学德日的比较多，而研究证据法的学者留学英美的比较多，所以我们就会看到无论是现在的犯罪构成之争还是证据制度之争，都是混合着来的。因为现在留学的学者们太多了，大家各抒己见，造成当下证据法学、证据规则里边出现了证据三性和证据的证明力相互交叉使用的状态，我们的话语体系也不是一套系统里的。

再回到陪审制度，我认为刑事司法系统是经过科学安排与合理配置的有机整体，刑事司法系统中的每一个子系统之间相互联系，交互影响，以用来保障刑事司法系统的自身演化与信息沟通。也就是说刑法、刑事诉讼法和证据法在支撑着人民陪审员制度的运行。所以作为刑事司法系统中子系统的陪审制度为了保证其价值能够实现，就必须要尊重实体法和程序法以及证据法之间的对应关系，才能实现刑事司法制度之间的交互观照、和谐共生。人民陪审员制度想要行稳致远，就必须要有相关的对应性才可以。那么人民陪审员制度在大陆法系或者是英美法系中，其对应性关系应该是什么样的状态呢？对此我们分为两个层面来讲，一个是实体法基础,一个是程序法基础。

(一)实体法基础

1. 参审制与"阶层式"犯罪构成的对应性

就实体法的基础来讲,大陆法系实行的是参审制,所对应的是阶层式的犯罪构成要件。在这种要件模式之下,大陆法系的阶层,即构成要件的合制性、违法性和有责性是层层递进来进行判断的。所以大陆法系国家的刑事司法在犯罪构成的理论之下,更强调司法裁判的精准性,这是非常科学且逻辑严谨的。它更依赖于裁判者对于当代社会结构的价值判断,更重视裁判者对行为的社会性与构成要件合制性之间的解析能力。因此,为了保证罪刑法定原则的彻底实现,民众参审职权一直受控于职业法官。

这里我想特别解释一下,因为有很多国家都在不断地扩大犯罪圈,尤其是与自然犯相比,如今行政犯的扩张速度在世界范围之内都是非常迅猛的。但是行政犯的刑事违法性及行政违法性的判断是非常复杂的。在这种情况下,职业法官都很难进行精准判断,参审民众能否可以很好地去判断就更加难以预测了。

所以在大陆法系中,民众的参审职权一直受控于职业法官。包括日本的裁判员制度也是同样将法律的解释权留给了法官,由法官独立行使,仅将事实认定和法律适用还有量刑权交由法官与一般国民共同为之,并且如果有不利于被告的评议,则必须有至少一名法官赞成才能成立。

所以我们可以看到,在参审制这种阶层式的犯罪构成模式之下,为了能够实现定罪的精准性与科学性,职业法官与陪审员之间都会进行良好的互动与交流,甚至会出现职业法官去引导、影响民众参与司法的情况。

2. 陪审制与"双层模式"(犯罪本体要件和责任充足要件)犯罪构成的对应性

说到英美法系,在当事人主义的诉讼模式之下,英美法系基本上实行的都是陪审制,这是与双层次的犯罪构成要件相对应的。这是我自拟的一个名词,或许不是很恰当,但是短时间内我也没有找到更加适合的词语。实际上在英美法系国家,是没有犯罪构成要件这一说法的。在理论研究成果中,可以将其称为犯罪的本体要件和责任的充足要件。陪审制就是在这两个要件之下运行的。

俄罗斯有着严谨的犯罪构成,其实行的是陪审制。但是俄罗斯的陪审制改革迄今为止也不过才二十余年的实践,不具有典型性,可能很快就会发生变动。所以较为典型的就是英美法系国家的陪审制和双层模式之间的对应性。

英美法系实行的是当事人主义的诉讼模式,主要通过控辩双方对人证的交叉诘问来推动整个庭审进行,所以他们会将所有的辩护内容纳入犯罪的本体要件和责任的充足要件里。也就是说,英美法系国家会把辩护的内容打散揉碎了之后体现在犯罪的本体要件和责任的充足要件里面,而陪审团的价值就在于判断诉因能否成立。关于诉因的具体解释下文会提及,虽然其名字简短但是解释起来也是有难度的。在英美法系中,汇总法官的价值在于诉因成立之后,即陪审团认定行为人的犯罪事实能否成立之后的法律适用。这才使不关注、不注重犯罪逻辑的犯罪构成的英美法系,能够实现事实裁定与法律裁定的截然分离。所以在英美法系中,有时会出现一个人被判了好几百年,最后死在监狱里的情况。但是在大陆法系,这种情况是很难出现的。因为大陆法系的数罪基本上都有最高限额,有一罪与数罪之分,大陆法系将其称为竞合理论,我国称之为罪数理论。在英美法系国家是没有罪数理论的。所以可能大家会有印象,前些年有一个中国的访学者章莹颖,她被绑架杀害之后,被告人被判了若干年,涉及非法拘禁、使用暴力、故意伤害他人身体等罪名。但是在中国大陆地区,或者在德国,其只能够被判一罪,就是一个绑架罪。通过这个案例,我们就能够看出两大法系之间的差距。

所以在英美法系,作为陪审团成员对于诉因的判断是比较简单的。因为其不需要判断刑事违法性、有责性、合制性等,而只需要作形式上的判断,且判断的基础就在于控辩双方对人证的交叉询问,整个交叉询问的过程都会在庭审上进行且进入庭审当中的证据全部都是清洁的证据,非法的证据都会被排除掉。所以在此种情形下,陪审团成员的认知是非常清晰的。以上便是人民陪审员制度的实体法基础。

(二) 程序法基础

1. 参审制与公诉事实

与实体法基础相对应的便是程序法基础。程序法的基础也分为大陆法系和英美法系。对于大陆法系来讲,符合犯罪构成的犯罪事实被表达成公诉事实。在我国,我们也称它为公诉事实。但公诉事实是非常难以认定的,其具有非常强的专业性与严谨性。回忆一下我国的起诉书,基本上都是按照犯罪的构成要件来写的。所以,在起诉书中记载的事实里,特别重要的内容就是公诉事实。

对于检察官而言,公诉事实就是他提起公诉的对象,在法院看来就是他要审理的对象,而在被告人及辩护方来看就是要防御的对象。所以,所有大陆法系的公审程序基本上都是以公诉事实为中心展开的。公诉事实最重要的目的在于划定范围,让控辩审三方有可诉、可防御、可裁的对象。公诉事实的建构基础是逻辑较为严谨的犯罪构成要件不能超过所设定的范围。只有在这个基础之上,公诉事实才能运行下来。

2. 陪审制与诉因制度

而与大陆法系不同的是,陪审制度所对应的是诉因制度,英美法系不严谨的双层次犯罪构成模式所对应的是陪审制度,而陪审制度对应的是诉因制度。陪审制度与诉因制度相对应。诉因是指原告陈述起诉之原因,包括检察机关告知法院其起诉的原因以及个罪之间的显著区别。使被告得为适当地作出一些防御准备。所以诉因一般包含法律性的要素和事实性的要素。这便可以与我们刚才所说的本体要件和充足要件联系起来。诉因制度明确了公诉方起诉及求刑的依据。这个依据缩小了犯罪嫌疑人、被告人和辩护律师的辩护要点,严格限制了裁判者的审理范围,明确了事实认定者和法律适用者的裁判权,也清晰了陪审团和法官之间的权责划分问题。所以陪审团对于事实的裁决和对于法律的适用之间形成了互相制约的关系,拓展了辩护权的生存空间。所以我们说当事人主义的诉讼模式,辩护是从始至终的。而关于诉因制度的设立及陪审制度的设立,依然将辩护渗透到整个庭审中。

以上就是陪审制度"一体化"基础的简单概述。通过观察国外的立法例,发现陪审制度或者是参审制度都有其运行的实体法基础、程序法基础、证据法基础甚至包括了诉讼模式基础。虽然当下他们彼此之间存在一些交流,但是其原本的内容仍然被保留。

六、我国陪审制度的完善路径

(一) 正视我国陪审制度运行的现状

所以现在就谈到本次讲座的最后一个问题——我国陪审制度的完善路径。关于我国陪审制度的完善路径,我认为存在一些关乎定量的内容。必须认识到刚才所提到的两个实质性问题的产生原因。这两个实质性的问题,一个是关于参审的问题,一个是关于履职保障的问题。那么,首先我们必须明晰当下我国陪审制度的运行现状。

这次调研时,我们询问人民陪审员参加陪审工作的原因,大家可以看到问卷中有多个选项,列举了多项原因(见表8-1)。比如有些人民陪审员是为了增加收入;有些人民陪审员是出于对刑事案件的兴趣;还有一些人民陪审员认为作为人民陪审员具备荣誉感;还有一些人民陪审员是出于猎奇的心理,想要知道发生在社会生活中的新鲜事情。以上来源于参与过刑庭案件审理的人民陪审员的一些采访内容。

表 8-1 人民陪审员参加陪审工作的原因

当我们问及人民陪审员,您为什么参与陪审工作时,他们这样选择:	
选项(多选)	选择次数
有荣誉感	41
丰富退休后的生活	9
觉得法律有意思	31
对刑事案件有兴趣	45
可以增加收入	27

(续表)

当我们问及人民陪审员,您为什么参与陪审工作时,他们这样选择:	
可以发挥专长	28
觉得案子里有很多新鲜事	12
这是法定义务	7

我们又以"人民陪审员可发挥的作用"为主题进行了调研,我们同样给出了下图表格(表8-2)中的一些选项。大家会看到在表格中,绝大部分的法官认为人民陪审员并没有起到什么过大的作用,在他们看来,人民陪审员最主要的作用在于缓解案多人少的矛盾,以及在形式上满足了合议庭的要求,这与缓解案多人少的矛盾基本上同出一辙。也有政治立场坚定的法官认为,我们的人民陪审员制度可以很好地体现民众对司法的监督,促进司法公正。也有法官说,人民陪审员制度有利于司法透明和普法。当我们询问人民陪审员认为自己可以发挥什么作用时,人民陪审员都比较有自知之明。我们共访问了89位人民陪审员,有81位人民陪审员认为自己就是一个影子,能够在形式上满足合议庭的要求,但不认为自己可以发挥实质性的作用。还有50多位人民陪审员认为自己能够促进司法公正,体现司法监督的作用。我们问人民陪审员是从哪里得知的这些作用,他们说他们学习了《人民陪审员法》。在当选为人民陪审员后,陕西省高院还有相关的基层法院都会对人民陪审员进行培训,在培训时会提及主权在民、民众参与司法、体现司法民主以及缓解案多人少的矛盾等内容。以上就是对刑庭的法官和人民陪审员对于陪审员可以发挥什么样的作用进行调研时,他们给出的答复。

表8-2 人民陪审员可发挥的作用

人民陪审员可以发挥什么作用		
选项	刑庭法官(N=45)	人民陪审员(N=89)
缓解当事人与法官之间的对立情绪	33	21

(续表)

人民陪审员可以发挥什么作用		
化解当事人之间的矛盾	37	18
缓解案多人少的矛盾	42	38
弥补法官在专业知识上的不足	17	12
在形式上满足合议庭的要求	38	81
体现民众对司法的监督、促进司法公正	36	53
将民意民情融入个案审判	35	25
让民众参与司法、体现司法民主	30	2
可以增加司法权威（只有法官问卷有此问）	10	0
其他作用（司法透明、普法作用）	2	0

之后我们问到了第二个实质性的点，就是起初与大家分享和交流时，我提及的问题——人民陪审员对于事实认定和法律适用抱着什么样的心态？对于这个问题，所有的刑庭法官都认为人民陪审员与法官之间是有差距的。没有人选择差距是零的，也就意味着它是有差距的。那么差距到底有多大呢？调研结果显示：选差距较大，人民陪审员能力更好的刑庭法官是比较少的，有7人；有22人选择了二者之间差距较大，人民陪审员能力不如法官，尤其是员额法官。这是因为员额法官都要经过助理法官的锻炼，然后再入额。所以他们认为人民陪审员的能力不如法官，人民陪审员的法律知识和审判经验积累较少，且西安市设定人民陪审员参与审理案件的上限是30件，因此一名人民陪审员一年参与审理的案件不能超过30件。与一年需要办理200件案件的员额法官相比，人民陪审员的经验积累欠缺。除上述选择以外，还有16人认为差距也不是很大。大部分的案件都可以依据常识和经验进行判断，而不是依据法律来进行判断。所以我们可以大胆地通过引导、指挥等形式，让人民陪审员参与到案件审

理过程中。

所以根据上述这两个表格,我们可以看出,在司法实践中出现了刚才我们提及的参审问题和履职保障问题。这些数据是否能够反证人民陪审员并不重视自己所担任的角色,刑庭法官也不重视人民陪审员的作用?那么问题是否出在了基层运行人民陪审员制度的法官和人民陪审员的本身?人民陪审员不重视自己所发挥的作用,刑庭法官对其也不重视,这就导致了人民陪审员成了法官的影子,并且是自愿成为影子。在这种情况下,意识层面上都出现了问题,自然操作上也就容易出现问题,这也导致人民陪审员在参审的过程当中较少地表达自己的想法。所以我们不禁要思考,人民陪审员在司法实践中到底能走多远?我已经3年没有调研过人民陪审员制度了,经过这次调研之后,真的是有些胆战心惊,我不知道人民陪审员制度还能走多久。人民陪审员制度的改革是众望所归,那么赋予如此大意义与价值的人民陪审员制度改革,能否在政治与司法上实现其改革的价值功能和目标?当然,也要看到,经过此次调研之后,我们发现或许存在西安与东南沿海地区情况不一样的可能性。也许有的地区实现了预期的价值功能与目标,但是西安没有实现,整个西北地区也都没有实现这个功能,也许全国的情况也相差无几,预期的价值功能和目标都没有得到实现。

这是很可悲的一组数据,也是一次让人胆战心惊的调研。数据显示了人民陪审员制度改革前后效果并没有发生实质性的变化,甚至在出现事实审、法律审和证据问题清单、法律问题清单、事实问题清单之后,效果还不如之前。所以我们当下应该考虑,在现有的法律框架之内,怎么样去完善人民陪审员制度。法律制定出来了之后,是要被尊重和实行的,而不是应该被批判的,当然现在我是抱着一种批判的态度。我们的批判是建立在期望如何能够让人民陪审员制度行稳致远的基础上的,在既有的人民陪审员制度的框架之内,如何可以让人民陪审员有积极性地参与到案件当中来,如何能让刑庭的法官吸收更多的人民陪审员参与到案件当中来,是值得我们思考的问题。

最后我们要思考一下我国人民陪审员制度的完善路径究竟是什么。关于完善路径,我们也进行了针对这一问题定性的访谈。我们询问法官人民陪审员制度应该如何改革?对于参审职权的划分、事实认定、法律适用有什么样的感受?法官回答说,法官自身都无法明晰事实问题、法律问题、证据问题之间的区分。许多法官都期望可以明晰清单的内容。我告知已有许多学者做了很多关于清单的研究,询问法官是否有知悉关于清单的内容以及法院内部是否统一规定清单应该包含的问题。法官说法院给过他们一些指引,但是法官们基于自己的司法实践,认为清单都是可以弃之不用的。

之后这些法官问道,刑事司法是否在我国的框架体系之内?我们是否真的能够分得清楚什么是事实问题、什么是法律问题、什么是证据问题?有些问题是不是彼此融合、无法分割的?我猜想这些法官的潜台词是,是不是国家在进行事实问题和法律问题区分的改革的时候出错了,或者是我们没有注意到国家还有比较严谨的四要件的犯罪构成,还有比较强硬的强职权主义诉讼模式以及现在还有待健全的证据制度。上述内容是否真的能够分清?有法官给我列举了一些例如黑社会性质组织犯罪、传销犯罪、金融类的犯罪案例,法官认为由于这些案件的专业性,人民陪审员无法参与案件的事实认定。法官认为人民陪审员无法明晰黑社会性质组织犯罪的经济特征、结构特征,也难以认定传销犯罪这种拉人头牟利的方式,例如金融类或者票据类的犯罪,人民陪审员是否可以分清本票、汇票、支票。上述内容连专业法官都很难认定,更不要提人民陪审员了。另外,七人庭审理的都是复杂的案件,例如黑社会性质组织犯罪案件基本上都是七人庭。对于这些案件法官本身都很困扰,人民陪审员又是否真的可以参与到事实认定中。一位法官还向我举了一些可以同大家分享的案例,表示有很多的黑社会性质组织犯罪案件都是指定办理的案件,是几乎基调都已经确定下来的案件。人民陪审员参与进来之后并不知道案件背后所运行的基础是什么,如果人民陪审员不小心泄密或者影响了案件的进程,便有可能会耽误案件的审理。另外,如今在人民陪审员既可以参与事实认定又可以参加法律适用的三人庭审理的案件中,有很多认罪认罚的案件。在司法实践中,检察官和法官经常会对量刑意见产生意见不一致的情形,职业法官经常会改变检察官的专业量刑建议,在这种情况下人民陪审员又能做什么呢?如今法官在学习量刑规范化,检察官也学习了部分内容,但是人民陪审员并没有学习相关知识。在这种情况之下,是否还要期待人民陪审员能够参与到法律的适用、刑罚的确认中呢?在法官向我发问之后,我甚至都开始怀疑人民陪审员制度对于司法实践的效果了。但是,我们的理论研究还是要继续。

(二)正视我国陪审制度的实体法与程序法基础

综上所述,我认为我们必须正视我们国家陪审制度的实体法和程序法基础。

首先,应该考虑深入根基的四要件定罪模式,当前理论界仍然存在四要件和三阶层的争论,并且依照当前现状看,这种争论或许还会持续较长时间。如今"马工程"(全称为"马克思主义理论研究和建议工程")教材奉行的是四要件定罪模式,并且在司法实践中,不论是询问笔录还是起诉意见书、起诉书、判决书等,基本上都是适用四要件,四要件的烙印是十分明显的。但在我国的刑事司法实务中,通过四要件认定犯罪已经存在一些难度了。而现在我们在认定犯罪的基础上又增加了一些例如共同犯罪的认定、主观明知的认定、此罪与彼罪、重罪与轻罪、一罪跟数罪区分等更加具备难度的内容,对于上述认定内容职业法官都很难完成,人民陪审员又该如何胜任?此时职业法官便必须充当讲解者的角色,在案件事实认定上,引导人民陪审员对复杂的犯罪构成要件进行理性、全面深入的判断,从而减小误判的可能性,核心点在于要充分发挥职业法官的引导作用。

其次,我们要正视国家实体法和程序法事实,即公诉事实。我国的公诉事实是通过事实叙述的方式把犯罪构成要件分解而来的。但是包含定罪、量刑以及近来学者研究的财产处置事实在内的公诉事实是基础性的内容。例如黑社会性质组织犯罪的案件,关于黑社会性质组织犯罪案件的起诉书和判决书上通常包含三部分的内容——定罪的部分、量刑的部分以及关于财产处置的部分。所以在经济发生重大改变的情况下,人民陪审员难以驾驭正在高速前进发展的社会。随着国家功能的日益扩张,事实认定、法律适用也随之更加复杂。职业法官必须充分发挥对人民陪审员的指示、指导、引导作用。我认为,这也就是我们上文所讨论的大陆法系国家如今仍然没有放弃职业法官对参审人员的指示、指导和引导的作用之原因。正是因为案件的公诉事实、犯罪构成太过复杂,在职业法官难以驾驭的情况下,我们更要充分发挥人民陪审员的重要作用,以期案件可以得到公正处理。

(三)刑事案件人民陪审员参审职权改革路径

关于刑事案件中人民陪审员参审职权的改革路径,我认为应该化繁为简。法律制定应该要被实行,而不应该被嘲笑。在化繁为简的情况下,如何才能使人民陪审员制度在现有的框架体系之内得以良好运行,是值得我们思考的重要问题。即使不期盼人民陪审员制度可以行稳致远,但至少在下一次改革来临之前可以保障其能够平稳地运行。

首先,我们必须要明确"定罪事实"的范围。我认为,我们可以放弃以犯罪构成要件认定定罪事实的方法,对犯罪事实进行系统性划分,即什么人、什么时间、什么地点等。这样既简要地表述了犯罪事实、量刑事实,也可以相对容易地区分定罪事实和量刑事实之间的界限。

其次,职业法官除独自认定法定或者酌定的从轻、减轻或者加重、从重的情节之外,还需要在已经认定的"定罪事实"与"量刑事实"的基础上综合进行法律适用。若"定罪事实"和"量刑事实"有交叉的,则法官应该指示人民陪审员如何适用"量刑事实"。即法官应该将《刑法》的总则部分和分则部分中有关量刑的规定给人民陪审员列举出来,甚至可以让人民陪审员学习量刑规范,让其明确量刑内容。

复次,应明确法官对人民陪审员认定"定罪事实"的指示、引导权力。法官仅可以对人民陪审员进行指示和引导,但由于定罪事实的多样性及犯罪构成的复杂性,例如当下学术界正在研究的行政犯或者法定犯理论,抑或关于具体危险犯、抽象危险犯的问题,等等。上述理论上的问题许多理论学者都仍然存在较多争议,职业法官都难以驾驭,在这种情况下苛责人民陪审员作有效的事实认定是很困难的。所以我们必须要保有或者赋予法官必要的指示权利,以保证人民陪审员在法律规则的框架之内进行有效的事实认定,以最大限度地保证事实判断和价值判断符合法律的相关规则。

最后,在评议规则的设计上,如果存在人民陪审员在事实认定层面,可以架空职业法官权限的可能性,那么我认为应当明确人民陪审员对于有罪的事实认定意见,必须要得到至少一名职业法官的认同,且该意见在合议庭内部已经形成多数性的意见。

当然以上内容都是我一些尚未成熟的看法。这次调研之后我发现了更多的问题。此次调研只涉及事实认定和法律适用两个部分,我将其简化为定罪和量刑的两个问题。但关于证据的问题,此次调研中并没有涵盖。我们在调研的过程当中也发现存在这样的情形:职业法官已经认定该证据是非法证据,此时人民陪审员也同样认定该证据是非法证据。但是受非法证据的影响,人民陪审员认为行为人已经构成犯罪,便希望法官去寻找其他可以定罪的证据。但法官表示,非法证据一旦排除便不再有其他的证据,或者其他证据无法形成完整闭合的证据链条,法官也无能为力。此时人民陪审员和法官就容易产生分歧,人民陪审员便容易认为法官在放纵犯罪。法官认为自己对证据规则的适用比人民陪审员更加专业,而人民陪审员又认为自己的生活经验更加丰富,二者便容易僵持不下,无法形成一致性意见。当然,在实务中还存在许多其他情形,包括认罪认罚从宽制度当中,在适用简易程序或者普通程序的人民陪审员运行的过程当中也会存在一些问题。今天我暂时只能和大家分享以上内容。不当的地方还请大家多多谅解。

主持人:万 毅

好的,刘仁琦教授辛苦了。刘仁琦教授的演讲可谓洋洋洒洒,信手拈来。因为他做了比较翔实的实证调研,所以言之有据,言之成理。我们先感谢刘仁琦教授的精彩演讲。

关于人民陪审员制度改革的话题,应该说历来是个充满争议的话题。在刘仁琦教授演讲的基础之上,我有几个小点想补充一下。第一,关于参审制的发展和它今后的改革,还是应该作一个价值判断。因为这关系到改革方向性的问题。目前来看,应该说参审制的问题是比较大的。一方面,采用参审制的大陆法系国家几乎都在讨论参审制的弊端和困境。我记得德国学者拉德布鲁赫讲过一句话,德国的审判现实中,德国的职业法官没有一天不想把参审的陪审员一脚踢出法庭。可以看出,他对于参审制的实际功效基本上持否定态度。另一方面,我们的近邻日本原来是奉行参审制的,近年来也在改革推行陪审团制度。所以说还是应该作一个价值判断。参审制所存在的问题是比较突出的,它这种没落的趋势在世界范围内都是可以看得到的。

第二,对于陪审制度的两种模式,即参审制和陪审团制度功能的认识,可能还需要进一步明晰。我个人理解,在英美陪审团制的运行之下,整个陪审团制度是内嵌于诉讼制度的。陪审团制度被认为是发现案件实体真实的一种手段,从区分事实证据和法律证据角度可以看得出来,它是把陪审团制度作为发现案件事实真相的一种手段在运用,所以它是内嵌于英美诉讼制度的。而在大陆法系参审制度的模式之下,参审制更像是一个外锚的制度,就是从外边强加给诉讼法的一个制度,其展示司法民主化的功能和价值导向更为明显。实际的司法功能相对于陪审团制度来说,是有所不足。从它的名称就可以看得出来,比如德国称参审制中的陪审法官为平民法官或者荣誉法官,更多是一种政治符号,政治功能是要大于诉讼功能,大于司法功能的。这一点我觉得刘仁琦教授讲得非常好。

第三,在改革我国的人民陪审员制度的时候,要求区分事实审与法律审,显然是借鉴了陪审团制度的经验,希望能够增强人民陪审员制度的司法功能,尤其是查明案件真相的功能。但是这样的改革可能会导致一些周边制度的功能减损。为什么这么说?因为大陆法系国家的判决书说理制度是很重要的,这一制度要求由职业法官来撰写判决书,而且要在判决书里面对整个裁判过程,包括心证过程要做比较详细的论证。在职业法官负责撰写判决书并说理的制度背景之下,让职业法官分析给人民陪审员,让事实审由人民陪审员说了算,我认为这显然是不可能的。因为最后负责写判决书的是法官,那对于案件事实认定肯定是要以法官为主的。所以说改革的话,它可能会面临其他制度的抵制。

第四,我们在研究中、在改革中,都非常强调在专业性案件中,人民陪审员制度所具有的是一种知识互补功能。我认为这是一个误读。为什么这样讲? 因为其实诉讼法里面引进专业知识的途径是非常多的。比如有专家证人、专家辅助人、鉴定人这样的制度设计,我认为已经在相当程度上能够保证法官在他比较陌生的专业领域内作出专业性判断。以所谓的专业案件专业陪审来论证人民陪审员制度的合理性,我认为还是有待商榷的。

当然,以上算是对刘仁琦教授演讲的一个补充,更具有学理性的评述和与谈,我们来听一听我们今天的第一位与谈人张友好教授的高见。

与谈人:张友好

好的,感谢主持人,感谢刘仁琦教授给我们上了非常系统、非常全面的一课,我也深受启发。那么刘仁琦教授主要以一个案例、四个反思和六个问题展开进行讲解。六个问题包括人民陪审的发展历程、功能目标、改革重点、实践难点、"一体化"基础、完善路径。下面我就结合仁琦教授刚刚所提到的问题,谈一点我个人粗浅的感受。

第一个问题,也是我们首先需要厘清的一个问题,就是设定人民陪审员制度的功能目标是什么?刚刚仁琦教授的第二个问题就是在讲这个问题。结合《人民陪审法》的第 1 条,为了保障公民依法参加审判活动,促进司法公正,提升司法公信。仁琦教授总结出了两大功能,第一个是政治功能,第二个司法功能。对于政治功能,需要我们思考的一个问题就是审判需要公众参与吗？第二个问题就是司法功能。当然仁琦教授也说政治功能是第一位的，司法功能是我们附随的目标。如果结合"一体化"的角度来说，政治功能是不是就像刚刚万教授所说的，是外锚的大陆法系的功能。而我们的司法公正，可能更接近于万教授刚刚所说的内生的发现事实的功能。如果单独从这个角度来说，我们的功能是不是两个方面都想兼顾。当然，制度功能设计的出发点是好的，但是如果两个功能都要抓，需要思考的是我们能不能都抓得住。

更重要的是促进司法公正和提升司法公信力的功能，和单纯的发现事实的功能可能还有一定的距离，还不能够直接画等号。所以从这个角度来说，还有另外一个问题值得我们思考，即由人民陪审员参加了审判，比起单纯的法官审判更容易或者更能够得到公众信任吗？因为能否提升司法公信力，本身也是不确定的一个答案。人民陪审员审理的案件比我们法官审理的案件更加有助于提升司法公信力，这本身可能也是一个伪命题。

所以说对于制度的功能目标，我想我们可能需要定位更准确一些。在定位准确以后，我们接下来才可能再围绕功能目标设定制度，否则的话可能会出现一种不确定状态。

第二个问题是现状的问题。关于现状问题，我在仁琦教授的基础上提两点，也是我们在实践当中的一些感受。其一，就是我们的人民陪审员在具体的陪审当中，根据《人民陪审员法》，应当是随机抽取的，但实践当中很难做到。人民陪审员可能有各种各样的工作时间，难以保证随机抽取。实践当中我记得有学生在当地基层法院进行实习的时候，本来应当由人民陪审员来参加庭审，但是人民陪审员临时有事，或者基于特殊因素，没办法来参加庭审，结果就是我们的学生临时冒充人民陪审员参加了庭审。这种情况给人民陪审员的随机抽取带来了巨大的难度。因此为了规避可能存在的问题，可能实践当中人民陪审员就没办法随机抽取，而是固定在相对比较确定的一群人中，我们称为"陪审员专业户"。在这种情况下，我们的人民陪审制度所追求的目标还能不能实现？人民陪审员的确定是不是由法官管理,而不是由《人民陪审员法》管理?

其二,就是"陪而不审"的问题。尽管现在强调庭审实质化,但如果人民陪审员"陪而不审"的话,将直接导致庭审实质化被架空,制度设计上所追求的如教育、监督、宣传等功能也将落空。但是据学者调研,包括我也跟一些法院的人民陪审员交流过,问人民陪审员制度能不能废除或者要不要废除,基本上都持否定意见。但是问为什么不可以的时候,所给出的答案可能有点极端,用两个字来表达,就是"凑数"。

"凑数"的原因可能有两个方面。一方面是案多人少的问题,刚刚刘仁琦教授也提到了这个我们没办法解决的问题。去年广州的两级法院系统,人均办案591件,在这么大压力的情况下,确实人手不够,需要人民陪审员来凑数。刚刚刘仁琦教授说的空白签字也很能说明这一问题。

另一方面我也是某个法院的人民陪审员,但我一直没有参加过陪审,而且我还带领过人民陪审员领誓。为什么我也会参与进去"凑数",除了组成合议庭的"凑数",还因为各级法院每年要上报陪审员有多少人,以此作为法院工作的一种考量指标。今年聘请了多少人民陪审员,这些人民陪审员中博士学位的、硕士以上的学位各占比多少,通过"凑数"让这个数据好看。

在这种背景下,人民陪审员效果会怎么样?实践当中可能就是"陪而不审"。这个不审可能是不愿意审,这就属于积极性的问题。作为人民陪审员有这个义务吗?补助低,可能还容易得罪人,不光得罪当事人,可能还得罪法官。这个不审也可能是不会审,人民陪审员可能只有高中文化程度,缺少专业知识,面对既有事实问题,又有法律问题的案件,怎么审?还有一种情形就是不敢审,人民陪审员或许有自己的想法,但是在某种背景下,他敢不敢发表自己的不同意见?发表了不同的意见,合议庭成员会不会接受?即便合议庭成员愿意接受,作为人民陪审员会不会有顾虑?所以就导致了"陪而不审"的问题。

第三个问题是刘仁琦教授说的"一体化"问题,包括万教授也补充了内生的发现事实和外锚的政治功能的问题。我刚刚讲既考虑到政治功能,又考虑到司法功能,也就说既考虑到发现事实,又考虑到民主参与或者公众参与,两种功能都想抓的话可能会面临一些问题。因此是不是可以回归到制度的功能本身,人民陪审员制度究竟想做什么?我们一般说,发现事实的功能可能面临实践当中事实审和法律审不容易区分的障碍。不容易区分固然存在,但是比起让不懂法律的人民陪审员去适用法律,哪一个更难,哪一个更容易?我想只能"两害相权取其轻"。因此对于人民陪审员制度,我想还是要回归到事实认定本身,法官还是回归到法律当中。当然法官也不能像美国一样把事实问题全部交给陪审团。陪审团和法官的权重可以再进一步做调整,这是我个人的一种观点。

当然人民陪审员制度要真正进行有效运转的话,可能还需要强化庭审实质化的问题。包括我们原来的试点规定,也强调了人民陪审员的阅卷权。《人民陪审员法》通过以后,"阅卷"被删掉了,可能也希望我们进一步考虑。至于证据审的问题,实际上我个人认为证据审也是一个伪命题,因为用证据认定事实,是人民陪审员涉及的问题。同时,法官要根据法律排除一些证据,这是法官的问题。所以证据应该切割一下。具体的事实和法律问题对于人民陪审员确实困难,但是可以通过强化法官的指引功能来解决这个困难,最重要的是在审判过程当中法官对争议点的整理,即案件存在哪些争议,哪些是事实的争点,哪些是法律的争点。对于事实的争点,比较典型的比如彭宇案。那么彭宇案当中可能争议的焦点是老太太倒地是不是彭宇所撞?法官在争议点整理过程当中进行指引,比如请人民陪审员就老太太倒地是否为彭宇所撞这一事实问题来发表意见或者进行表决,是不是可以更加明确一些。

同样在刑事案件当中,比如薄熙来案件,法院审了四天半涉及三宗罪,贪污罪、受贿罪和滥用职权罪,实际上贪污罪主要涉及500万元,受贿罪涉及的是别墅,滥用职权罪我们先不说。那500万元和别墅都比较清楚,没有争议,薄熙来也认。但是他的抗辩焦点,就是争议点,他主张这是他妻子谷开来干的,他不知道。因此这方面事实的争议焦点就是对于贪污的500万元和受贿的别墅,薄熙来是否明知。那么法官在庭审当中可以就薄熙来是否知道这一事实进行指引,让人民陪审员来表决。

同样一个反面的例子,比如前段时间比较热的余金平交通肇事案,余金平案件实际上不涉及事实问题,主要是涉及法律问题,那么实际上就可以不需要人民陪审员来处理。所以尽管很难,但是有法官的指引,如果在指引不是很明确的时候,就由法官来处理,这也是一个基本的思路。比起强行让不懂法律的人民陪审员来选择适用法律,这可能也是一个"两害相权取其轻"的问题。

以上就是刚刚听到刘仁琦教授,还有万毅教授的精彩讲解以后,我个人的一点体会,谢谢。

主持人:万　毅

好的,谢谢张友好教授的精彩点评。

张友好教授从几个方面对刘仁琦教授的一些代表性的观点展开了进一步的论述。他有一个观点我很赞成,就是我们对于人民陪审员制度的认识,对其功能的期待到底是什么?其实现在一个基本的判断就是我们既想要人民陪审员制度代表司法民主的一种符号功能,又进一步希望它能够在纠纷解决、案件事实认定方面发挥司法现实功能。所以我们才希望不断地推进制度往前发展,希望它能够兼顾多种功能的实现。我认为张友好教授这个观点概括得特别好。

当然有的观点,我不是很赞成,比如友好教授跟仁琦教授都谈到一点,就是当前人民陪审员沦为了陪听员、陪坐员,没有能够发挥实质的审理功能,沦为了凑数、缓解案多人少的手段。这个观点我认为因果关系上不是很顺。为什么?因为法律规定必须进行合议制,合议制里面又必须有多少名人民陪审员,所以实务中才会让人民陪审员来凑数、来凑合议庭。这不是人民陪审员制度本身的问题,是其他诉讼制度的规定或者设计不合理而造成的现状,这一点还是要做一个区分。

当然对于我们讲的人民陪审员制度的功能也好,改革也好,完善也好,我们还想听一听我们第二位与谈人潘侠副教授的高见。有请潘侠副教授。

与谈人：潘　侠

谢谢万老师,谢谢刘老师这种系统的呈现和思考,以及张老师的一些观点分享,我学习之后,也对人民陪审员制度有了更深的认识。关于人民陪审员,其实从制度上来讲,包括从中期的整个发展情况来看,我认为它首先是一个比较昂贵的制度。这种昂贵不在于陪审员,或者陪审团成员参与进来之后获得的酬劳很高,而是因为它背后其实是有不少司法成本耗费的。因为制度一旦运行起来,就必须有相应的制度保障的。比如要赋予人民陪审员权利,同时就要明确他的义务,包括选任的程序,参审的范围,以及参审的基本流程,包括人民陪审员的培训等,我认为这是一个非常系统的工程,整体的运作其实是非常烦琐的,而烦琐背后的代价是比较昂贵的。

另外从制度上来看,它同时也是一个比较珍贵的制度。珍贵是说人民陪审员制度对于我国而言,并不是所有的案件的标配,除去明确要求配备陪审员的法定陪审情形之外。对于其他酌定陪审,即使制度给了被告人申请配备人民陪审员的权利,但是能否配备其实是掌握在法院手中的,这也是我们职权模式的印记。

所以从昂贵,珍贵角度来看,这样的制度其实应该是不常被使用的。但是从一些学者的实证调研来看,包括从刚才刘仁琦老师的实证呈现来看,实践当中,人民陪审员制度在刑事审判当中还是比较高频率地在被应用着。甚至有学者通过调研认为,我们的人民陪审员制度实践,其实基本上已经奉行以陪审为原则,就是在多数案件当中都要配备人民陪审员。当然万老师刚才也说了关于我们诉讼制度规定必须配备人民陪审员的动因。

同时,学者对制度的这种关切、情怀也深深地打动我,甚至觉得,我们这么关注这个制度,对其给予厚望,它在实践当中却是这个状况,这让我们痛心疾首,恨铁不成钢。从制度本身来讲,它应该较少被适用。可从实践来看,它却很频繁地适用,尽管适用时会面临很多困难,很多问题。为什么会出现这种反差?为什么会出现这么多问题?刚才听了各位老师发言之后,我这种感觉进一步加深。我感觉人民陪审员制度的形式意义大于实质意义。所谓形式意义就是说它其实发挥了政治功能,或者说它是一种政治符号;实质意义是指一种审判的,或者司法功能。

刚才几位老师都说人民陪审员应真正地参与到审判中,也都给了一些比较好的提议。但是其实我脑子里一直有一个想法,为什么我们一定要赋予人民陪审员这么多的角色或者这么多的任务?其实从分析来看,大家也都认可人民陪审员真正实质地参与审判是非常难的。可是我们为什么还强其所难,给他一些事实清单、法律清单,培训他,让他实质地参与审判。首先我刚才说的无法实质参与审判是从无实质能力参与审判这个角度来说的。但是如果说从另外一个角度,即从人民陪审员能不能实质地影响我们的审判以及审判的结果角度来讲的话,我认为人民陪审员制度是可以实现的。例如,通过制定评议的规则,在一些案件当中,规定人民陪审员的人数必须达到多少位,规定评议的比例、达成裁决的比例等,从制度层面是可以让其发挥实质作用的。但是在我看来,人民陪审员无法具备参与案件审判的实质能力。

接下来就又带来一个问题,其实很多人的感受是一致的,既然人民陪审员没有那么大的能力参加审判,为什么我们这么多年还在不遗余力地进行人民陪审员制度的试点改革探索,以及出台《人民陪审员法》,不断在推进它?这背后的动力到底在哪?或者说这样一项制度,我们为什么不舍弃它?

从制度的规定来看也好,从其他国家参审制的发展史来看也好,有一个共通的、大家公认的功能,就是司法民主。这是最大的一个"帽子",陪审制最大的功能就是司法民主,贯彻国民主权的理念,让更多的人参与到司法当中。当然在我们国家的司法情境当中,陪审制就是人民群众参与司法的方式,是发挥人民监督的途径之一。从政治意义上来理解的话,戴着一个"帽子"没有问题,包括它的功能定位也没有问题,但关键是,在司法民主之下,它参与司法系统之后如何进行?在没有实质的参审能力的情况下,能够发挥什么样的作用?

我有一个想法,当下,我们可以不用那么急于求成地以非常理想的标杆来要求现在的人民陪审员制度,要求它必须达到什么样的阶段。我认为可以采取分步走,或者走一步、看一步、完善一步的思路,采取渐进式的改革方案,然后再去挖掘人民陪审员制度存在的价值或功能。

比如,第一个功能,充当我们制度的试验者。因为大家不知道未来人民陪审员制度是否会长存下去,以及如何能够达到一个比较良好的局面。目前它遇到的这些困扰在未来多长时间内可以消除,其实预期是非常悲观的。这种情况下,制度还在推行着。那我希望,让正在试验着的制度充当其制度完善的先行者、试验者。

在此试验过程当中,我们真正应当关注哪些方面?有很多的实证学者去研究,比如在案件的无罪判决率上,比如在逮捕率上,还有一些判缓刑的情况之下,没有人民陪审员参加的和有人民陪审员参加的到底有什么区别?学者会做一些数据挖掘、对比、分析和说明。那能不能在试验时考虑人民陪审员参与进来到底发挥了什么样的作用?因为《人民陪审员法》第1条明确规定,制定人民陪审员制度是为了促进司法公正,提升司法公信。那么就应该实证地考察一下人民陪审员在实践中有没有实现《人民陪审员法》要求的宗旨。

大家一直抨击陪审员"陪坐",或者"陪而不议",说他就是一个摆设。可是大家有没有真正去考察一下,即使他不说话,即使他没有实质参与审判,他本身是不是就满足了民众对司法的信赖,或者说对司法公信力的认可?有没有实际的数据可以真正考察参与庭审的民众,包括被害人、被告人的心态?我认为不要固执于一种思维,就是说因为没有实质性参与,没有能力参与,我就认为你是一摆设,我不信任你,辩护人也不信任你,当你是可有可无的空气。我认为需要做一些实证,就是确认他的存在本身是不是就已经提升了公信力,实现了使国民信赖司法的目的。

第二个功能,可以发挥法治宣传教育的作用。因为有很多文件规定了人民陪审员制度,从一些报告当中也可以看出我们做了很多的工作。但是就我感觉而言,我并不认为人民陪审员制度已经在整个社会达到了人人皆知的程度,形成一个人们都知道人民陪审员是干什么的,都了解其选任的途径。因为我觉得就社会民众而言,包括在校的学生,对这个制度本身也不见得是非常熟悉的,也不知道有哪些途径可以去申请进入人民陪审员的队伍当中,有机会去实际参与庭审。这种宣传还是不到位。社会上还没有形成一种制度的氛围。因为没有大范围地铺开宣传,只在内部进行一些细化、制度的各种筹划,可能只是画地为牢。因为这些人是来自社会的,如果社会对制度是陌生的,仅依靠临时的或者被动式的参与,比如之前陪审员并没有了解这件事,经过法院通知,或者说法院摇到他之后,再进行临时培训的话,那我觉得他参与其中是非常仓促的,不能够行使他的职责也是不可避免的。

第三个功能,可以缓解案多人少的现状。当然,实然的状态是人民陪审员参与审判不一定是因为案多人少。但是从一些调研当中能够发现确实存在这种情况。员额制法官改革之后,案件太多,但员额法官却很少,所以这种情况之下,人民陪审员就起到了补充审判队伍的作用。既然现在它有一些即时的功能,在不违反制度的框架之内可以进行一些探索。

第四个功能,在很多学者的探讨当中都有提到,就是替法官分担审判风险的功能。我认为分担法官审判风险的功能可以在以下一些情形中出现。比如案件可构罪可不构罪的,或者说要作出无罪判决的时候,由职业法官组成单独合议庭有压力的话,可以吸纳人民陪审员进来,吸纳民众的力量,发出民众的声音,从而使裁判更容易具有可接受度。另外在一些有重大的社会影响的案件当中,也可以通过吸纳人民陪审员进来,发挥其分担风险的功能。

这个功能实现后,但其实深究下去的话,它还不是一劳永逸的。不是说只要这些案件当中有了人民陪审员,裁判的风险就被分担下去了。如果再深究一步,我认为它是有一定受众对象的。就是它的分担是对于什么而言?对于整个社会民众对判决的反应而言,它是有分担风险的功能的。但是如果说即使有人民陪审员参加,还是把案件弄错了;或者说在法官和人民陪审员的交流过程或指示过程当中,因为指示错误而把案件弄错了;或者说法官有一些不正当的行为而人民陪审员没有发现,最后导致判决错误。在这种情况之下,人民陪审员即使参与进来,也不可能发挥分担责任,或者说分担审判风险的功能。

所以我认为它有存在的空间,但并不是当然就能实现效果的。所以这几个功能在当下来讲是可以继续挖掘的。比如在充当制度试验者过程当中,除我刚才说的那种情况之外,还有具体细化的一些制度。比如要不要让及一定要让人民陪审员承担事实审,甚至承担法律审?

我也比较赞同万老师刚才说的一个观点,就是职业的法官和人民陪审员这两个群体,他们的知识并不是互补的。我个人也不认为人民陪审员在事实认定方面是更有优势的一方。但是很多著作当中或者论文当中都会提到,人民陪审员可以弥补法官固化的裁判思维,可以注入民众的情感。我认为人民陪审员在这种情况下,发挥的仅仅是一个提示、提醒的作用。

虽然法官审判会形成一定的思维惯式,有什么样的证据就会认定什么样的事实,可能是非常偏于理性的。但是,他工作结束之后就回到社会生活当中,而且现在的资讯这么发达,获取资讯的途径这么便捷。所以我不认为法官比陪审员在事实资讯的接收上、事实的认定上处于劣势。

如果一定要说人民陪审员的优势的话,我认为,可能有一些具有专业背景的陪审员参与进来,比如在一些鉴定问题上,可以为法官提供一些他们知识之外的观点。

可是刚才从刘老师的分享来看,这种情况之下竟然会出现职业法官对人民陪审员的不信任。按照大家通常的思维逻辑来看,有专业知识就应该有更大的发言权,能够更多地参与到审判当中来。但是从刚才的实践调研发现,合议庭内部确实还存在不信任。如果有这种不信任感的话,那即使人民陪审员有专业的分析能力,可能在实践当中也不能很好地发挥作用。

在这种情况下,人民陪审员在充当制度试验者的时候,我们应当将其放在一个什么样的位置上?在这个过程当中,尤其是在人民陪审员参与到整个诉讼过程当中,一些具体问题该如何规制?比如阅卷的问题。现在的制度,包括《人民陪审员法》的一些相关的解释,都提到要对人民陪审员进行培训,而且对于其是否能够阅卷,能够采取什么方式阅卷,都规定得很细。

再就是刘老师所讲的,阅卷对人民陪审员而言是一个非常大的负担。像很多接受过多年法学训练的人,包括高校的老师、研究生们,即使已经有了充分的法律知识储备,阅卷还是非常难的。何况是多数没有法律知识背景的人民陪审员。所以在具体的制度设计上,还有很多可以探讨的地方。

我国台湾地区这些年也在探索陪审制度,他于2020年已经通过了一部"国民法官法",其中陪审制度于2023年1月正式施行。在这部"国民法官法"当中,采取的是起诉状一本主义,就不需要阅这么多卷,不需要提前把所有的案卷移到法院。以起诉状一本主义保证职业法官和陪审员在资讯上的平等,同时减轻法官(陪审员)的负担。这是从尽可能减轻负担的角度来做的制度设计,同时减轻负担这种角度的设计还体现在他们设定人民陪审员的范围其实是限缩的,没有像大陆地区作这样宽泛的设计,重罪案件只有法官参与,尽量减轻人民陪审员的负担。换句话说,就是在他的能力范围内做事情。在这个基础上,基于这种制度建构,而不是在让陪审员实质性参审的终极目标之下,去进行制度设定。因为那有可能一开始就是错的。所以在进行试验的时候,我认为还是可以从这一方面进行一些探索。

最后,关于未来人民陪审员制度可能形成什么样的状态。就我个人的设想,可不可以在其他诉讼制度改革的过程当中,包括以审判为中心的诉讼制度改革,以及现在非常热的认罪认罚从宽制度改革中,同步推进人民陪审员制度。但人民陪审员制度相对于前两个非常重大的制度改革而言,如果排序的话,我认为它应该是往后排的。因为要在以审判为中心的诉讼制度改革的良好落地以及认罪认罚从宽制度的良好运行之后,再把人民陪审员制度嵌入。在前两种制度改革良好运行的背景之下,再来谈怎么将它落地,从而发挥制度的功能。

我的一个想法是能不能随着以审判为中心的诉讼制度的改革,回到改革的初衷,先实现以审判为中心的诉讼制度改革,然后通过认罪认罚从宽制度,形成案件繁简分流,让轻罪案件能通过快速的通道解决,将有限司法资源留给重大疑难复杂案件。待真的实现了这样的局面之后,再把人民陪审员制度放到这样的背景下去研究落实。

如果到了那样的局面之后,我们国家依然存在案多人少问题,那就可以把人民陪审员制度吸纳进轻罪案件当中。比如,在一些比较简单案件当中,人民陪审员就要发挥补位的作用,使法官也可以发挥作用。这样不管是简易程序还是普通程序案件中,发挥司法民主的功能也好,法治教育功能也好,分担风险的功能也好,已有的功能并不会减少。另外对确实疑难复杂的案件来讲,也可以配置人民陪审员。相对前一种的倾向是解决审判人员压力的问题,对于那些疑难复杂案件,人民陪审员参与进来之后,他的价值更多的是发挥对司法的公信力、国民对司法的期待性的提升。

虽然说每个案件只要人民陪审员参与进来,其司法民主、法治、分担风险、法治教育、人民监督等功能都可以实现。但是在不同的情境之下,价值的范围是有一个次序的。哪些是优先,或者是主要呈现出来的价值,哪些可能是附带的一些价值,我认为在不同的案件当中,不同情境当中还是有所不同的。所以我就结合人民陪审员一些可以使用的功能,以及未来有可能达到的情况发表一些粗浅的看法。谢谢。

主持人:万　毅

好的,谢谢潘侠副教授的精彩点评。

她的两个观点我特别赞同。第一,关于阅卷权的问题。我们今后庭审改革的发展方向是庭审实质化,要以审判为中心,突出庭审的举证质证、证据调查等功能。提倡以庭审实质化为改革方向,尽量要求法官庭前不阅卷。结果现在改革反过来要求人民陪审员在庭前去阅卷,这不是自相矛盾吗?所以说改革的路径我认为是有待斟酌的。

第二,就是陪审制,不管是参审制还是陪审团制,尤其是后者,因为要让外人参与到诉讼中来,就必定是一个司法成本很高的制度设计。在任何比较常态化的诉讼结构中,这种高成本的制度设计都应该少用,而不应该像现在一样,演变为以人民陪审制为原则。至少在刑事案件里面,大多数的案件都在适用陪审制,这个我认为在法理上是有所背离的。

所以这两个观点我特别赞同。当然可能由于我们当前司法特别欠缺公信力,所以特别看重人民陪审员制度的司法民主化的符号功能。所以在说对于路在何方的问题,总是很纠结。包括在其他的一些改革举措上也是如此,比如现在要大力提倡加强对人民陪审员的知识培训。其实,我们之所以认为,平民法官、国民法官参与审判、参与司法,有特有的价值,就是因为他有"无知的美德",就是他不是去与法官实现知识互补,而是因为平民法官更了解社会,更了解基层,因此他可以防止职业法官的偏见、冷漠。很多职业法官是很专业,但是这种专业的背后是什么?是冷漠,是一种偏见。比如刑庭法官可能因为长期的庭审实务,导致对被告人具有有罪推定的心态。但平民法官会克服这样一种偏见。但是如果把他都培养成了同职业法官一个水准的,他也成了一个有专业知识的人,那他还具有这种"无知的美德"吗?

这种改革,需要注意到在内部往往都是有矛盾冲突的。所以整体上而言,我觉得真正矛盾的可能不是人民陪审员制度,而是我们自己。

仁琦,你还要不要回应一下?

主讲人:刘仁琦

我就几个问题来对大家进行一下回应。我的胆量可能不如万老师大,说得相对保守,实际上我的判断与万老师基本一致,就是我们的参审制度如今已经到了不进则退的地步。所以当下我们应该采用各种方法来看如何能把参审制度盘活。刚才万老师、潘老师以及友好师兄谈到了几个问题,我想回应一下。

我想回应的第一个问题是,我认为所有的改革,尤其是刑事程序领域的改革不会像刑法领域的改革一样单边进行。例如,刑法可以通过个别的修正案来进行相关的改革。从1998年至今共有11个修正案,还不包括单行的法律,即刑法是可以通过小修小补解决的。但是人民陪审员制度实际是诉讼领域里的制度,它是牵一发而动全身的。人民陪审员制度的实行,会波及整个刑事诉讼程序的运行,包括庭审实质化、审判中心主义、刑事诉讼中的一些其他改革以及相关政策的推进,都是在刑事诉讼程序下运行的。在运行程序的过程当中不可避免地会涉及刑法和刑事诉讼法以及证据法则的问题。所以从这个意义上来讲,人民陪审员制度改革看起来可能是一个程序领域的改革,但如果抛出政治因素不谈,其涉及的领域是非常广泛的,其制度改革是牵一发而动全身的。所以我们不能单纯将其作为独立个体,来判断我们是需要陪审制度还是需要参审制度。相关的经验表明,不能抛开其他因素而单独只考虑参审制度的改革。例如,在19世纪初期的时候便有了"三阶层"的理论,运行到20世纪20年代,阶层理论已经非常发达了。此时德国进行了参审制度改革,将参审制改为陪审制,后来陪审制运行了二三十年又再次改回了参审制。

目前我们没有找到直接证据证明阶层理论与参审制度之间的关系,也没有直接证据证明改革后的德国陪审制是否适合其整体程序的运行,日本及我国台湾地区也进行过陪审制度的改革。如若管中窥豹,我们发现陪审制度似乎效果很好。进行参审制度改革的绝大多数国家或地区都是由原先的参审制改成陪审制,而这些国家或者地区无一例外实行的都是阶层式的构罪理论,也都是职权主义的诉讼模式。那我们不禁反问,那为什么上述国家和地区的改革全部以失败告终?没有直接证据证明改革失败的原因,是与实体法、程序法、证据制度不相贴合,但种种迹象表明它们之间可能存在一定的关联。

我想回应的第二个问题是,刚才潘老师提到的人民陪审员制度分担了法官很多压力。对于这个问题,我是这样理解的,陪审制度产生之初确实是为了分担裁判者的压力或者是基于裁判者的宗教信仰而产生的。但是在发展过程中,大家发现这个制度的运行效果比较好,所以就将其运用到了各种审判当中。因此,人民陪审员制度便已经发展成了一个为了实现司法民主、司法为民,运用普通民众补足法官经验的制度。从这个角度来说,现在的人民陪审员制度所发挥的分担法官压力的作用已经比较少了,其更多的是政治功能和司法功能。换句话说,如果基于这一点把人民陪审员制度改革在我们司法实践当中的试行当作是一场试验,来验证人民陪审员制度改革究竟是否适合中国制度的发展,我想成本耗费巨大。根据最高人民法院在两会的报告,在 2020 年、2021 年两年间,我国有 160 万左右的被告人。目前没有确切的数字证明,对这 160 万被告人的审判有多少是使用陪审员进行的。如果把它当作一个试验,这个试验的成本过高,会有非常多的被告人或许会因为这种试验成为制度的牺牲者。而这本身不应该由被告人所背负,这应该是立法所背负的。所以我认为我们当改则改,不能够让被告人作为制度的试验者。如果不能作为制度的试验者,那么在当前司法实践中如何能更好地发挥人民陪审员的作用呢?我也同意潘老师所说的将人民陪审员用到刀刃上的观点,人民陪审员就应当用到其应当用的案件上。但是当前我国的改革是否遵循了这样的步骤呢?例如,如今认罪认罚从宽率在陕西已经到达了 97%。如果认罪认罚案件变得非常多,我们是否会走向英美法系的辩诉交易,我们是否不再需要陪审员?目前我们没有证据证明认罪认罚从宽制度改革的终极目的是否如上所言。当然,我们也期望上述目的能够得以实现。从当下来讲,我们一方面强调诉讼公正,另一方面强调诉讼效率。但是这两个价值之间是天然存在矛盾的。如果重公正便一定会轻效率,重效率便一定会轻公正。所以有一个问题是先决性的,即在国家当前改革紧锣密鼓进展之下,我们国家究竟缺的是公正还是效率?再进一步讲,我们大胆设想,我国的公正基础是否已经夯实到了足以支撑国家的诉讼效率改革的程度？如果都不是的话，我认为可能人民陪审员还是要运用到这里面去。无论我们是否认同，人民陪审员制度的改革是与庭审实质化接连提出的。抛开其政治功能，我们只讨论人民陪审员制度的司法功能，单就参审职权改革而言，人民陪审员参与到庭审当中是能够提升相关案件质量的。因为职业法官和人民陪审员的思维是不同的，人民陪审员没有被职业化。并且如今我国的法官尤其是基层法院的法官，即使已经入额，往往也比较年轻。在这种情况下无论是生活经验还是社会经验也好，这些法官的经验积累或许真的不如一些人民陪审员。虽然刚才在我呈现的调研问卷中有数据显示，法官对人民陪审员的经验并不是很赞同，但事实上有很多的人民陪审员可能是退休的"五老人员"，例如退休的高校老师等。我在此次调研时便采访到了西安财经大学退休教授和西安交通大学退休的教授，他们都是教授刑法的学者，他们的知识积累一定是丰富于职业法官的。所以人民陪审员的运行模式是能够提高相关案件的裁判质量的，其也能改变职业法官在庭审的过程中的一些认知，发挥人民陪审员的庭审认知优势，发挥其在程序规范方面的相关功能。

我想回应的第三个问题是，张友好教授最后谈到的关于切割证据的问题。实际上张友好教授的评论是以人民陪审员的功能价值作为出发点和落脚点的。张友好教授的大部分观点我都是非常认同的。刚才张友好教授提到了关于证据的问题，他认为证据问题应该属于是法律问题。针对其他国家尤其是英美法系国家认为证据问题属于法律问题的看法，我是非常认同的。但是我认为，在中国现有的庭审模式和司法实践中，如果完全把证据作为法律问题，可能还不具有相应的现实基础。一方面，目前我们关于非法证据排除或者瑕疵证据的认定以及相关证据问题等，并不是在庭前会议阶段便已经完成了的，很多都是在庭审阶段完成的。所以在这种情况下，人民陪审员或多或少会接触到这些非法或者瑕疵证据，这是第一点。第二点就是人民陪审员接触到的相关证据，例如对非法证据或瑕疵证据的判断是有事实基础的。法律问题我们可以交给法官来处理,例如证据是不是非法取得的,有无相关事实或证据加以证明它是非法的。我想这个问题是值得我们深入研究的。从证明对象上来讲,一般认为程序法的事实、实体法的事实是证明对象,如果把证据法的事实也当作是事实会造成循环往复的判断。但是在法律和事实之间进行认定的时候,我还是比较倾向于证据的问题是一个暗含着法律和事实的问题。《人民陪审员法》第 20 条规定,审判长应当对本案中涉及的事实认定、证据规则和法律规定向人民陪审员作出必要的解释和说明。那么也就是说,从《人民陪审员法》角度上来讲其包含了证据规则,只是或许在说理的过程中,法官应该具备一定的职业素养,要具备分清证据哪个方面涉及事实,哪个方面又涉及法律适用问题的能力。万老师,以上就是我的回应。

主持人:万　毅

好的,谢谢仁琦耐心的回应。我们就不再展开回应了。真理的问题永远都在讨论中,让我们带着分歧,一路前行。也希望我们的改革能够走出一条我们自己的路。

谢谢仁琦的精彩讲座,谢谢张友好教授和潘侠副教授的精彩点评。夜色已晚,朦胧的夜色中,黑夜给了我们黑色的眼睛,但我们用它来寻找光明。本次讲座结束,谢谢各位。

第九讲
认罪认罚从宽制度的中国性

主讲人　闫召华　西南政法大学教授
主持人　吴宏耀　中国政法大学教授
与谈人　李　伟　中央财经大学副教授
　　　　初殿清　北京航空航天大学副教授
时　间　2022年6月29日 19:00—22:00

主持人：吴宏耀

今天是"全国青年刑诉学者在线系列讲座"第九讲。今天主题是"认罪认罚从宽制度的中国性"。我是今天活动的主持人——中国政法大学教授吴宏耀。今天参与此次活动的嘉宾有主讲人闫召华教授，与谈人中央财经大学法学院李伟副教授和北京航空航天大学法学院初殿清副教授。

今天讲座时间从晚上7点到10点，初步安排是：主讲人有一个半小时的主报告时间，两位与谈人每个人有20分钟的与谈时间，然后留15分钟的时间给主讲人予以回应。如果在听讲的过程中，有值得讨论的问题，大家可以提出来，最后我们会根据在线提问，留十几分钟的时间来做一个互动。

下面进入主报告环节，今天的主讲人是闫召华教授。闫召华教授是河南睢县人，西南政法大学法学院教授，博士生导师，西南政法大学刑事检察研究中心（最高人民检察院刑事检察研究基地）副主任，《现代法学》学术编辑，《刑事司法论丛》主编，重庆市高校中青年骨干教师，西南政法大学122人才特别支持计划"学术拔尖人才"。闫召华教授曾主持完成国家高端智库重点委托项目、国家社科基金项目等省部级以上课题10余项，在重要期刊发表学术论文60余篇，独著两部。研究成果曾先后获得中国法学会首届董必武青年法学学术成果奖二等奖，重庆市第九届哲学社会科学优秀成果二等奖等。今天闫召华教授的报告主题是"认罪认罚从宽制度的中国性"。下面我们有请闫召华教授。

主讲人：闫召华

各位晚上好！很高兴能利用教育部刑事诉讼法课程虚拟教研室的平台来和大家交流一下我对认罪认罚从宽制度的一些粗浅思考，也特别感谢吴老师的辛苦主持，还有李老师、初老师来参与评论。

我这一讲准备主要从六个方面来展开：认罪认罚从宽制度的性质定位；认罪认罚从宽制度的听取意见模式，也就是专门机关与被追诉人之间的沟通模式；还有专门机关相互之间的关系模式；检察主导以及真诚悔罪的要求；还有证据证明问题以及被害人的定位。希望通过这六个方面的分析，可以让大家粗略了解一下我国认罪认罚从宽制度在设计过程中的一些中国特点、中国智慧。

在正式开讲之前，我觉得有必要做几点说明。第一个需要大家注意的就是，我国认罪认罚从宽制度来源的多元性。它既不是舶来品，也不能说是完完全全土生土长起来的。从整体上来说，我个人认为，我国的认罪认罚从宽制度是建立在对于中西关系、古今关系以及理想与现实关系的适当平衡基础之上的。在中西关系的处理上，它借鉴了西方的经验，但也跳出了西方模式。在古今关系，也即传统与现实关系的处理上，它也承继了传统，同时也有对传统的超越。在理想与现实关系的处理上，它源于现实，基于实践，同时也高于实践，带有一定的前瞻性。所以有人把认罪认罚从宽制度在实施中出现的一些问题归结为水土不服，或者是"移植"导致的排异反应。其实这种观点在潜意识里是把我国的认罪认罚从宽制度，看成了一种舶来品、一种移植过来的制度，我觉得这是不太合适的。认罪认罚从宽制度虽然借鉴了一些西方的经验，但是很多地方还是体现出了中国的诉讼传统以及现实需要。所以从某种意义上来说，这个制度也是对我国坦白从宽政策的传承，对宽严相济刑事政策的体现，它的基本思路其实也受到了原来坦白从宽思路的影响,也就鼓励被追诉人通过认罪认罚以争取得到专门机关的从宽处理。

第二点需要大家注意的就是,我们这一讲的主题虽然是"认罪认罚从宽制度的中国性"。但是强调该制度的中国性、特殊性,并不是无视它的规律性、普遍性。认罪认罚从宽制度的产生,总体上是符合整个世界刑事诉讼制度发展的大方向的。有学者把它归结为"放弃审判的刑事诉讼的所谓的第四范式"①,它其实也符合世界范围内的所谓的检察官司法的浪潮,以及轻罪治理制度变革的一个大的趋势。特别是在以被追诉人的自愿弃权来确保被追诉人权利的克减、诉讼程序简化的正当性这些方面,其实还在一定程度上受到了西方的辩诉交易、认罪协商等类似制度的启发和影响。

第三点需要强调的就是,体现中国性的这些制度设计,可以说总体上是比较合理的,但也不一定完美无缺。例如,由于专门机关与被追诉人的地位非常悬殊,专门机关在听取意见的时候很容易出现应听不听或者听而不取等问题。再如,现在的真诚悔罪要求还停留在司法解释的层面,而且还缺乏可操作性的一些审查细则,导致实践中很难操作。还有,我国的认罪认罚从宽制度虽然重视且规定了被害人的参与机制,体现了想把合作式司法与恢复式司法衔接起来的初衷,但是在2018年修法时,基本上没有调整刑事和解制度部分,没有建立起相应的衔接机制。此外,虽然在程序法层面,认罪认罚被规定成了一个独立的量刑情节,但是我们目前尚未完全厘清这一量刑情节与其他相关量刑情节的关系,容易导致重复评价以及空白评价等问题。

第四点就是认罪认罚从宽制度的可塑性。很多人都希望探寻出认罪认罚从宽制度的立法目的,即这个制度本质上是怎么样的,该怎么正确地理解?其实我认为我国认罪认罚从宽制度的根本定位在很大程度上依然是一个悬而未决的问题。即便它有立法目的,但这一立法目的目前来看

---

① 熊秋红:《比较法视野下的认罪认罚从宽制度——兼论刑事诉讼"第四范式"》,载《比较法研究》2019年第5期。

也处在一个变动不居的状态。有学者还专门研究过所谓的认罪认罚从宽制度立法目的的波动现象。可以说认罪认罚从宽制度的立法目的从开始试点到正式地被写入法律,甚至到现在为止都没有一个定论。但是,对于认罪认罚从宽制度的讨论、争论本身是会反过来对我们的立法,包括对立法目的产生影响。就像认罪认罚从宽的协商问题,其实《刑事诉讼法》中并没有提到这个词,甚至可以说是故意避开了这个词,但正是在很多人的"鼓"与"呼"之下,《认罪认罚指导意见》中首次在正式文件的层面使用了"尽量协商一致"的提法,而且很难说这些规定会不会在下次修改《刑事诉讼法》时就进入法律。所以大家在共同关注、讨论这个制度的时候,其实何尝不是在合力塑造我国的认罪认罚从宽制度。

最后我想说的是,在这一讲里面所要讲的理解和观点,很多属于我的个人看法,而且大多属于少数派的意见,仅供大家在形成自己对于认罪认罚的独特理解时适当参考,而且也诚恳地希望得到吴老师、李老师、初老师的批评指正。

一、超越程序:认罪认罚从宽的多重定位

下面我们就来看第一个问题:认罪认罚从宽制度的性质定位问题。它到底是不是一种单纯的程序机制?我个人的观点是,如果把我国的认罪认罚从宽当成域外的,类似于辩诉交易的一种程序机制,就把这个制度看小了。其实我国的认罪认罚从宽制度至少可以从五大方面去把握,当然也有可能从更多维度进行合理的解读与评价。

(一)有效惩罚犯罪、促进矛盾化解、增进社会和谐的社会治理方式

第一个定位,我国的认罪认罚从宽制度是有效惩治犯罪、促进矛盾化解、增进社会和谐的一种社会治理方式。要提高到社会治理的高度,来看待认罪认罚从宽制度的功能,要跳出认罪认罚从宽制度本身,甚至跳出法律去看待这个制度。怎么理解这句话?其实大家思考一下认罪认罚从宽制度改革的过程,就可以看出一些端倪,首先我国是在党的十八届四中全会中作出此项决定,然后又动员宣传,紧接着部署贯彻落实,甚至用考核

的方式去推动,其实这种改革的方式带有鲜明的运动式治理的特征,也就是说,认罪认罚从宽制度改革本身就有运动式治理的要素在里面。我们现在经常说认罪认罚从宽制度的适用率非常高,达到85%以上,为什么能达到这样高的适用率?这和检察机关考核指标的设定有关系。有的人说考核适用率其实是不合理的,但是大家有没有想过为什么要考核适用率?难道仅仅是从司法管理角度这样一种技术层面考量吗?恐怕不会那么简单。考核适用率的原因,可能不仅仅是从刑事诉讼程序理论层面就能理解透彻的。就整体来看,我们是把认罪认罚从宽制度当成犯罪治理方式的一部分,当成大的国家治理机制的一部分。在2018年修改《刑事诉讼法》时,立法说明中提到了关于起草工作的指导思想,当时说的就是,要坚决贯彻落实党中央关于实行认罪认罚从宽制度和速裁程序的决策部署,进一步完善深化司法体制改革,推进国家治理体系和治理能力的现代化。深化司法体制改革,推行认罪认罚从宽制度,跟我们国家治理体系、治理能力现代化有什么关系?因为它把犯罪治理看作社会治理的一部分,提升到这样一个高度。从改革的推进方式就可以看出它的这种特征。

再从理念上看,我们现在谈治理,包括国家治理、治理能力以及治理能力现代化,这些都是近年来才开始讨论的概念,原来我们是谈统治、谈管理,其实治理理念本身就体现出与认罪认罚从宽制度理念的契合性。治理相对原来的管理和统治体现出一种多元参与——政府、社会、被治理的对象,而认罪认罚从宽制度也特别强调多元参与——专门机关要听取各方的意见等。

而从终极目的来看,认罪认罚从宽制度也是超越刑事诉讼的,不仅仅说要使被追诉人得到恰当而有效的制裁,还承担着深层化解社会矛盾、综合解决纠纷、努力建设和谐社会等目标。最终极的目标就是要达到习近平总书记提到的"努力让人民群众在每一个司法案件中都感受到公平正义"。所以如果不提高到这样的高度来认识认罪认罚从宽制度,我们就把它看小了。现在很多同志不理解认罪认罚从宽制度为什么要求悔罪(国外的辩诉交易、认罪协商没有以被追诉人悔罪为要件的),但是如果从社会治理、犯罪治理视角来看的话,悔罪要求是完全正当、必要的。

这段时间我们都在讨论"唐山打人案",其中的陈某亮,现在被抓起来了,其实他才刚刚从监狱里放出来不久。在陈某亮减刑的裁定书上,其减刑的理由是,他在服刑期间认罪悔罪,但是他是不是真的悔罪就很难说,可能他刚出狱甚至还没出狱的时候就已经开始筹划下一次怎么来组织网络赌博了。所以,如果不要求悔罪,如果不真正地审查悔罪要求,我们对犯罪嫌疑人所谓的技术性认罪认罚、表演性的认罪认罚都从宽处理,真的能达到认罪认罚从宽制度的目的吗?这是要打问号的。这是第一个方面,我们跟国外的辩诉交易还有认罪协商制度的不同之处在于,我们将它作为社会治理的一种方式,定位非常高。

(二)刑事诉讼法的基本原则

第二个定位,我们国家的认罪认罚从宽是刑事诉讼法上的基本原则,这跟国外的辩诉交易、认罪协商显然也是不同的。我之前出了一本书,其中序言部分是孙长永教授写的,序言的题目就叫《正装上的补丁还是流行的便装?——认罪认罚从宽制度的特点与挑战》。他提到一组数字,在美国,97%的联邦刑事案件和94%的州刑事案件,都是通过有罪答辩得以解决的,所以就不能说辩诉交易是"补丁"。原来常说美国正式的刑事司法制度是"西装",辩诉交易只是"补丁"。但现在90%多的案件都是通过辩诉交易处理的,所以倒不如说它是最流行的"便装"。而我们国家现在情况也类似,我国85%以上的刑事案件是通过适用认罪认罚从宽制度办结的,在这种情况下,也不能说认罪认罚从宽制度是我们国家刑事诉讼的"补丁",所以如果把不认罪或者认罪不认罚案件称为"中山装",孙老师认为认罪认罚诉讼程序可以称为"便装",速裁程序可称为"休闲装"。

从上述比较中可以看到两种制度类似的一面,至少在适用率上好像都差不多。但我国认罪认罚从宽制度适用率很大程度上是考核的结果,这种适用率比较的本身很容易导致对两种制度巨大性质差异的忽略。其实这两种制度在与传统诉讼模式的关系上是有质的区别的:在我国,认罪认罚从宽制度是原则;而在西方,认罪协商和辩诉交易是传统诉讼模式的例外，两者呈现冲突状态。这种协商性的刑事司法，与西方传统型刑事司法在价值理念、基本原则和适用领域等方面，既相互矛盾，又相互竞争，很难和谐共存。可以说，英美法系的辩诉交易制度本来就是繁杂的正当法律程序在面对司法现实困境时的一种无奈选择，是刑事审判体系不良运作的产物，因此被很多人视为对常态刑事司法的一种异化。即使在美国联邦最高法院宣告其合宪之后，美国的法律界和实务界对辩诉交易还是存在巨大争议。而在大陆法系国家其实情况也差不多，辩诉交易和认罪协商更是给传统型司法带来了一系列颠覆性的冲击，甚至对刑事法的基本原则构成了重大挑战。所以大陆法系国家通常严格限制认罪协商的适用范围。但是，我国的认罪认罚制度基本不存在这样的问题。因为我们的制度就是建立在我们的诉讼传统和一般诉讼构造之上的。它内嵌于常规的诉讼程序之中，没有改变我们国家原来的层层把关式的诉讼模式，没有改变我国职权信赖的司法理念，也不涉及对于刑事诉讼目的观和价值观的根本调整，而仅仅是对传统诉讼模式的一种优化和发展。所以它整体上还是处于传统型刑事司法的框架之内。这样想就可以理解，为什么中央最早提出认罪认罚从宽制度改革的时候，使用的词不是"建立"、不是"重构"，而是"完善"刑事诉讼中的认罪认罚从宽制度。

所以，在2018年修法时，直接在第15条将认罪认罚从宽规定成了刑事诉讼法的基本原则。而规定成基本原则就意味着这个制度的普遍适用性。因此，我国的认罪认罚从宽制度没有适用案件范围的限制。当然，不限制它的案件范围还有另一个重要原因，就是它是坦白从宽、宽严相济刑事司法政策的直接体现。有没有办法限制这两个政策的适用范围？其实没有办法，也不应该限制其适用范围。最高人民检察院发布的第二十二批指导案例中的检例第84号，用指导案例专门强调，"认罪认罚从宽制度可以适用于所有刑事案件"，没有适用罪名和可能判处刑罚的限定，包括有组织犯罪在内的涉黑、涉恶严重犯罪均可以依法适用。这个案例对我们的另一个启发是，由于认罪认罚从宽制度没有适用范围的限制，认罪认罚作为一种从宽情节，没办法无视，也没办法禁止。被追诉人说自己认罪认罚,专门机关说你不能适用认罪认罚,这显然是不合适的。当然这个制度不一定必须适用或者必须对认罪认罚者予以从宽,因为认罪认罚从宽原则说的是可以从宽。所以,大家看一下这个指导案例,它很有意思,专门提到了在从宽的时候应坚持区别对待,须对黑社会性质组织的领导者林某彬从严惩处,建议法庭依法不予从宽。有人可能会产生疑惑:依法不予从宽,那他这个人是否认罪认罚?我在其他材料中看到,这个首要分子林某彬当庭表示愿意认罪认罚,然后主动向法庭指证了另一个拒不认罪要犯的犯罪事实,使该要犯的辩解不攻自破。也就是说,他也认罪认罚了,但是专门机关并没有对他从宽处理。在这种情况下算不算适用了认罪认罚从宽制度呢?我觉得依然算,依然属于认罪认罚从宽原则的体现。因为,认罪认罚从宽原则是可以从宽,不是必须从宽,我们依然认可他认罪认罚,因为有的时候就算有认罪认罚依然还有可能存在其他从重或加重的情节,最后权衡的结果是不足以从宽。这一点大家尤需注意。

(三)一个独立的从宽处罚情节

第三个定位,认罪认罚在实体法上是一个独立的从宽处罚情节。但需要注意的是,目前对独立从宽处罚情节的定位还主要停留在司法解释层面、程序法层面,刑法进一步完善后,有可能把它吸收进去。从"两高"在量刑指导意见中对从宽处罚情节的规定来看,已经明确认可了认罪认罚情节的独立性,而且将其规定成了一个从宽幅度很大的量刑情节。比如具有自首、重大坦白、退赃退赔、赔偿谅解等情节时(特别是赔偿谅解,这是认罪认罚案件中的常见情节),就可以减少基准刑的40%。但大家在理解这个量刑情节时一定要注意,之所以强调第三个定位是独立的从宽处罚情节,这需要跟国外的辩诉交易以及认罪协商比较起来看。国外的辩诉交易当然也能引起从宽的后果,但是它是依托于程序机制来发挥作用的。辩诉交易之后,被追诉人做出有罪答辩,放弃正式审判,得到从宽处理,是这样的一个逻辑。但是我国的认罪认罚所导致的从宽,并不必然需要程序机制去连接,或者说,法律现在尚未规定必须基于什么样的程序机制。特别是大家如果能结合2021年《刑诉法解释》第356条、357条的规定,就会发现,我们现在所要求的,如果被追诉人在侦查阶段、审查起诉阶段未认罪认罚,到了审判环节才认罪认罚,或者被追诉人直到二审阶段才认罪认罚的,法院只需根据认罪认罚的具体时间等情况决定是否从宽并依法作出裁判即可。不用检察机关提出或调整量刑建议,也不用被追诉人签具结书,法院可根据他的表现直接作从宽判决。在这种情况下,认罪认罚其实已经弱化成了一个纯粹的从宽处罚情节。所以,强调认罪认罚作为独立从宽处罚情节的一面,与我国的诉讼模式密切相关。这种层层把关的诉讼模式决定了,对于认罪认罚从宽制度,不同的诉讼阶段都要有相应的适用机制,而且三个阶段的适用机制有可能是不一样的。

(四) 一套程序机制

第四个定位,它是一套程序机制。前面提到,西方的辩诉交易和认罪协商是依赖、依托程序机制来发挥作用。而我国与西方还是有区别的,我们没有采用西方放弃正式审判的模式,也没有创立出一套完全独立、专属的认罪认罚从宽程序。当然,认罪认罚必然带来诉讼程序在不同程度上的简化。我国虽然没有一个统一而专属的程序,但对于认罪认罚案件,还是有一些共同的基本的程序性要求。这些共同的程序性要求集中体现在《刑事诉讼法》关于认罪认罚从宽制度的14条规定中,这些规定在客观上构成了一套认罪认罚案件的程序机制。这套程序机制至少有四个核心环节:告知、提出建议、听取意见、具结,一般的认罪认罚案件均需具备这四个环节。这套程序机制的作用至少体现在两大方面:一方面它是权利保障机制,靠这套机制来保障被追诉人认罪认罚的自愿性、真实性等;另一方面它又是一套程序简化或者叫权利克减机制。但刚才已经讲到,构成这一套机制的四个环节并非在每个诉讼阶段适用认罪认罚从宽制度时都必不可少,至于哪些是不可或缺的,哪些是可以省略的,是非常值得研究的一个问题。

比如在此前的一个研讨会上,魏晓娜老师提到过一个指导案例,即

《人民司法》2021年第26期上刊载的一个非法吸收公众存款案,这个案件核心的争议点就在于审判阶段认罪认罚的程序机制。检察院在起诉被告人时并没有提出适用认罪认罚从宽制度的建议,但被告人在审判阶段认罪认罚了,法院直接对其从宽处理。后来,检察院提出了抗诉,理由是法院在适用认罪认罚从宽制度的时候,没有依据《刑事诉讼法》的规定通知检察机关调整量刑建议,且没有让被告人签署具结书,属于程序违法,请求二审法院撤销原判、发回重审。但二审法院审理后认为,虽然检察机关没有建议适用认罪认罚从宽制度,但一审法院是根据普通程序进行的审理,程序是合法的、适当的,一审法院依据《刑事诉讼法》第15条认罪认罚从宽原则的规定对被告人予以从宽处罚,也是合法的。因此,驳回了检察院的抗诉,维持了原判。该案中,检法争议的焦点在于审判阶段适用认罪认罚从宽制度,到底需不需要完整遵循我们刚才提到的那些核心程序机制,即要不要提出量刑建议,或者是否必须通知检察机关调整量刑建议,被告人要不要签署具结书等。

有学者主张,既然已经到法院审判阶段了,被告人当庭表示认罪认罚,这个时候再让检察院去主导沟通,听取意见,提出量刑建议,很没有效率。不如直接让法院将认罪认罚作为一个从宽处罚情节,直接作出从宽处理?但我个人认为,处理一定要慎重。我们不能仅从效率这一个维度去考量这一问题,必须考虑到认罪认罚案件的具体情况以及认罪认罚的实际影响等多种因素。正如刚才所讲,认罪认罚从宽的这套程序机制不仅仅是程序简化不简化、有没有效率的问题,它也是一套权利保障机制。在审判阶段适用认罪认罚,不是只有这种情况——就是审理过程中被告人突然良心发现了,表示要认罪认罚,然后法院将其作为一个量刑情节直接评价,作出从宽处理就行了。实践中有可能还存在有些地方探索推行的"后置式协商"。所谓的"后置式协商",就是法院非常主动地跟被告人进行沟通,说明认罪认罚会怎么样、不认罪认罚会怎么样,然后被告人选择了认罪认罚。在这种情况下,如果不适用刚才说的那一套程序机制,其实很容易侵害到被追诉人认罪认罚的自愿性。包括我国当前的认罪认罚从宽立法，从刚才讲的角度考虑，有些规定可能都存在问题。比如《刑事诉讼法》174条第2款有关免签具结书的规定。有很多同志可能没有真正理解，为什么要规定免签具结书，到底是出于什么样的原因和考量来作出这样的规定。其实对于免签具结书规定的几种情形，在试点办法中直接规定成"不适用认罪认罚从宽制度的"。但后来有人提出异议，表示认罪认罚获得从宽处理是未成年及盲聋哑被追诉人的一种权益，凭什么直接把这一群体的认罪认罚权益给剥夺了？所以，在正式立法时把这些改成了"不需要签署具结书"的情形。为什么不需要签署具结书？我个人揣测，立法者旨在保证这一部分人仍然可以享受到从宽待遇，仍然可以在认罪认罚情况下获得从宽处理，但是他们无须履行程序义务，因为在处理这部分案件时，考虑到这些人的行为能力、诉讼能力问题，程序不能太简化，要推进得更加慎重。但是如果仅仅出于这样的考虑，其实是不太合理的。因为像那些可能判无期徒刑、死刑的重罪案件，同样也有可能属于我国认罪认罚从宽制度的适用范围，也可以得到从宽处理，其实在处理上也很慎重，也没有做太多的程序简化，但是不是也可以免签具结书呢？从自愿性、明知性保障机制的角度来讲，签署具结书的程序，不仅仅是所谓被告人的程序义务问题，或者是固定被追诉人认罪认罚态度的问题，并不是对他不利的一个程序设置。它也有对被追诉人有利的一面，可以借以充分保障被追诉人认罪认罚的自愿性、明知性，同时也是对专门机关的一种约束。鉴于此，免签具结书规定的合理性值得进一步讨论。

还有刚才讲到的二审认罪认罚的问题。二审认罪认罚的具体内容，2021年《刑诉法解释》第357条已经作了规定。按照认罪认罚从宽原则的内涵与精神，在二审阶段适用认罪认罚从宽制度是完全没有障碍的。当然，在从宽幅度上，因为该阶段的认罪认罚对简化程序的实际功用大打折扣，所以要严格控制。但二审阶段适用认罪认罚制度，牵涉到程序滥用以及悔罪态度问题。在二审阶段才认罪认罚有可能是被追诉人滥用程序权利、诉讼权利，而且也有可能反映出其不具备真诚悔罪的态度，所以，不一定必然满足认罪认罚的条件。而且,二审适用认罪认罚还涉及一个复杂的程序问题:由于我国实行两审终审制,这意味着,直接对被告人进行从宽处理后,被告人没有进行上诉的权利了。所以,在这种情况下,能不能就像2021年《刑诉法解释》规定的这样直接作为一个从宽情节去处理,而不适用认罪认罚的核心程序机制,值得研究。程序简化要有度,认罪认罚的程序机制是对被追诉人的权利保障,同时也是对法院的监督约束。我个人认为,在二审阶段适用认罪认罚从宽制度,还是尽量要开庭,尽量适用认罪认罚的核心程序机制。其实检察院在《人民检察院办理认罪认罚案件开展量刑建议工作的指导意见》(以下简称《认罪认罚量刑建议指导意见》)中也提到,人民检察院办理二审、再审中认罪认罚的案件,参照本意见提出量刑建议。这表明,在二审中适用认罪认罚从宽制度时,检察机关也照样可以提出量刑建议。

(五)专门机关的一项职权

第五个定位,它是专门机关的一项职权。从认罪认罚从宽制度的相关法条看,总体上采用的是一个职权从宽的思路,即被追诉人以自己的认罪认罚争取从宽处理。但说它是职权从宽,是否意味着专门机关可以随意拒绝被追诉人包括辩护人提出的适用认罪认罚从宽制度的申请呢?其实不能这样理解。所谓的职权,既是一种权力,也是一项职责、一种责任。在符合适用条件时专门机关就应当适用这个制度,不是可以任意选择、任意拒绝,想用就用,不想用就不用,这不符合立法初衷。正是因为它是专门机关的一项职权,检察机关在提出量刑建议及被追诉人签署具结书之后,不能任意地撤销具结书、变更量刑建议。这种对专门机关的约束主要来自它本身职权行使的严肃性、规范性,即刚才所说的职责约束,而不是所谓的契约效力。有很多学者喜欢用契约理论去分析我国的认罪认罚从宽制度,其实这多是建立在对我国认罪认罚从宽制度性质的误解之上。在此不再赘述。

二、听取意见：专门机关与被追诉人的沟通模式

(一) 听取意见模式的基本内涵

第二个问题是专门机关与被追诉人等的沟通模式，我把它概括为听取意见模式。可以说，听取意见模式在我国《刑事诉讼法》中是有直接要求和明确表述的，即在被追诉人认罪认罚之后专门机关要听取相关人员的意见并记录在案。所谓的听取意见，其实质就是，专门机关在看被追诉人的表现、听取被追诉人的意见的情况下，根据事实和法律作出相应的决定。听取意见无疑是专门机关与相关主体的一种沟通，但这种沟通与协商、交易是有本质区别的。决定听取意见模式与协商模式、交易模式的最根本差别，就在于专门机关决定的根据，还有被追诉人意见对于专门机关决定的影响力。以量刑建议的形成过程为例。检察机关首先提出一个量刑建议，建议判处被追诉人有期徒刑 3 年，然后去听取被追诉人意见，被追诉人或者他的辩护人有可能提出，对被害人的赔偿这么充分等，建议判 3 年还是偏重了，应当减为两年半，对此，检察机关觉得辩方意见也比较合理，遂满足了辩方要求。这个过程叫不叫协商呢？当然，如果非要称之为协商，也未尝不可，但可能需要重新界定协商的内涵。我个人认为，这一过程还是属于听取意见的范畴。因为检察机关决定降低或者调整量刑建议的根据还是事实和法律，并非单纯地因为辩方不接受量刑建议的主观态度。检察机关需要考量辩方不接受量刑建议背后的根据是不是合理，只有根据合理，检察机关才听取。这在本质上决定了听取意见不是协商或交易。复旦大学熊浩老师在讲辩论时提到的一个观点很有意思，对我们理解听取意见模式的性质有借鉴意义。他说两方沟通的性质取决于最终的决定权，如果决定权在一方，就像老板跟员工讨论是否要涨工资之类的事项时，决定权在老板，对于老板而言，这一沟通过程就是听取意见。对于被追诉人而言，这一沟通过程主要是一种说服活动。只有当决定权在双方时，双方的沟通才叫协商。当决定权在第三方的时候，双方的沟通只能叫辩论。也就是说，沟通过程中的决定权归属、决定根据以及被追诉人意

见的影响力,在很大程度上决定着沟通关系的性质。千万不能以为有沟通就是协商。如果有沟通就是协商的话,我们在 2018 年《刑事诉讼法》修改之前都一直采用的是听取意见模式,那是不是以前都一直在进行协商性司法呢?显然不是。其实很多辩护律师追求所谓的平等协商,只是想求得专门机关听取意见的实质化,也就是专门机关能够真正尊重被追诉人和辩护人的合理意见。

(二)实践中(包括某些规范性文件中)的某些所谓协商,实质上可能仍是听取意见

《认罪认罚指导意见》第一次在规范性文件中提到了"尽量协商一致",但它的完整表述是"充分听取意见,尽量协商一致"。其实,这里,"协商"的内涵依然是尊重辩方的合理意见,并说服被追诉人接受量刑建议。《认罪认罚指导意见》还在规定如何提出量刑建议时提道,要坚持以下原则,即宽严相济、依法建议、客观公正、罪责刑相适应、量刑均衡。特别是依法建议,强调要根据事实、根据法律。其第 25 条又专门提道,如果被追诉方对量刑建议提出了不同意见,人民检察院经审查认为意见合理的,应当采纳,经审查认为意见不合理的,说明理由,不予采纳。不难看出,这些指导意见中,有的时候即便提到了协商,它的意思其实还是听取意见,并不是真正的平等协商,更不是讨价还价。最高人民检察院检例第 82 号在要旨以及检察履职情况时都用到了"量刑协商"一词。但是,认真研究它所介绍的量刑协商过程就会发现,其实就是一个听取意见的过程:检察机关根据犯罪事实和量刑情节初步拟定量刑建议,然后听取辩方意见,针对辩方提出的意见,审查并采纳合理的部分,对量刑建议进行调整。

(三)把听取意见误认为平等协商会导致更多制度困惑

如果把听取意见误认为协商或者强行解释为协商,可能会导致一系列的问题。比如,第一个问题,如果是协商,我们刚才讨论到的认罪里面的真诚悔罪要求,它能协商出来吗?事实上恰恰相反,辩方讨价还价反而经常就是不真诚悔罪的表现之一。而且,它还会导致第二个问题,即怎么理

解彻底的认罪认罚,即无条件、主动、积极、全面的认罪认罚。很多案件里面根本就没有协商因素,没有人跟辩方沟通,其就主动作出认罪认罚的选择。这种情况如果放在美国,算是适用了辩诉交易制度吗?要知道,在美国,辩诉交易也只是被追诉人作出有罪答辩的动因之一,并不是所有的有罪答辩都是辩诉交易的结果。还有第三个问题,刚才我们讲道,在审判阶段也可能在没有经过沟通的情况下,被追诉人主动选择认罪认罚,然后法院直接将此作为一个从宽情节进行处理,这种情况显然也不是协商式司法所能完全概括的。

(四)听取意见当然并不排斥相关主体提出异议

听取意见这种模式不排斥听取意见对象提出的异议。首先,不排斥辩护人提出的异议。根据《刑事诉讼法》的规定,适用认罪认罚从宽制度的核心条件,只是被追诉人认罪认罚,而不是辩护人必须做支持被追诉人认罪认罚的辩护。辩护人当然有提出独立辩护意见的权利。实践中一些专门机关出于多种原因,对认罪认罚案件中的辩护人提出异议表现出某种排斥,甚至直接不再适用认罪认罚从宽制度,给辩护人正常履职造成很大压力,既不合法、也不合理。

其次,听取意见模式也不排斥被追诉人提出的异议。实践中有个别司法机关认为被追诉人只要认罪认罚了,就不能再对罪与罚提出任何异议,否则就是不认罪或不认罚。其实这是对听取意见模式的误解和扭曲。它既限制了被追诉人的辩护权,同时也无视了认罪认罚的动态性与复杂性。就像《认罪认罚指导意见》规定,认罪认罚需要区分早晚,需要区分主动还是被动、彻底还是不彻底。完全主动的不附加任何条件的认罪认罚当然是应该鼓励的,但是被动的,原来不认罪认罚,经过沟通和教育转化之后,再来认罪认罚的,也是欢迎的。

我们可以看一下这个案例。重庆市某区的法院碰到了一个所谓的附条件认罪认罚的被告人,被告人为自己的认罪认罚态度附设了条件。他提出,检察机关的量刑建议太重了,接受不了,只有再降低一些,他才愿意认罪认罚。而法院认为,被告人附设条件的行为表明,其认罪认罚态度不彻底,不符合认罪认罚从宽制度的精神,从而不对其适用认罪认罚从宽制度。其实这种处理是不合适的。在认罪认罚案件中,并不是说被追诉人不能对量刑建议提出任何异议,被追诉人的异议有可能是合理的。被追诉人认罚也可以理解为被追诉人愿意接受合理的处罚,认罚并没有完全剥夺他在量刑问题上的辩护权。根据《刑事诉讼法》的规定,认罚是广义上的,既包括笼统的认罚,也包括具体的认罚。笼统认罚就是表示愿意接受处罚,具体认罚就是表示接受司法机关处罚的建议和方案,不具体认罚不一定不构成认罚。当然在刚开始试点时并非如此。当时的规定是,认罚就是同意量刑建议。而现在认罚内涵很宽,即便在审查起诉阶段,认罚都不必然表现为接受量刑建议,特别是在认罪认罚不起诉的情况下,没有必要提出量刑建议。

最后,听取意见模式也不排斥被害人等其他诉讼参与人的异议。

(五)把听取意见理解为平等协商并不合适

虽然立法中没有禁止协商,也没有明确协商,但是把听取意见理解为平等协商是不合适的。从规范层面看,我国的认罪认罚从宽制度对被追诉人达到认罪认罚状态并没有具体要求。对于如何达到认罪认罚状态,立法者的基本思路也受到了坦白从宽政策的影响,也就是鼓励被追诉人通过认罪认罚争取得到专门机关的从宽处理,主动的认罪认罚当然最好,教育转化次之,在这个过程中当然会听取或者吸收被追诉人的合理意见。当然,法律也并没有禁止通过控辩协商方式推动被追诉人认罪认罚,但这种方式显然不是立法认可的主导性方式。

(六)听取意见模式的优势

听取意见模式与域外的协商模式、交易模式相比,优势很明显,在此我就不过多地展开了。听取意见模式更契合我国的传统诉讼模式,更能在追求效率的同时保证司法公正,也更有利于保障被追诉人的权利。我们国家在权利保障方面一直采用的是公权力对私权利的观照模式,这与听取意见模式的精神是契合的。而且,听取意见模式更有利于保障被害人的权利,也能够更好地兼顾公共利益,提高司法权威。

协商模式其实有很多弊端。比如它有可能侵蚀证据裁判原则。而我们强调听取意见,其实就是强调专门机关既要听取意见,又要谨守底线,守好实体正义和程序正义的底线。过度强调协商,其实很容易损害社会公正。我们经常在一些认罪认罚案件中看到,被追诉人得到的从宽利益有过度之嫌。在这样的案件中,多方貌似皆大欢喜,被追诉人得到了非常实惠的从宽利益,专门机关大大提升了诉讼效率,被害人得到了充分的赔偿。但问题是,如果对被追诉人的从宽超越了必要的限度,到底会伤害什么?其实是伤害了司法公正、社会正义这个底线。这就是过度强调协商容易付出的代价。而且,过于强调协商还可能损及被追诉人利益。当然我们国家现在这种现象还不太突出。在西方,辩护律师有的时候会和控方形成默契,利用信息和知识的不对称伤害被追诉人的利益。另外,过于强调协商可能损及被害人,因为在一定意义上,被害人是控辩双方协商一致的妨碍因素;过于强调协商在我国当前这个阶段还会影响法律及司法权威。因为在法律权威、程序正义理念尚未真正确立的情况下,就开始推行以程序简化为主要特征之一的认罪认罚从宽制度,必须要注意怎么样才能更好地兼顾这两方面关系。

当然有的同志,特别是有些辩护律师可能会提到,实践中经过自己的努力,经过其与检察官的"讨价还价",一般都会有成效。有些律师介绍"协商"经验时,说要拿出到菜市场买菜的功力去跟检察官"讨价还价"。其实之所以会出现这种现象,有很多因素。第一个原因是,有的时候辩方提出的意见本身就是合理的要求,并不是毫无根据的"讨价还价"。第二个原因是,检察官对听取意见模式还没有真正理解透,而且有些检察官的责任心、专业能力以及提出量刑建议的能力本来就不是很强,量刑建议调整的空间本来就大。第三个原因是,最高人民检察院考核认罪认罚从宽制度的适用率,这使部分检察官虽不情愿但又刻意适用该制度。再加上,有些案件本身存在一些问题,属于特殊案件。所以,实践中并不排除有实质量刑协商情况的存在,最典型的就是周文斌案。这个案件经过协商之后，量刑由无期徒刑在二审时变成了12年。在该案中，专门机关之所以接受辩方讨价还价式的协商，主要就是因为这个案件在事实认定、法律适用、诉讼程序上可能都存在一些瑕疵，而且还需要考虑到二审的效果等其他因素，被追诉人认罪认罚后更容易实现"三个效果"的统一。

(七)不确定的改革方向

关于听取意见，最后需要讨论的是，听取意见模式以后到底有没有可能被现在很多学者所认同的协商模式所替代？我所坚持的听取意见模式可能属于少数派，或者说是保守派，而提出协商主张的这些人则偏激进了。协商论者认为，虽然知道目前想要做到控辩平等协商很难，但是只有提出月亮那样的目标才可能追求到星星。然而，问题是，这些人所追求的平等协商目标可能根本就是一种错误期待。对我国而言，协商模式可能并非月亮，而是一个黑洞，它可能吞噬我们原本应当坚持的符合中国实际的司法原则和诉讼模式。我在2019年就写过一篇文章，专门论述过听取意见模式的优势，这篇文章也被最高人民检察院的内部刊物转载过，产生了一定的影响。而且我欣喜地注意到，最高人民检察院曾经在2020年在各地开展一个改革试点——认罪认罚从宽制度控辩协商同步录音录像试点，当时相关的规范性文件是《办理认罪认罚案件控辩协商同步录音录像规定》。但是，大家会发现，在2021年底，最高人民检察院在正式通过两个相关的规范性文件(《人民检察院办理认罪认罚案件听取意见同步录音录像规定》《人民检察院开展量刑建议工作指导意见》)时，均把里面的"协商"表述改成了"听取意见"。

三、检察主导：专门机关间的关系模式

(一)为何不是法院

在专门机关的关系模式上，认罪认罚从宽制度奉行的是检察主导。有一些学者主张我国应学习德国模式，"认罪协商"让法院来主导，甚至把认罪认罚从宽制度降格为一种口供获取机制，这样就能降低所谓的协商

司法与我国传统诉讼模式冲突的烈度,体现对法官主导作用的尊重。我觉得这可能是一种误解,我们是否真的有必要把认罪认罚从宽制度降格成一种法官主导的口供获取机制?其实看一下认罪认罚从宽制度适用的实践情况就知道答案了。调研发现,绝大多数认罪认罚案件都是启动于检察机关主导的审查起诉阶段,侦查阶段中认罪认罚从宽制度的适用率非常低。但是,侦查阶段中被追诉人的认罪率却很高。换言之,侦查阶段中,在被追诉人认罪的情况下侦查机关却没有适用认罪认罚从宽制度的热情,而在审查起诉阶段,检察机关启动认罪认罚从宽制度时被追诉人绝大多数均已认罪。这表明,至少在当前,对于专门机关而言,认罪认罚从宽制度的主要功能并不在于口供的获取。

而且,在我国,法官主导认罪认罚从宽制度的可行性也值得怀疑。即便在非认罪认罚案件中,法官能不能起到主导作用都很难说。以法院为主导,就意味着认罪认罚案件采用以法庭为中心的处理程序,程序的关键环节、重点工作都要在审判阶段完成,但我国司法资源的耗费,重点是在审前阶段,在法院主导下,审前程序仍然无从简化。这样的认罪认罚从宽制度改革,连节约司法资源的目标都很难实现。更何况,在我国,人民法院不介入侦查、审查起诉阶段,因此也缺乏主导的现实条件。即使在国外,真正像德国那样做的也不多,大多数国家对于裁判者介入这种所谓的合作式司法持非常谨慎的态度。

(二) 为何不是公安机关

公安机关可不可能主导认罪认罚从宽制度的适用呢?答案显然是否定的。在我国的刑事诉讼过程中,虽然公安机关的立案侦查权非常强势,但其受到的限制也异常严格。根据《刑事诉讼法》的规定,对于被追诉人在侦查阶段认罪认罚的,公安机关甚至都没有被赋予向司法机关提出从宽处罚建议的权力。而《监察法》中规定,如果被调查人认罪认罚,监察机关有权向检察机关提出从宽处罚的建议。在相同的情况下,公安机关只是把被追诉人认罪认罚的情况记录下来随案移送。公安机关主要负责侦查阶段,他不是司法机关,没有从宽的话语权,所以他没法给被追诉一个确定的、可预期的从宽利益。其实这一点也决定了,认罪认罚从宽制度从一开始就不是主要着眼于口供获取的,而被追诉人也只能处于争取得到专门机关从宽处理的地位。事实上,在被追诉人已经认罪,想适用认罪认罚从宽制度,而专门机关又不缺少口供情况下,怎么样才能争取到从宽处理?如果检察机关不再有考核的压力,当前又没有域外检察官所要面对的正当程序审判导致的结果不确定压力,其又有什么动力适用认罪认罚从宽制度?这也许是我国认罪认罚从宽制度适用面临的独特问题。

(三)为何是检察机关

那为什么让检察机关主导认罪认罚从宽制度的适用呢?当然有对域外协商性司法、合作式司法中检察官司法现象的借鉴。而且,在我国的刑事诉讼过程中,在各主要诉讼阶段检察机关都有参与,并且处于连结侦与审的枢纽位置。更重要的是,人民检察院在宪法上定位为国家的法律监督机关,同时他也是维护法律统一、正确实施的司法机关,是代表国家利益、公共利益的重要力量。人民检察院行使的检察权有着多种性质复杂的权能,有行政性较为明显的侦控权,有司法性较为突出的审查逮捕权,有专门性的监督权等,这些权能还带有不同程度的监督性质。所以,综合衡量,我国检察机关是最适宜主导认罪认罚从宽程序机制的机关。当然一定要注意,我们说的主导是一种全流程的主导,但是这种全流程的主导并不是在整个刑事诉讼程序中的主导,而只是强调在认罪认罚案件、认罪认罚从宽程序机制中的主导。这一点在侦查阶段如何体现呢?检察机关不能直接主导侦查阶段或侦查程序,但是如果在侦查阶段认罪认罚的,侦查机关只能记录下来,并把这个相关材料移送给检察机关,让检察机关依法处理,这就体现了检察机关的主导地位。也就是说,检察机关只在认罪认罚程序机制中处于主导地位。

(四)立法体现

检察机关对认罪认罚从宽的主导在立法中也体现得非常明显。《刑事诉讼法》关于认罪认罚的规定里有9条都和检察机关的主导作用有关,而且是贯穿三个阶段,在此我就不一一展开了。其中最重要的两条就是第 15 条认罪认罚从宽原则中对认罪的界定和第 201 条指控意见对裁判拘束力的规定,后者就更不用说了,相关的探讨已经非常多了。关于第 15 条的规定,很多同志可能没有特别注意到立法者对认罪的特殊界定。它有两个要求:自愿如实供述自己的罪行、承认指控的犯罪事实,这里特别强调的是承认"指控的犯罪事实"。实践中已经出现过这样的案件,涉及起诉指控的罪名与审理认定的罪名不一致的,在这种情况下该怎么办?到底还适用不适用认罪认罚从宽制度。江西省某个基层法院判决的案件是这样来处理的,大家看合不合适。被追诉人在审查起诉阶段是认罪认罚的,检察机关起诉的是强制猥亵罪,被追诉人也接受检察机关指控的罪名,但是法院认为这个罪名不合适,应当定为强奸未遂。法院当然有依法确定罪名的权力,但被告人表示只接受强制猥亵罪的指控事实和罪名,不接受强奸未遂的认定。在这种情况下,法院依然对其适用了认罪认罚从宽制度,认为被告人符合认罪认罚的条件。而且法院没有改变检察机关的量刑建议——1 年 2 个月,只是改了罪名,认为检察机关量刑建议是适当的,法院予以采纳,最后还是判处了被告人有期徒刑 1 年 2 个月。

　　这里有两个问题:承认检察院指控的犯罪事实和罪名,不承认法院认定的事实和罪名,构成认罪吗?其实就是刚才讲到的,认罪认罚里的认罪就是如实供述自己的罪行,承认指控的犯罪事实。所以它是仍然有可能成立认罪认罚意义上的认罪。但是在法院改变罪名的情况下,还能说检察机关的量刑建议适当吗?这个问题确实值得讨论。在参与刑事诉讼立法的权威人士对《刑事诉讼法》的解释里提到,只要人民法院不认可指控罪名,检察院基于原指控的罪名提出的量刑建议,不再具有参考价值。这就意味着,即便根据新罪名确定的刑罚和原来的量刑建议数目相等,也不能说原来的量刑建议适当。当然,即使不说检察机关原来的量刑建议适当,被告人只接受原来的量刑建议,其实也可能不影响认罚的认定。因为,被告人的认罚既可以是接受检察院的量刑建议,也可以接受法院的量刑意见、处罚方案等。

(五) 检察主导的实践体现

检察机关在认罪认罚案件办理实践中主导作用的体现,我就不过多展开了。可以说体现得非常明显。刚开始这个制度适用的时候,只有20%的适用率,经过检察机关的努力,迅速提升到现在85%以上的适用率。而且不管是在侦查环节,还是在审判环节,其实认罪认罚从宽程序的启动,检察机关建议适用的占绝大多数。

(六) 认罪认罚案件中的检法冲突

众所周知,在认罪认罚从宽制度的适用实践中,检法关系的协调上确实也出现了一些问题,不时发生所谓的检法冲突现象。最典型的样本就是余金平交通肇事案。该案的处理过程我就不再介绍了。从该案中检察院和法院各自的说理来看,好像双方说的都有道理,不管是检察院的缓刑建议,还是法院后来的改判,都貌似各有根据,到底是谁错谁对,这牵扯到对《刑事诉讼法》第201条的理解。第201条确立的认罪认罚案件检法权力的行使逻辑,其实与非认罪认罚案件还是有所区别的。这一条的立法精神也是旨在提醒审判机关,认罪认罚案件中的指控意见体现了一种合意,为了充分发挥认罪认罚从宽制度的功能和价值,为了维护司法的信誉,同时也是为了保障被追诉人的权利,审判机关应认真对待指控意见,谨慎拒绝,确有必要拒绝时,也需要给检察机关与被追诉人重新沟通、达成合议的机会,或者是调整量刑建议的机会,其实这才是它的内旨。

可以说,检法围绕第201条进行了激烈的博弈,不仅在规范性文件层面,还在指导案例等层面全面展开。比如关于第201条,其实"两高三部"《认罪认罚指导意见》中对"一般应当采纳"就有一点淡化,它是这样规定认罪认罚案件量刑建议的采纳问题的:"对于人民检察院提出的量刑建议,人民法院应当依法进行审查,对于事实清楚,证据确实、充分,指控的罪名准确,量刑建议适当的,人民法院应当采纳。"显然,这样的规定和不规定其实没有什么两样,与第201条"一般应当采纳"的精神明显不一致。再如,《人民检察院刑事诉讼规则》规定,量刑建议一般应采用确定刑,《人民检察院开展量刑建议工作的指导意见(试行)》中又规定,人民检察院一般应当提出确定刑量刑建议。在这之后不久,最高人民法院的领导专门发表了一篇讲话提道,无论是幅度刑还是确定刑量刑建议,无论人民检察院是否根据要求调整量刑建议,人民法院都应当切实履行审判职责,依法作出裁判。还有,最高人民检察院在《人民检察院开展量刑建议工作的指导意见(试行)》中提及,被告人仅以量刑过重为由提出上诉,因被告人反悔不再认罪认罚致从宽量刑明显不当的,人民检察院应当依法提出抗诉。但是法院系统的同志马上又撰文说,检察机关的量刑建议仍属于程序职权,是否适当、是否采纳,要由法院来裁判。不能仅仅因为抗诉就认为一审判决确有错误、量刑不当而改判加重刑罚。对于法律的规定,检法针锋相对地作出各自的解释。那到底是谁说得对?我个人认为,这是一个一般性与特殊性的关系问题。法院的那种论理或者他的理由主要是站在了一般性方面,在一般案件中这样说是没有问题的,但是并没有认识到认罪认罚从宽制度的特殊性。

在域外的合作式司法中,在规则层面,没有任何一个国家直接规定说法官必须接受控辩双方达成的协议。相反在很多国家,比如在美国,它明确规定,法官不会仅仅因为协议是双方达成的,就背负批准量刑减让的义务,法官有权拒绝协议,甚至无须说明理由。但是不要看到这样的规定,就认为西方的辩诉协议对法官是没有任何约束力的,其实实践中法官不会轻易拒绝,会批准绝大多数协议。如果一个法官因为有权力拒绝,就随意行使,那必然会招致检察院和被追诉人两方抱怨,对自己也没什么好处。其实美国的最高法院也权衡过这个问题,早就看到,如果完全鼓励法官自由地拒绝辩诉协议是不合理的,但是怎么样来进行规定或限制是一个难题。以美国诉安米唐案为例,这个案件的二审法院提出,审判法官必须合理地使用自己的自由裁量权,以使自己作出的、有别于控辩双方达成协议的决定合理化,不能肆意地拒绝、任意地拒绝。所以,其实在域外,控辩双方的合意对法官也是有一定约束力的,只不过主要是在事实层面。实践中,法官是愿意和检察官事实上分享科刑权的。但我国《刑事诉讼法》第201条将这种约束变成一种硬性的、刚性的约束,可能不太合适,没有合理地处理好合意约束力与法官保留原则的关系。

(七) 检察主导与以审判为中心

认罪认罚案件中的检察主导与以审判为中心的关系也是一个有争议的问题。对于国外如何处理这两个方面的关系,刚才我已经提到了,主要是坚持事实上的检察主导与法律上的以审判为中心,就是要尊重法官保留原则。《刑事诉讼法》第201条对此采取了不同于西方的进路,但需要注意,即便在我国,也不要把认罪认罚案件中的检察主导与以审判为中心想当然地对立起来。在推行认罪认罚从宽制度时,本来就是作为以审判为中心的一个配套改革措施去推行的,目的是一致的,就是要通过一般认罪认罚案件的"简案快审",推动非认罪认罚案件或特殊(复杂、疑难、严重)认罪认罚案件的"繁案精审"。而且,在所有认罪认罚案件的审理中,法官依然负有实质审查、实质把关的重要责任,而非变成了一个可有可无的橡皮图章。而且在我国还有一个特殊之处,认罪认罚从宽制度和以审判为中心都是有机地统一在一个更为重大的宪法原则之下,那就是三机关分工负责、相互配合、相互制约原则。认罪认罚从宽制度中所谓的检察主导只是在这个原则之下对各专门机关分工上的一些调整,相对于非认罪认罚案件的中间把关和全程监督,在认罪认罚案件中检察机关发挥更加主导性的作用,但是法院依然要发挥实质性的把关作用。

有人抱怨说,以审判为中心的诉讼制度改革推进不力是因为认罪认罚从宽制度改革太火了,我认为这种观点是一种误解。就像你不能轻易说,美国辩诉交易搞得太多,会影响普通审程序的实质化一样。其实真正制约以审判为中心的诉讼制度改革推动进度的,还是我国传统的诉讼模式,以及其他的一些体制性因素。当然,在我国,在刑事诉讼程序的正当化进程尚未完成的时候,去推动程序的简易化变革,在被追诉人权利保障体系还不够完善的情况下,去考虑被追诉人权利的自愿放弃,确实有可能会对程序的正当化进程产生一定的影响,但我个人认为这并不是决定性的因素。

四、悔罪要求：认罪认罚从宽制度的精神内核

(一) 检察官的纠结

悔罪要求是我国认罪认罚从宽制度的精神内核。但事实上它也是认罪认罚从宽立法、理论与实践脱节最严重的一个问题。我们立法上其实并没有明确规定认罚的悔罪要件，还只是停留在司法解释的层面，理论上对悔罪要求的关注也不多，实践中只是表面审查，甚至没有审查。在一次研讨会上，一个检察官反映自己也很纠结到底该不该审查真诚悔罪要求？为什么有这种纠结，可能主要是两个因素：第一个，真诚悔罪的审查确实比较困难，缺乏可操作性的规则和标准；第二个，如果严格地进行悔罪审查，那认罪认罚从宽制度的适用率就不可能达到85%以上，它与检察机关对认罪认罚从宽制度适用率的考核存在背反关系。

(二) 规范层面到底有没有悔罪要求

《刑事诉讼法》中确实没有明确要求真正悔罪，但是，在参与立法者的权威解释中、在"两高三部"的《认罪认罚指导意见》中、在最高人民检察院出台的有关认罪认罚的一系列规范性文件中都提到了真诚悔罪要求及其审查问题。

(三) 不要求悔罪，有什么消极影响

如果不要求真诚悔罪，不仅会影响惩罚犯罪的有效性，也会弱化对认罪认罚被追诉人从宽处理的正当性，当然对被害人也有消极影响。所以说，真诚悔罪是一个非常重要的、非常体现中国特色的要求。如果没有这个精神内核，认罪认罚从宽制度将失去它内在的活力、生机。有一些同志喜欢用契约关系来分析我国的认罪认罚从宽问题，我觉得部分原因也是忽略了认罚的真诚悔罪这一内在要求。

(四) 怎么认识判断难问题

怎么认识真诚悔罪的判断难？有的学者一谈到真诚悔罪，就会质疑怎么审查、怎么判断。其实，还是可以而且应该从两个方面去把握真诚悔罪标

准:一是正面的审查,就是看被追诉人有哪些悔罪表现,比如是否赔礼道歉,是否退赃退赔等。当然,赔礼道歉了,退赃退赔了,也不一定就是真诚悔罪,还要综合各种情节进行判断。二是反面的审查。有些反面的情节完全可以达到对真诚悔罪一票否决的效果,比如有钱拒不赔偿被害人。所以,对真诚悔罪要正反结合、综合评价。实践中有这样的案件,被追诉人明确表示愿意接受处罚,但是并不后悔,这种案件显然不符合认罪认罚从宽制度的适用条件。而《认罪认罚指导意见》中也明确提到类似情况,比如有赔偿能力不赔偿损失,干扰证人作证、伪造证据,隐匿、转移财产是不能适用认罪认罚从宽制度的。被追诉人具备了一些不悔罪的表现,就可以一票否决。所以,不能因为真诚悔罪判断难,就不去审查判断真诚悔罪要求。

(五)如何评价关于适用率的疑虑

有的学者质疑,如果要求真正悔罪,认罪认罚从宽制度适用率降下来怎么办?在我看来,当前认罪认罚从宽制度85%的适用率是不太正常的。在真诚悔罪的要求下,并且奉行对这一要件的严格审查之后,适用率的下降是正常的。被追诉人真诚悔罪,完全符合认罪认罚适用条件的案件就不可能有85%这么高的适用率。当然这是我个人的观点。

(六)单位的悔罪表现

对于单位犯罪,现在很多学者在探讨企业合规问题,最高人民检察院也非常重视这方面的改革试点。有些学者主张应将企业合规改革与认罪认罚从宽制度分割开来,理由是后者主要着眼于诉讼效率,前者则注重整改实效,价值导向不同。其实,这是一种误解。尽管在改革伊始,认罪认罚从宽制度确实以效率为主要导向,但目前认罪认罚从宽制度的目标和价值体系是多元化的。对真诚悔罪的要求,对彻底化解矛盾的强调等都不是效率所能概括的。单位犯罪适用认罪认罚从宽制度,在悔罪上其实也有这方面的要求,单位也可以有悔罪表现,也可以达到认罚的要求。当然,单位的悔罪表现主要体现在单位对过去行为的态度,以及单位准备改过自新的实际行动,核心是要看单位认不认罚以及合规整改的情况。检例第 81 号还专门整理了一个单位犯罪适用认罪认罚从宽制度,签署具结书的指导性案例,很有指导意义。

(七)悔罪既影响"认罚"认定,又影响"认罪"认定

真诚悔罪要求既影响认罚的认定,又影响认罪的认定。大家可以回头看我刚才讲的例子。附条件认罪认罚当然有可能成立认罪认罚,有可能符合认罪认罚从宽制度的适用条件,被追诉人有权利对量刑建议提出不同意见,但是要注意,如果其附设的条件,结合其他情况,足以反映他真诚悔罪,有可能影响认罪认罚从宽制度的适用。还有《认罪认罚指导意见》中提到了一种情况,虽然对行为性质提出辩解,但表示接受司法机关认定意见的,不影响认罪的认定。但需要注意的是,不影响认罪的认定是可能的,但是这有可能影响认罚的认定,因为这种对行为性质提出辩解的行为,有可能是不真诚悔罪的一个表现,当然也要结合其他情况综合判断。

(八)真诚悔罪要求决定了被追诉人反悔权不应受限制

真诚悔罪的要求决定了被追诉人的反悔权不应该受到限制,也没办法进行限制。因为被追诉人原来真诚悔罪,现在不真诚悔罪了,不能强行要求他真诚悔罪,这在客观上是不可能的。当然,如果在这种情况下依然适用认罪认罚从宽制度,就会使被追诉人不当得到从宽处罚。所以说真诚悔罪要求决定了反悔权其实是一种不容剥夺、不容限制的自然权利。

(九)抗诉能不能成为应对认罪认罚被追诉人上诉的手段?

关于抗诉能不能成为应对认罪认罚被追诉人上诉手段的问题,我觉得应该区分情况。刚才提到,最高人民检察院在《认罪认罚量刑建议指导意见》中规定,因为被告人反悔不再认罪认罚致从宽量刑明显不当的,人民检察院应当依法提出抗诉。对于这个解释,法院是有不同意见的,认为检察院抗诉的案件,法院也不会仅仅因为抗诉就改判。其实,我个人认为,检察机关作出的这个解释没有太大问题。因为它不是单纯地为上诉而抗诉,检察院的抗诉不是针对被追诉人的上诉,而是被追诉人因反悔不再认罪认罚致从宽量刑明显不当。评价抗诉应不应当、合不合适的一个

最根本的标准还在于一审判决有没有错误,而不是被追诉人有没有上诉。如果被追诉人反悔致使原来的认罪认罚不当的,比如有可能结合其他证据认为被追诉人原来的悔罪都是表演性的,其实他并不悔罪。换句话说,这意味着一审判决是建立在对他悔罪状态的错误判断之上,原来的从宽判决是错误的,提出抗诉就没有太大问题。检例第83号和最高人民法院判例,关于这个问题的观点针锋相对,其实按照我刚才的分析,抗诉是否合适最终还是取决于一审判决本身有没有错误。

五、实体真实:认罪认罚案件的质量保障

对于第五个问题实体真实,即认罪认罚案件的证据与证明问题,不过多展开,仅带着大家简要浏览一下课件。

(一)立法者的基本态度

从法律规定看,在这个问题上,立法者的基本态度是对于认罪认罚案件,不降低证明标准,不放松证据方面的要求,依然需要严格遵循证据裁判原则,因为这是认罪认罚案件最基本的质量保障机制。

(二)坚持证据裁判原则和严格证明标准的原因

认罪认罚案件之所以仍然坚持证据裁判原则和严格证明标准,主要原因在于:我国的认罪认罚从宽制度是内嵌于常规的诉讼程序中的。上文已述及,认罪认罚从宽制度并没有改变我国刑事诉讼的实体真实观,并没有改变传统诉讼模式,因此,也没有必要调整认罪认罚案件的证明标准。而且就像孙长永教授曾经提出过的,无论从历史经验来看,还是从现实需要来看,我国刑事司法的根本问题还集中体现为司法不公问题,我们不能追求没有公正的效率。而且在认罪认罚自愿性保障机制等这些配套机制尚不完备的情况下,降低证明标准会带来灾难性的影响,很多不自愿的供述可能成为定案根据,从而导致错案增多,而且也将很难应对翻供、反悔这些问题。被追诉人认罪认罚后又翻供了,如果口供没法用,其他证据你当时没有收集,那怎么样保障惩罚犯罪目标的实现。

(三) 不变中的改变

当然,不变中还是有一些改变的。仔细研究一下立法中规定的证明标准就会发现,这个标准中本身就蕴含着程序要求,"据以定案的证据均经法定程序查证属实"。现在认罪认罚案件适用速裁程序、简易程序的占绝大多数,法定程序都简化了,这时的证明标准还有没有可能和严格程序下的证明标准完全一致？我个人认为,肯定会受到影响,从这个角度而言,其实不变中是有改变的。

六、被害人参与：合作式司法与恢复式司法的结合点

(一) 制度层面的特点

最后是被害人参与问题。这是认罪认罚从宽制度最具有中国特点的制度设计之一。它体现了顶层设计者想把合作式司法与恢复式司法结合起来的努力。当然,目前在立法层面需要完善的地方还有很多。下一步可能需要调整刑事诉讼法里面的公诉案件刑事和解程序,把这种制度和认罪认罚从宽制度有效衔接起来,真正建立起合作司法与恢复司法的无缝对接。

(二) 实践情况

认罪认罚案件的办理实践中,被害人参与方面存在两个方面的不足。一方面是忽略被害人参与、轻视被害人参与,导致被害人在判决后不断申诉上访；另一方面则是过度强调、过度看重被害人的态度和意见,只要被害人不同意,就不给被追诉人适用认罪认罚从宽制度,只要被害人同意,就给予被追诉人无限从宽。可以说,这些做法都不合乎立法精神。

(三) 完善的方向

在被害人参与认罪认罚从宽程序方面,我觉得完善的方向是要坚持底线性保护思维,注重维护被害人的一些底线权利,比如知情权、提出意见权、受偿权、接受和解调解权。但是,也要注意,赔偿被害人不应该是认罚的充分条件和必要条件,核心还是被追诉人的悔罪表现。赔偿当然是

悔罪的表现之一，但不是唯一的、也不是必须的。听取被害人意见，不是必须采纳被害人意见，不合理的意见当然可以不采纳，那种漫天要价式的，或者不要一分钱就要严惩被追诉人的模式，不一定必然影响认罪认罚从宽制度的适用，当然，可能会影响对被追诉人的从宽幅度。

小　结

在面对我国的认罪认罚从宽制度时，要注意正确理解三类问题：第一类是立法本身的问题，比如刚才提到的，"一般应当采纳"条款的规定可能有些需要完善的地方；第二类是贯彻实施中的问题，比如听取意见不充分、不尊重律师的合理意见、忽略悔罪审查、轻视自愿性的保障和审查，等等；第三类，我觉得可能是因为我们的不当期待产生的假问题，比如有些学者和辩护律师群体经常抱怨的协商不平等问题，可能我们的制度设计本来就不是以平等协商为目的，这个期待就是一个不合理的期待。

总结起来就是一句话，要对认罪认罚从宽制度多些宽容，多些理解，然后各方共同努力，不断推动认罪认罚从宽的制度完善。我就讲到这儿，谢谢大家的耐心聆听。

主持人：吴宏耀

谢谢召华老师。时间过得很快，转眼就一个半小时了，召华老师从六个方面对认罪认罚从宽制度的主要问题进行了讨论。我们下面有两位与谈人，每位与谈人大概有20分钟的时间，首先有请第一位与谈人李伟教授。

李伟教授先后于中国人民大学法学院获得硕士、博士学位，现在是中央财经大学法学院副院长，兼任中国法学会董必武法学思想研究会理事，中国法学案例法学研究会理事，中央财经大学金融法律风险研究中心主任，企业合规与法学教育研究中心执行主任。李伟教授的研究方向是诉讼法学和司法制度,先后翻译了《合理怀疑的起源:刑事审判的神学根基》《美国宪法上的律师帮助权》,曾获首届"樊崇义法律援助优秀科研成果奖"二等奖。我们下面有请第一位与谈人李伟教授。

与谈人:李 伟

感谢吴老师!非常荣幸参与孙长永教授牵头的教育部刑事诉讼法课程虚拟教研室和西南政法大学诉讼法与司法改革研究中心主办的"全国青年刑诉学者在线系列讲座",也感谢郭硕教授的筹备。刚才认真学习了召华教授的《认罪认罚从宽制度的中国性》的讲座,因为召华教授对该问题的研究非常深,先后在权威期刊发表过多篇论文,也出版过相关的专著,研究得非常透彻。他从六个方面谈及这个主题,我逐一谈一下我对这个问题的理解。

第一点,他提出了认罪认罚从宽制度多重定位的问题,指出认罪认罚从宽制度不仅仅是一种程序机制,同时是一种社会治理方式,更是一项刑事诉讼法的基本原则,是一个独立的从宽处罚的情节,同时还是专门机关的一项职权。这种制度定位的多重机制,可能和召华教授之前提出来它的可塑性是相关联的,其实在我看来,这个可塑性也体现了认罪认罚不单单是一个制度,其实可能是几个制度的综合体。这种多方面的制度认定,其实体现了制度综合体和程序机制存在着一种紧张关系,这种可塑性也是一种模糊性,也就是在我们适用这种制度的时候,当我需要这么解释的时候,我可以说它是一种社会治理方式,当我需要那么解释的时候,我可以说它是一种专门机关的职权,我认为这是一种紧张关系。

第二点,召华教授在沟通模式上,提出一个听取意见模式,而且他围绕听取意见模式发表的论文也受到了最高人民检察院的重视,而且影响了相关文件的起草。但是在我看来,这可能是我们很多问题的症结。谈及认罪认罚从宽制度,是把它当作一种合作司法的模式,召华教授也提出合作式司法是一个中国模式,那么合作司法的根本性和重要性在哪里?西方社会谈合作司法，它的前提是控辩双方是对抗的，辩方的权利得到了充分保障，当希望合作的时候，它可能会在某种程度上限制或克减辩方的权利，但我国的诉讼模式是职权主义的诉讼模式，我们这时候就要谈合作，此时双方应该有一个大致的平等地位，可是我们的职权主义诉讼模式并不是特别平等。既然不是特别平等，那想发展一种合作式司法的话，就应该让双方的地位达到一个大致的平等，这种情况下我们就需要保障被追诉人的一个权利。但是我们看到，在整个认罪认罚从宽制度实施过程中，比如杜磊曾经写过一篇文章认为，存在一种职权性和协商性的紧张关系，紧张关系体现在我们的启动还有运作过程中，其实都是控诉方或者国家机关说了算的，这就集中体现在召华教授所提到的听取意见的模式中。听取意见的模式是什么呢？我觉得他有一句话说得非常形象，即看表现。能不能认定认罪认罚是看表现的，从宽的结果很多情况下不是谈出来的，而是"求"出来的，是申请出来的，是你要说服你的对手，让对手给你这个结果。其实听取意见的模式可能很大程度上是我们未来发展认罪认罚从宽制度中需要反思的，如果是事实性描述的话，这个是没有问题的，但是我们的认罪认罚从宽制度向前发展的话，从促进诉讼工作角度考虑，这个模式可能是需要进一步反思的。

第三点，召华教授提出了，我们的诉讼模式，在专门机关的关系上体现出检察主导的模式，这对于目前我国认罪认罚程序的机制是一个客观的描述。检察主导模式也是检察院特别强调的。首先，这种模式和我国本来的三机关分工负责、互相配合、互相制约的状态是存在一定冲突的，对于三机关谁主谁辅、谁重要谁不重要，之前的原则是没有评价的，这里提出来检察机关主导，自然会引发其他机关的各种程度上的意见。认罪认罚从宽制度在实施之初，法院没怎么参与，自从检察主导提出以后，法院才开始针锋相对地做了一些工作。还有一个问题就是，检察主导是不是对分工负责的一个调整？认罪认罚从宽制度有没有对三机关职权做了调整，我觉得这是需要进一步研究的一个问题。

第四点，召华教授提出来，悔罪的要求是认罪认罚从宽制度的精神内核,这个我是完全同意的。从规范意义上讲,其实我们整个制度都在探讨或追求被追诉人的真诚悔罪。我们设计了很多制度,其实也是指向被追诉人真诚悔罪的问题,但这同时带来了什么呢?就是规范上的实质性和操作上的形式性的矛盾冲突。我们如何去考量真诚悔罪,如何判断真诚悔罪,我们在认罪认罚的过程中,很多时候强调真实自愿,但是我们都知道这是很难评价的,在操作中又如何实现认罪认罚程序要求呢?这需要通过程序来落实。犯罪嫌疑人要是缺辩护人就给他提供值班律师,很难保证犯罪嫌疑人认罪认罚真实性那就让其具结悔过。通过一些形式化的程序化的操作,看似保障了犯罪嫌疑人认罪认罚从宽权利,但其实是在克减他的权利,所以说召华在论述他的一套程序机制的时候,提出这套程序机制的核心是告知、提出建议、听取意见、具结,它的性质是权利保障,也是权利克减。这其实客观地描述了这个问题,但我们能不能认识到悔罪是存疑的。

第五点,召华教授提出来,我国的质量保障机制其实是实体真实原则,他特别强调要坚持证据裁判,坚持证明标准,追求实体真实,这是我们中国刑事诉讼制度的一个特色,也是我国各项诉讼制度中都特别予以强调的一个问题,但是召华教授同时提出,我国认罪认罚从宽制度下的实体真实,可能是程序简化下的实体真实,这个可能就是关键所在,程序简化下的实体真实,能不能保证实体真实,是不是也是一种形式化的实体真实可能也是值得探讨的。

第六点,被害人的参与,召华提出合作司法和恢复司法的制度衔接。其实对于被害人的参与,在认罪认罚从宽制度实施过程中,相关的制度规定是有变化的,在"两高三部"的规定中,特别提出来不能把它当作一个底线。我个人感觉它可能是为了强行推行认罪认罚从宽制度达到一定量的客观要求,不能说这个制度更多的是机关的一项职权,也不能被被害人相关的不合理请求所牵制和压制。其实相对于和解程序来说,它降低了被害人权利保障的参与度。

这是我对认罪认罚从宽制度的中国特色、中国性的理解。总而言之,我想认罪认罚从宽制度的中国性可能更多的也是刑事诉讼的中国性。在中国性的体现上,从以上六点问题的探讨上也可以看出来,我国认罪认罚从宽制度更多涉及的是控辩双方不平等的问题,当然召华教授认为,在同情式地理解我国的认罪认罚从宽制度的情况下,平等协商可能是一个假问题,但是我个人认为,对于保障程序的公正、司法的公正,乃至被追诉人获得公正的审判权或者公正的认罪量刑的结果来说,平等协商还是非常必要的,是值得我们研究探讨的。吴老师,这就是我一点粗浅的认识。

主持人:吴宏耀

谢谢李伟教授。李伟教授结合召华老师所讲的六个方面逐一进行了分享,尤其是对平等协商问题做了相应的概括。

我们的第二位与谈人是来自北京航空航天大学的初殿清副教授,初殿清副教授先后在中国政法大学获得学士、硕士、博士学位。2007—2008年在美国加州大学戴维斯分校做访问学者。现在是北京航空航天大学法学院副院长,同时担任诉讼法学研究中心主任,系北航首批"人文社科拔尖人才支持计划"入选者,兼任教育部国家网信办网络空间国际治理研究基地特邀研究员,北京市债法学研究会刑民交叉专业委员会委员。先后承担国家级、省部级科研教学课题多项,主持完成国家社科基金项目"职务犯罪赃款赃物追回的证据制度研究",先后在《政法论坛》《环球法律评论》等核心期刊发表学术论文多篇,我们下面有请初殿清副教授做与谈。

与谈人:初殿清

谢谢吴老师!闫老师、李老师、付主任以及在线参加今晚讲座的各位老师、各位专家、各位听友,大家晚上好!首先要感谢孙长永教授负责的教育部刑事诉讼法课程虚拟教研室给我参加今晚讲座进行学习的宝贵机会。召华教授是认罪认罚从宽制度研究领域的专家,很荣幸有机会聆听和学习,此前也拜读过召华老师的大作《合作式司法的中国模式》,非常钦佩其对于认罪认罚从宽制度这一复杂问题,已经形成了体系化思考。通过刚才召华教授的主报告和李伟教授的与谈,我收获很大,学到很多。

今天晚上的讲座是关于认罪认罚从宽制度中国性的讨论,这是一个非常具有现实意义和思考深度的问题。近年来中国性逐渐成为学术研讨的核心词汇,到底什么是学者言谈中的"中国性"?以我有限的阅读感受到的,"中国性"大体在两种理解上使用:一种是认为学术研究和制度设计要有中国意识,结合中国法治实践环境和具体问题来讨论和思考,这一意义上的中国性往往体现出较强的反思性,与其相关的概念是本土化。另一种是认为学术研究和制度设计要体现中国特色,体现中国特有的文化传统和价值判断,在国际范围呈现中国智慧的优越性,这一意义上的中国性往往是体现出竞争性、比较性,与其相关的概念是学术话语权、规则话语权。上述两种意义的中国性讨论有时会出现连接或者交叠,但是并不必然。我国刑诉学界当下的相关研究,在两个层面的中国性上均有展开。召华老师刚才的讲座对两者均有涉及,体现了理论学者的学术担当精神。就个人理解而言,我认为两种意义上的中国性探讨都很重要,但是前一意义的中国性讨论更为基础,如果这一范畴下仍然存在着尚未厘清或者尚待解决的问题,便可能影响后一意义中的中国性的话语空间。结合今天讲座的话题,我与各位师友交流一下我对认罪认罚从宽制度的一点粗浅理解和两点困惑。

首先是一点粗浅理解,我认为认罪认罚从宽制度在本质上是一项以放下防御为导向的制度,而我国法治实践环境中的一大现实是被追诉人一方原本可用的防御方法就不多,不论是被追诉人本身的权利,还是他的辩护人的权利,都仍然存在若干问题,值得讨论和思考完善。这样的实践环境,给认罪认罚从宽制度的良性发展,实际上带来了一个很大的挑战。从被追诉人的角度来观察,进一步卸下原本已然单薄的防御,是需要极大勇气的,也是存在较高风险的。从国家治理的角度来看,我国原本便在被追诉人权利保障方面存在一些待决问题,以放下防御为导向的改革,如果不同步强化被追诉人权利保障，可能导致此前已经存在的问题更为放大，或者变得更加复杂。所以对于我国认罪认罚从宽制度未来的良性发展而言，最为重要的是把被追诉人弱势地位这个短板给补齐。在诉辩合意形成的方式上，不论是把它称作对话、沟通，还是协商，从程序角度而言，我觉得都需要保障平等交流的过程。合意的结果是双方平等交流基础上形成的处分意见，这种共同的意思表达才使得该制度下，程序结构和权力结构发生变化的正当性得以证立。其背后最重要的价值支点是被追诉人的主体性。从实体内容角度来讲，我赞同刚才召华教授讲的，合意的结果是需要以事实和法律为依据的，而非法外的议价，但是我个人觉得对于同一个问题，可能不同的人会存在不同的理解，而且不同理解之间具有经过交流沟通而达成一致的可能。所以相应的程序上应当保有允许意见之间交互往复的空间。

与此相关的另一个问题是召华教授在今天讲座第三点谈到的检察主导问题，通常，在讨论诉审关系等权力配置问题的时候会谈到检察主导，然而现代刑事诉讼语境下，公权机关之间权力关系变革的有关论证，可能无法抛开被追诉人权利而独自言说，刑事诉讼纵向构造与横向构造是紧密交织在一起的一个系统有机整体。所以说我个人觉得认罪认罚从宽制度下，公权力之间权力结构变化的实质在于控辩双方对程序进展的主导性增强，而非仅在于公诉一方对程序进展的影响增大。我认为有关检察主导的讨论，可以尝试淡化权力的元素，强化责任与保障的元素。也就是说强调检察机关作为该制度的主导机关，需要严格恪守客观公正义务，保障被追诉人权利，正确履职。当前在讨论检察主导作用的时候，相关工作报告里面常常会援引认罪认罚从宽制度适用率，还有量刑建议采纳率、一审服判率这样的几类数据。我觉得这些被用作考核指标的统计角度，给人的感觉仍然是权力视角下的，如果转化为责任视角，那是不是更重要的可能是认罪认罚从宽制度正确适用率之类指标。以上是我对认罪认罚从宽制度的一点理解，除这一点粗浅的理解以外，我还存在着两点困惑，也愿与今天各位老师交流。

第一个困惑与"效率"有关。认罪认罚从宽制度要解决的目标问题是诉讼效率问题。世界上多数国家都不同程度地有着诉讼效率问题，但是成因可能并不完全相同，所以化解问题的思路也有所不同。有些国家的诉讼效率问题是源自刑事诉讼活动的强对抗性，所以通过协商模式来缓和强对抗性带来的诉讼效率问题，而潜在的强对抗模式又为势均力敌的真正协商奠定了可能。我国的刑事诉讼效率问题的成因到底是什么？我还没有特别的深入理解。我们现在一般概括表述为"案多人少"，但是"案多人少"也只是个现象，我觉得仍然没有回答成因是什么的问题，准确确定成因之后，相应的制度改革才能具有针对性，进而有效解决问题，所以我认为仍有必要认真研究分析我国刑事诉讼效率问题的成因。

第二个困惑与"试点"这个词有关。我国的认罪认罚从宽制度是自2016年起在18个地区开展试点，两年以后在2018年《刑事诉讼法》中正式确立，但是在基本制度结构层面上存在若干问题，到现在还没有解决。比如认罪认罚从宽案件的上诉、抗诉以及二审问题，又如刚才召华老师谈到的，有些情形到底应当定性为不适用该制度的情形，还是免签具结书的情形。如果将该制度在法律之中确立之前和确立之后的相关学术研究进行比较，我们可以发现认罪认罚从宽制度正式确立以后，仍然有相当多的研究聚焦于制度应当如何设计的讨论，而非制度实施问题的研究，这说明当前的立法还有很多留白之处，但是认罪认罚从宽制度是一个经过试点而立法的制度，这些留白之处并非制度确立之后才出现的新问题，为何没有在试点期间形成制度方案，试点的先行意义到底在哪里？试点与立法之间的内在逻辑是怎样的？如果将试点的内涵仅仅理解为在有限地域小范围实施，似乎感觉是不够的，给人的感觉是小范围"试行"，而未必符合"试点"的内涵。依我个人粗浅的观点而言，试点的本质属性应该是反思性。试点的使命是发现未来拟建立制度的问题，并探索完善，拟定新制度基本结构问题之后才能交付立法。如果交付立法的时候仍然存在若干尚未解决的基础性问题的话，那将会导致巨大的制度调试成本。由此便很难说此前的试点完成了自己的使命。

以上是我结合今晚讲座主题的一点浅显的理解和两点困惑。观点不妥之处请各位师友批评。也再次感谢召华教授今晚带给大家的学术盛宴。

主持人：吴宏耀

谢谢殿清副教授。殿清副教授除了评论召华老师的主题发言，还提出来了两个非常犀利的问题，我们希望召华教授能就这两个问题来做回答。

我觉得李伟的问题也非常尖锐。李伟所讲的认罪认罚从宽制度的中国性，这是一个很有趣的问题，他认为的所有的特殊性不是认罪认罚从宽制度本身的，而是刑事诉讼制度本身的。请召华老师先做一下回应。

主讲人：闫召华

我觉得李伟老师的评论非常全面。就认罪认罚从宽制度的中国性而言，我国的认罪认罚从宽制度，当然借鉴了西方的一些东西，但最主要的还是内嵌于我们中国传统的司法模式、诉讼模式之中的要素。认罪认罚从宽制度体现的土生土长的因素特别多。所以我觉得一个最核心的问题还是要比较一下我国认罪认罚从宽制度，它从国外到底借鉴了什么？它从传统中到底继承了什么？对我们的传统有没有什么改变？跟西方的辩诉交易还有认罪协商比较起来，我们借鉴的东西可以概括为两个方面：第一个方面是借鉴了西方合作式司法中以自愿弃权的方式增强程序简化的正当性。我们要建立速裁程序，要使我们的诉讼程序更加简化，如何使这种简化更加正当呢？需要被告人同意并签署具结书，用被追诉人自愿弃权的方式，可以增强程序简化的正当性。第二个方面是认罪认罚从宽制度中的检察主导，其实也是学习了或者是顺应了国外检察官司法的这种潮流。在国外的辩诉交易中，包括一些轻罪案件诉讼程序中都出现了一些检察官司法现象，认罪认罚从宽制度让检察机关来主导适用，可能也是受到了域外的启发。

而现在的认罪认罚从宽制度又从我们的诉讼传统中继承了什么呢？我觉得最主要的还是继承了坦白从宽这种职权式的从宽思路，但是他又对坦白从宽有很多超越、改变。"坦白从宽、抗拒从严"政策，原来经常被质疑，说是"坦白从宽，牢底坐穿，抗拒从严，回家过年"。其实质疑最多的问题就是从宽利益的不确定性，在一些情况下，坦白从宽变成专门机关的虚假承诺，很难兑现。而认罪认罚从宽为了改变这一点而进行了完善，《刑事诉讼法》第201条之所以制定出来就有立法层面的考虑，其实就是增加从宽利益的确定性。司法机关代表国家作出的从宽承诺，最后是要兑现的，主要就是在检法之间提出量刑建议、采纳量刑建议的互动机制中兑现。当然，有时候检察机关也可以直接以不起诉兑现，法院直接以从宽处罚、从宽量刑兑现。但很明显，认罪认罚从宽要比坦白从宽确定性更强，对被追诉人的从宽或者说是认罪认罚利益给予了更有力的保障。而且相对于坦白从宽，认罪认罚从宽制度更加有利于确保供述的稳定性，减少翻供的可能性。此外，和原来只强调实体方面的坦白从宽相比，认罪认罚从宽制度同时关注到了程序上的简化，强制措施上的轻缓。而且跟原来的坦白从宽思路相比，认罪认罚从宽制度还增加了很多新的内涵和功能，正如我们在第一个定位中谈到的，要把它放在犯罪治理、社会治理的角度去考虑，它是一个综合了多种价值诉求的制度。所以说，认罪认罚从宽制度既借鉴了西方的一些东西，也是对传统的一种承继，同时也有很多超越。

当然刚才说了，谈认罪认罚从宽制度中的中国性，并不是强调认罪认罚从宽制度不同于传统诉讼模式，反而是在强调它契合于传统诉讼模式，并没有脱离原来体现中国性的那种诉讼模式，所以李伟老师提的那个问题，我是非常赞成的。我觉得认罪认罚从宽制度的中国性就是诉讼模式中国性的一个体现。就此而言，我并不认为认罪认罚从宽制度是一个舶来品，或者是完全像西方辩诉交易那样的制度，或者像有些学者主张的那样"是跟我们的传统诉讼模式格格不入"。我认为，认罪认罚从宽制度之所以能成为一个原则,能成为一个不限制适用范围的机制,就是因为它的这个特点。它完美地融合我们的传统诉讼模式。这是对李老师问题的回答。

初老师提到一个问题是在被追诉人防御权本身就不多的情况下,让其放下防御权,是否合理。这个问题其实刚才我在分享的时候也提到了,这确实是个真问题,在程序简化的时候,无疑是对被追诉人权利的一个克减或限制。而现在我们连正当程序的很多基本要求都还没做到,被追诉人的权利保障还很不充分,在这种前提下去推进程序简易化,肯定有矛盾。但是其实立法者早就注意到这个问题了。认罪认罚从宽制度改革的试点严格说起来是2016年开始的,其实更早可以追溯到速裁程序试点,当时速裁程序适用条件里,就已经把认罪认罚的要求吸收进去了。而在刚开始推行这个制度的时候,确实是偏重于程序简化、追求效率。但后来,认罪认罚从宽制度逐渐不再将效率作为唯一甚至最重要的目的。在有些案件中,比如在审判阶段才认罪认罚的,或者在重罪案件适用认罪认罚从宽制度的时候,甚至可以没有多少程序简化,专门机关只是把它作为一个从宽处罚的情节,直接给被追诉人相应的从宽待遇。就像专门机关面对当庭自愿认罪、刑事和解、坦白等其他从宽情节一样,直接给予相应的从宽处理就行了,对程序没有太大影响。在这种情况下,其实并没有限制权利或克减权利的问题。还有,就像刚才提到的未成年人法定代理人对未成年人认罪认罚有不同意见,或者盲聋哑人认罪认罚的这种情况,其实程序简化的程度也较为有限,但依然可以给予这些被追诉人从宽待遇。所以说,立法者在这方面还是做了一定的平衡的。当然这个问题本来就很难处理,这是我们在特殊的法治建设阶段所面临的特殊问题,还需要不断进行探索。

对于刚才初老师提到的另外两个问题,我也简单地回应一下。第一个是效率问题。效率是认罪认罚从宽制度改革的目标之一。刚才已经说道,在认罪认罚从宽制度改革刚启动的时候,特别是速裁程序改革试点之初,我们一度把提高诉讼效率作为主要的甚至是唯一的目标去推进。

但后来改革目的不断调整,已经形成了一个逐步多元化的目标体系。而且,在我国,效率问题趋势和域外有些不一样,这在很大程度上是由我国的诉讼模式乃至诉讼体制决定的。我国的庭审程序包括普通审程序跟国外比起来都是很有效率的,更不用说简易程序、速裁程序的庭审已经简化到只有几分钟,再没有简化的空间了。但需要注意,在审判环节,包括在庭审之外的一些工作环节中,比如法官阅卷、准备庭审等需要耗费时间及其他司法资源,但这还不是最主要的。我们的侦查阶段、审查起诉阶段等,每个诉讼阶段都需要耗费很多司法资源,审前阶段的资源耗费甚至还要远多于审判阶段。我在2021年下半年专门统计过,即便是适用速裁程序、简易程序审的案件,在审前阶段依然要耗几十天甚至上百天时间,仅在审判阶段简化节约的资源非常有限。这就是我国刑事诉讼效率上的一个特殊问题。

第二个是试点改革的问题。简言之,我国2018年《刑事诉讼法》的修改事实上是比较仓促的,从通过人大常委会修法这种方式就能窥见一斑。当时我也承担了全国人大常委会法工委委托的一个高端智库课题——《监察法》与《刑事诉讼法》衔接问题研究,探寻监察体制改革背景下,《刑事诉讼法》应该怎么修改。该课题于2018年5月立项,8月结题。那为什么《刑事诉讼法》修改得这么仓促呢?可能主要有两大因素:第一个是,《监察法》已经开始实施了,而《刑事诉讼法》这边还没配套上。第二个是,2016年开始的认罪认罚从宽制度的两年试点工作马上就要到期。因为仓促,试点决定、试点办法中的有些思路其实还不太成熟,直接入法,必然导致产生了一些问题。所以,联系到我刚才说的认罪认罚从宽制度的可塑性问题。即便在入法之后,也需要进一步考虑这一制度怎么修改完善,让这个制度在大家的共同努力下走向成熟。从中央2014年提出"完善刑事诉讼中的认罪认罚从宽制度",到现在才8年多的时间,但是该制度在刑事案件中的适用率已经达到85%以上,这么年轻的一个制度,却对我们的刑事诉讼产生了如此深远的影响,势必决定了这里肯定有很多值得进一步研究、探讨的问题。立法者的一些意图,司法者都不一定完全理解。

比如速裁程序，到底该怎么审理、如何速裁？做法差别很大。有的基层法院集中审判，从头集到尾，有的则是集中开庭，分别审理。还有按速裁程序审理时，需不需要听取被追诉人对于案件证据的意见等问题，理解上也有很多分歧，最高人民法院的司法解释中对此持肯定态度，之所以司法解释有这样的要求，也是为了满足《刑事诉讼法》所要求的"证据要想成为定案的根据必须经过法庭质证"的规定。听取被追诉人对证据的意见，就相当于法庭调查的速裁审也经过了质证程序。但问题是，按照立法精神，速裁审程序真的要求证据必须经过当庭质证吗？还真的不一定。因为立法的要求就是在速裁程序中可以不进行法庭调查、法庭辩论。

与谈人：李　伟

召华教授，其实我觉得认罪认罚从宽制度的中国性，除您所谈到的六点之外，是不是还有一个效率性的问题。其实刚才初老师也提出来了，我也特别关注这个问题。认罪认罚从宽制度提出之初，背景是以审判为中心制度改革的提出，而且2012年《刑事诉讼法》修改其实是从很多方面扩张了被告人的权利，构建了一个正当审判或正当程序的基本雏形。同时在其他的制度下，我们取消了很多程序外的对于刑事违法的处置方式，所以当时是有追求诉讼效率的背景。但是在它实行之初，其在适用时其实并没有得到强制部门，包括检察机关的最初的认可。我们看到一些调研报告显示一开始是排斥它的。当然可能出于制度完善的目的，也可能出于检察主导权的目的，也可能出于推进认罪认罚从宽制度的目的，在最高人民检察院的强力推动下，我们达到了85%左右的适用率，我想问召华教授，您认为这个研究在整体的诉讼效率的建树上，有没有什么实质的体现？当然不一定是全国范围内的，比如在某一个地市或某一个地方，它的体现是什么？我们怎么看待这个问题？

主持人：吴宏耀

召华老师回答之前，我把这个问题再适当地推进一下。我们通常都把认罪认罚和诉讼效率连在一起来讨论，但是大家注意我国的认罪认罚从宽制度有一个非常奇特的设计，或者说在 2019 年的《认罪认罚指导意见》中有一个非常特殊的规定，即使犯罪嫌疑人、被告人认罪认罚，同样可以选择适用普通程序。我不知道大家注意到这个规定没有，根据我们通常的理解，试点应该是从速裁然后到认罪认罚，二者好像是天然地连在一起的，但是在程序的选择权上，其实并没有规定认罪认罚后，就放弃了普通审判权，这是我结合李伟老师的问题再具体了一下。所以这样的话我们在讨论认罪认罚案件适用率的时候，其实涉及，到底有多少案件审理适用了速裁，有多少案件适用了简易程序，有多少案件适用了普通程序，这也是一个非常有趣，值得关注的现象。

主讲人：闫召华

刚才两位老师提到的关于适用率的问题，最高人民检察院每年年度报告中都有一些体现。但根据我个人的观察和了解，实践中跟报告中反映的一些情况并非完全一致。我去年下半年还专门研究过这个问题，特别是认罪认罚从宽制度对于审前程序的简化问题，想探寻认罪认罚案件审前程序的效率到底有没有提高。我研究时统计了几百个案件，发现包括适用速裁程序的案件，审前程序总体上依然特别耗时，并没有明显的简化表现。为此，有些地方正在探索更加简化的所谓刑拘直诉程序、48 小时速裁程序等。认罪认罚从宽制度对于诉讼效率的影响，并没有想象中那么大，特别是对审前程序的影响。对审判程序而言，就像刚才说的，它本来简化的空间就非常小。我们简化的重点本来应该是审前，但审前简化确实没有达到预想的效果。

最高人民检察院专门就认罪认罚从宽制度实施情况回复人大常委会的 28 条意见中，谈到了以后需要关注的重点问题。仅仅从适用率可能还看不出其完整的适用效果，那认罪认罚案件的办理质效到底该怎么样去评价？我现在正在申报的一个课题，题目就叫《认罪认罚案件质效的评估与保障研究》。

主持人：吴宏耀

召华老师讲的这个问题也确实是我国刑事诉讼的特殊性，大量的诉讼是在审前，所以审判阶段的程序简化究竟能有多大的效率，其实是值得去深究的。我看刚才还有两个律师提问的问题，也请召华老师一并来回答一下。第一个问题是，在认罪认罚从宽制度中，如何解决法院和检察院的衔接问题？这个问题很宽泛，但是提问者又具体补充了一下，大致是检察机关提出了量刑建议，被告人和辩护方也都同意，这时候法院不接受，认为这个量刑是不适当的，在这种情况下如何保护被告人的程序性权利？这个问题其实我也没搞太清楚，但是大概还是和《刑事诉讼法》第 201 条密切相连，也就是控辩双方在量刑意见上达成一致意见，但是法院不接受。在司法实践当中也有很多这样的案件，可能因为量刑建议差几个月，法院就不接受。在这种情况下怎么来保障被告人的合法权益？

主讲人：闫召华

刚才因为时间关系有些问题我也没有过多展开。《刑事诉讼法》对此是有一定规定的，直接体现在第 201 条中。刚才谈道，认罪认罚从宽制度也着力于解决不能兑现坦白从宽的问题。怎么来确保从宽能够兑现，那就要增强检察机关指控意见的裁判约束力，第 201 条想体现的就是这个约束力。当然，法律直接赋予指控意见以刚性约束力不一定合适，但是它的初衷就是这样，特别是第 201 条第 2 款。其实，第 2 款就是针对量刑建议问题的,人民法院只有在量刑建议明显不当时才能依法裁判,而且要给检察机关调整的机会,只有在检察院不调整或者调整之后仍然明显不当的,才能依法判决。所以,最高人民检察院在《认罪认罚量刑建议指导意见》规定,当法院对量刑建议没有给检察机关调整的机会而直接改判的时候,人民检察院一般应当提起抗诉,这个规定整体上看还是合理的。调整量刑建议是《刑事诉讼法》第 201 条赋予检察院的权力,法院应当给予其调整的机会,这不仅涉及程序违不违法的问题,还涉及对于辩方权利的保障问题。检察机关的量刑建议是得到了辩方认可的,你不给检察机关调整的机会,通常也就没有给辩方对法院的处罚意见进行辩护准备的时间,这显然是不合适的。还有,需要特别注意这个时候法院依法判决的性质。人民法院认为量刑建议明显不当的判决中,可能依然适用了认罪认罚从宽制度,只是对不太合适的从宽建议予以调整,并不一定彻底否定检察机关对认罪认罚的定性。

主持人:吴宏耀

召华老师提到法院可能要保障被告人的利益直接予以调整。其实对于第 201 条第 2 款的"明显不当,要听取意见再去调整"的规定,之前我们的研讨会当中召华老师也注意到了,其实检法两家的立场是不一样的。其中最大的区别,我觉得要看量刑调整是对被告人有利的还是不利的,首先要做这个区分,但我个人认为区分完之后就会发现我们立法实际上走进了死胡同。其实,对被告人有利的可以直接判决,因为这时候被告人的利益已经在判决当中体现了,但是对被告人利益不利的调整,让检察机关重新协商,重新调整量刑,重新提出量刑建议,我觉得几乎是不可能的事情。我认为,第 201 条第 2 款,如果是重新调整量刑,往轻处调整,完全是不必要的,往重处去调整,与辩方很难达成一致意见。所以在讨论第 201 条第 2 款的时候,要考虑到其实这里边有规范的因素,也有实践性的因素,这是很麻烦的。

第二个问题,是另一个律师提出来的,说在讲座内容当中没有过多的涉及上诉问题,其实上诉问题,召华老师也讲了,他提出来的问题是在认罪认罚案件当中,被告人不服一审判决上诉,二审法院通常的解决思路是技术性的方案,而且这种技术性处理的方式大概占到案件的20%。二审法院一方面认定被告人反悔,否定了认罪认罚,另一方面又维持原审的判决,想问召华老师怎么评价二审法院的这种技术性处理现象?

主讲人:闫召华

上诉问题其实也是刚才我没有展开的一个问题。一般说来,当然不能限制被追诉人在认罪认罚案件的上诉权,这也是我刚才讲到的真诚悔罪的要求所决定的,其是保证认罪认罚自愿性的一个最重要的机制。但是被告人的上诉确实应该区分情况评价。我把被告人的上诉分成四种类型:反悔型、误解型、技术型、暴露型。

第一种是反悔型上诉,就是被告人原来在一审判决前真诚悔罪,在一审判决后不悔罪了,反悔了,但一审判决前他的悔罪状态是真实的,所以一审判决也不存在错误。在这种情况下,检察机关当然不能抗诉,法院也不能以此为由改判,对他加重处罚。

第二种是误解型上诉,这种上诉是由于在一审前专门机关解释或者告知的工作不到位,导致最后的判罚超过了被追诉人的心理预期,从而导致被追诉人以量刑偏重为由提出上诉。这种上诉也是完全可以理解的,不能成为检察机关抗诉的理由,当然也不能成为法院改判的理由。

第三种是技术性上诉,是以留所服刑等为目的提出的上诉。技术性上诉的确应该有效应对,但不应该以抗诉或者改判加重处罚来进行应对,主要还是应该通过调整剩余刑期的执行或者刑罚执行的衔接机制,比如增加上诉期间刑期抵折的限制、缩短认罪认罚案件的二审周期,彻底消除技术型上诉的动机,而不能像检察机关提出来的所谓的"抗诉一案,警示一片"这种对策,对技术性上诉进行抗诉是不恰当的。因为它其实不是在对抗错误的判决,而变成对上诉的报复性抗诉。

第四种是暴露性上诉,如果检察机关有证据表明提起上诉的被追诉人在一审判决前的认罪认罚就是技术性的、表演性的,而一审判决就建立在这种错误判断之上,是可以抗诉的。

所以对于认罪认罚案件被追诉人的上诉,要区分情况来决定如何处理。

主持人：吴宏耀

我行使主持人的权利,问召华老师最后一个问题,在讲座当中您特别讲到了认罪认罚从宽是个诉讼原则,在您的主讲题目当中又是认罪认罚从宽制度,而且在您的讲述过程中,还特别提到有些认罪认罚的案件没有从宽,也是适用了认罪认罚从宽制度,所以我想厘清这些概念,即认罪认罚从宽原则、认罪认罚从宽制度和适用认罪认罚从宽的案件(刑事诉讼当中用了认罪认罚从宽案件,认罪认罚的案件),这些在您的观念当中是等同的,还是彼此之间应该有所区分的？比如,在一个案件中被告人在审查起诉阶段没有做认罪认罚,在第一审的时候当庭认罪,当然不存在认罚的问题,但是它可以表示我接受惩罚,也可能在第二审发生,也就是说这里会涉及认罪认罚从宽原则、认罪认罚从宽制度、认罪认罚案件,这之间到底应该不应该在理论上做进一步的区分?

主讲人：闫召华

吴老师,我是这样理解的,将认罪认罚从宽称为制度更全面一点。我的那本书在出版的时候,编辑说其他人都将认罪认罚从宽叫"制度",为什么我不叫"制度"？我说叫"制度"我还真研究不了,因为这个制度范围太宽了,我理解的认罪认罚从宽制度是集合了实体、程序,甚至不局限于法律的一些因素。即便具体到刑事司法,认罪认罚从宽制度中也有诸多刑法方面的要素,特别是牵涉量刑问题时。我校的石经海教授承担的国家社科重点课题的题目就是《实体法意义上的认罪认罚从宽制度研究》。再退一步而言,在程序法的意义上,认罪认罚从宽制度至少包含有几块内容:原则意义上的认罪认罚从宽,认罪认罚从宽的核心程序机制,认罪认罚从宽的一套实体标准。总的说来,认罪认罚从宽制度是一个囊括了实体与程序、包容性很强的一套制度。

主持人:吴宏耀

尽管交流了3个小时,我相信召华老师还有很多话要讲。我相信很多的论证,在召华老师的著作里会有更详细的讨论,所以如果对召华老师今天主报告的内容还有困惑或者有问题的,我觉得在这些著作中可能会找到一些答案,如果还找不到答案,我相信我们还会有其他的方式再向召华教授请教。

今天我们两个与谈人李伟教授和初殿清副教授,就召华老师所报告的内容,提出来了值得大家去思考的问题,我们今天的主报告题目是《认罪认罚从宽制度的中国性》。李伟教授说,我们现在制度当中挖掘出来的很多中国性,其实可能就是我们这个制度本身的特殊性的一面,包括召华老师讲到效率的问题时,讲到侦查阶段在刑事诉讼案件当中所占有的比重,其实可能这就是中国刑事诉讼制度的特殊性所带来的一些特殊问题,以及包括召华老师讲到的被害人的问题,这些也都是我国被害人在刑事诉讼当中的诉讼地位所带来的,在西方国家可能不存在的问题,因为被害人就是一个特殊的证人,其赔偿问题需要通过特殊的渠道来解决。包括检察主导地位,刚才召华老师在做报告的时候也特别强调,可能主要是程序方面的责任。我觉得把主导性重新界定,也还是很有启发意义的。殿清副教授讲到了犯罪嫌疑人、被告人的主体性问题,确实犯罪嫌疑人、被告人在现有的程序当中,即使在非认罪认罚案件当中,犯罪嫌疑人、被告人的程序保障都是比较弱的,但是刑事诉讼制度的改革总体的方向和趋势,我觉得还是控辩平等。不管控辩平等的观念跟我们的实践有多遥远,我认为这是一个不能放弃的或者不容妥协的目标。如果刑事诉讼当中放弃了控辩平等的观念,很多的制度改革就失去了方向。所以我认为我国刑事诉讼制度有其自身的中国性是很重要的,也希望法治的推进会让刑事诉讼的中国性更多的变成一种民族性,而在保有民族性的同时,还要遵循刑事诉讼的一些基本规律。讲到这里,我就突然想到去年樊老师在西政做的一个演讲,他讲到刑事诉讼的定力,也就是刑事诉讼当中有一些基本的规律和要求,可能是需要我们一代一代的刑事诉讼学者、刑事诉讼学人坚持、推进的。我们的改革是纷繁复杂的,但是一些诉讼规律性的东西可能是不容许我们妥协、放弃的。

我觉得今天的报告可能还忽略了一个问题就是,认罪认罚的适用率高还有一个主要的背景,即我国的犯罪结构已经发生了实质性的变化。所以樊崇义教授特别讲道,我们现在研究刑事诉讼制度中的两个 80%,一个是,80% 的案件是判处 3 年以下有期徒刑的案件,另一个是,80% 的案件是适用认罪认罚的案件。所以在最后,我想说 3 个小时的主题报告只是给大家开启一个问题讨论的起点,如果通过召华老师的主报告,通过殿清、李伟老师的与谈,能够促使我们对认罪认罚这一已经翻来覆去被讨论了很多次的研讨话题,开启一些新的思考视角,可能就更好地体现了我们这个论坛的特色和目的。

时间有限,如果大家都没有意见,我宣布,我们节约了 10 分钟的时间,圆满完成了预期的所有报告事项,也感谢在线的各位朋友的聆听。如果大家对讲座有任何问题,希望通过平台或者其他方式反馈回来。谢谢大家,也感谢我们的主报告人和与谈人,感谢在线的各位朋友。我们今天的讲座就到这里,谢谢大家。

第十讲
区块链存证的原理与审查

主讲人　王晓华　华东政法大学助理教授
主持人　陈学权　对外经济贸易大学教授
与谈人　王禄生　东南大学教授
　　　　郑　飞　北京交通大学副教授
时　间　2022年7月4日19:00—22:00

主持人：陈学权

尊敬的各位老师、各位同学、各位网友，大家晚上好！我是对外经济贸易大学法学院陈学权，由教育部刑事诉讼法课程虚拟教研室、西南政法大学诉讼法与司法改革研究中心联合主办的"全国青年刑诉学者在线系列讲座"第十讲现在开始。非常感谢孙长永老师带领的西政刑诉团队对我的信任，邀请我担任这场讲座的主持人。今天讲座的主题是"区块链存证的原理与审查"，这是一个很"高大上"也非常"接地气"的题目。说它"高大上"是因为这是一个非常前沿的交叉学科问题，其中涉及一些网络技术问题让很多学法律的人望而生畏；说它"接地气"是因为区块链证据已经广泛地运用于司法之中，这又使得诉讼法学研究者、法律实务人员不得不去关注它、学习它。

今天的这场讲座由华东政法大学刑事法学院的王晓华老师主讲，由东南大学法学院的王禄生老师和北京交通大学法学院的郑飞老师作为与谈人。这三位青年教师对区块链证据、大数据法学等前沿问题有着非常精深的研究。所以我今天也非常荣幸能够在这个场合向他们学习，为他们服务。多余的话我就不多说了，下面我们首先有请华东政法大学的王晓华老师给我们开讲。

主讲人：王晓华

感谢陈老师,首先也要感谢西南政法大学诉讼法与司法改革研究中心能给我提供这样一个宝贵的机会来跟大家交流。孙老师是我的恩师,我也非常荣幸能够有这样一个机会来为母校服务,我本身也是西政虚拟教研室的建设者、参与者之一。今天非常荣幸来给大家汇报我这几年对于区块链证据方面的一些心得。学权教授、禄生教授和郑飞副教授都是我在这一前沿问题研究领域的学习榜样。所以,今天虽然说我是主讲人,但其实更多是就这个问题,我来抛一抛"砖"。来到西政所主办的这个系列讲座,我的压力是非常大的。因为当年我读博士生时候所经历的西政所办的讲座几乎没有一次是在"一片祥和声"之中结束的,总是充满了观点的交锋和各种各样的批判。所以希望今天我做了这样一个汇报以后,禄生教授、学权教授和郑飞副教授三位能够给我倾泻宝贵的意见,也希望直播间里面的各位老师、各位同学能够给我提出宝贵的批评意见。

谈到区块链这个问题,对于法学界来说,有一种望而却步的感觉,总认为区块链好像是一个非常神秘的东西。实际上我个人接触区块链这个概念比较早,大概在 2012 年的时候,有一个朋友就跟我说,现在出来一个很新鲜的东西,你可能会感兴趣。因为他知道我对计算机技术比较感兴趣。我问是什么东西,他说叫"比特币"。我又问"比特币"是什么?他说:"就是你开着电脑,让它运行一个程序,挖到了这个币,你可以拿这个东西去换成美元。"我说:"是吗?这么好的事情,软件在哪?你告诉我,我去下载。"他说:"你现在这个电脑肯定不行,得换电脑。"我说:"行,大概要花多少钱?"那是十几年以前,我记得非常清楚。我到了西政第一件事就是换了一台电脑,大概是 4000 多元。在当时已经算是中等以上的级别。我这位朋友就跟我说:"挖比特币的要求比较高,你现在手上这台笔记本肯定不行,我们凑钱一起来,一人出 1 万块钱,我们配几台电脑。电脑越好、数量越多、网络越快,比特币就挖得越多。"后来我想1万块钱,当时我还只是一个穷学生,还在挣扎着怎么能够发表论文,怎么能够毕业。我说:"1万块钱我拿不出来。你说比特币能换多少钱?"然后他说:"现在的话,挖到一次是50个比特币,一个比特币大概是2美分。"我算了一下,我挖到一个比特币2美分,挖到50个是1美元。那1美元大概多少时间能挖出来?他说:"那不一定。你运气好的话你可以一直挖到,运气不好的话你可能一天都挖不着,平均下来一天挖着几个。"完了,我一算平均一天挖几个,2美分一个,我连电费都不够,还要我贴1万块钱。十几年前1万块钱对我一个穷学生来说是不得了的事情。我说:"算了算了,这种东西纯粹就是闹着玩。"于是就拒绝了。我距离亿万富翁就差1万块钱。这是我第一次接触比特币这个概念,当时还并不知道比特币和区块链之间到底有怎样一种关系。后来听说了一个故事,可能是在2010年左右,美国有个小伙子,他从2009年就开始挖比特币,存了很多以后,他就花了1万个比特币去买了一块比萨。我相信有他这个经历摆在那边,我已经不算是非常倒霉的了,因为毕竟我距离亿万富翁还差1万块钱,人民币折合美元的话可能也就小几千美元,他距离亿万富翁只差了一张比萨饼的钱。

这就是"比特币"或者说"区块链"最早给我留下的印象:这就是一个玩意,和一些开发出来的电脑游戏一样,甚至感觉就是一个骗人的东西。后来发现比特币好像越来越火,它的价格从1美分、2美分开始一路上涨,现在是2万美元,最高的时候达到6万多美元。在这过程中,实际上它也逐渐成了人们讨论的一个重点。

从小我对计算机非常感兴趣。高中的时候我自己学HTML代码,还建过网站。建网站的时候我就发现一个网站要替换一张照片或者替换一段文字,其实就是一行代码的事。所以现在我是可以完全"不留痕迹"地(当然这是打引号的,只限于本地查看)去篡改一个网页的内容,尤其是当我获取了网站服务器的权限后,就能够直接修改网站内容。所以学了法律以后,我就一直在思考这样一个问题——电子数据的真实性到底如何来保障?如何来防止电子数据被篡改?

有一年,我的一个亲戚发现他的设计作品在互联网上被人剽窃了,要我带他去公证处做保全。做保全的时候,我发现公证处所做的保全就是两件事:一是打开这个网页,然后从上到下把网页滚一遍;二是在旁边录屏,身后放一台摄像机把取证的整个过程记录下来。我当时一边看,一边在想公证机关做的这样一个采证活动,当然要保证设备清洁,同时要保证网站的确就是所指的那个网站,这样整个保全的过程才是没有问题的。但是万一有人取证完以后在公证处里做手脚怎么办?比如,被告买通了公证员,将公证处服务器留存的录像或者网页给改掉了,那么进入诉讼环节后从公证处调取的记录和取证时候所留存的记录就是完全匹配不上的。那法官到底如何来采信这样的电子数据?因此我一直在思考这个问题。后来我发现区块链居然一直声称它的交易记录是不可篡改的,而不可篡改不就是我们对于电子数据保存的一个很重要的要求吗?交易记录放在诉讼当中,也属于证据的一种。那是不是就可以将视频、文档、合同、图片等电子数据,甚至是电子化后的实物证据都放到区块链上,这样就可以起到防篡改的效果。因此,大概从 2014、2015 年左右,我就开始逐渐关注区块链技术。后来也的确看到过运用区块链技术存证的相关案例:有一些已被删除的消息和言论,在以太坊上得到了保存。当时我就感觉这肯定是一个非常有前景的技术。到了 2019 年,习近平总书记提出要利用区块链技术来提升我们的社会管理、治理能力以后,应该说法学界对区块链,尤其是区块链在司法中运用的重视程度是越来越高了。区块链技术的出现,对进一步强化电子数据的鉴真和电子数据在司法实践中的使用提供了非常好的基础。

今天由于篇幅、时间和我个人能力的关系,我想先强调一下本次讲座的几个局限。一是个人自身对于区块链技术认知的局限。因为我是文科生,虽然自学过一些计算机技术,但区块链是有非常庞杂分支的技术,我不可能对于很多技术面面俱到,所以有可能对一些技术的理解和认知有一定的偏差。如果今天有这方面的专业人士的话,欢迎批评。二是今天讲述的内容略微具有一定的技术性,对于没有深入了解过区块链技术的听众可能会有些不太友好,我尽可能浅显易懂且正确地将区块链技术和存证防篡改之间的关系给讲清楚。三是由于一些技术要进行简化,所以可能会存在一些严谨性的问题。四是今天所讲的话题主要围绕着区块链存证,也就是从数据、证据上链开始,一直到被司法适用的整个过程中的一个技术细节或者说技术原理展开,而并不是区块链证据的全部内容,因为区块链证据不仅仅是上传至区块链以后的这些内容,它也有可能是在区块链上生成的。比如智能合约的部署,部署完以后它可以自动执行,这个执行的过程包括智能合约的内容,包括证据的生成和证据的保存,自始至终都呈现在区块链上。但也有部分证据,比如我有一个视频资料,是在线下进行拍摄的,拍摄完要对它的知识产权进行宣示。现在有一个NFT技术可以把这个视频上传到相关的网站,然后保存在区块链上面。那今天所涉及的只是上链以后这一部分的内容,基本上不涉及更加复杂的智能合约、虚拟货币等相关问题。此外,审查规则也仅仅局限于对存证过程、存证结果的审查,并不是对全部区块链证据的审查。

今天的汇报大致分为四个部分:第一部分是对区块链技术的简要介绍。从比特币开始,对区块链到底是由哪些具体的技术要素组成做一个简单的介绍。第二部分是对区块链存证的可信原理进行分析,也即为什么说区块链存证是可信的?为什么说区块链上的证据一定是不可篡改的?区块链证据到底能不能篡改?在法学界很多学者写论文是以区块链证据不能被篡改而具有可信性为基础的,但我们需要对这个基础进行验证和分析,并且找出它可能存在的风险。由此,我们才能来论证法学理论的一些内容。第三部分是对区块链存证现状的考察。受时间影响,这一部分今天会有所省略。近日我完成了一篇论文,会对现有区块链的规范性文件做一些解读。第四部分就是存证审查的标准或者原则。

一、区块链的简要介绍

第一部分,我们来了解一下区块链最基本的一些技术要素。首先,区块链为什么会出现?区块链技术出现的时间其实并不长。2008年,中本聪在一个密码网站上提出了"区块链"的概念。他发表了一篇文章，叫作《比特币：一种点对点电子货币系统》，我们称之为白皮书。在这篇白皮书里面，中本聪对比特币的技术内容、技术细节做了一个介绍。白皮书指出，比特币和过去其他电子货币技术相比，最大的特点就是——去中心化。为什么中本聪要提出去中心化的系统？这要回溯至2008年金融危机，得益于我国政府有力的调控措施，以及国内经济发展的强劲势头，大家可能对美国金融危机感受不深，但这场金融危机在世界范围内影响非常之大。而这次"金融海啸"爆发的根本原因是银行和评级公司联合造假，被称为"次贷危机"。

简单讲一下什么叫作"次贷危机"。雷曼兄弟公司是一家金融投资的企业。当时有很多美国人主张提前消费，会贷款买房，而买房就会产生房贷。比如，今天几位主持人、与谈人和我都去买房。因为学权教授、禄生教授、郑飞副教授三位的工资比我一个助理教授的工资要高得多，所以银行会给予他们更高的信用评级，比如A级。作为A级的贷款用户，他们能够在贷款利率、授信数额等方面得到比我这个C级用户更多的优惠。而银行发出贷款后，不会傻傻地等着我们还钱，银行通常会将贷款包装成一个金融产品，然后再卖出去，这就是所谓贷款产品的证券化。A级和C级证券化产品由于所依托的信用评级不同，在出售时的价格也不同。因为A级信用不可能违约，很多金融机构可能会抢这个产品，因此其售价相对来说要低一些，也就是银行拿出来的利率要低一些，比如2%就买了。但是C级债权拿出去以后，银行要拿出5%的利息，别人才会来买，因为觉得C级违约的风险是相对较高的，所以要5%的利息才会去买，因此它的价格会很高。银行是趋利的，它会把对我的债权和对郑飞副教授的债权捆绑在一起后再去买通评级机构说，你看我这有个A级债权，然后有一个C级债权，这个C级债券我放到里面把它稀释掉，整个打包。打完包以后，评级机构给评一下级，这作为A-。那么本来郑飞副教授的贷款比如2%的利率就可以卖出去，那现在2.5%（才能卖出去）。对于银行来说，本来一个C级要花5%，现在通过打包出售2.5%就能卖出去，这对银行也是有利的。但是2008年正好碰到美国的金融萧条,导致很多看上去信用度非常高的房贷金融产品发生了大面积违约的情况,也就是断供了。像我这种人一断供就影响到了整个金融产品的履约,从而引发了这场"次贷危机"。这场"次贷危机"发生以后,有很多人开始反思为什么资本主义社会一直会出现周期性的金融危机?马克思在100多年以前就已经说过原因了——资本趋利。再加上银行和评级机构这种本身应该是信用度非常高的机构作假,整个金融活动的信用就出现了危机。银行的信用出现危机以后,对整个国家的金融体系是会产生毁灭性的影响的。

在这个背景下,以中本聪为代表的一个或一批人,就提出了一个概念——不要银行。因此,中本聪创造比特币的一个初心就是防范银行这种中心化机构的信用危机。资本家都是不可信的,我们只有靠自己,无产阶级只有团结起来才能够抵抗资产阶级和资本家的剥削。出于这样的理念,中本聪创造了比特币,并赋予比特币构建一个人人平等、安全可信的结算体系的使命。也就是不需要相信或依赖包括银行在内的任何中介机构,买卖双方之间就可以直接进行交易。比如,我们可以跟房东买房子,房东只要把房子或者车子放到区块链上面去,展示自身的可信性,我们就可以去买。因此中本聪想要通过比特币实现一种信任革命,推翻整个既有的信任机制。现代社会的运行离不开一种默认的信任,也就是我们默认某些主体的信用是极高的,比如政府的信用是极高的,大银行的信用也是很高的,公证机构的信用是非常高的。当然国家公证机构背后仍然是国家信用,但是在大陆法系国家,比如法国的公证处的信用就不是以国家作为担保的,而是以公证人的家族作为担保。我认为你的家族从14世纪开始就做公证人,那你这个家族的信用是非常好的,因此我相信你。所以我们整个社会人与人之间的交往必须建立在一种默认的信用基础之上。而比特币的出现,就希望打破这种默认信用。也就是即使我和禄生教授之间从来不认识,我不知道你这个人是好人还是坏人,但是我就敢跟你进行交易,这就是一种信任的革命,或者说一种信用的革命。

那么比特币是怎么做的呢？我们通过比特币的做法来了解一下区块链是如何对信用这个问题做出改变的，见图10-1。

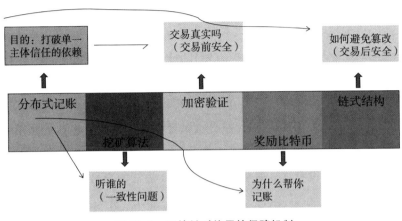

图10-1　区块链对信用的保障机制

首先，它的目的是打破对单一主体的信用依赖。要打破单一主体的信用依赖很简单，我们相信银行包括现在使用的支付宝，是因为不会在我扫了张三的收款码以后，钱转到李四的账户上面去了。那为什么我会相信支付宝的二维码呢？是因为我相信支付宝这样一个结算机构，作为交易的记账人是不会作假的，能够保证我的资金安全，这是一种单一主体信赖。现在，如果我认为这种单一主体是不可信的，打破单一主体记账的方式很简单：我把这个记账权交给所有人，由多个主体来记账，张三、李四、王五、赵六都可以来为我记账，因此个人是否可信无所谓。

多主体记账有两个问题需要解决。第一个问题是如何确保交易的真实性，也即如何确保交易前的安全。我去张三的摊位上买一个烧饼，通过支付宝扫码支付，张三需要确认我支付宝里有钱，才能够把这个烧饼卖给我，或者说如果我不扫码的话，我去刷信用卡。信用卡里面是没有钱的，信用卡是靠着所谓的信用额度来预支我的财产的一种消费方式或者说就是一种透支，我并没有拿真金白银出去。所以我们在进行交易的时候，你怎么确保我是有能力把这个钱还上的，这就是一种交易真实性的问题。那么现在分布式记账也要解决这个问题。为解决这个问题中本聪他用了一种什么技术？就是我们所讲的加密验证技术，关于加密验证技术后面我会具体展开。

第二个问题是如何避免篡改，其实就是交易后安全的问题，这是今天所要讲的核心内容。因为现在交易完成了，我把钱付给你了，而且我一看你的账户里面有20块钱或者你有信用额度，银行的确给了你20块钱的授信。那现在交易完成，我已经把烧饼给你了，给完以后等到我作为一个商家要去跟银行结算的时候，银行说没有这笔交易，王晓华从来就没有给你刷过20块钱，那这是什么情况？首先可能是银行记账系统出错了，或者银行的交易记录被人篡改了，比如我买通了银行里面的人（当然现实交易没有这么简单）帮我把这20块钱的交易记录给抹掉了。实际上我们一直在讲，银行其实就是在记账，借出、贷入就是记账。那我只要把这一条数据给擦掉，就可以假装没有这样的一笔交易。这是一种交易后安全的问题——怎么防止篡改？中本聪提出了所谓的链式结构的记账（这就是他的一个创造性的地方），这就是我们讲"区块链"当中"链"的所在。

现在通过一个加密验证，也即通过一个链式结构来保障交易前后的安全够不够呢？其实还是不够的。为什么？因为分布式记账和中心记账主体相比，实际上有一个非常严重的问题，这个问题是到底谁来记账？大家不要把分布式系统想得非常高深，其实这个概念非常简单。就像我们在腾讯会议上面开会，腾讯会议帮助在东南大学的禄生老师、在上海的我，以及我们的主持人进入同一个会议室交流，这就是分布式系统。这种分布式系统大家一定会有直观的感受，是需要主持人来指定现在谁来发言，下一个谁来发言。如果没有主持人的话，你一言、我一语都在讲，受网络延迟等影响，整个环境会非常杂乱。这就出现了一个到底谁来发言或者听谁指挥的问题，也即在分布式系统中需要解决信息一致化或信息一致性的问题。如果没有学权教授作为主持人允许我一个人现在发言，可能出现郑飞副教授和我同时讲话的情况。由于这个系统中我们的信息传送速度不一致，收听讲座的老师同学可能会先听到郑飞副教授的发言,再听到我的发言,而另外一个地方的老师和同学,则可能会先听到我的发言,后听到郑飞副教授的发言,这就会导致信息传输的混乱,这些反映在交易过程中,就可能导致交易顺序的变化。所以分布式记账一定要解决信息一致性的问题。这一所有分布式记账系统都存在的问题,是今天要重点讲述的内容,而信息一致性问题就是用"挖矿算法"来解决的。

下一个问题就是我凭什么帮你记账?这个就跟我说费力不讨好的事情一样,就像我2012年的时候,凭什么先投入1万块去挖这个区块链,2美分一次,我还得24小时开着电脑,同时我又非常相信中国人民银行,没有分布式记账的交易需求。我为什么要用这样一个去中心化的、去信用度的交易系统呢?基于此,中本聪引入了比特币的这一种奖励机制。因此,在第一代区块链语境之下,比特币是区块链运行的结果,同时它也是区块链运行的动力,但是比特币绝对不是区块链的本身。所以我们国家现在虽然对于比特币包括以太坊等所有的虚拟货币都持禁止态度,但我们并没有禁止区块链技术。这就是因为虚拟货币只是区块链技术的应用之一,它并不是区块链技术应用的全部。

那比特币或者说第一代区块链,是怎么解决交易后的安全与一致性问题的呢?

(一)解决交易真实性问题(交易前的安全)

在解决交易真实性问题方面,实际上中本聪并没有什么创造性的发明。他使用的技术和现在各大银行,包括我们天天使用的支付宝、微信的支付都是一样的,是一种加密签名技术。简单来讲,加密签名技术实际上是首先给客户端和服务端分发了两把钥匙,一把叫作私钥,一把叫作公钥。我们在使用中心化的银行系统的时候其实也有,我们每个人的身份都会对应一把私钥,银行也会设定一个公钥。公钥、私钥有什么用处?它们之间是一个单向证明的关系。你只需要知道在这种单向证明的关系之下,私钥可以直接一对一地通过加密技术导出公钥,但是公钥不可以导回到私钥,或者说即使知道公钥也没有办法知道私钥到底是什么。

中本聪在记录我付给禄生教授10个比特币这样一笔交易的时候,所依赖的加密签名技术被叫作"哈希(hash)技术"。哈希技术是将所有经过压缩的数据,变成固定长度字符串的一种加密技术,不是非常先进的技术。MD5就是哈希计算的一种手段,我相信很多朋友听到过。在我读大学的时候,如果去某些论坛下载文件,它下面经常会有一段话"本文件的MD5值是……"。这个文件的MD5值,就是由一长串你看不懂的数字和A到F的字母组成的一段字符串,这段字符串也就是它的哈希值。当然哈希计算的加密程度在不断地提高,现在常用的是SHA-256、SHA-512,包括SHA-1024。现在比特币使用的是SHA-256。所谓SHA-256,就是把所有的文件固定为一串256位长的0和1的加密字符串,当然它可以转化成十六进制。大家可以去网上搜一搜"哈希计算器",你输入任何的字符,选择SHA-256算法,点击生成后,它马上就会把这串字符的哈希值计算出来。常用的是十六进制,也就是说如果是SHA-256的话,就是64位十六进制字符串,也就是我付款给禄生教授10个比特币的哈希值。这一串字符有什么作用呢?我们就方便计算了。否则你上传的文档、音频或者视频的格式、编码都是不一样的,通过哈希计算以后可以把它变成固定的格式。接下来,用我的私钥对哈希摘要进行加密计算,生成一段密码。然后我把这段密码,以及我给禄生教授转了10个比特币的交易记录都放到互联网上。此时网络上有两串字符,一串是我声称的交易信息,另一串是传过来的经过私钥加密的信息。互联网上其他接收到信息的人,对它进行哈希计算,如果内容未被篡改,那么计算结果一定是一模一样的。这个过程结束后,大家就去看这个人的身份是王晓华,获取并使用我的公钥就可以将被加密的信息解密。因为私钥和公钥是一一对应的,所以理论上解密出来的内容一定和我传到网上的这段信息的哈希值是一样的,只需要做一个比较。这两段内容如果一样,就可以说明用王晓华的公钥所解密的文字,的确是用王晓华的私钥来进行加密的,这就起到了验证身份的作用。整个交易真实性的保障过程如图10-2所示。这个技术实际上在银行金融交易里是非常常用的,并不是区块链的创造,这是我们讲的第一个问题。

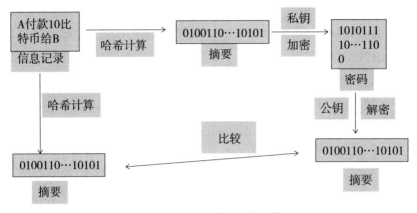

图 10-2　交易真实性的保障

(二) 解决交易一致性问题

第二个问题是如何解决交易一致性的问题？因为后面我们要重点来讲，所以这里我们就简单介绍一下比特币是怎么来处理一致性问题的。它用的就是耳熟能详的"挖矿"，那什么叫作"挖矿"？其实"挖矿"的本质就是做一道"算术题"。刚刚我在网上发布的交易记录，就是我挖矿的对象。比如，"王晓华支付 10 个比特币给王禄生""陈学权交易 20 个比特币给郑飞"这两条交易记录都是我们要挖的内容。那么谁来记账呢？比如，现在我们这边有 5 个人：小红、小黑、小绿、小蓝、小咖啡，那么这 5 个人谁来记账，我们做一道"数学题"。这道"数学题"总归会有一个人先做出来，第一个做完的人把答案发布到网上。发布到网上以后，剩下这些人一看，已经有人把题给做出来了，那我们就不要多费事了，我只来看一看你做得对不对。这道"数学题"的特征是很难算出答案，但是非常容易验证。举一个例子：分解质因数，比如 10 可以分解成 2 乘以 5，这很简单。但如果是一个十位数的大数，要做质因数分解是很困难的，需要大量的算力去暴力破解。可一旦得到分解质因数的答案以后，验证分解得对不对是非常简单的。比如我现在告诉你，10 等于 2 乘以 5，你做出来了，你反过去做一下 2 乘以 5 是不是等于 10？这就是这种数学题的一个特点。然后就是交易区块，谁先做出这道题就视为"挖矿"成功,这就是一个有效"区块",那么他就拿到了这些比特币。然后他所记录的交易,比如他的这个"区块"里面包含了王晓华付了10个比特币给王禄生的交易记录,记录成功了。然后小蓝这边也有区块,因为网络延迟的问题,可能他拿到的是另外一款交易记录,但那个交易记录并不在小蓝所做的区块里面。那么这个交易记录就没有被认可,它将被放回交易池等待下一次打包。

这里就有一个问题,看上去好像是选择出了唯一的人选,那么会不会产生一种情况:如果大家同时解出答案怎么办?这里就引入了第二个概念,就是"分叉"。比如前面三个区块做完以后,小红和小黑同时算出了这道数学题以后,他们两个人到底听谁的不知道。没关系,我们先做暂时的分叉。先收到小红区块的人,比如小绿收到了小红的区块,那么他就在小红的后面继续做计算;小蓝先收到了小黑的区块,因为有网络延迟,收到小黑区块以后,他就在小黑的后面做计算。然后这两个人再进行竞争,等于变成小红、小绿与小黑、小蓝之间的竞争。那么在这组竞争之后,小蓝比小绿先把这个区块挖出来并发布到了网上。小绿一看,有新的区块了,再一看这个区块跟我不在同一条链上,那么他把自己的区块废掉以后发现:这个区块的前面那个区块并不是我挖的这个区块,就是说我现在挖的不是小红,而是小黑的,这个区块中间断了怎么办?根据最长链原则数一数,小蓝这条线上有5个,小绿这条线上因为他的被废掉了,这条线上只有4个。那么只能取小蓝这一块,就把小红的区块废除掉了。废除掉以后,小绿、小红都回到了小蓝这条链上继续挖矿(如图10-3所示)。当然,最长链原则也有一些弱点,所以在区块链上有最重链这样一种新的一致性算法,这个就不展开讲。这就是比特币用来解决交易一致性问题的做法。

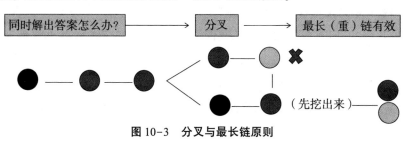

图10-3　分叉与最长链原则

(三)解决交易后防篡改问题(交易后安全)

最后是如何防范交易后篡改的问题,这里就利用了链式技术。链式技术跟我们前面讲的一致性是有关系的。我们要认识到,区块链首先是一个"区块",然后把它打成"链"。这个"区块"包括三块内容(如图10-4所示),第一块内容是前一个"区块"的哈希值。第二块内容是本区块的一些交易内容。比如这里面有10个交易,那就有交易1的哈希值、交易2的哈希值、交易3的哈希,一直到交易10的哈希值,一起把它们放到一个文件里面。同时,为了保障区块的时间先后顺序,还将向时间戳服务器请求添加一个"时间戳"(时间戳服务器为电脑时间自动同步的服务器,不是很复杂,一般用格林尼治的服务器)。第三块内容是本区块的哈希值。信息打包进去以后,因为现在全部是64位的十六进制的一串字符,或者说256位的二进制的字符,可以进行简单的加减运算。这个加减运算是用来干什么呢?就需要增加一个数值,叫nonce值,也称之为随机值。随机值在整个区块当中,就是把这些数字加起来,最后得出的一个数字,这就是本区块的哈希值。如果他前N位为0,就挖出了这个矿了。但是绝大部分情况之下,不可能做出前N位为0,这个N可以叫作"难度系数"。那没有

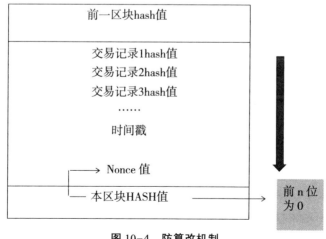

图10-4 防篡改机制

挖到这个值怎么办？很简单，去改 nonce 值。当然交易记录值和时间戳的值是没有办法修改的，唯一能够修改的就是这个随机值（nonce 值），修改 nonce 值后再做计算。因为根据计算机的算力而言，任何东西做哈希计算可能只需要 0.1 秒或者 0.01 秒，所以就可以不断地、暴力地来试这个 nonce 值，直到出现前 N 位为 0 的哈希值，这就是本区块的哈希值。

区块链当中的哈希值的内容有很多，后面会讲到区块哈希值有两个作用。第一个作用是作为区块之间连接的一个链条，就像火车的挂钩一样，区块哈希值就是个火车的挂钩，把区块挂起来。第二个作用是数学题的答案，谁先找到了这道数学题的答案，谁就拿到了挖矿的资格，或者说拿到了记账的资格。为什么说这样一个链式结构可以防篡改呢？因为如果要对这个区块的内容进行任何修改，计算出来的哈希值都是不一样的。"王晓华付了 10 个比特币给王禄生"和"10 个比特币被王晓华付给了王禄生"，这两者的哈希值将是完全不一样的。若有任何改变，都将生成一个不同的本区块哈希值，而这个哈希值是下一个区块的头部。本区块哈希值发生了变化，当我继续挖矿的时候，下一个区块会有追溯。追溯到某个位置，发现这个区块头和上一个区块的尾是接不起来的，断掉了，就说明前面这个区块被篡改了，因此这个区块的内容要被废除掉。特定区块内容被废除掉之后，所有的区块可能都会出现问题，那么就需要人的介入。现在在区块链上发生过很多 51% 攻击，导致区块的记录被篡改，包括比特币、黄金甚至包括以太坊。当然以太坊的篡改不是 51% 攻击，而是智能合约的漏洞所导致的"盗世界"。比特币、黄金等虚拟货币被 51% 攻击，就会出现这样一种情况。所以只要区块之间的哈希值不发生变化，就说明这个区块里面的内容没有发生改变。随着我们刚刚所讲的最长链原则出现，要修改前面区块的内容，就得把后面一连串区块的数据全部改掉。但因为有分布式系统（后面会讲到），所以这种篡改是一个非常难的操作。

二、区块链存证可信的原理

我们来考虑一下，这些技术中哪一个决定了区块链具有防篡改的性质,或者这些技术对于区块链防篡改都有哪些影响？这就是我们的第二部分,也即区块链存证可信的原理问题。因为端上区块链技术不是这么简单的,去掉激励机制,简化一下四块内容分别是:加密技术,链式结构,分布式结构,挖矿算法①。

(一)谁决定了区块链的防篡改性质

第一,加密技术的作用。哈希在整个区块链当中并不是只有一个单一功能,全程都在使用加密技术。

首先,对于私钥公钥的哈希计算,它的作用是确认交易用户的身份问题。这是金融机构一个常用的验证手段。私钥公钥的技术对防篡改有什么作用？很重要的一个作用就是如果不掌握某一个人的私钥的话,就不可能以他的身份去创造一个消费记录,只有掌握私钥的人才能进行这个交易。结合前面所提到的内容,因为需要用我的私钥对我的整个文本进行加密,放到互联网上面去让大家进行验证。所以抛开后面所讲的所有技术,如果能够篡改的话,也只能篡改你所掌握的所有的私钥主体的交易记录,也就是我自己的交易记录,我可以篡改。但是如果我不掌握王禄生的私钥的话,我就没有办法以他的名义去篡改交易记录。当然这是只在互联网上进行篡改,我在进行51%攻击的时候,很难绕过私钥的关口去伪造、篡改别人的交易记录。这是我所讲的私钥和公钥技术在防篡改方面的功能,但是整体来说对于区块链的防篡改,这个功能并不是特别核心。

其次,哈希值的作用是提供了一个数据验证的对象,它本身并不直接为防篡改提供技术支持,因为交易记录的哈希值是可以改变的。它不直接提供防篡改的技术,要和其他技术相结合才能够起到防篡改的作用。同时,对于交易记录的哈希值的作用,或者说对于数据验证的作用,并不是去中心化技术特有的作用。在一个中心化的存证机构当中,也可以使用交易记录做比对。我们现在有很多机构,比如公证处或者一些商业组

---

① 其实这不是一个非常科学的说法,科学的说法称作共识算法,只不过为了方便大家理解,在比特币这用了"挖矿",后面我们都用共识算法来代替挖矿算法。

织号称自己使用区块链技术来进行存证。这样一个存证的平台，先不说其他技术，如果只是采用了哈希加密的手段保证存证内容的一致性那可以进行验证，如果这个存证平台只是宣称有这种鉴真手段的话，那还不是一个区块链的存证平台，它仍然是一个中心化的存证平台。比如我接触过一个公证处，这个公证处号称自己使用区块链技术进行存证。后来我一打听，发现他根本就没有使用区块链技术，只不过使用了哈希值加密技术做比对。所以这也不是区块链防篡改的一个核心技术，而只是一个验证技术，就是告诉用户：你现在拿给我的这个证据，我在网上一比对，和你当时所存储的内容的哈希值是不一样的，所以你这个证据是被修改过的，我不予认可。但是反过来想一想，如果一个存证中心化平台上的证据和我在法庭上所举出的证据，哈希值验证不一样，除可能法庭上举出的证据被篡改以外，是不是还有一种可能，就是存证平台上的这个证据被篡改了。我在存证平台上的证据被篡改的话，它的哈希值就会发生变化，跟我的也是对不上的。因此仅仅做哈希校验，不能保证存证平台上的证据没有被篡改。这是我们在做区块链证据保全工作的时候必须要注意的一个地方。

最后，区块中哈希值的作用是链接区块，实际上是对区块提供标识。所以整个哈希加密的技术在区块链上或者说它对于防篡改问题而言，并不是一个核心技术。它为提高防止篡改他人数据的可能性提供了一种安全保障，但是仅仅是哈希加密技术并不能防止区块链上的数据被篡改。

第二，链式结构的作用，它提高了恶意节点篡改信息的成本。什么是提高恶意节点篡改信息的成本呢？就是说，如果不采用链式结构技术，那么对于存在服务器当中或者存在电脑当中的这些文件，被篡改很简单。打个比方，假设我现在在文件夹里面有100个交易记录：001002003……一直到100的TXT文件或者是XML文件或者JSON文件。这些文本文档如果不采用链式结构技术，要篡改它们的话简单吗？很简单。我现在要篡改006号文件，只需要把006号文件打开，然后修改里面的一个数值，关闭保存即可。但是如果采用链式结构技术，后面会讲到分布式结构的作用，我要让网络上所有的人都相信我篡改的内容,我得把从 006 号开始到 100 号整个链条上的区块哈希值全部改掉。当然人工改是非常累的,我用电脑技术来改 100 个区块哈希值的话是比较简单的。现在比特币已经是 30 万个区块,要做到把这 30 万个区块的哈希值全部重新算一遍,这不是想改就改的,因为里面会验证这个区块哈希值是不是里面内容所计算出来的,必须不停地寻找 nonce 值,所以篡改记录的成本,或者说篡改记录所消耗的能源和你记账、打包、挖矿所消耗的能源是差不多的,没有什么太大的区别。链式结构本来只要改一个区块就够了,如果我要改 006 号文件,现在得改 100 个区块,30 万个区块,就要改 29 万多个区块,这个几乎是不可能的。你算力再高,哪怕算力达到全网的 80%,要对现有的区块进行篡改,需要把这么多的区块重新算一遍,这个成本是不得了的事情。所以链式结构提高了篡改成本,但不是说不能篡改。

第三,分布式结构的作用。分布式结构的作用就是四个字:去中心化。链式结构提高了篡改成本,而分布式结构降低了篡改成功的概率。因为如果想让区块上被篡改的信息有效,必须是全网所有的人都认可的。发布的区块、交易内容和最终的区块,包括区块"头"和区块"尾",都得让全网信服。那么怎么样能让全网信服?就是我发上去的东西,从最新的区块开始验证,验证完第一个区块 OK、第二个 OK、第三个 OK、一直到初始都 OK,那么一个人的验证就 OK 了,或者这个人是被我买通的,他跟我一起进行造假,那我要让 10 个人都对这个已经被改变过的区块进行验证,而要买通 10 个人很难。这种分布式结构实际上就是每个人的账本,当所拿过来的被篡改过的账本跟这个账本做比较以后,发现两个是不一样的,那就会去找其他人核对进行验证,验证完发现第二个人跟我一样的,第三个人跟他一样的,第四个人跟我一样。验证了 1 万个人,这 1 万个人里面 9000 个人跟我是一样的。那么对不起,你有 1000 个人使用了篡改过的账本,我这边都不承认,我只承认这 9000 个人的账。那么同样的,1 万个人进行验证发现这个账本只有 1000 个人是认可的,剩下 9000 个人都不认可我这本账本。那这本账本是什么?它是无效的。但我只能认可那 9000 个人的账本,所以就把那9000个人的账本复制到我的电脑上面来,我就变成了多数派。对于这个篡改人来讲,分布的节点越多,就越困难。你有10个节点,你买通5个节点或者买通6个节点,被认可的可能性会比较高。但是如果有1万个节点、1千万个节点、1亿个节点,这么多的节点要买通,要让他们都认可你的篡改,认可他们的账本是无效的而你的账本是有效的,这个概率是非常低的。所以为什么说比特币虽然存在51%攻击的危险性,但到目前为止,我们不谈它的实用性,只从技术上来讲,它仍然是一个非常安全的交易系统,就是因为这个原因。它的节点非常多,而且是彻底的去中心化。当然,去中心化好不好呢?这是另外一个问题,我们可以再讨论。

第四,共识算法的作用,它是保障防篡改机制的灵魂。就像前面我讲的,你拿过来一个被篡改过的账本以后,我要进行比对,那怎么进行比对?我要去找那1万个人里面的人,跟他进行沟通和交流。这个比对、去伪存真的过程就叫作共识算法。不同的区块链的共识算法是不一样的。我看了一些论文发现,其实我们对于共识算法的理解可能相对来说比较简单。但是在区块链当中,共识算法是最核心的问题,也是最多元化的一个问题。

在上述四个技术当中,最核心的两个技术是分布式结构和共识算法,它们决定了区块链的防篡改性质。

(二)防篡改为什么一定要去中心化

为什么说防篡改一定要去中心化?或者说也有很多人提出来去中心化有很多问题,不去中心化可不可以?我的观点是,最好是去中心化,尤其是如果要将区块链存证作为一种技术创新的话,一定要去中心化。主要有以下三个理由:

第一个理由是借用了奥卡姆剃刀原则。奥卡姆剃刀原则是自然科学领域当中对于理论选择的一种技术,是14世纪的圣方济各会修士奥卡姆的威廉提出的一套筛选原则。它最初是从神学开始筛选科学理论的一个原则,即如果能够用更少的假设来解释一个问题的话,那就不应该使用更多的假设;也即两个理论放到一块,哪个理论假设更少,我们就应该采用哪个假设。这就是为什么后来人们逐渐承认了日心说而抛弃了地心说，地心说当中对于整个天体运行的附加条件非常的多，而日心说的附加条件很少很简单。当然现在大家知道日心说是错的，教会当然是后面才承认了日心说。但是我们用奥卡姆剃刀原则就可以选择——当然是日心说最好。那我在这里借用奥卡姆剃刀原则，因为去中心化的体系是有资源消耗的，区块链是为了突破中心主体信用的依赖。但所有的信用都是有成本的，没有任何信用是免费的。区块链信用的代价就是更复杂的计算，更冗余的存储，更多的宽带占用和更多的电力消耗。为什么现在反对"挖矿"？关了这么多"挖矿"的矿场，就是因为它消耗了大量的电力，这些消耗都是无谓的消耗，除"挖矿"以外没有任何作用。当然现在也有有用的挖矿，那是另外一种共识算法，这里暂且不提。一个公证处通过一个中心化的机构进行电子数据存证，于是我开了一台由中心化机构可以掌控的服务器。这台服务器开着，我可以给它做快照，给它做冷备，给它做RAID。如果玩过 NAS 的同学可能会知道，我给硬盘做 RAID，就是做镜像。比如一个文件在服务器上面存了 10 块硬盘，如果采用 RAID1 这个磁盘阵列的话，那就是有 5 块硬盘作为存储硬盘，5 块硬盘作为镜像硬盘。10 块硬盘当中任何一块硬盘坏掉没有关系，我把新硬盘换上去就可以了。这样一台服务器，足够一个中心化机构来解决存储问题。那我为什么还要使用 4 台电脑 24 小时 365 天全程联网开机放在互联网上让你们来使用呢？这只会带来更多的消耗，但是它并没有增加信用基础，所以在不去中心化或者仍然依赖中心化主体的情况之下，使用区块链技术是一种无谓的资源消耗。在哈希验证也可以使用的前提下，为什么要用区块链技术？

第二个理由是增加数据的冗余保险。冗余保险和在服务器上面设置磁盘阵列并用不同的磁盘阵列增加硬盘的数量来进行冗余保险是不一样的。比如我的数据现在存在王晓华的电脑上，但是王晓华的电脑有可能发生什么？我曾发生过一件事，我自己买的一台磁盘阵列机，里面放了 5 块硬盘，这 5 块硬盘我做了磁盘阵列，但是我在搬家的时候"啪"地整个机器全部砸在地上，里面存了 12t 的资源：大量的 BBC 纪录片（都是为了给我儿子学习看的)全部报废了。后来我花了一年的时间才把这些纪录片全部找齐。由此可见:一个公证处的服务器机房,有可能被盗,有可能被炸掉,有可能失火。如果用分布式存储的话,就可以在不同的节点上对数据进行保存,就增加了数据的安全性。

第三个理由是区块链的本质仍然是电子数据。就是说大家也不要把区块链给神化,区块链只有通过联网以后,才有可能在去中心化的体系中(当然这个去中心化不是完全去中心化,也可以是多中心化)发挥它的威力。如果不去中心化,几台服务器完全由我一个人掌控的前提下,我只要编写一个程序就可以篡改区块链上的内容。我只需要修改区块生成规则,修改算力难度。这些我都是可以做到的,因为所有的内容都掌握在我一个人的手中。所以这就是为什么我们建议大家那些所谓的虚拟货币、空气币,千万不要去碰,因为很多空气币本质上可能就是一个中心化的东西,它打着区块链的旗号,你用人民币去买的这些空气币,只要在服务器上面改一串代码,就可以把它贬值掉,甚至让它消失。所以在区块链存证当中,去中心化是一个非常重要的技术要求。

(三) 共识算法的分类

在此简单讲一下共识算法里的技术问题,它非常复杂。现在主流的共识算法,根据应用场景的不同可以分为四大类。大家最熟悉的比如"挖矿",它就属于第一大类,叫作基于证明的算法,它的代表算法就有三个,当然还有很多其他的。第一个 PoW(Proof of Work)是工作量证明。第二个 PoS(Proof of Stick)是权益证明。第三个 DPoS(Delegate Proof of Stake)是增强性的权益证明,这个跟 PoS 是差不多的。

第二大类是拜占庭容错算法。拜占庭容错算法并不是区块链发明的算法,它在区块链诞生之前就存在了。在 20 世纪的七八十年代,美国就已经有学者研究出了分布式系统中的拜占庭容错算法。比较有代表性的算法就是 PBFT(Practical Byzantine Fault Tolerance),即实用拜占庭容错算法。

第三大类是基于选举的算法,代表算法就是 paxos 和 raft。基于选举的算法尤其是 paxos，是比较早的一种对分布式系统当中达成一致性的算法。

第四大类叫作有向无环图算法，这个名字听上去就很拗口。有向无环图算法利用了数学图论当中的一种技术——有向无环图。什么叫作有向无环图？简单来讲，大家高中肯定学过矢量(向量)和标量吧，矢量(向量)就是一个有方向的标量。在图论当中，从它的拓扑结构看，图和图之间的连接是一种有向的连接。这种有向连接指的是 A 能到 B 但是 B 不能到 A，它是有方向的，这就叫有向图。什么叫有向无环图？就是 A 到 B、A 到 C、B 到 C、B 到 D 所有的节点加起来，A 无论怎么走都不可能回到 A，B 无论怎么走都不可能回到 B，这就叫有向无环图。这个技术是对于区块链共识的最新出来的一种算法。应该说有向无环图效率非常高，但是问题也非常大，尤其在安全性问题上面，这个暂且不做讨论。

基于选举的算法中，两个代表算法 paxos 和 raft 虽然也很常用，但是它们有一个特点，就是只能基于非拜占庭容错。什么叫非拜占庭容错？就是只能容纳关闭的节点或者说宕机的节点中没有恶意节点。比如我有 10 台电脑，这 10 台电脑都是非常有信用的，但之后有两台电脑关机了。在这种情况之下，我该怎么达成一致性？前面讲的拜占庭容错算法和基于证明的算法，都要求这 10 台电脑当中有恶意节点，即这些节点不只简单地关机，而且还会发出篡改的指令、发出错误的指令、错误的信息。在这种情况之下我无法解决这个问题。所以基于选举算法的这些代表算法无法适用于一个无信任的环境，它必须在环境是可信的情况之下才可以使用。

下面，我们简单来了解一下基于证明的算法和基于拜占庭容错算法在防篡改问题上的区别。首先什么是拜占庭将军问题？这个问题很复杂，大家有兴趣的可以自己到 b 站上了解。我非常喜欢的一个科教类博主李永乐老师把拜占庭将军问题讲得很透，有兴趣的朋友可以去 b 站上看一看。拜占庭将军问题的目的是解决分布式节点的一个共识。它的问题是因为有恶意的节点或者是宕机的节点出现，导致这个共识没有办法实现。拜占庭将军问题是由一个美国的数学家所提出的在分布式网络当中关于信息一致性问题的例子,即假设现在有一群将军要去攻占拜占庭这座城市,也有的说法是一群拜占庭的将军要去攻占一座城市,10个将军当中必须要有一半以上的将军一起进攻才能够攻占这座城市,如果说低于一定程度的兵力去攻打的话,就会全军覆没。这个时候,传令兵有可能会错误传递消息或者恶意传递消息。比如,有10个将军,其中有一个传令兵是叛徒。这个叛徒会向其中4个将军说,我接到的命令是撤退,跟另外4个将军说我接到的命令是进攻。如果有4个叛徒的话,他们会随机地或者错误地发送这些消息。忠诚的将军可能会收到不同的消息,如收到4个进攻的命令和4个撤退的命令。这时候如果来一个叛徒,这个叛徒一看将军收到的是进攻命令,然后就告诉这个将军说是撤退命令;收到撤退命令的将军,就告诉他收到的是进攻命令。这时候所有的将军都会认为他会选择最大的一个节点,明明实际上只有4个进攻指令,如果叛徒说是进攻,那现在就有5票,就发动进攻了。实际上那个叛徒不会进攻,就只剩4个将军进攻,另外5个将军没有进攻,这时候进攻就失败了,就导致了分布式节点当中信息传输的失真。

  这是拜占庭将军问题一个比较简化的版本,这个问题要深讲起来其实是非常复杂的,今天就带领大家简单了解一下。那怎么解决拜占庭将军问题呢?有两个思路,第一个思路是挑选独裁者,第二个思路是通过协商来决定。现在不同的共识算法面对拜占庭将军问题,其思路是不一样的。比如一种思路是基于证明的共识,它不解决将军的忠诚度问题。这是什么意思?就是不去判断这个将军是忠诚的还是不忠诚的,而是通过整个"链"来解决信息安全,完全绕开拜占庭将军问题来处理一致性。那怎么来决定这个发动进攻的或者说发动指令的人?这种思路认为可以通过竞争机制来决定。在基于证明的共识算法当中,基本上处于网络自治中,或者说大体上是处于网络自治的状态。这种基于证明的共识算法,典型案例的就是我们前面讲的工作量证明,前面已经说过了"挖矿",共识算法就是通过"挖矿"来选定一个挖矿的人。这个节点是忠诚的还是恶意的不去管它,挖出来的东西通过区块链的链条来验证:是真的还是假的,或者说是个恶意节点还是一个诚实的节点。

基于工作量证明的共识算法的第一个优点是理论上去中心化的程度非常高。中本聪提出基于工作量证明的时候是希望全世界所有的人、任何一台电脑都能够参与"挖矿"。第二个优点是它根本无须任何信任，完全绕开了拜占庭将军问题，仅靠区块链技术来解决数据真实性的问题。第三个优点是它的攻击阈值比较高，也就是我前面所讲的51%攻击，这是相对我后面要讲的PBFT算法而言的。以上是它的优点，但是它也有缺点。第一个缺点是它需要激励机制。没有激励机制，就没有人来给你进行"挖矿"，所以需要投入虚拟货币。第二个缺点是去中心化程度不可控，像比特币现在就存在这样的问题，"五大矿池"就占据了整个"挖矿"50%以上的算力。如果这"五个矿池"联合起来，是可以作恶的。尤其是"挖矿机"出现以后，作恶的能力就更强了，所以就衍生出了其他的基于证明的算法。第三个缺点是大量无效的算力被浪费，这也是比特币基于工作量证明的算法被诟病最多的地方。比如我国西南片区的那些水电厂全部用来"挖矿"了，多余的电完全是浪费掉的。

所以基于这些不足之处，有人发明了基于权益证明的共识证明算法PoS。PoS实际上是把对于劳动的证明转化成对于财富的证明。它的优势在于：第一，节约资源。PoS不需要进行"挖矿"计算，不是大家都在那边竞争，而是我们坐下来谈、坐下来比。打个比方，我们不是穿着马甲用锄头挖，谁挖出来宝石谁就赢，而是西装革履地坐在一张桌子上面，大家拿出一些筹码来比一比谁的钱更多，谁更有能力来做这个话事人。第二，它同样也具有无须信任节点基础的优势，且更能够避免51%攻击，当然这一点是有争议的。因为相比较，它最大的一个缺点就是有可能因为形成马太效应而导致富者越富。因为在基于权益证明的模式之下，也就是我有多少虚拟币就可以拿来做抵押，就可以获得"挖矿"的资格，那么越有钱的人，就越有可能获得挖矿的资格，然后就可以"挖到"更多的矿，钱就会越多，挖矿概率和挖矿资格就会越高，就可能通过马太效应形成资源集中的效果。到了后期，PoS就有可能变成一个中心化的系统。因此它也是受到一定的批评。

当前，拜占庭共识算法比较典型的就是 PBFT 算法以及它衍生出的很多算法内容。怎么理解 PBFT 算法的基本运行架构？也就是说它有几个阶段？每一个节点承担什么工作？它有一个领导节点叫 leader，然后剩下的节点都是一些辅助节点，不像基于证明的节点那样是公平竞争的。首先它先选举出一个领导，向这个领导发布一个信息，然后这个领导就把这个信息向辅助节点进行广播，从而辅助节点进行验证。这个验证不光要验证自己的，还要验证其他此类辅助节点的信息。比如说首先我跟你进行验证，我说我现在收到一个内容为"王晓华支付了 10 个比特币给王禄生"的信息，此时，第二个服务器反馈给他说我收到的内容是"王晓华支付了 10 个比特币给王禄生"，然后我再跟第三个服务器询问收到是什么？回复收到的是"王晓华支付了 10 个比特币给王禄生"。我向这些节点都进行询问，得到的全部是这个消息，那么这是个可信的消息，我认可。剩下其他的节点做同样的事情，然后有一个预准备阶段。接下来就进入准备阶段，其实也是进入第二步的共识，让我来验证你有没有验证这条消息。"我验证了"，第三个服务器说"我也验证了"，你们都验证了，这是第二步。第三步就是执行，我执行完了，然后我询问你说"你执行了没有"，你回答，"我执行了"。又问第三个，回答"我也执行了"；然后第二个也问第一个"你执行了吗？"，得到"我执行了"的回答后，再问第三个"你执行了吗""我也执行了"全部都执行了，每个人也都确认了验证消息，每个人都确认了别人确认了验证消息，然后每个人都确认了别人确认完验证消息以后执行了这个消息，最后这个消息就上"链"了。这就是一个非常典型的拜占庭容错算法。这里面有一套的数学公式，最后算下来，所有的节点当中，只要 2/3 以上的节点得到了确认，那这个消息就是可以确认的，也就是不需要全部节点都认可，具体的算法我们就不展开了。

PBFT 算法的好处，第一是节约资源，因为它不需要算法的浪费。第二是它可以在异步环境下工作，不需要等待验证完 2 号服务器、3 号服务器，再来做后面的事情。只要把 2 号、3 号、4 号，1 到 10 号这些服务器全验证完了,就可以做下一步了。不用管 2 号怎么做,也不用等到做完了再问 2 号确认完没有,这个就叫异步环境下工作。第三是它的交易效率很高。当然这是相对的,和它的一个缺点相比较而言。它的一个缺点就是系统扩展性比较弱,需要超过 2/3 的节点可信。PBFT 算法和基于证明的算法比较,基于证明的算法算力攻击的阈值是 51%,而前者是要达到 66%,也就是说超过 34% 的节点出现了问题,你的节点就出问题了,因此它对于节点的信任度要比基于证明更高。它的共识过程也更加复杂,对于网络带宽的需求会更高,且只能在联盟链当中使用。大家可以感受到,一个服务器要和这么多的节点进行沟通,那节点数量越多,沟通成本就越高。所以它不能有很多节点。理论上来讲,100 个节点是极值,一般要适用 PBFT 算法,最多二三十个节点,同时还要受到网络延迟的影响。所以这些不同的共识算法就决定了对于区块链的设计是不一样的。而且对于区块链上信息防篡改的机制也是不一样的。比如联盟链一般就不能使用基于证明的算法,因为它的点比较少,要达到 51% 攻击的阈值就比较简单,而且它是没有任何信任基础的,所以基于证明的算法一定要节点多。如果使用 PBFT 算法,节点就不能太多,但是节点之间要有一定的信任基础。

基于以上对这些技术的分析,我们发现区块链存证的可信度在技术层面上有哪些要求呢?第一个是尽可能地做到去中心化。这个去中心化不但要求节点数量要多,而且节点要分散。第二个是加密算法要足够安全,要避免哈希碰撞的攻击。第三个是对于区块链的组织到底是使用联盟链、使用私有链还是使用公链必须和共识算法相结合。我观察下来,区块链的存证最好使用联盟链,它是一个相对来说比较平衡的组织架构。如果基于联盟链,一定要在效率、能耗、安全性方面达到均衡的一种共识上。

三、区块链存证的现状考察

对于区块链现状的考察,介绍三个互联网法院的平台。第一个是杭州互联网法院的天庭网,这个网站是杭州互联网法院的一个司法区块链。

它总共有两个存证的平台,一个是司法存证平台,一个是第三方存证平台。司法存证平台,其中区块链的业务有23亿多条,数据每天都在发生变化。然后,第三方存证平台,很显然并没有采用区块链的技术。司法存证平台总共分了三块内容:版权链、合同链、金融链。每一个链下有不同外部接入的平台,其中版权链和合同链有两个,金融链有一个。这些区块链平台当中,我发现有一些声称自己使用了区块链的技术,但有一些并没有声称使用区块链技术,也没有公布去中心化的程度,以及使用什么样的共识算法。那就没有办法判断这些平台的去中心化程度,或者说使用这个区块的人员、技术的可靠性。至于节点之间有没有互通,还是仅仅是不同平台的一种链接等问题,这个可能要进行深入的调研才能够知道。

第二个是北京互联网法院的天平链,它也有一个公示的网站,但是公示网站是北京互联网法院的内网。北京互联网法院对天平链的公开比较详细一些。我记得是有节点的公示,总共是有14个一级节点和10个二级节点,但是它也没有公布节点之间的共识情况和节点的分布情况。

第三个是广州互联网法院的网通法链,它只提供了电子数据的在线验证这一功能。当然它也公示了区块的哈希值。如果只公示区块哈希值的话,提供验证肯定是供诉讼当事人来进行验证的。我也尝试过寻找它的注册入口,但没有。以上就是三个做得比较好的存证的平台。

那么还有一些平台,比如山东省高级人民法院的一个电子证据平台,也使用了政务级司法区块链的链接节点,也有区块链的公示。但我发现它下面还有叫区块链节点的法院,算下来总共有200多个法院。那这些法院是不是都是节点?后来我发现和山东省高院这个网站做得一模一样的是吉林省高院,还有青海省高院。有一种可能就是它们之间形成了一个共识的节点。但是这里有一个疑问就是山东,包括吉林等平台下面所共识的节点当中居然没有吉林省高院,我不知道原因。然后200多个节点用的到底是什么样的共识机制?这个从我们刚刚的分析来说,无论是公链上的共识机制还是PBFT的共识机制其实都是不太可能的。而且我还发现一个问题,就是这几个网站都没有使用安全的网站链接,也就是说并没有使用 HTTPS 的协议,使用的是 HTTP 的协议,这是建设网站一个最基本的要求。而且有更严重的问题,比如像吉林省高院的平台是有备案号的,但是山东省高院的网站是没有网站备案号的,从工信部的规定来定义,这个网站是一个非法网站。所以在建设上其实是还存在一些不足和需要改进的地方。这就是我对我国法院的若干司法区块链平台的一个观察。总体而言,目前这些区块链平台对于技术的透明性和去中心化的程度还都语焉不详。因此它的区块链技术到底运营到什么样的一个地步,我们并不是非常清楚。

四、区块链存证的审查

最后简单地对区块链存证的审查,发表一下我自己的观点。这个审查规则不是对于证据本身的一种审查。我分成了两块,第一块是存证平台建设的审查,第二块是存证结果的证据法效力。

(一) 存证平台建设审查

我提出四个要求:第一个是尽量做到从主体信用依赖向技术信用依赖的转变。这个前面讲过了,为什么要去中心化,为什么要更多地依赖技术性?用户完全可以不用区块链,但如果要用区块链,就得让区块链为信用背书的功能发挥作用。如果不发挥这个作用,那我们就不要用所谓的区块链技术。

第二个是对节点的安全情况进行实时监测。因为刚刚从节点的情况介绍、共识算法介绍可以看到,区块链技术是存在被篡改的可能性的。无论是51%攻击还是 PBFT 里面的达不到34%攻击,恶意节点一旦超过一定的数量以后,完全可以对数据进行篡改。所以需要对节点进行实时的安全监测。

第三个是要使用能够抗攻击的强加密算法。现在常用的是 SHA-256,这种加密算法理论上来讲需要 1000 亿次攻击才有可能攻破,它的防御力度是非常大的。

第四个是要公示使用的共识算法以及节点分布情况,让大众能够信任你对节点的掌控情况。

(二)存证结果的证据法效力

最后对于存证结果的证据法效力,我提出四点,都不是非常的成熟,欢迎大家批评。

第一点是将证据上"链"以后的状态纳入司法认知范围,也就是说它和公证文书的效力应当是相同的,但仅局限于上"链"以后的状态。

第二点是在刑事诉讼、行政诉讼当中,国家也就是政府和检察机关应当进一步证明存证环境的安全性。当然这个证明可以通过前面的存证平台的节点和算法的公示来做,但是在刑事诉讼当中必须去证明。不能说其是区块链证据,所以它就是真的。民事诉讼当中可以这么做,但是刑事诉讼、行政诉讼当中不能这么做,因为它们对于证明标准的要求会更高一些。尽管技术信用要增强,但是技术信用毕竟是有漏洞的。

第三点是存证的证明力只能及于信息传递,不能及于实物传递。也就是说我只能证明我付了钱给郑飞老师,不能证明郑飞老师把他电脑给我了,这个交易过程是一种部分证明,而线下的证据真实性是不能证明的。

第四点是应当进一步设立一个个案利益关系报告制度。尽管我们讲区块链提供了额外的信用保障,但是在技术仍然不成熟、可能存在风险,如果有存证平台或者技术公司掌握了技术优势,那么在与其有利害关系的案件当中,怎么保证他不利用技术垄断的优势来做出妨碍司法公正的行为?所以在个案中,我们还是要增加利益报告制度来进一步地巩固信用。

正好讲了两个多小时,从区块链的整个发展的历程,到如何防篡改的技术机制,最后提出了一些自己不成熟的建议。感谢大家的聆听,欢迎大家批评指正。

主持人:陈学权

非常感谢晓华老师。应该说这是一场非常专业的讲座,因为对区块链这个问题,很多法律职业人其实都是感到很困惑,或者说想学也学不太明白。昨天晚上我还专门下载了几篇关于区块链的论文,但是看了之后也是似懂非懂的。今天听了晓华老师的讲座,前两部分信息量非常大,内容也特别丰富。因为他比较专业,所以相对来说已经讲得比较通俗,比较易懂。我认为这是很难能可贵的一个地方:要给一帮外行,一些根本对计算机技术不太了解的法律文科生讲,能把它讲清楚,其实是一个很难的问题。另外还有很多观点、很多内容也对我有很多启发,或者说解答了我一些长期以来的困惑。关于区块链跟比特币的关系等一些新的知识点,确实让我有很大的收获。当然对我来说,要把晓华老师讲的这些技术性的问题全部都理解,其实不太可能,所以我还有很多问题只能课后再慢慢地消化。

晓华老师所讲的第三部分就是区块链存证的现状,应该说给我们很多诉讼法律人,包括法学专业的学生一个很大的警示,那就是区块链虽然很难,是一个跟网络技术相关的东西,学法律的文科生可能很多不太理解,但是形势逼人,通过晓华老师的讲解可以看出,我们国家好多法院,尤其是几个互联网法院,已经开始探索运用区块链证据。结合实务来看,有时候我在办案实践当中,特别是到二、三线城市办理刑事案件的时候,就会发现公安司法机关对电子数据取证的规范程度其实是非常差的,几乎他们收集的每一份电子数据,挑毛病都能挑出很多,更别说区块链了。既然司法实务已经走到这一步了,或者说社会犯罪的发展以及社会治理的变化对于证据的运用已经走到这样一个区块链时代,所以对于法律职业人来说,也不得不去学习。因此我觉得晓华老师讲的第三点,让我有一种危机感,就是我们的法院都在探索使用区块链了,但是我注意到我们的诉讼法学教科书、证据法学教科书,至少我参与的陈光中老师编写的两本教科书,目前好像还没有关于区块链证据的一些讲解,所以我们的法学教育是落后于我们的司法实践的。这是给我一个最大的启示,现实可能需要我们迎头而上。

最后晓华老师讲到了区块链存证技术的审查,也提出了很多新的问题。说实话我从来没想到这个问题与司法认知还有关系,听晓华老师今天一讲,我感觉这好像也是一个问题,应该是对整个证据法学的很多传统知识提出了新的拓展和升华。由于我本身对这个问题也没有一个专门的研究,所以下面我就把更多的时间交给今天这场讲座的专业与谈人:王禄生老师和郑飞老师。按照我的了解,这两位老师说对区块链、对大数据法学之类的问题研究得比较多,也比较深,他们的发言会非常的专业。下面我们先请东南大学的王禄生老师作与谈。

与谈人:王禄生

感谢学权教授,感谢晓华教授给我们带来了这么好的交流平台、这么好的一个学习机会。刚刚晓华教授实际上对区块链存证做了一个全面的梳理。从技术引入谈起,他用文科生能够理解的方式讲明白了区块链技术本身,以及随后引出区块链证据的应用。坦白说区块链证据的存证、认证、鉴真应该是最近几年我国诉讼法学界,尤其是证据法学界一个非常重要的研究领域。我本人没有专门从事这个领域的研究,但是我的博士生发了两篇关于区块链存证的文章,并且我指导的博士生今年写的博士学位论文也是关于区块链存证的,所以我对这个主题不算特别陌生。整个讲座听下来之后,我感觉晓华教授对这个技术非常了解,总体上对于区块链存证在我国的司法实践中有了一定的探索。好的我们就不说了,因为晓华教授自己也说,西政的平台从来都是批判性的,那我就直接来谈一下我今天听讲座的感受。

总体而言,我认为今天的讲座在技术梳理上花费的时间偏长,当然可能也是考虑到法律人文科生不是完全懂区块链技术,所以要对区块链技术做这么全面的一个梳理。但在我看来,即使我们考虑到这一点,今天技术梳理,与后面证据的存证、鉴定或者认证等内容的对应度不够。其实我一直很想听区块链存证的话题,但是很遗憾因为时间的原因压缩得非常多。当然我觉得可能一方面是时间原因,另一方面可能是因为主讲人觉得这篇论文还没有发表出来,还不适宜在互联网上公开他的学术成果,这二者或许兼而有之。这是我的第一个感受。

第二个感受是我认为晓华教授可能对区块链存证的实践认知相对还不是非常全面和深刻。我认为区块链存证已经不是一个全新的事物了,它在全国范围内已经试点与推动了多年。我简单举几个例子,首先,现阶段国内其实有几种区块链存证的路径,所以如果要了解实践,一个很重要的点在于了解区块链存证,目前在国内存在着多元的实践状态。例如,最高法可能要推一个天平链或者其他链,试图在全国范围内推动一体化的司法区块链存证。但与之对应,各地都有各地的尝试,呈现出一种非常多元的实践状态。比如刚刚介绍的吉林省高级人民法院的区块链平台,是国家重点研发计划的项目或者成果,包括我自己主持的国家重点研发计划的课题,也涉及区块链存证的内容,所以对于全国范围内的多元实践要更深刻地去了解。因为实际上每一种实践用什么链、共识算法是什么、存证的模式是什么,这些问题在技术上都是不完全一致的,而不完全一致的技术属性会直接决定它的法律问题的不同。所以我觉得晓华教授后续如果要做相关方面的研究,需要进一步与科技公司、与相关高院去做更加深刻的双向交流,真正地切入区块链存证的实践中。

第三个感受是,总体听下来,尽管从讲座、从授课角度出发,这样一个铺成的体系是没有问题的。但是如果从论文写作的角度出发,我觉得讲座的问题意识不够鲜明。听下来之后,我没有发现区块链存证有什么问题,与之对应也不会激发我去思考区块链存证到底有没有跟现有的证据学理论、存证鉴真等理论冲突。我们刚刚已经看到了网站上有几十亿条区块链存证,那实践中到底应用程度是怎么样的?我们团队之前做了一个关于区块链存证的大数据分析,发现实际上现阶段区块链存证的一个很大问题在于存高取低。可以看到,现阶段在最高法已经公开的裁判文书中,2019年涉及使用区块链证据的有120件左右,2020年增加到接近200件,2021年上升到1000件以上。但是非常遗憾,即使是上升,与杭州互联网法院的20亿条存证相比,全国却只有1000件案件用到了区块链证据。区块链存证存高取低问题症结在哪里?恰恰可能是因为现阶段区块链存证有很多理论上的不足,使我们还没有能够完全地来适用它。

第四个感受可能跟第一个问题有所关联,是因为我们对区块链存证实践的具体操作没有细化地切入技术逻辑去分析,导致最后在讲区块链存证与证据学问题冲突的时候,显得不是那么有力。比如我们前面花了大量的时间讲区块链是去中心化的,每个节点可能是平等的。但是如果了解中国现阶段司法区块链存证的话,就会发现几乎清一色,不说100%至少相当部分是联盟链,而联盟链的架构本质上不是完整意义上的去中心化,联盟链的每个节点也不是完全的平等,联盟链是允许有强节点存在的。对于我们前面花了大量功夫去解读的这个平等的主体之外,区块链会不会对证据学的理论上有冲击?这个是我们要思考的。

第五个感受也是跟前面有关系的,就是区块链存证到底存的是什么?可能很多人没有去思考这个问题。在法定证据的分类下,书证、物证、证人证言、被告人陈述、视听资料等是完全存在区块链上吗?区块链存的不是一个视频,不是一个物证,可能也不是书证本身,那存的是什么呢?刚刚晓华教授讲了,可能存的是一个书证上记载的内容,比如晓华教授给我10个区块链,但真正存的是这个内容吗?大家再思考一下,区块链真正存的不是这个书证上记载的内容,如果只是存书证上记载内容,那区块链就没有办法操作了。所以就我目前了解,绝大多数区块链其实不是存书证的具体记载内容,而存的是电子化之后的电子数据的哈希值的一种转换。这里又提出一个证据学的问题,就是存证存的是内容本身或者内容本身的哈希值,还是电子数据,实际上给证据学带来的挑战是不一样的。我比较赞同谢登科教授之前写的一篇文章,他认为区块链存证本身其实并不涉及内容,只涉及电子载体的问题。这些其实都给我们提出了区块链存证方面理论和实践的挑战。

所以总体听下来虽然很受启发,但是我期待后续如果有机会再跟主讲人沟通的时候,能够更贴近区块链的实践,先把司法实践中区块链存证存的是什么、以什么链的方式存的,存证的模式对证据有什么冲突等问题梳理出来,再一步步地细化下来,这样可能对于我们的理论研究更有激发性。以上就是我一些不成熟的观点,因为我并不专门从事区块链存证研究,有很多不对的地方,也敬请晓华教授批评指正。

主持人:陈学权

谢谢禄生教授。禄生老师的总结也让我非常有启发,我也赞同禄生老师的观点,今天我们这场讲座只是对区块链研究的开始,更多的是晓华老师给我们普及了一些区块链存证的技术性知识。未来往下一步,我们可能确实要去研究它的法律问题。在研究法律问题的时候,我特别赞同禄生老师的一个说法,其实我们可以去反向研究,就是研究实践当中针对区块链存证平台、区块链证据的运用,究竟有哪些案例中把区块链证据用错了。因为我们说区块链存证最大的一个功能就是要保证证据的真实性,但是我们能不能从反向的角度去发现运用区块链证据最后把案件事实弄错了的情形以及应该如何应对。如果从这个角度去发现问题,反向地去研究,可能更有意义。

在禄生老师点评的过程当中,还给我另外一个启示,或者说我给同学们一个建议。因为今天这堂课当中有很多是学生,其实我在讲证据法课的时候,曾经给学生提了一个建议,我说你们其实完全可以到互联网法院,到一些区块链存证平台上去注册账号,试一试电子取证的收集。甚至在网络购物当中,可以尝试着在网络法院上打一场诉讼官司。当然这样可能会对我们的民事诉讼的社会治理产生一些不好的影响。但是我觉得作为法律专业的学生是可以考虑尝试的。我想你们通过在互联网法院打一场官司,亲自地去操作试验一下电子数据的收集、区块链存证平台的使用,可能比你们今天听一场讲座更有收获。我就简单说这么一点。

与谈人:王禄生

最近我们正好在做一个区块链存证大数据分析报告,实践中一个很大的问题就是,区块链证据的存高取低,以及在实践中不同的案例对于区块链存证本身的认可是不一样的,有的法院直接认可了它的真实性,有的可能只是认可它其他的内容。区块链实际上是有一个分阶段的,它是一个二阶鉴真的问题,上"链"前跟上"链"之后是不同的鉴真过程。真实性、相关性、合法性的认证都有不同,这都是非常深刻的证据学理论问题。当然这些理论的问题应该回到实践中,我们只有具有充分的问题意识,从实践中梳理到真的问题,才能真正分析区块链存证对于我们这个时代的电子诉讼带来的挑战。

主持人:陈学权

谢谢禄生老师的补充,我们非常期待禄生老师的团队相关成果。我一向的观点就是反向地去研究,从反面角度去看一看区块链在实践当中,尤其是导致我们区块链证据被排除,或者说任用区块链证据导致案件事实被错误认定的情况。如果我们能找到这种反向的问题去研究,可能意义更大。

下面我们有请北京交通大学的郑飞老师发表他的高见。最近几年郑飞老师带领北京交通大学的一些青年学者和学生,在大数据法学、科技法学这一块做了很多研究,发表了很多高质量的成果。下面我们有请郑飞老师。

与谈人:郑 飞

谢谢学权教授。我们的与谈人王禄生教授对区块链的实务非常了解,但基于保密等原因,他并没有跟我们分享更多的关于实践当中的内容。今天我想针对晓华老师的讲座做一点批评,也做一点补充。同时我也提出我的一个疑问,跟王禄生教授做一点交流。

第一,我跟王禄生教授的感觉是一样的,主要是王晓华老师考虑到这是针对学生(可能大部分都是文科生)、法律人做的一个讲座,所以他花了很长的时间去做技术的讲解。但是对于后面我们最想听的关于区块链技术对于证据法到底造成了哪些具体的挑战,可能有一点"蜻蜓点水"。当然像刚才学权教授也谈到的,晓华老师把存证纳入司法认知的这样一个观点,我认为是非常值得肯定的,但在其他方面,他并没有做更好的、更多的、更详细的介绍,我希望之后能够有一个详细的交流。

第二,我想做一点补充。晓华老师在最开始的时候谈到了中本聪在创造比特币公链的时候,实际是想建立一种人人平等、安全可信的结算体系。但实际上我们看到比特币的信任机制是一种基于工作量证明的算法。实际上它并不是一种人人平等的机制,而是一种算力平等,谁的算力大,谁就可以来记账。然后就是基于权益证明的 PoS 算法,它实际上类似于股份平等、权益平等,也不是所谓的人人平等的机制。此外,这里面谈的安全可信实际上也不是绝对的。区块链按照分类来讲的话,分为公链、联盟链和私链。第一个是公链,其实刚才晓华老师已经讲了,比如比特币公链,它是去中心化的,但它也有可能被攻破,比如 51% 算力攻击这里面涉及两个问题,一个就是因为比特币的算力现在基本上都是由几大矿池来维持,这样的话几大矿池可能会联合作恶。另外还有一个趋势,就是量子计算机的出现,有可能导致比特币的算力机制——基于工作量证明算法机制可能会存在应用问题,因为量子计算机的算力足够大,这样的话可能轻易攻破比特币的公链。所以它的安全可信,随着技术的发展,也可能是相对的。第二个是联盟链,联盟链实际上是一种多中心制,它类似于分权机制。刚才晓华老师也讲了,联盟链有可能存在各节点串通,集体作恶。另外具体到我们的司法区块链,大部分采用的是这种联盟链。这种联盟链的各节点背后有强节点和弱节点的区分。刚才王禄生教授已经讲到了,比如北京的天平链的节点是分等级的,不同节点的权限是不一样。这样就会发现这种所谓的司法区块链,我认为它更多的是一种中心制。因为这种联盟链尤其是司法区块链里面,实际上它的机制仍然是一种传统的中心化的机制。尽管它采取了联盟链的形式,但是联盟链里边各个节点的权限等级是不一样的,节点背后像是一种中心化的机制,并非真的像比特币公链一样是一种去中心化的机制。那么它在保证司法区块链存证真实性方面,可能就会存在风险。之前我们讲到,如果是平等的联盟链节点可能是集体作恶,但如果是这种权限等级不平等的,可能是一种中心化的,中心节点就更容易去作恶,去篡改个人存证的真实性,等等。这是我简单做的一点补充。

另外,我有一个疑问,当然这个可能要私下交流了。前段时间,最高院出台了关于区块链司法应用的一个意见。这个意见非常重要,里面透露了很多的信息。其中一个很重要的信息,实际上在前几年的新闻当中已经有过爆料,因为最高院应该是想采用"蚂蚁链",想搞一个叫作中国司法区块链的平台,因为我没有做过调研,也没参与,只是一个猜测,它应该不是一条链,不像比特币一样是一条公链或者一条联盟链。我不太了解它是怎样的机制。另外还有一个问题,王禄生教授也讲了,就是我们现在包括三大互联网法院以及各省的法院,都有自己的司法区块链,如果要搞一个全国法院司法区块链平台,意见当中也提到了跨链协同,那么这个全国法院司法区块链平台到底采用了什么样的机制,我们现在还看不到,这个意见也写得比较粗略。另外还有一个我想问的,就是它采取的共识算法机制是什么样子的?肯定不能是 PoW 或者是 PoS 等,所以到底是怎样的共识机制我不太明白,还有一个需要注意的就是比特币公链采用的是给记账的矿工相应的比特币奖励,激励他记账,从而保证比特币公链的运行。但是我们的司法区块链如何采用一种激励机制来鼓励各个节点有效地运行?这也是我不太了解的一个疑问。以上就是我简单的一个评论。谢谢。

主持人:陈学权

好,谢谢郑飞老师。下面由晓华老师简单做一个回应。

主讲人：王晓华

好的，谢谢陈老师。感谢禄生教授和郑飞副教授对我讲座内容提出的意见，尤其是批评的意见。今天主办方也跟我说尽量把时间控制在一个半小时以内，但是说着说着就收不住了，因为之前准备的时候是按照两个小时来准备的。大部分的技术问题的内容，的确是有考虑到受众的关系，因为其有一部分内容是我在本科和研究生的证据法课上专门作为一个专题来讲的，而在我这几年讲课的过程中，也发现如果不了解技术内核的话，很多同学是根本听不懂，所以花了比较多的篇幅着墨在技术问题上面。

另一方面，和郑飞副教授提出的一个问题是相关的，也和禄生教授给我提出的其中一个批评是相关的，就是我为什么要对区块链的共识机制，以及不同种类链条的架构要做这样一个分析。实际上，我承认对于现有的，尤其法院系统的区块链的建设不是非常了解，因为无论是互联网法院也好，还是各个省院也好，其信息化建设相对还是比较神秘，包括之前搞的大数据、"206系统"相对都比较神秘。我们学校虽然和杭州互联网法院有一定的合作，但很遗憾人微言轻，一直没有机会能够过去做一些观察，所以只能在表面上对互联网法院的区块链建设做一些观察。其实刚刚郑飞副教授所谈到的一个感观和我是类似的，就是现在各个法院系统的区块链的平台，可能仍然是一个中心化的机制。不知道我说得对不对，请禄生教授批评。

与谈人：王禄生

对于区块链存证的技术架构可以和真正从事开发的法律科技公司沟通，这样能了解最新的进展。

主讲人：王晓华

好的，谢谢。因为我也跟相关科技公司有过一些沟通，很多科技公司也都讲不清楚。为什么要研究去中心化，其实就是建立在这些基础之上，我有一种担心，担心我们始终在强调区块链它有防篡改的能力。但我研究下来，我认为区块链防篡改能力一定是建立在它的节点的分散基础之上的，也就是我们讲的去中心化，但这个去中心化可能不像比特币这样完全去中心化，它可以是一种多中心甚至是强中心，这都没问题。但是如果我们现在仍然是一种中心化组织的话，套上一层区块链的外皮，跟外面人说这是一个区块链存证，但是本质上它仍然是一个中心化的机构。当然我相信我们的法院、公证处是不会作恶的，这点我是肯定相信的，因为主体性是有的，但是不能排除法院、公证处等平台会受到技术攻击。这些中心化的机构虽然披上了区块链的外衣，让人感觉它是个去中心化的组织，是有反篡改的能力的。但是突然某一天它的服务器被攻破了或者说它内部出现了内鬼，把服务器上面的信息篡改了，即使这些数据被散布到了 10 个或者 8 个共同的节点，我只要拿到密钥，我就能把内容进行篡改，这种可能性有没有？我对此事持一个比较警惕的态度。

所以我对区块链存证技术的研究更多可能是一种杞人忧天。就像大家应该都看过《亮剑》，《亮剑》到后期有一个情节让我印象非常深刻，主角都去参加军校的考试，其中有一位将军就讲了我国国防重点应该放在什么地方？当时是 50 年代，中苏关系非常好。但是他提出的一个论点是我国的国防重点应当放在东北三省。他提出了这个观点以后，台下的所有的评委，包括台下其他人都是一片的诧异，都觉得为什么会有这样的观点？因为通常都认为，中国跟苏联是不可能发生战争的，国防应该是放在东南沿海，应该是对抗美帝国主义和蒋介石反动派的，为什么要把国防重点放在东北？他就提出，对于苏联的防范是不能放松的，因为东北地区是我们的工业重镇,所以这个地方一旦失守后果不堪设想,苏联的钢铁洪流一旦下来,我们没有办法阻挡。这个情节让我印象非常深刻,就是说很多时候对于一些问题,当我们既有可能感觉它不是个问题,但是也有可能某一天如果我们学术界疏于研究的话,它会成为从内部攻破整个理论或者实践堡垒的一个大问题。就比如如果我们仍然秉持对中心化的信任的话,万一哪一天出现法院或者公证处的中心机构服务器被攻破的情形,存证的内容被篡改了,而这些内容被用到了司法实践当中去怎么办?所以我把更多侧重点放在了技术问题上面。对两位教授所提出的其他的一些问题,我回头再做进一步的研究。尤其是禄生教授提出对于实践内容的进一步了解,这的确是我做研究的一个短板。还需要进一步的研究。请各位老师、各位专家多多帮助、多多批评,感谢大家。

主持人:陈学权

我简单地再总结两句,今天晓华老师的讲座,尤其是对区块链技术,给我们做了详细的介绍,确实让我感受到区块链是一个非常高大上的问题,尤其在保证电子数据的真实性上应该说是一个很好的工具,或者说在证据的真实性方面是一个非常好的科技运用的方式。但是后来我们通过禄生老师和郑飞老师的点评总结,又发现当前我们各个法院各自为政,很多法院都有自己不同的区块链。也就引出了一个问题,这样一种去中心化是不是真正的去中心化了?因为在晓华老师讲到区块链,讲到它的准确性、可信性的时候,去中心化是一个很重要的标志或者说是很重要的一个标准。但是刚才我们也看到,中国目前实践当中建设区块链的时候,可能有不同的科技公司、不同的法院在进行构建,所以区块链证据在实践当中还究竟是不是真正的真实可靠,可能确实值得我们再深入地思考。甚至郑飞老师后来在点评当中提出了一个更新的话题,量子计算机的出现将来可能会攻破区块链的安全可靠性。当然未来究竟会怎么发展,我确实下不了结论,我只能说今天晓华老师、禄生老师和郑飞老师的发言给我们很大的启发,也会引起我们对这个问题更多的思考。

最后,我们再一次感谢孙长永老师、闫召华老师,当然还有法大的郭烁老师。感谢大家为我们提供了这样一个交流的平台。谢谢大家!今天的"全国青年刑诉学者在线系列讲座"第十讲结束。

闭幕讲座
证据要素分析与实践应用

主讲人　龙宗智　四川大学教授
主持人　叶　青　华东政法大学教授
与谈人　张保生　中国政法大学教授
　　　　顾永忠　中国政法大学教授
　　　　闵春雷　吉林大学教授
　　　　胡昌松　重庆坤源衡泰律师事务所创始合伙人
时　间　2022 年 7 月 6 日 19:00—22:30

主持人：叶　青

各位老师，各位同学，大家晚上好！"全国青年刑诉学者在线系列讲座"又开讲了。今晚的讲座将借助由中国刑事诉讼法学研究会副会长、西南政法大学原副校长孙长永教授领衔主持的教育部首批刑事诉讼法课程虚拟教研室的平台播出。讲座的主办单位是教育部刑事诉讼法课程虚拟教研室、西南政法大学诉讼法与司法改革研究中心。协办单位有 6 家，他们是北京市盈科律师事务所、北京尚权（厦门）律师事务所、重庆坤源衡泰律师事务所、重庆西南政法大学教育基金会、西南政法大学刑事检察研究中心以及"北大法宝"学堂。

各位老师、各位同学，今晚讲座的主题是"证据要素分析与实践运用"，请到的主讲人是四川大学教授、博导、中国刑事诉讼法学研究会副会长龙宗智教授。龙宗智教授曾任我国大军区，即原成都军区检察院的大校副检察长，是一名能文能武的资深刑诉法专家。今天参加讲座与谈的嘉宾专家有：张保生教授，他是原中国政法大学副校长，也是中国政法大学证据科学研究院名誉院长；另外一位是顾永忠教授，他也是中国政法大学的教授,是中国刑事诉讼法学研究会副会长;另一位与谈人闵春雷教授,她是来自吉林大学的刑诉法教授,也是中国刑事诉讼法学研究会常务理事;第四位与谈人胡昌松律师是重庆坤源衡泰律师事务所的创始合伙人、执行委员会委员,也是重庆律师协会职务犯罪刑事专业委员会主任。本人是来自华东政法大学的叶青,很荣幸可以主持今晚的讲座,下面我就把话筒交给尊敬的龙宗智教授,让他为大家主讲《证据要素分析与实践应用》,大家欢迎,有请龙老师。

主讲人:龙宗智

首先,感谢教研室的安排和邀请,让我这个年近古稀的老同志来参加面向青年诉讼法学者的讲座。感谢叶校长的主持,还有三位教授以及胡主任的与谈,感谢各位线上参会的朋友的支持。我选这个题目来做讲座,一是因为它的实践意义,法官、检察官、律师只要办案就会和证据要素所涉及的概念和方法打交道;二是因为这些概念和方法在运用上还存在一些问题,理论探索也有一定的空间;三是因为我对这些问题有一些思考,积累了一些想法,也想提出来和大家讨论一下。鉴于有四位与谈人,我本来课件安排内容比较多,但是准备在一个半小时内完成讲座,所以其中有一些内容可能会简化处理,不做展开。请各位教授、胡主任与谈,也请大家批评和提问。

证据要素分析及实践应用主要有六个问题,一是证据要素分析的内涵和意义;二是对证据基本要素"三性"的整体分析;三是对证据"三性"的具体分析;四是对证据"两力"(证据能力和证明力)以及证据的结构要素进行分析;五是对作为证据要素的"定案根据"进行分析,并阐释其与"定案参考"的关系;六是三个要素体系之间的关系,以及证据审查方法的探讨。这是今天讲座的一个框架。现在讲第一个问题,证据要素分析的内涵和意义。

一、证据要素分析的内涵和意义

(一) 解题

首先说明一下什么是证据要素,我做了一个界定或者说一个定义。所谓证据要素是指,使有关材料获得证据资格并发挥证明作用的重要因素,这些因素构成了诉讼中证据审查和质证的标准、对象与内容,即所谓的证据要素。在题目拟定上,由于这个问题涉及诸多概念及方法,如何用一个统一概念将其串联起来比较关键,经过反复考虑最后还是采用了"要素"的说法。这其实是把我国证据审查和证据质证中的部分主要概念、方法,用一个概念、一个体系来体现,加之概念具有体系化效果,因此采用了"证据要素"这一概念。

对于证据要素,又可具体区分为三种要素。第一是证据的基本要素,也即通常所述的证据"三性"——相关性、客观性(真实性)以及合法性。当然,在证据属性上,不同学者存有不同观点,如"一性说",或者"两性说",也有"四性说""五性说",乃至"多性说",对"三性"的具体界定上也有差异。但我这里的界定主要还是以我们常说的相关性、客观性、合法性为基本要素,三者共同构成证据审查、质证的基本内容、基本标准。第二是证据的"结构要素","结构要素"所涉内容为证据能力和证明力,是证据审查的基本任务。一般而言,只有先确定证据能力后才能确定证据证明力,由此形成了一种程序先后的两阶梯结构,所以姑且称为结构要素。郑飞副教授在写证据属性层次论时,也是把它作为一种结构属性或结构要素来处理的,因此我也把它姑且称为一种结构要素。第三是证据的价值要素,比如定案的根据或者定案的参考,这种要素的界定着眼于证据的价值——它可以作为认定案件事实或是定罪量刑的根据,所以也可将其称为价值要素。但是要说明一下,这个划分不一定准确,实际上只是贴一个符号便于分析展开。

我过去讲这三个问题——"三性""两力"和"一根据"的时候,将其称为证据审查的三项标准、两项任务、一个归结点。换言之,我们常用的

"三性"是三项标准,解决两项任务是解决证据能力和证明力的问题,最后回到一个归结点,即证据是否能作为定案的依据。所以我过去所说的三项标准、两项任务、一个归结点,也是这里讲的基本要素、结构要素和价值要素。其实还可以界定另外一种要素——形式要素,它是指证据是证明案件的一种事实或一种材料,或大陆法系所说的证据方法,这里所涉及的证据形式问题就归属于证据概念界定的范畴。

形式要素对以上的三种要素有影响。首先要做一个界定,比如合法性是证据的基本要素之一,但到底是证据材料合法、证据方法合法还是证据事实合法,理应做一个前提性界定,否则容易产生混淆或误解。严格来说,合法性并不针对证据事实,因为证据事实是抽象的事实,它是针对具体的证据材料或者证据方法在程序中展开产生的东西,这才属于合法性的范畴。所以形式要素和上面三个要素有关,但是我不展开这个问题,一个是时间的原因,二是因为形式要素不是证据审查和质证的主要标准和内容,只是一个前提性的问题,所以就解题说明一下。对于以上几种要素进行分别分析和综合考量,这是证据要素分析。

(二)新时期证据要素分析的特点

第二点讲一下新时期证据要素分析的特点。首先,把学界对此问题的研究情况、研究进展及其程度,特别新的且已形成共识的观点进行介绍,即改革开放以后,特别是近些年以来,在证据要素分析上的基本状况和特点。传统的证据要素分析包括理论研究和实务中的证据审查都是以"三性"为中心的分析研究。过去主要讨论"三性"问题,但新时期,尤其是近年来的证据要素分析发生了一定转变,我将它的特征概括如下:

第一个特点是引进了"两力"——证据能力和证明力的概念。"两力"的概念在法解释和法适用中逐渐发挥重要的作用,甚至出现了以"两力"取代"三性"中心地位的观点,这是一个特点。当然,"两力"概念的引进,应该说在司法实践中阻力较小,在理论和实务上也比较容易接受,对证据能力、证据资格及可采性的概念一般也能理解,而且在司法实践中也经常使用。在我看来,这种普遍接受力和理解力实际上与我国传统办案习惯存有一定关联。过去办案,拿到证据后,首先看它能不能用,然后看它用来干什么、用来证明什么问题。前面能不能用是证据能力问题,用来做什么、证明什么的问题是证明力的问题,所以"两力"这个概念传入中国刑事诉讼,乃至于民事诉讼、行政诉讼领域后,都被很快接受。

第二个特点是将"三性"和"两力"相结合并行分析,尤其是将"三性"审查服从于"两力"判定的需要。在探索"三性"与"两力"的关系方面,理论上已有一定成果,如郑飞老师的《证据属性层次论——基于证据规则结构体系的理论反思》、纵博老师的《我国刑事证据能力之理论归纳及思考》以及孙锐老师的《刑事证据资格研究》,这些学者都是诉讼法学界研究证据学的后起之秀,他们都对这个问题做了一些探讨。

第三个特点是重新探讨"三性"的地位和作用。例如,对于该问题,张保生教授和阳平博士发表的《证据客观性批判》影响颇大,张保生教授也是以"一性"——相关性代替"三性"的代表性学者,何家弘教授和马丽莎博士在《证据"属性"的学理重述——兼与张保生教授商榷》中,提出了采纳的标准和采信的标准等观点,徐舒浩老师在《法学研究》发表的文章《基于决定关系的证据客观性:概念、功能与理论定位》也提出了自己的独特见解。

第四个特点是注意到"定案根据"这一中国特色的证据要素概念。在大陆法系和英美法系中,实际上并没有把"定案根据"作为一个专门的理论问题,或者一个重要的证据学概念来展开。当然,部分论述或者法律文件也提到类似的说法,但它并不像我国刑事诉讼法和其他诉讼法中那么重视。我国刑事诉讼法中大量使用的"定案根据"概念,具有特定的设定条件和内涵,对这个问题也有学者予以探讨,比如吴洪淇教授在《中国法学》上发表的文章《刑事证据审查的基本制度结构》,他对证据能力的标准和定案根据的标准作了区分,由一个分类体系来展开。

(三)新时期证据要素分析的主要不足

对证据要素的深入分析,理应对以往及现有研究的不足和存在问题予以把握,即证据要素分析所需要关注和解决的主要问题。包括今天讲座着重讲的也是我认为还存在的问题,比如有些问题不清楚,有些问题还需要深入研究,有些说法也可能不能成立。当然这是个人的见解。对上述问题简单概括如下。

第一个问题是,面向实践的证据要素分析有欠缺,理论界存在自说自话的问题。当前,有关证据要素分析的理论和实践存在一定脱节,对于司法实践中怎么质证、怎么审查证据,学者或文章的关注仍然不够。在我看来,部分观点可能并没有和实际实践紧密结合——有的学者认为"三性"的说法已然无新意,失去了理论价值和实践意义,"三性"的框架已经过时等,但类似说法完全不能撼动"三性"在证据审查中的重要地位。

第二个问题是,证据要素分析无论是在理论分析方面还是在司法实践运用中,在质证和证据审查实践包括裁判文书的证据分析中,都存在不精细、不准确、概念不统一以及简单化处理等问题。比如,什么是合法性?法解释上应当如何理解和应用?这是一个比较突出的问题。什么是相关性?相关性和证明力是什么关系?又比如,律师在法庭质证中经常提到的对证据"三性"没有异议,但对证据证明力有异议,这种提法并不限于律师,法官也经常如此表述,那么这种说法是否矛盾?是否能够成立?再如,什么是证据能力?证据能力指的是证据材料可以进入法庭,并作为证据调查对象的能力和资格,还是作为定案依据的能力和资格?而且怎么看它的构成?证据能力包括哪些要素?证明力和"三性"是什么关系?证明力里面包不包括客观性?客观性是证明力的内涵,抑或证明力包括客观性,还是客观性只是证明力的前提或者基础?这些都是理论中尚未有效厘清的问题,都需要进一步研究。此外,目前司法实践中虽然普遍采用"三性"质证,但"三性"质证能否完全概括质证的基本要求?是否有所欠缺,不符合质证与证据审查制度的全面的实践要求?这也是需要进一步展开的问题。

第三个问题是,尚未建立比较成熟、适合现实司法实践的证据审查方法体系。中国特色的证据审查方法体系这一提法并非为了好听而生搬硬套,其存在特定的历史原因,主要是因为中国司法实践、中国制度背景、中国制度条件具有本土性和特殊性,完全照搬域外制度及其方法并不适宜,也不具备可行性,但可以适当且有选择性地借鉴,特别是学理上比较通达、比较合理、比较能够成立的制度方法,但是这个方法体系我们还是要注意在中国司法实践中要能适用。

所谓证据要素分析的发展方向,就是对以上三个问题的回应,特别是要注意面向实践的要素分析。所谓面向实践的要素分析要注意几点,即以现行法律和司法解释规范为基础,同时以普遍的司法实践为根据,而且以司法实践可用、好用为目的。当然,也要注意学理上的合理性,既能对接国外制度与理论,又能适合中国特定的诉讼制度与证据制度,这是证据要素分析所需要注意的问题和发展方向。同时,虽然有些问题需要一定的灵活性,但也要避免对证据要素分析进行不必要的咬文嚼字,人为地把它复杂化、经院化,导致有些问题不说,大众清楚,说了反而大众不清楚了。

二、对证据基本要素——"三性"的整体分析

在对证据要素的发展特点及主要不足进行归纳后,我将做一个对证据基本要素——"三性"的整体分析。

这里简单界定一下相关性、合法性和客观性。相关性也即关联性,与案件事实有实质性关联并对案件事实有证明力;合法性是证据方法、证据收集程序符合法律规定;客观性是证据客观真实,与事实相符,实践中也被称为真实性、确实性、可靠性、可信性,在不同背景或不同条件下,上述说法实际上都是同一概念,就是客观性。

(一)证据"三性"质证与审查是"黄金法则"

第一个观点,证据"三性"质证与审查是黄金法则,它的重要性是不言而喻的。学者对此虽然有多种见解,但是"三性"是证据基本属性和证据审查的主要标准,我在这个问题上坚持一种比较传统的观点。有一次讲课中我就提到,"三性"与刑事犯罪构成"四要件论"虽不完全相同但也具有部分相似性。在理论维度,有学者认为"四要件论"比较传统或过时,应该用德日的"三阶层论",但在司法实践中"四要件论"可能更为普遍和更

好适用。"三性"和犯罪构成"四要件论"相比,犯罪构成"四要件论"还可以用"三阶层"来代替,但我国的"三性"质证却很难用其他概念来代替。理由有以下几点:第一,"三性"的价值在于它简略、清晰、全面地表达了证据审查的基本要求,而非全部要求。从证明事实的角度,相关性是证据的手段属性,反映手段的特征;客观性是目的属性,是实现证明的目的;合法性是保障属性,保障相关性、客观性、正当程序、效率性,以及其他诉讼利益,包括国家秘密、职业秘密、亲属关系等,这是"三性"价值之一的主要概括。第二,理论上的主导意见还是"三性"。第三,"三性"有制度规范予以支持,相关规范和司法解释所作的规定,基本上都将"三性"概括为基本的审查标准或者质证标准,如《最高人民法院关于适用〈中华人民共和国民事诉讼法〉的解释》第104条第1款直接表述为:"人民法院应当组织当事人围绕证据真实性、合法性以及与待证事实的关联性进行质证,并针对证据有无证明力和证明力大小进行说明和辩论。"在实践中还有一个理由,就是实践中暂无例外的操作标准,不管哪一个法庭都只认"三性"质证,法官证据审查是"三性"审查,要求的就是"三性"。当然实际上"三性"还有所不足,但它作为基本标准、基本要求,特别是单一证据质证的基本要求是没有问题的。

(二)应用观察:"三性"在质证与证据审查中虽必不可少,不过地位作用有区别

第二个观点,"三性"在质证与证据审查中虽然不可少,不过地位作用有区别。

首先谈一下自己的观察体会和分析论证。证据最根本的证据属性是相关性,但其不是最重要的证据属性,它不能取代客观性的重要地位。这一点和张保生教授的观点有些区别。英美法系实际上把相关性作为证据根本属性来处理的,但张保生教授认为相关性是证据的唯一属性。我认为相关性之所以是根本属性,是因为没有相关性就没有证据,只有具备相关性,证据材料对案件事实才有证明力,这种相关性才能使一种事实材料成为证据。相关性决定了这个材料能否成为证据,所以谈证据首先谈相关性,相关性可称根本属性。

但是法官在法庭上可能最不愿意听的也是相关性,大家可以观察到在一些法庭上,当事人一提及相关性问题,有的法官就直接说,质证主要谈合法性、客观性,相关性问题统一在辩论阶段论述。当然多数法官可能并不会这样讲,但是他们也不想、不希望在相关性问题上予以展开。第一,因为相关性判断是一种经验判断,法官往往认为自己能够判断,特别是逻辑相关性、自然相关性就是一种经验判断;第二,辩护人质证相关性往往会拖延质证进程,也经常被法官打断,而且律师往往是以相关性质证表达在证明力上的质证意见,这个问题有的法官允许,有的会打断和制止。所以我认为相关性在证据实践中的地位还是不能过分高估。有一个说法是中国证据法的发展已经从客观性走向相关性,我个人持不同意见。一方面,要客观认识客观真实是中国刑事诉讼"不倒的旗帜",是不可能被相关性所取代的。另一方面,中国缺乏法律相关性规则,而《美国联邦证据规则》中则设定了诸多条款对相关性规则进行规范,涉及品格证据问题、相似证据问题、事后补救证据的证据效力问题,等等,但是中国基本没有这些规则,所以相关性并不如美国诉讼中重要。当然还有一个原因是对相关性的理解存在分歧,对于相关性与证明力的关系不清晰,以致法官限制相关性质证。

其次,虽然相关性是证据最根本的属性,但最重要的司法实践问题(证据属性)则是客观性。因为有证据客观性才有事实认定的客观性。这里有两条证明链:一条是证据客观性,也即中间待证事实的客观性、次终待证事实的客观性,因为证据客观性特别是间接证据证明的是一些中间待证事实,有的是证明次终待证事实而非最终待证事实、最终的要件事实,这种证据客观性可以从中间待证事实、次终待证事实的客观性最后实现最终待证事实,也即要件事实的客观性,这是一条证明链。另一条证明链是直接证据的客观性,也就是最终待证要件事实的客观性。比如,全程录像把犯罪作案的情况录得都十分清晰,或者被告人口供把自己作案的情况说得一清二楚,这些都是直接证据,是对犯罪的主要事实进行直接说明的证据,这种直接证据的客观性就意味着最终待证事实的客观性,所以有证据客观性才有事实认定客观性,这是第一个理由。第二个理由取决于诉讼的目的和价值,司法正义是寻求真相,证据的客观性是发现真相的路径和方法。任何一个理性的诉讼制度,最基本的功能和最重要的任务就是寻求事实真相。在这个意义上,任何忽略客观性问题的证据理论都是片面的、不合理的。大陆法系重视客观事实,英美证据法也重视客观性问题,只不过它用了多种概念表达客观性。如真实性、高效性、可信性、准确性等,分别针对物证、书证、人证等证据。此外,证据客观性的重要还体现在它关系着是否导致冤假错案,是否承担司法责任。因为没有客观性会造成冤案承担司法责任,所以法官、检察官都非常重视客观性,这有它的根据。

最后,学界讨论最热闹的证据话题是合法性。因为法学学者关心和讨论规则,同时律师也十分热衷合法性辩护,尤其是程序合法性辩护。但是法官的普遍态度是对合法性异议很重视但普遍不采纳,只要提出有合法性问题,法官一定会听甚至会进行合法性调查,但是采纳率普遍较低,这从实践中的大量实证数据得以论证,我这里不再引用,大家也都清楚。

(三)"三性"的局限性之一——"三性"外证据属性和审查标准

第三个观点,"三性"的局限性之一——"三性"外还存在其他证据属性和审查标准。

"三性"是基本的证据审查标准,但是也不能忽略其他证据要素和标准。这个方面也有学者提出来,比如有学者提出证据的"印证性",可以同"三性"并列作为证据审查的基本标准,其依据是最高人民法院颁布的《人民法院办理刑事案件第一审普通程序法庭调查规程(试行)》第48条第1款,法庭应当结合质证意见、证据事实和待证事实的关联程度、印证关系、真实性程度等方面综合判断证据能否作为定案根据。这已经把印证上升到和"三性"并列的程度,但是"印证性"仅是一种确认事实的方法,它服从于客观性、合法性及证据充分性要素分析,不宜作为独立的证据属性和审查判断标准,不宜和"三性"并列。另外,还有一些其他观点不再一一列举。但是这里着重强调一个属性,也是证据的重要属性、重要的证据要素和证据审查的标准——证据的完整性,它是指证据的本身以及法庭举证应当完整、全面地反映能够证明案件事实的信息内容,避免片面性,以保证准确认定事实。

完整性包括四种完整性。第一种是单一证据完整性,2021年《刑诉法解释》第111条规定,对电子数据是否完整,应当着重审查以下内容:完整性是否可以保障,对电子数据是否完整应该采取什么方法来进行审查验证等,还要求鉴定意见的形式要件完备,这也是一个完整性问题。

第二种是证据群和证据组的完整性,2021年《刑诉法解释》第93条规定,对被告人供述和辩解应当着重审查被告人供述和辩解是否全部随案移送。第82条规定,对物证、书证应当着重审查与案件事实有关的物证、书证是否全面收集。

第三种是证据体系的完整性。2021年《刑诉法解释》第73条规定,提起公诉的案件,法院应该查明证明被告人有罪、无罪、罪重、罪轻的证据材料是否全部随案移送。没有随案移送的,应当通知在指定时间内移送,未移送的应该根据在案证据对案件事实作出认定。这是根据在案证据对案件事实作出认定的一个规则,实际上也是对证据体系完整性的一个要求,就是相关证据不管有罪、无罪、罪轻、罪重证据材料都应该全部随案移送,全部纳入质证范围和证据审查范围。

第四种是举证的完整性,即控方和辩方对证据内容进行片面举证,不能完整反映证据内容的时候,对方可以进行抗辩和举证,这在实践中也经常发生。

完整性在国外证据使用中也是一项规则,在美国证据法,也即《美国联邦证据规则》中,主要体现于举证的完整性规则,因为美国不实行案卷制度而是实行当庭举证,所以完整性问题主要涉及举证的完整性问题。《美国联邦证据规则》第106条主要是涉及书面证词或录音证词,对方当事人可以请求同时出示该书面证词或录音证词的剩余部分,再进行举证。这一条文被立法解释称为完整性规则。美国联邦最高法院的部分重要判例也体现了完整性规则,并因部分举证而受到抗辩,最后美国联邦最高法院裁定原判撤销。

当然,有的学者认为完整性可以归于客观性。比如,电子数据证据规定在证据审查里面也把它作为电子数据的准确性、客观性审查的内容。但是我认为以上所提的完整性问题可能影响客观性,在某些情况下也是客观性问题。但总体而言,仍属于相对独立的证据属性和审查标准。包括在《美国联邦证据规则》中,也不是把它作为可信性或者是鉴真方面的问题,可信性、可靠性属于我们所说的客观性问题。

完整性是重要的证据属性和审查标准,但它只是证据属性和标准的部分内容。在某些时候司法实践中所涉及完整性的审查是重要审查标准,但不是基本审查标准或者基本证据属性,所以它和"三性"存在一定区别,"三性"审查不能代替完整性审查,但是完整性的重要性有限。

(四)"三性"局限性之二——关于整体主义的证据审查标准

"三性"局限性之二是关于整体主义的证据审查标准。"三性"是对单个证据的审查标准,还应当重视证据群和全案证据,也即证据体系的审查标准即审查能否依据相关证据认定案件事实——证据的充分性标准。可以说"三性"是原子主义的证据审查标准,而充分性是整体主义的证据审查标准。这个审查标准可以说与"三性"具有同等的地位。在单个证据审查中,证据基本属性是"三性",在此基础上还需要对证据体系进行审查,此时充分性是整体主义的证据审查标准。充分性审查标准有其法律依据而非理论生造,《刑事诉讼法》明确规定,起诉意见书、起诉书、判决书适用的证据标准是"案件事实清楚,证据确实充分"。确实充分在"三性"里面是对事实认定、对证据体系进行审查的一个基本标准,这在相关司法解释中也有相应规定。

证据的"充分性"是对事实能否成立的论证和对证据体系的质证,是证据体系审查标准的基本要素,在中国法庭质证和证据审查中十分重要。还有一个原因是批量性的证据群举证质证是举证质证的主要方式,是中国法庭、中国刑事诉讼法庭举证的主要方式。那种单一证据的举证是少数的情况,主要的方式还是批量性证据群举证,书证、人证、物证等。这种批量性举证实际上是以证据群、证据组来进行举证,这里往往也涉及"充分性"的问题。质证的时候也会涉及某个证据群对事实认定的充分性问题。

对于相关性和充分性的区别,艾伦教授也称,"相关性是证据在审判中被提供时加以判断的,充分性是在所有证据被采纳后加以判断的。为什么单个证据本身很微弱,但证据片段的集合仍能强有力地证明一个案件?对于一个可接受的裁决来说,相关性本身是必要但非充分的"[①]。这也说明相关性和充分性的区别,充分性就是整体主义的证据审查标准。可见,"三性"是单一证据审查(质证)的基本标准,充分性是证据整体审查(质证)的标准,是不可或缺的。

三、对证据"三性"的具体分析

第三个大问题是对证据"三性"的具体分析。

(一) 相关性的理解与应用

1. 形式相关性与实质相关性

在法庭上通常呈现出两种实际内容相同的质证表态或质证意见——对"三性"无异议,但是对证明力有异议、对证明作用有异议。另外一种说法是,对客观性、合法性无异议,对相关性有异议。实际上这两种说法经常表达同一意思,即对证据的证明作用有异议。在前一种说法中对"三性"无异议,对证明作用有异议,实际上是把相关性理解为形式相关性,而不是从它对案件事实有证明作用的实质相关性角度理解,如证据材料和案件事实存在时空关联,这个东西在犯罪现场以及这个材料和犯罪要件事实有形式上的关联都具有相关性。这个有形式相关性和实质相关性的区别。当然还有一个理解是,相关性就是解决相关性有无问题、证明力有无问题,不解决证明力具体的内容或者性质问题。所以我承认它有相关性

---

① 〔美〕罗纳德·J. 艾伦:《证据的相关性和可采性》,张保生、强卉译,载《证据科学》2010年第3期,第380页。

就是解决是否可以作为证据,解决证据能力的问题。如果涉及相关性的具体内容,就是证明哪些问题,这是证明力的问题。所以对相关性没有异议但是对证明力有异议,就是把相关性理解为一个最低限度的自然证明力,这涉及证据能力问题。

虽然相关性只是一个概念问题,但它作为一个重要概念却又经常存在不同。比如在一个法庭上,一个共同犯罪的审判中就有两种表达方式,有的相关性无异议、有的相关性有异议但发表的意见是一样的——对证明力都发表不同意见,因此如何统一相关性概念对司法适用具有重要意义。我个人认为,对方举证的相关性是他证明作用的体现,如果对证明作用有异议,比较恰当的表达还是"对相关性有异议",但是着重讲的是相关性的具体证明作用的问题,这样就应该把相关性理解为有实质性的证明力。

2. 相关性和证明力的关系

相关性和证明力的关系是 relevancy 和 probative value 等概念的关系。英语里面表达证明力有 probative value、probative force、weight 等不同的用法,但它们其实有一点区别。相关性的实质是证明力,但是证明力的内涵仍然区别于相关性。一方面,相关性是法律问题,证明力是事实问题;另一方面,相关性主要涉及证明力有无及证据能力有无的问题,证明力则是相关性大小、证明作用大小以及证明作用的内容和性质的问题。当然对这个问题有不同的意见,实际上我的理解也比较符合英美法一些学者的看法,比如英国的克里斯托弗·艾伦。研究证据法的艾伦教授提出,相关性与证明力的关系可从"刻度"视角理解,具有相关性使得证据能够在证明事实发生可能性的刻度上,这个刻度可能分为正负刻度,并存在一个位置——位置就是证明它的可能性。相关性是指在刻度上占据一个位置,但证明力却决定了这个位置在哪里,这一说法有利于理解并区分相关性和证明力间的关系,也是目前比较公认的说法。

(二)客观性的理解与应用

有关客观性的问题,在实践中的歧义反而不是太多,不过也有一个说明。首先是概念,作为证据审查标准和证据属性的客观性指的是"真实性""确实性""可靠性""可信性"(事实认定)"确凿无疑""排除合理怀疑",等等,实际上都指的是客观性问题。不同情况有不同的用法,在司法实践中,实际上已经呈现出一定的灵活性。但基本指向是明确的,这里就不再咬文嚼字地分析上述概念的区别。

在司法解释上存在以"真实性"代替"客观性"概念的倾向,如在2018年以前,司法解释和司法文件用"客观性"比较多,而2018年以后用"真实性"的概念比较多。这两个概念没有本质区别。我个人认为,以客观性为代表性概念更为妥当。第一,客观性概念比较符合法庭调查实践,因为当下还是比较多用客观性这种质证概念。第二,可能更重要的是客观性在学理上更具有包容性。

克莱默教授对于客观性作了一个专门研究,他说客观性这种概念在理论方面有很多说法以及异议面向:第一是作为与心智无关的客观性,就是客观独立于主观意识,即唯物主义的客观性。第二是作为真之条件的客观性,就是缩略版的真理符合论,即陈述是真的,当且仅当它符合客观事实的时候才是真的,这是真之条件的客观性。这是两种基本的用法,这两点用法实际上和证据客观性的含义正好相符。还有一些用法比如决断上的正确性、普遍适用性、个体间的可辨识性、中立与不偏倚性等都属于基本用法。当然还有一些延伸用法,克莱默教授做了一些展开,我认为和证据客观性相关的主要用法就是与心智无关的客观性和作为真之条件的客观性。因此,我国的客观性有两层基本含义。第一是证据本身的客观性即证据的本源性,它是客观的历史碎片和痕迹以及它的不被篡改性,也即独立主观意识的客观性不被主观人为地操纵、影响,这是证据本身的客观性;第二是证据内容的客观性即证据内容符合、反映客观实际情况。当然也要注意,强调客观性并不代表否认主观性,而是突出证据的客观因素是以客观实际为证据认识的出发点和归宿。

虽然对客观性的概念已形成一定共识,但在具体应用实践中应当区别情况、明确所指,适当使用概念,它不一定是简单地照搬客观性这个概念。对客观性进行质证和证据审查,视具体情况采用不同的表达,比如人证的真实性、可信性、可靠性、真实可靠,物证、书证、电子数据的客观真实,等等。当然也注意说明客观性的批判和客观性的质证,是针对证据载体、证据形式、证据本身的客观性,也是针对证据内容的客观性。

(三)合法性的理解与应用

目前实践中,我认为合法性问题是最为突出的。实践中的主要问题包括概念模糊,表达不精确,概括不全面,申请排除证据缺乏根据。对于合法性问题,我国长期以来采用"两分法":合法和不合法或者称为合法与非法,"两个证据规定"又做了"三分法":合法、非法、瑕疵证据。"两个证据规定"开始大量使用"瑕疵证据"这个概念。有一种中间的概念是"三分法"——合法、非法、瑕疵,实践中也经常这样用,但这种区分可能不太符合中国证据制度的规范和制度体系以及实践需求。怎么理解呢?

1. 合法性的内涵

首先是合法性内涵。传统认知中的合法是取证主体合法、取证程序合法、证据形式合法、取得对象合法,等等。但是基于规范和实践要求应当作出的理解,合法性并不是一个证成的概念,而主要是一个否定性的概念,即立足于法律效果评价,不是指一般的证据合法,而主要是指"不触犯证据排除的法律规则和规范",比如《刑事诉讼法》第52条规定,"严禁"以威胁、引诱、欺骗等非法手段获取证据。证据审查实务中规范长期以来作为合法性问题的解释之一实际上是没有意义的,要看用了这些手段以后,是否产生一定的法律效果——就是排除由此获得的证据。所以合法性问题应该从排除规则方面来进行理解,而不是传统的理解方式。

2. 基于"请求权基础"以认识合法性

对于这种理解我借用了一个民法的基本概念——请求权基础。基于请求权基础来认识合法性,也就是要基于法律规范。请求权基础即为诉讼请求权,它要求排除不合法证据的请求权必须精确基于特定的法律规范提出,没有规范,那么合法性就没有依据,证据排除就没有依据,请求权就没有基础。这里指的法律规范是法律效果规范,而非引导性、指引性规范。比如"严禁"以威胁、引诱、欺骗及其他非法方法收集证据,但是威胁、引诱、欺骗方法收集的证据又不被排除,这只能说是指引性规范、引导性规范、提倡性规范和宣示性规范而不是法律效果规范。当然我们曾经也想把这做成一个法律效果规范,但做起来有相当的难处,什么是威胁、引诱,什么是欺骗以及怎么规范等问题都需厘清。因此,要注意以法律效果规范来作为非法证据排除的请求权基础,对合法性问题要做类型化的处理,从而确立证据能力诉求的请求权基础,这也是排除非法证据的请求权基础。

在怎么做类型化处理的问题上有一些不同的意见,我把它做几组类型化的处理,给大家看对不对。第一类证据是非法证据,很多律师在法庭上动辄就提非法证据,但又经常被法官驳回。驳回的重要理由之一就是,不是《刑事诉讼法》规定的非法证据,没有排除非法证据的根据。什么是《刑事诉讼法》规定的非法证据呢?《刑事诉讼法》第 56 条规定作出了严格界定,即采用刑讯逼供等非法方法收集的人证,收集物证、书证不符合法定程序,可能严重影响司法公正的,或者非法获取的人证以及不能补正与合理解释的物证、书证,就是非法证据。这就是中国的非法证据排除规则,非法证据相关的司法解释包括最高法、最高检的司法解释,其对非法证据排除都是围绕着第 56 条来进行解释的。

第二类证据是因基本规范要素欠缺而不具备证据能力的证据。当然这也是借用民法的一个说法,就是法律行为不成立,有的属于法律行为无效、有的属于法律行为不成立。基本规范要素欠缺就不是证据,这种情况实际上是大量的、更多的规范所涉及的。证据基本规范要素欠缺之所以属于禁止使用的证据或者是排除的证据,学理上来说,有的甚至不称其为证据,就是证据法律行为不成立。比如人证笔录没有签字,鉴定主体不合法,物证、书证没有提取笔录来源不清,辨认笔录违反辨认程序,等等。在司法解释中有较大数量的证据审查规范都对此作了规定,规定了哪些证据属于证据基本规范要素欠缺而不具备证据能力,这里不再详细列举。基本规范要素欠缺可能意味着证据行为不成立,2021 年《刑诉法解释》就各类证据做了一定区分,包括禁止使用的证据,实际上讲的是证据基本规范要素欠缺,在非法证据排除规范以后所做的证据审查规范体系里对这些证据做了一定的区分,有的属于禁止使用的证据,有的属于有瑕疵可以补正与合理解释的证据。但瑕疵性证据由于可以补正与合理解释而恢复合法证据属性,因此就不属于基本规范要素欠缺。

第三类证据是其他根据法律和司法解释规则禁止使用的证据。根据法律和司法解释规则禁止使用的证据,比如触犯意见证据规则、传闻证据规则、品格证据规则、特定事实规则、作证特免权规则,等等,这些规则其实和合法性问题、相关性问题、客观性问题都有一定的重叠,因为它是用排除规则解决相关性、合法性保障的问题,根据司法解释都属于禁止使用的证据。

所以注意请求权基础学理之下,证据不合法或者非法证据项下,要明确违反的是法律、法规的何种规范,其严重性和导致的法律效果如何。司法实践中最突出的问题:一是合法性抗辩缺乏证据和证据线索,这是证据收集的问题;第二是合法性抗辩缺乏请求权基础,这是实践中也要注意的问题。

四、证据"两力"与证据结构要素分析

第四大问题是证据"两力"和证据结构要素分析。

(一)证据能力概念及理解

1.概念:证据能力是作为诉讼证据的资格

此问题涉及证据能力的概念和理解。证据能力是作为诉讼证据的资格,因此被称为"证据资格""证据适格性""证据可采性"。在闵春雷老师指导的孙锐博士的博士学位论文中专门讲了证据资格、证据能力,这可能是我国唯一的一篇专门研究证据资格、大陆法学证据能力问题的博士学位论文。郭志媛教授还有一篇研究可采性的文章,实际上也是在研究证据能力,它主要是涉及英美法系证据可采性的问题。孙锐的意见是,证据能力在中国的用法是最好把它称为证据资格。这也是一家之言,也有一定的新意,但是在理论写作和司法实践中的基本用法仍然是证据能力。

2. 问题：证据资格是指作为诉讼证据，还是作为定案根据的资格

证据资格是指作为诉讼证据的资格，还是作为定案根据的资格？在中国的证据资格、证据能力的含义是什么？其实这有不同的概念、不同的意见。纵博博士的意见是，刑事证据能力是指"作为认定事实依据的资格"，我认为他的要求还是比较高。吴洪淇教授的意见则是区别诉讼证据的能力和定案根据的能力，区分两种证据资格。我还是赞成分别来处理，证据能力可以分为低阶证据能力和高阶证据能力，通常所称的证据能力指的是低阶证据能力，即作为诉讼证据的资格，也就是作为侦查机关移送起诉证据的证据资格、检察机关起诉指控证据的证据资格以及可以作为法院证据调查对象的证据材料、证据方法的资格。这个资格不是确认其定案根据的充足条件，而只是作为定案根据待选对象的资格。它具备证据能力不意味着它就是定案根据，这是两个概念。所以我后面讲的证据能力都意指低阶证据能力，也是作为诉讼证据的一种能力，此种概念定位也比较适当。理由有以下几点：

第一，两阶区分符合诉讼法中的证据规范。《刑事诉讼法》第 50 条规定"可以用于证明案件事实的材料，都是证据"。这里已经明确了用于证明案件事实的材料都是证据。除满足此条件外，证据必须经过查证属实，才能作为定案根据。换言之，某一材料虽然属于证据，但不一定是定案根据，定案根据必须经法定程序查证属实，而且还要经过法庭质证、辩论、查证属实。所以定案依据和具有证据能力的证据是有区别的。这是从诉讼法的证据规范来作出法解释。

第二，两阶区分符合中国刑事诉讼的阶段性特征，兼顾"以审判为中心的要求"。中国刑事诉讼侦查、起诉、审判的不同阶段都规范证据行为，所以证据能力界定不能只考虑审判需要，也要考虑侦查、起诉的要求。侦查、起诉主要审查低阶证据的证据能力，对其证据能力审查，也主要是符合低阶证据能力的要求。只有经审判程序后才能确定高阶证据能力，即确定定案依据，从而体现"以审判为中心"。

第三，在两阶区分框架内将低阶证据能力认定为一般证据能力，即作

为"证据"的资格,与英美"可采性"的概念比较相似。《布莱克法律词典》对可采性有界定,它指的是证据能进入听证程序、进入审判程序。

第四,低阶证据能力的认定,也符合大陆法系关于证据能力的观念。所谓证据能力是证据得以作为严格证明资料的效力,它也不是作为定案的依据,是用于作为严格证明资料的效力。松尾浩也说得更清楚一些,"可以作为证据"仅仅是指可以进行证据调查,至于法院如何考虑一些证据的证明力则是另外一个问题。因此,可以以"在特别可信的状况下作出供述"为理由承认证据能力,但经过调查判断该供述不可信,也就是不被采纳。所以这种两阶区分应该符合一般国际上的界定。

(二)证据能力的构成

此问题涉及证据能力的构成。证据能力的构成要素,或者检验某一证据是否具备证据能力的标准是什么?

在证据能力构成上,存在不同的理论观点。纵博博士将刑事证据能力的要件分为三种:第一,关联性;第二,未因取证手段违法而被排除;第三,未因无法保障真实性而被排除。郑飞的观点是:首先,相关性是证据能力的必要条件;其次,真实性是证据能力重要影响因素;最后,合法性是证据能力的重要影响因素。孙锐博士的说法是,证据能力的积极要素是证据符合法定形式和相关性,消极要素是不被一系列的证据排除规则所排除。

我的意见是,证据能力首先是具有相关性,最低限度的逻辑相关性就是证明力。其次是合法性,就是我国证据法上质证的概念,合法性特指不触犯各类证据排除、证据禁用的规则,包括排除不可靠证据、不合法证据、不相关证据以及妨碍其他重要利益需要排除的证据的规则,比如特免权规则,因为涉及国家秘密、职业秘密或者是亲属关系,等等。合法性主要指不触犯各类证据排除规则,当然其中也涉及证据形式的问题,对证据形式不合法的应予以排除。但是在证据形式上也存有一定争议,即司法解释本身对证据形式已作出了一定的扩张,实践中也有灵活的处理方式,理论和实践也还不太一致。最后是底线的可靠性,也就是初步审查的客观性,包括证据方法的基本可靠性与证据内容的基本可靠性。比如证据方法中的测谎仪,现在没有证据能力,它的证据方法缺乏基本可靠性。此外,证据内容也要有基本可靠性,因为检察官、侦查人员或者律师都要进行初步的证据客观性的审查以排除伪证,排除明显虚假的证据。应当说,上述三组证据能力的构成要素和英美法系、大陆法系的可采性与证据能力标准,还是比较一致的。平野龙一提出,在以下情况下可以肯定证据的可采性:第一有自然的关联性;第二有法律的关联性,我们的法律关联性是把它作为一个合法性问题来处理的;第三是没有违反禁止证据的规定。田口守一也持同一观点。本讲将《澳大利亚联邦证据法》关于可采性标准作了一个简易图,包括相关性涉及传闻证据、意见证据,还有倾向或请合规则、可信性规则、特免权规则,等等(见图11-1)。

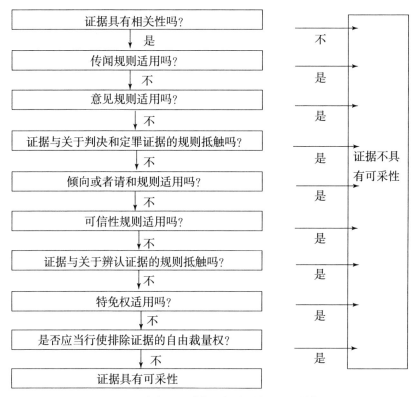

图11-1 《澳大利亚联邦证据法》关于可采性标准

当然"初步审查的客观性"问题要进一步解释,因为在证据能力里面包括初步审查的客观性或者是基本的可靠性。在国外证据规则中也有类似要求,比如《美国联邦证据规则》关于"验真""辨认"这些问题,相关的法律规定都认为其是相关性的特别方面,是一种形式性的初步筛查机制,也被认为是一种附条件相关性问题。附条件相关性问题实际上解决的是证据的"验真"问题,即它本身来源的真实性、可靠性,然后再进行相关性的评价,即条件相关性的问题,因此要进行初步的筛查。

(三)证明力概念和理解

以上是证据能力的构成,下面要讲的是证明力的构成要素。证明力是能够证明案件待证事实的能力。

1. 证明力与相关性的关系

上述已提及,相关性的实质是证明力。相关性主要回答证明力有无,证明力主要解决证明力的大小与性质;相关性针对个别证据,证明力既可针对个别证据,也可针对证据群和证据体系。

2. 证明力和合法性的关系

证明力和合法性主要存在两种关系。其一,合法性欠缺则证据就不能纳入证明力评价。其二,合法性瑕疵会影响证明力评价。因为合法性有瑕疵可能会影响证明力评价的大小、作用的强度。在中国司法实践中,实际上有些证据不会被排除但是会考虑是否有瑕疵,如果有瑕疵就难以作为定案的主要根据或者是定案的根据。

3. 证明力与客观性的关系

证明力与客观性的关系是要重点讨论的。问题的缘起为,客观性是证明力的基础,还是证明力的构成要素?这个问题的倾向性观点是证明力包含客观性,没有客观性就没有证明力。我国台湾地区的黄朝义教授所持的观点是大陆法系的观点。他认为,证据的证明力可分为证据之实质内容在何种程度得以信赖之信凭力,就是信用力,实际上就是客观性问题、可靠性问题、可信性问题。其次,证据实质内容对事实认定具有何种程度的效用以及纯粹证明力。前面是对信赖性做的评价,后面是何种程度上证明该事实效用的评价,亦即纯粹的证明力、单纯的证明力,也是它的证明效用。如果是广义的证明力则还包括它的客观性或信用力,英美法系亦是如此,这就是证据的作用性(the weight and credibility of evidence)。证据的作用性和信用性被组合起来作为证明力这个概念。安德森教授对这个问题有一个观点,他认为,想确定一项或一组证据的证明力,支持或反对某一个次终待证事实的强度如何,无论这个证明链条包括几个环节,第一个环节总是可信性环节,剩余环节才是相关性的必要环节,所以他把可信性,也即我们说的客观性问题和相关性问题,组合在一起作为待证问题来处理。

我的观点是证明力应该作广义和狭义的区分。广义的证明力包含客观性,狭义的就是严格意义上的证明力、纯粹的证明力,不包含客观性,只是以客观性作为证明力的基础。所以如果没有特殊说明或具体界定,证明力仅指证明效用,不含客观性,只是把客观性作为证明力的基础、证明力的条件来处理的。为什么这样讲呢?主要是避免中国证据法话语体系中相关概念的混淆,因为若证明力包括客观性,而相关性的实质又是证明力,相关性和客观性在证明力这个问题上就容易产生混淆。因为常用的是"三性"的概念,同时也有人用"两力"这种概念,那么在这种情况下,对于"两力"的证明力问题,可能比较适合作狭义的、纯粹的证明力理解,以避免概念的混淆。

(四)归纳:"三性"与"两力"的关系

1. 证据能力构成

证据能力构成就是刚才归纳的相关性、合法性、客观性。

2. 证明力构成及影响因素

相关性的实质是证明力。客观性是狭义证明力的基础,是广义证明力的构成。合法性影响证明力,不具备合法性不能进行证明力评价,合法性瑕疵可能影响证明力大小。这是我对"三性"与"两力"关系的一个总体归纳。

五、作为证据要素的"定案根据",兼论"定案参考"

第五个大问题是作为证据要素的"定案根据"以及"定案参考"。关于"定案的根据",《刑事诉讼法》第50条规定"证据必须经过查证属实,才能作为定案的根据"。《刑事诉讼法》有限的证据条文中,有4处使用这样的概念,2021年《刑诉法解释》有30处使用"定案根据"或者"定罪量刑的根据"的概念。而类似"定案根据""定罪量刑的根据"的概念,可能达到60处以上。由于司法解释和法律大量使用"定案根据"这个概念,因此它构成中国证据法中一个非常重要的证据现象。

"定案根据"的标准是必须经过查证属实,这是一个实质的标准。另外一个标准是"证据未经当庭出示、辨认、质证等法庭调查程序查证属实,不得作为定案根据",可见经过法庭调查是成为定案根据的程序要求。归结而言,满足"定案根据"这一高阶证据能力、证据资格的条件主要有三个:第一个是诉讼能力条件——有相关性与合法性以及初步审查的客观性,具备证据能力;第二个是程序条件——必须经过庭审质证;第三个是最终客观性条件——经法定程序"查证属实",这就是作为证据要素的"定案根据"。

对"定案根据"还可作出一个界定,它是将证据"三性"和证据的"两力"以及法定调查程序三者结合起来的综合性概念,是证据基本要素、证据审查标准和证据附加程序三者的统一。它具有审查要素的完整性和审查方式的动态性的特征,可以作为中国刑事证据审查方法和审查理论的核心概念之一。我的说法是否准确,大家可以讨论。另外,还有一个和定案根据相并列的概念是"定案参考"。原来最高法的司法解释(也即2012年《刑诉法解释》)第87条规定,"检验报告可以作为定罪量刑的参考",目前已经改为"可以作为证据使用",但在2021年《刑诉法解释》中仍把心理测评报告、未成年被告人情况的社会调查报告,作为办理案件或者教育未成年人的参考,也就是作为量刑的参考以及教育的参考。

实际上还有相当一部分瑕疵证据在实践中也被作为定案参考,比如有些证据不具备法定证据形式,不好做证据归纳,有的时候法院也觉得不好用,但有的时候却会直接适用,比如只要是书面的材料都归为书证也就适用了,但是有的人觉得证据规范也不太好适用,就把它作为有瑕疵的证据,作为定案的参考。其他一些证据有时在法庭上质证时,比如以审计方法所做的鉴定意见,现在相关的判例与相关的规范都要求不能把它作为鉴定意见来使用。但是毕竟它还有一定用处,有时候部分法院仍把它作为定案的参考结合其他证据来使用。

总而言之,"定案参考"有它特定的功能,证据能力、证明功用、证据原因、表现形式有法定参考与酌定参考等,其属于辅助证据但也会影响心证。

六、三个要素体系之间的关系及证据审查方法

最后一个大问题,我简单讲一下,就是三个要素体系之间的关系及证据审查的方法。

(一)三个体系之间的关系在理论和实践中,呈现出递进关系和非递进关系的不同关系形态

所谓递进关系形态是指,质证、认证首先要确认"三性",然后由"三性"来判断"两力"——是否具备证据能力、是否具备证明力,最后再确认是否可以作为定案依据。这是一种层层递进的形态,也是一种比较典型的关系形态。实践中也可作为"证据审查三步法"——第一步审查"三性",第二步审查"两力",第三步审查"定案依据"。

另外一种形态是非递进关系形态,没有明确的层层递进关系,甚至将不同体系的要素并列,最为常见的是证据质证四要素说,即相关性、客观性、合法性、证明力。刚才引用的 2021 年《刑诉法解释》关于证据审查的要求,实际上就是审查"三性"然后看其证明力,这种没有明确的层层递进关系。这是两种关系形态。

(二)证据审查方法体系(两阶审查体系)

我把它归纳为一种两阶审查体系。第一阶段审查以证据"三性"审查

为基础,以证据"两力"判断为基本的标准和任务,以定案根据审查获得采信依据,是对个别证据进行审查。第二阶段的审查是在个别证据审查基础上,继而对证据体系包括证据群作出证据充分性以及事实认定排除合理怀疑的审查判断,是一个比较完整的审查体系。因此,理论上仅分析"三性"审查并不充分,还要涉及整个证据体系的审查判断,要进行证据充分性的审查。

这一证据审查体系,从控辩当事人的角度看,既是证据质证的体系,也是一个两阶审查体系。最后说明一点,这一体系是否可以认为是具有中国特色的证据审查方法体系,我不敢做定论,可以提出来和大家讨论。

主持人:叶 青

非常感谢龙老师,刚才分了六个大的方面来阐述他今天晚上讲座的主题——证据要素分析与实践应用。刚才各位也都听了,龙老师从证据要素分析的内涵与意义对证据基本要素"三性"进行整体分析,然后对基本要素,也就是"三性"的具体分析以及结构要素,也就是证明力、证据能力"两力"与证据结构要素的分析,进而对作为证据要素的"定案根据"作了阐述,最后对这三个要素体系之间基本要素、结构要素、价值要素,也就是定案根据,这三个要素体系之间的关系及证据审查方法作了分析。在这六个问题的讲解中,龙老师都给了充分的论证,在学理上和应用实践的观察层面,都提出了自己独到的见解。下面我们就有请今天晚上的四位与谈人发言。我们首先有请,中国政法大学教授、中国政法大学证据科学研究院名誉院长张保生教授第一个与谈。

与谈人:张保生

谢谢叶校长,谢谢长永通过教育部刑事诉讼法课程虚拟教研室的平台邀请我来做与谈。刚才听了龙老师的讲座,很受启发。我想聚焦一下,也共享一下我刚才的笔记,和龙老师具体地讨论一些问题。

我想就证据要素分析来说,龙老师讲了基本要素、结构要素、价值要素,特别聚焦了"三性"和"两力"之间的关系,我觉得他的讨论还是非常深入的。我对龙老师对"三性"的意义,就是对质证的意义,以及他所讲的一个基本观点——"三性"质证与审查黄金规则,我是高度赞同的。我也觉得其实不光是质证,包括举证、认证实际上都要围绕证据的基本属性即"三性"。我主编的《证据法学》教材中有提及相关内容,过去我们所讲的"新四性说",其实也包含在龙老师的评论中。上次我们做了一个项目,我提出"新四性说"就是相关性、可采性、证明力和可信性。龙老师对将证明力作为"四性"之一还是给予了一些批评,我们现在的第四版《证据法学》教材中,改回"新三性说",也即相关性、可采性和可信性。所以大家看我和龙老师的共性,就是我们都主张"三性说",主张"三性"是证据的基本属性,而且认为"三性说"的意义并未失去,不论是对证据法学学术理论的研究意义,还是对司法实践的指导意义都没有失去,而且应该说是最主要、最关键的内容,特别是就证据的审查判断而言。

另外一个共性是我们都把相关性放在第一位,现在实际上就立法和司法解释中的一些"三性说",它们实际上把关联性放在第二位,无论是真实性、关联性和合法性,还是客观性、关联性和合法性,包括我国立法条文、司法解释条文,比如《刑诉法解释》第97条关于鉴定意见审查判断中,将对鉴定意见关联性的审查放在鉴定意见审查内容的第8项。我和龙老师在一起努力推动中国的"三性说",这是我们二人最大的共同点,就是相关性是证据的第一属性、基本属性或者根本属性。如果是这样的话,像第97条等条目(当然不光是第97条,还有很多条),特别是《刑诉法解释》里的证据审查判断规则,要么把它放在第四、要么放在第六、要么放在第八,是不是都应该放在第一。如果没有相关性,其他内容都不要审查,因为不相关,不证据。我们说相关性是证据的根本属性,是第一属性,这一点我和龙老师是高度一致的,就是不相关,不证据。但是不合法是不是不证据呢?

不客观是不是不证据呢？不一定。或者说不可信是不是不证据？不真实是不是不证据？这也不一定。所以对于相关性这一点，刚才说寻求最大共识，我希望能够和龙老师一起努力，无论是证据法学的教科书，还是立法中关于证据的立法和司法解释，都能把相关性作为证据的第一属性。

相关性是我和龙老师在认识上共同的地方。第二个可能就是有所不同的，是合法性和客观性，当然也涉及证明力的问题。这次之所以把"新四性说"改为"新三性说"，实际上是去掉了证明力。"新三性说"是相关性、可采性、可信性，和龙老师有所区别也有一些共性。因为龙老师的客观性里包含着可信，所以实际上就对第三性的来说，我觉得我和龙老师也还有很多共同之处，这是我后面要讨论的。那么为什么要把证明力拿下来呢？这实际上并不是削弱证明力在"三性"里面的作用，而是说证明力和相关性以及证据三性都有密切的关系，这点刚才龙老师也讨论了。他认为界定相关性就是界定有无证明力，有证明力就有相关性，没有证明力就没有相关性。所以为什么要把相关性作为证据的基本属性？从目的上来说，还是因为证据法鼓励采纳证据的规则，也即边沁讲的"证据是正义之基"，排除证据就是排除正义。所以我讲课的时候就讲，其实包括非法证据都不是绝对排除，非法证据排除有例外、传闻证据排除有例外、品行证据排除都有例外，这实际上体现了证据法鼓励采纳证据的政策。

刚才说证明力和相关性的关系就是有无证明力。那么证明力和可采性的关系实际上是以《美国联邦证据规则》第403条为典型的"403平衡检验"，就是危险性实质上超过证明力的时候要排除，法官可以自由裁量排除证据。我也同意刚才龙老师对证明力和可信性的关系的分析，实际上他把证明力和可信性都放在客观性概念之下，证明它们之间的关系还是非常密切的，这也是我后面要讲到的问题。

就客观性而言，我认为我和龙老师的分歧不是本质上的，特别是听了龙老师的讲解以后。因为他的客观性包含真实性、可靠性、可信性，如果从这一层面来看，我的"新三性说"是相关性、可采性和可信性，实际上就是用客观性还是用可信性来标注第三性的问题，这是一个称谓问题，内容上和刚才龙老师讲的是一致的。我不同意用客观性来标注第三性,除刚才龙老师提到的我的那篇文章中的观点之外,我认为有两个主要的理由:一是,客观性的哲学味太浓。证据法学不是法理学,属于一个部门法学。客观性主要还是哲学概念,特别是本体论的概念,还不是认识论的概念。因为到了认识论领域,恩格斯讲一切都是主客体的相互作用,而且大家看马克思在《关于费尔巴哈的提纲》里面讲到了新旧唯物主义的区别,实际上他强调的是主体性方面,所以他并不是辩证唯物主义,并不是特别重视认识论领域的客观性所在。二是,我经常讲到的证据有真伪之分,像我所在的证据科学院的院训——辨证据真伪、铸法治基石。所以你说真的证据有客观性比较好理解。刚才龙老师也讲了客观性和真实性的关系,我没有异议。但是假的证据有客观性,特别是我看到现在有学者说实物证据就是 real evidence,也即客观证据。我觉得是实物证据——物证、书证是客观证据,不如说它是哑巴证据更贴切。证据法上经常讲到一个案例,一个警察让你把车停下然后把后备箱打开,然后从你的后备箱里拿出一袋可卡因,但是这袋可卡因实际上是警察放进去的,他要栽赃你,那在这种情况下说这个可卡因是客观证据,实际上没有任何意义,所以还不如从实物证据的可信性或可靠性角度来判断其客观性,这是第二点。

关于是否可以用真实性来界定客观性的问题,为什么我们这次没有选择真实性而选择可信性呢?有一个理由就是真实性是二值逻辑,它给我们的思维的方式是非真即假,但证据不是非真即假。证据是有真有假、真中有假、假中有真。一个人出庭作证说的证言,可能有的是真话,有的是假话,但是不能说他是完全真或完全假,实际上是真中有假、假中有真、半真半假。所以如果用真实性来界定证据,就不如用真实性来界定事实,因为事实具有真实性。世界上没有假的事实,但是世界上有假的证据,所以事实是有真无假,证据是有真有假。既然证据有真有假,就像证据既有客观性也有主观性。所以我不太赞同用真实性来界定客观证据的属性,因为它有虚假性,我也不太同意用客观性来界定证据的基本属性,因为它还有主观性,会以偏概全。

就可信性来说,这个概念不是我发明的,是威廉·特文宁在《证据分析》一书里提出的,刚才龙老师也引用了。特文宁主张用可信性来界定证据的基本属性,当然他也不是用的"三性",他好像也用证明力,"新四性说"实际上还是受他的影响,但是他观点中的可信性主要是指证言的可信性,这一点和艾伦的观点是一样的,就是"证言三角形理论"。证言三角形理论不是二值逻辑而是多值逻辑,它有四种品质——观察能力、记忆能力、诚实性和叙述的积极性,所以我觉得可信性有一个程度问题,而不是非此即彼的问题,可能对于我们辩证思考是有好处的。另外就是可信性在特文宁的观点中包含实物证据的可靠性(reliability),所以像《美国联邦证据规则》第702条的鉴定意见、专家证言的可采性标准,实际上是一个相关性加可靠性的问题。

通过龙老师的讲解,我进一步理解了龙老师的观点,只不过因为客观性既然包含着真实性、可靠性和可信性,那么我觉得这几个词是可以互相替换的。但我更希望用可信性来标注证据三性的第三个特性,我也可以说可信性包含着客观性、真实性、可靠性。所以在这个意义上,我和龙老师在证据第三性问题的认识上,应该说是没有本质区别的。当然我还有一些想法,就是客观性哲学其实对于我国的证据制度有很大影响,比如客观事实、客观证据、客观真相,由此造成一些长期以来形成的司法理念,我把它概括为:实事求是,命案必破,不枉不漏,有错必纠,终身追究。这五个命题或者说我们根深蒂固的五个传统的政法理念、司法理念,实际上都和客观性哲学有密切的关系。

所以我们是不是应该对这几个概念有一些重新反思,如果重新反思的话,是不是"实事求是"应该是"实证求是"。实事求是就是有的放矢,那个矢是要射的,就是它给的那个靶子不是 fact 而是 evidence,既然他给的靶子是证据,那么我们是不是改成实证求是,让那个箭射到证据上去。命案必破改成什么我还没想好,有人说叫命案立破。但立破、必破可能会给人100%的感觉。不枉不漏就是我们通常说的,既不冤枉一个好人,也不放过一个坏人,这个做不到,但是客观性哲学就提出了很高的要求,所以我还是同意宁漏勿枉，宁可错放一个也不错判一个。当然我们达不到美国的"宁可错放十个也不错判一个"，但是应该改变不枉不漏的客观性哲学。因为按照证据的可信性、相关性的证据推理最后作出的事实认定是具有盖然性的真理，不是客观真理——truth，而是概率真理，就是我们说的证明标准，Beyond reasonable doubt，还有 preponderance 都是一个概率问题。如果是宁可错放一个也不错判一个，就是说司法规律具有可错性。如果司法规律具有可错性，那么就不是有错必纠。因为我国的冤假错案有四种，包括无罪的被判有罪、有罪被判无罪、重罪被判轻罪、轻罪被判重罪，这在普通法系看实际上就是一种错误，是冤案，无辜的人被错判有罪，所以是不是可以把有错必纠改成有冤必纠？其他的比如错放要不要纠？我觉得可以不纠。司法责任制是不是终身追究，我觉得还不如改成终身保障，因为法官法律职业保障也有终身制的问题。

这两个是我想说的重点。第三是合法性，实际上我和龙老师的观点还是高度一致的。特别是我同意龙老师对合法性作的一个广义的解释，合法性实际上不是《刑事诉讼法》第54到第58条的几条规定，而是指不触犯证据排除的法律规则。如果是这样的话，我和龙老师的观点就是完全一致了，只不过我们俩用的词不一样。我觉得可采性就是排除规则，可采性规则就是排除规则。如果可采性规则就是排除规则的话，可采性规则一定大于合法性，也就是说证据排除规则大于非法证据排除规则，所以品性证据规则、传闻证据规则、不得用于证明过错和责任的证据规则以及特免权规则，这些都和龙老师说的广义的合法性是一致的。我认为用合法性来代替可采性，在一定时期内矛盾不是特别突出。但是它的问题在什么地方？也是我想和龙老师商量的，就是用合法性来代替可采性，因为您提到合法性不是非法证据排除规则的狭义合法性，那会给人感觉证据三性就是合法性。而我觉得证据三性是我们浓缩的最基本的属性，它可能要比合法性宽一些，是不是会产生所谓的一枝独秀、一花独秀的问题。我现在跟一个博士生写一篇文章，主题就是从合法性向可采性的转型。我们反思中国的刑事证据规则体系不健全的原因，在很大程度上是因为我们长期以来用狭义的合法性——非法证据排除规则来代替了龙老师说的广义的合法性,也即证据排除规则的体系。比如我国刑事证据规则中没有传闻证据规则,所以证人总是不出庭,我国哪怕有一个最基本的传闻证据排除规则,像《德国刑事诉讼法》规定检察官不能在法庭上用宣读证言笔录的形式来提供证据,我认为有了这个最低限度的证据排除规则,可能证据证明出现的问题就可以迎刃而解了。

刚才我说我和龙老师的观点没有本质上的不一致,只有表述上的不一致,但是我觉得如果用可采性规则,可能对证据制度的建设,特别是刑事证据制度的建设不局限于合法性、不局限于非法证据排除规则可能会有好处。好,我就评论这么多,不对的地方,请龙老师和各位老师批评。

主持人:叶 青

谢谢保生教授!本来我想着与谈人讲完以后让主讲人再回应一下,时间关系,我们最后再请主讲人龙老师一并回应一下。接下来我们请来自中国政法大学的另一位教授,我们中国刑事诉讼法学研究会副会长顾永忠教授来与谈,大家欢迎。

与谈人:顾永忠

谢谢叶校长的主持,谢谢长永教授建了这么好的平台。

刚才听了龙老师非常全面系统的、关于证据要素分析审查的、关于实践应用的这么好的报告。我本人对于证据问题缺乏专门深入的研究,但是毕竟还是在做研究,有时还参与一些司法实践,所以听了以后非常有收获,有很多观点我非常认同,既包括正面的,也包括提出的一些问题,比如当前中国证据理论和研究当中存在一些简单化、脱离中国司法实践、脱离中国证据制度的问题,我对此也是有感受的,但是龙老师这个报告太丰富了,我不可能、不应该、也没有能力去全面地谈。

首先，我对龙老师报告当中两个重要的观点表示认同，第一是关于证据基本要素还是坚持"三性"的观点，第二是对于龙老师提出的"对证据要素的分析、审查，要将单一证据要素的分析审查与整体证据要素的分析审查相结合"的观点，我也非常赞同。在赞同的同时，也想提出一点补强或者待商榷之处。

先谈第一个问题，关于证据"三性"。我非常认同，也支持龙老师坚持的"三性"的观点，但是对于"三性"的逻辑关系上，我和龙老师以及刚才做过评论发言的保生教授可能有所不同。我比较传统、比较保守，到今天为止，我还是坚持认为：客观性是第一属性，相关性是第二属性，合法性是第三属性。

所以，围绕这个问题，我想谈三个基本观点。

第一个基本观点：客观性是相关性、合法性的内在基础。没有客观性，就谈不上相关性；没有客观性、合法性，相关性也没有意义。为什么这些年大家很强调相关性？我个人认为是因为受到英美国家证据法制度、证据法理论的影响。但是深思一下：我国的刑事司法制度和政治制度，与英美国家的是一样的吗？其实差别很大。那么在我看来，英美国家强调的相关性，其实是暗含着客观性的，只是没有把它摆到相关性的前面去讲。但是，相关性必然是以客观性为前提的，没有客观性的证据，即使到了法庭上，陪审团进行审判，最终也不可以作为定案的依据。

在英美国家，真正需要对证据进行充分调查，或者在事实证据方面发生严重对抗的，主要是陪审团审判的案件。在陪审团审判制度下，首先由法官解决证据的相关性和合法性问题，先把不具有相关性和合法性的证据拦截在法庭调查之外，之后再进入法庭调查。在陪审团法庭调查中，实行传闻证据规则。所有的证人、鉴定人、侦查人员等与案件相关的人，都要出庭作证、接受质证。在整个活动过程中，是在解决什么问题呢？实质上是在解决证据的客观性问题。让证人、鉴定人、侦查人员出庭作证，主要不是解决相关性和合法性问题，这样的问题如果存在，法官就已经解决了。到了法庭上，就是解决客观性问题，而这种解决其实是一种审查。最后认定相关证据有没有客观性、能不能作为定案的依据，其实是由陪审团独立地、通过内心确信、通过排除合理怀疑的证明标准来作出决定的。

所以我们一定要注意，我国不是这种审判方式，也不是这种司法制度。我们无法说在法庭上只解决这个，不解决那个。我们所有的证据都要经过庭审调查，而且案件不是庭审调查以后当庭就要作出裁判的，而是要过很长一段时间，最后才由裁判者根据庭审的记录以及自身的对法律的掌握、运用和证据的分析、审查、判断，再作出裁判。所以在整个过程中，不只是存在一个相关性的问题，客观性也是非常重要的。

第二个基本观点：中国司法实践表明，忽视客观性，过度强调、重视相关性或者合法性，是造成冤假错案的重要成因。我想说几个大家都熟知的案例。

第一个案例是我本人办理过的一个案件。2003年《最高人民法院公报》刊登过的一个典型案件：黄某被指控杀害了他女朋友。控方指控的主要证据包括：第一，被告人和被害人在案发当天晚上零时左右至第二天早上九时许，同居在一室。第二，被害人在两人同居期间，被人杀害于室内。而且从地方公安机关到国家最高司法机关有4份鉴定，认定死亡时间是零时十分或者二十分。第三，公安机关在案发现场进行了全面的勘查，最后得出的结论是，该案发生前至案发时，没有他人入室作案的痕迹证据，因此排除他人入室作案可能。

从这三个证据可以看出，该案实际上是以间接证据来作为起诉定案依据的。那么这三个证据当中，在相关性上有没有问题呢？在合法性上有没有问题呢？我本人是这个案件的辩护人，我没有看出有什么问题，但是我提出的是无罪辩护，我的无罪辩护就建立在这些具有所谓客观性和合法性的证据存在严重缺乏客观性基础上，比如，排除他人入室作案的现场勘查结论是不是客观的，再比如关于被害人死亡时间是零时十分或者二十分的这4份鉴定结论是不是客观的。当然，还有其他的问题。最终，郑州市中级人民法院采纳了我们的辩护意见，以"疑罪从无"判决被告人无罪。2003年判决无罪以后，2008年发现真凶另有他人。

再如,杜培武案中杜培武被指控杀人最核心的两个证据就是所谓的科学证据。第一是从案发现场,在一个小面包车离合器以及刹车板下面提取的泥土,和杜培武放在他宿舍床底下、经常穿的鞋底下提取的泥土,经过微量元素鉴定以后是一致的。第二是对现场实行枪杀的射击残留物进行提取,和杜培武经常穿在身上、挂在房间的警服上面的射击残留物,经比对是一致的。这两个所谓的科学证据,才是真正导致当时办案人员、办案机关判决认定杜培武实施了杀人行为的最根本的依据。理论界、实务界过去在分析总结杜培武案时,过多关注刑讯逼供。其实在我看来,杜培武案在定案上,刑讯逼供并没有起到作用,真正起到作用的是这两份所谓的科学证据。对于这两份科学证据,你从相关性、合法性上也看不出、提不出什么问题。当时为杜培武辩护的,是我的朋友刘胡乐律师。他在辩护中,主要质疑这两个所谓的科学证据的客观性:一是样本来源的客观性;二是鉴定科学技术的科学性;三是鉴定人员的素质和能力。这涉及的都是这两个所谓科学证据的客观性。该案最后证明真凶不是杜培武,而是另有他人。这些冤案发生的背后,一个很重要的问题就是,证据在相对性、合法性上似乎没有问题,往往就成了我们一些办案机关、办案人员定案的依据了,办案机关、办案人员严重地忽视了这些看起来具备相关性、合法性的证据,其实是严重缺乏客观性的。

所以,一定要高度重视客观性的地位和作用。因此我把它排在第一位。没有客观性,就谈不上相关性。

第三个基本观点:现代刑事司法制度要求证人出庭,当然,这里的"证人"是广义的证人,包括狭义的证人,包括专家证人或鉴定人,包括参与办案的侦查人员等,都要出庭作证并接受质证。这主要是在解决证据的客观性问题,而不是主要解决相关性、合法性问题。要是另外两方面问题,不需要这么多证人都出庭作证。因为在这个阶段判断的相关性,实际上就是龙老师讲到的,指的是形式的相关性。形式的相关性和证据的合法性相对于客观性,其判断相对容易一些,但是证据的客观性才是真正的难题。所以我在前面已经对比了中美两国的司法制度,它们的不同决定了我们对证据"三性"的认识上也要有所不同。

这是我想谈的第一个,对龙老师观点的想法,一方面表示认同,另一方面也提出了一些不同的思考。

第二个,我对龙老师提出的"单一证据的审查分析和整体证据的审查分析"这样一种分类非常赞同。但是我也要和龙老师提一点商榷之处,因为本次讲座的题目是《证据要素分析与实践应用》。需要解决一个核心问题,这里所讲的证据要素中"证据"二字,是单数的证据还是复数的证据。我觉得"三要素"是从单数证据或者单一证据的角度提出的"三要素";而整体证据的分析审查要素,比如完整性、充分性等,是针对复数的证据或者说是整体的证据。如果将来能在这个问题上再做一些科学的说明,我觉得可能更好一些。但是我对这样一种分类是非常赞同的。因为在我看来,我国法庭上的质证或者法律司法文件中的质证局限于所谓的"三性",这有严重的局限性。在这里我也提出一个观点,就是从单一证据三性的角度进行质证只是审查判断证据——当然,主要是法庭审查调查证据的——组成部分之一,并不是全部。所以我们对证据的审查,不仅要从单一证据的"三性"进行审查,更要从整体证据或者复数证据的全局、整体上进行审查,进行质证。因为司法实践中常常有这样一些案件,如果从一个个证据来看,比如一个案件由30个证据证明,这30个证据在客观性、合法性、相关性上其实看不出问题来,但不等于就可以定案,更不等于就可以定罪。

我要说一个我办理过的案件。该案在全国律师界很有影响,是二十多年前的大连陈德惠律师事务所偷税案。指控陈德惠律师事务所偷税最核心的证据是律师事务所的一本"账外账",这个"账外账"就是所谓的书证。刚才张保生老师谈到的,在理论上、实务上经常把它叫作客观性证据。这个证据从客观性、相关性、合法性都没有问题,所以当初公安、检察机关指控,一审法院定罪都认为这是铁案,因为从"三性"来看,这些证据确实没有问题,但是从一审到二审,我一直提出的是无罪辩护。这个案件最终的结果是判决被告人无罪,判决被告人无罪并没有否定各个证据本身的"三性",而我们主要是从证据的证明标准,也就是证据的整体性上来质疑、提出质证和辩护意见的。所以我在过去不管是写文章还是在跟律师讲课的时候，经常强调这一点：我们的律师质证不要只是狭隘的就一个个证据本身的"三性"发表意见，还要注意从证据的整体性上能不能达到、能不能符合控方指控的犯罪证明标准角度来进行质证。

当然，这样的质证存在一个问题：大多数法院只是安排针对单一证据，或者一组证据，让你只能从"三性"来质证，不会让你对全部证据从证明标准的角度来进行质证。但是，也有一些法院的法官做得很好，在对所有的证据、单一证据质证之后，最后要安排一个综合质证时间，往往让律师、公诉人在单一证据一个个地割裂质证以后，再把它们综合起来、联系起来，进行充分的质证，由此，就给了律师一个很重要的机会。但是大多数法院不安排综合质证怎么办？我给律师们提出一个建议：如果在质证阶段、调查阶段不给你机会，如果你是从事实上、从证据上提出辩护的，那你在辩论阶段的重点就要从证明标准、从质疑控方证据的角度来提出辩护意见，展开与控方的辩论，在这个时候法官就难以制止了，也不好打断了。

我与谈的时间已经二十几分钟了，我还是尊重叶青校长的主持，我就谈这么多。不足的地方也请龙老师还有其他老师批评指正，当然也包括在屏幕前关注的学生、老师、律师朋友，还有其他朋友，谢谢大家。

主持人：叶　青

谢谢顾老师精彩的与谈他，他在认同龙老师刚才关于证据基本要素、证据基本属性的本质属性"三性"说，和对单一证据审查判断到整体证据审查判断的观点的基础上，又谈了自己补强和商榷的观点，还是坚持把客观性放在证据基本要素或者本质属性的第一位，并给出了三个理由。另外，对证据整体性、复数证据的判断，也就是对证据的综合判断，顾老师也举了一个真实的案例说明，非常清楚，这也是我们现行《刑事诉讼法》第55条，证据确实充分或者证明标准所要求的，综合全案证据进行判断，对认定的事实排除合理怀疑。

非常感谢顾永忠教授。

刚才我们第一位与谈人保生教授就把客观性作为可信性放在第三位,以第三位相关性、可采性和可信性来代替客观性概念,也给出了非常明确的个人见解。那么下面我们就听听第三位与谈人,来自吉林大学的、中国刑事诉讼法学研究会的常务理事也是我们今天与谈人里唯一一位女教授。我们请闵春雷教授与谈,大家欢迎。

与谈人:闵春雷

谢谢叶老师,感谢孙长永教授的邀请,让我能有这样一个宝贵的学习机会。本次虚拟教研室主办的系列讲座,我基本上都听了,非常有收获,也借此机会祝贺本次讲座圆满成功。

回到今天的主题,龙老师就证据属性和证据要素问题进行了讲授。证据属性和证据要素问题是证据法的基础问题,在此问题上存在很多争论,这种争论持续几十年了,在近十年中相关争论进一步明晰、深入。我经常说一句话"基础即前沿",老一辈法学家和青年学者共同努力推进这一问题的研究,努力构建符合我国司法实践的、具有中国特色的证据法基础理论,这是一件非常值得赞美的好事,我们都应共同努力。刚才龙老师也提到了,老一辈的学者,还有年轻的证据法学人对这个问题都发表了很多高见,近期我都学习了,也非常有收获。刚才龙老师主要谈了证据要素的三个步骤审查方法,就是"三性、两力、一根据"三个审查步骤,然后,从原子主义和整体主义的两个层面对证据进行审查,我觉得这是一个非常严密的体系。结合龙老师的讲授,我重点谈几点自己的思考供各位老师批评。

一、研究基点:基于总体目标下的三个面向

证据的审查判断是一个实践问题,一直在实践操作中运作,但是从理论上说,研究这个问题的出发点是什么?研究证据要素或者证据的审查判断是为了什么？我想，应当有一个总体目标，然后服务于三个面向。一个整体目标，就是要决定证据的取舍、决定证据的范围，防止不真实、不适当的证据进入审判，进而保障事实认定的准确性。就是说，我们通过这些审查活动过滤掉不合适的证据，进而保证事实的准确认定。围绕着这样一个总体目标，还应当考虑和关照三个面向：规则面向、实践面向和理论面向。首先，从规则建构的层面出发，它能不能够被提炼为规则、进而完善立法？还是只能停留在原来的经验层面，"只可意会，不可言传"。其次，它能不能够具有实践面向，它在实践中真的好用吗？能否具有可行性、操作性、好用性？最后，它能不能够丰富理论、提升证据法学的理论品格？这些都是我们首先需要思考的问题。

二、理论模型的选取：证据能力与证明力

刚才龙老师讲到，在证据法的分析工具问题上，存在"三性""两力""相关性与可采性"等不同的理论模型，或者说是证据要素的分析工具。其实我觉得几种理论各具特色，关键是需要把它落在规则的层面，能够把它讲清楚，能够让人学会。作为"马工程"重点教材《刑事诉讼法学》"证据和证明"这一章的撰稿人，我当时也跟许多老师进行了探讨，通过比较研究，最后选取了"两力"这个理论模型或者分析工具。"两力"也就是证据能力和证明力，主要理由是基于对"三性"理论的反思。

首先，"三性"的内涵具有不确定性。比如什么是客观性、相关性、合法性？刚才龙老师用大量的时间进行讲解，但对于"三性"各有各的理解，在实践中也是这样的。以客观性为例，就某一证据的客观性控辩双方经常存在不同认识。刚才顾老师举的案例也谈到类似问题，控方认为这个证据是客观的，辩方认为是不客观的；一审认为是客观的，二审认为是不客观的，然后再审又认为是客观的。"客观性"又涉及真实性、可靠性等理解或替代，内涵很不确定、很模糊。

其次，"三性"的抽象性太强。比如，什么是相关性？这一问题很模糊、很抽象，缺乏具体规则的支持。一些证据材料表面相关但实际上无相

关性,如品格证据,因此需要通过证据规则予以明确,把好证据的入口关。

最后,对合法性的泛化理解,不能为非法证据排除规则提供支持。实践中,一些律师提到"排非"的依据,并不是《刑事诉讼法》第56条规定的非法证据排除规则。在此,我同意龙老师对合法性的理解,证据不合法不等于都不具有证据能力,都要对其适用非法证据排除规则。

总体上,"三性"理论没有为证据规则的建构提供支持,亦不能涵盖应有的证据规则体系,司法实践的运用主要依靠经验,实践效果不彰。从理论上看,"三性"说的背后,反映的其实是一种结果性的事实观,就是用难以外化为规则的、脱离了程序的经验性的内心活动去审查证据。在以审判为中心的诉讼改革背景下,应当从结果性的事实观迈向程序性的事实观,而证据能力和证明力这"两力"正是通向程序性事实观的重要通道。所以,用简单的一句话来说,"三性"无论从实践上还是规则上、还是从理论上,都到了该对其反思的时候。"三性"源于20世纪50年代苏联的证据理论,而当代证据学已经走向证据法学,其主要标志是证据法规则的确立。"三性"能否为证据立法和理论完善提供解释和支持,是一个需要反思的问题。基于上述立场,我不赞同在研究中将"三性""两力""相关性与可采性"一一对应,因为上述三种解释模具不是出于同一种诉讼文化,各自的社会背景等也都不一样。如有人把合法性对应为证据能力,把相关性、真实性对应为证明力,也都不太合适。同样,我也不赞同将"三性"作为"两力"的解释抓手,导致越解释越糊涂、难上加难。所以,我主张将两者松绑,选择一种一以贯之的解释工具。刚才听龙老师讲,我就在想,"三性"审查完成,为啥还要再评价"两力"呢?这种递进式审查需要解决的问题是什么,都还需要进一步讨论。关于"三性"的现在和未来,目前,"三性"是一种理论上绕不过去的、既有的证据理论,我们肯定要对它进行回应,在选择一种新的理论模具的时候,也可能会把它作为一种解释性的存在。但是,因为它不具有明确性和可操作性,未来其可以淡入。

三、以证据能力为核心的证据规则体系的确立

选择证据能力和证明力这个分析工具,有助于证据规则的立法建构

与完善。证据能力主要是对于证据的法律要求,而证明力是对证据的事实要求。前者可以由证据规则进行规制,后者通常是由法官进行内心判断。下面我想重点谈谈关于以证据能力为核心的证据规则体系的确立问题。

从2012年《刑事诉讼法》开始,我们就确立了从材料——证据——定案根据这样的审查程序,何家弘老师也提出了,先采纳后采信的两步认证模式。那么,在案件材料上升为证据,以及证据到定案根据之间,都需要审查什么呢?我认为,二者都要审查证据能力和证明力,但强调的重点是不同的。具体来说,从材料上升为证据的过程,重点审查的是证据能力,也叫作证据资格,解决证据准入的问题,通过证据能力的评价,先将其采纳为证据;接下来能不能采信或升格为定案的根据,其实也应当同时判断"两力",但这个时候可能对证明力的审查更加突出。而且我国和其他国家不同,证据规则覆盖主要诉讼过程,比如非法证据排除规则是从侦查阶段就开始适用,审查起诉阶段也适用,不是说只适用于审判阶段。这就需要考虑证据能力由静态到动态的发展,从证据到定案根据这部分主要是通过控辩双方在庭审中的举证质证辩论,然后由法官将其采信为定案的根据。我也关注到,有学者在证据、定案根据之外,又加了"证明力",这些观点都需要进一步深入研究。

当前亟待解决的问题,就是打造一个有助于事实认定的证据能力的规则体系,以其作为证据法的核心内容,也是证据法学的主要研究对象。证据法和程序法有着千丝万缕的联系,但证据法学毕竟有自己特有的研究对象。如何打造一个有助于事实认定的证据规则体系,仁者见仁,智者见智,我的观点是以证据法的价值为目标,整个证据法体系应当本着价值——原则——规则的序位去建构。

1. 以证据法的价值为目标,塑造有助于事实认定的证据能力规则体系

证据法的价值目标与刑事诉讼法基本原则一样,每个人都有不同的理解,但是总体来看还是有据可循的。我认为可将其分为真实、人权、伦理、社会政策等价值目标,"真实"是证据法最首要的价值目标。在此之

外,还应该充分注意到人权价值、伦理价值和社会政策价值。在这些价值目标的指引下,我们应当确立与时俱进、开放的证据规则体系,成熟一个、发展一个,打破非法证据排除规则一枝独秀的局面。结合我国司法解释和程序改革的现状,我认为相关性规则、品格证据规则、鉴真规则、意见证据规则、传闻证据规则、非法证据排除规则、供述自愿性规则、证人特权规则等,都是相对成熟的规则,可以确立为证据能力的规则体系。除相关性规则以外,上述规则主要是从证据能力的否定方面去规定的,即主要从排除规则角度建构证据规则体系。

2. 规范用语,进一步完善排除规则体系

我国刑事证据立法取得了长足的进步。比如2021年《刑诉法解释》在试图区别一些概念,我们看到一些规定为"不得作为证据使用",而另外一些规定则用"不得作为定案的根据"去表述。"不得作为证据使用"是解决证据资格问题,即解决证据准入问题,比如非法证据排除规则的规定,用的是"不得作为证据使用"。"不得作为定案根据"的表述存在于8种证据的审查判断中,明确在一些情形下不能作为定案的根据,在一些情形下有瑕疵可以进行补正或者作出合理解释,如果不能补正就不得作为定案的根据。在这方面,我不太同意有学者认为"这还是证据能力规则"的观点,"不得作为定案根据"更多地体现了证明力的要求。所以,应当把现有司法解释进行进一步梳理,进行证据能力规则的甄别,将"不得作为定案根据"的一些规定提出来作为排除规则体系的内容。比如2021年《刑诉法解释》第86条第1款:"在勘验、检查、搜查过程中提取、扣押的物证、书证,未附笔录或者清单,不能证明物证、书证来源的,不得作为定案的根据。"其实这是用来解决证据来源问题的,应提炼为鉴真规则予以明确规定。还有2021年《刑诉法解释》第94条规定,"被告人供述具有下列情形的,不得作为定案根据……"其中,"讯问聋、哑人,应当提供通晓聋、哑手势的人员而未提供的""讯问不通晓当地通用语言、文字的被告人,应当提供翻译人员而未提供的""讯问未成年人时,其法定代理人或合适成年人不在场的",这些我认为都可以作为非法证据处理,规定为"不作为证据使用",因为这些情形都侵犯了人的基本权利。比如少数民族语言文字原则是我国《宪法》规定的。还有2021年《刑诉法解释》第95条规定,"讯问笔录有下列瑕疵,经补正或者作出合理解释的,可以采用;不能补正或者作出合理解释的,不得作为定案的根据……"其中,对于讯问人没签名、首次讯问笔录没有记录告知被讯问人有关权利和法律规定的情形,我觉得这些供述都是没有证据能力的,其实是供述自愿性规则的要求。因为时间的关系,我就举了一个物证、一个讯问被告人例子,其实需要我们整理的内容还很多,我觉得这个工作量挺大的。每次讲证据法的时候,我都让学生做这样一个工作,哪些是不能作为证据使用的?哪些是不能作为定案根据的?然后进行比较区分,将符合证据能力规则的规定纳入排除规则体系去思考。建议这部分条文以后用"不得作为证据使用"表述,凸显证据准入问题的解决。

3. 强化证据能力的程序保障,重视证据异议的优先处理

非法证据排除规则已经确立了一个先行调查程序,即最好在庭前会议中解决,庭前会议中如果不能解决,那就在法庭审理时先进行程序性调查,再进行实体性调查。但是现在司法实践并没有这样做,即使是在庭前会议中审查了"排非"问题,法官也不告知结论;到法庭上,被告人多次问"庭前会议申请排除的供述,到底排不排",法官说"审完了再研究排不排",这明显是违反法律规定的。像其他一些证据能力问题,比如鉴真规则、传闻规则等,也应该在法庭调查中优先解决证据能力的异议问题。只有证据能力问题解决了,才能进一步进行证明力审查。如果证据能力存在问题,就无法进入下一步的证明力审查。反之,如果先把证明力问题弄清楚了,证据能力的审查其实就落空了,证据规则多数也就失去了意义。关于这一点,吴洪淇教授也写了论文,文中用了比较多的篇幅论证了证据能力的程序保障,建议大家看一看。

总的来说,我认为"三性""两力""相关性与可采性"都是不同的理论模型或者说分析工具,选择哪一个进行适当改造都是可以的。但是,我不建议重复使用。不论如何选择,都没有现成的道路可走,这个问题是摆在

我们面前的一块硬骨头。希望借龙老师讲座这个契机，在座的青年学者能够持续关注这个问题，发表自己的高见，找到一条既符合我国司法实际的，又能够完善立法和丰富理论的解决之路。我上面说的这些可能犯了龙老师说的自说自话和问题简单化的毛病，还请龙老师和前面两位老师多多批评，谢谢大家！

主持人：叶　青

好，谢谢春雷教授的与谈。春雷教授对龙老师的主题首先提出发问，研究这个问题是为了什么？她给出的答案是，聚焦一个整体，目标是过滤掉或者阻却掉不当的证据进入诉讼程序中影响定案。然后要坚持三个面向：规则的、实践的、理论的面向。她在"马工程"重点教材《刑事诉讼法学》"证据和证明"一章中提到，她认为应该选择用"两力"的理论模具，也就是证据能力、证明力，认为可以使结果性的事实观向程序性的事实观迈进，也谈了如何构建证据规则，包括证据规则程序保障的价值和重要性的与谈观点，这也是非常独到的见解。

上面三位与谈人都是来自高等学府，都是学院派的教授。我们最后一位与谈人来自实务界，也是我们今天晚上这个讲座的协办单位，重庆坤源衡泰律师事务所的创始合伙人、执行委员会的委员，重庆律师协会职务犯罪刑事专业委员会的主任胡昌松律师。下面我们有请胡主任。

与谈人：胡昌松

谢谢主持人，刚才我认真地倾听了龙老师精彩的分享，以及前面张教授、顾教授、闵教授的精彩的发言。我首先谈一下我对龙老师今晚精彩分享的整体感受。我认为，这对我们从事实务辩护有非常重要的参考价值。龙老师谈到两个整体上的问题。第一个是"三性""两力"之间的关系问题，龙老师在讲座的后面做了一个总结，这个总结是说"三性"为基础，"两力"为展开,然后以"能否作为定案依据"作为落脚点。我认为这非常重要,因为在实务当中,对证据分析和认识的问题经常纠缠不清,比如质证到底是用"三性"去质,还是用"两力"去质?龙老师通过逻辑层次将这个问题系统化、连贯化,这一点让我受益匪浅。第二个是龙老师提到的单一证据的"三性"问题,还有证据群的完整性和充分性的问题。单一证据强调的是"三性",证据群强调完整性和充分性。这一点也让我很受启发。

接下来我想结合我自己办理案件的实务经验谈一点浅显的认识——当然今天晚上对我来说也是一个非常好的学习机会。第一个认识是客观性的问题。在我倾听龙老师讲座的过程当中,龙老师在谈到客观性问题时,强调客观性——引用龙老师的原话"是最重要的属性"。后面各位教授在与谈当中,也再次强调把客观性置于第一属性的重要位置。

从我个人实务的感受出发,在客观性方面当前侧重于要解决掉一个问题是什么呢?是言词证据的客观性问题——当然言词证据也包括被告人供述、证人证言、被害人陈述。在实务当中,常常出现言词证据,比如被告人供述前后反复,被告人供述与证人证言矛盾,被告人供述与被害人陈述矛盾,证人证言与被害人陈述矛盾等现象。近期我在办的一个挪用公款的案件,被告人被指控挪用公款几千万元。公诉人在指控的过程当中,用言词证据来指控动用公款的动机。行为人送了200万元现金。送了200万元给谁?一个中年女性。送到哪儿呢?由被告人一人送到这位中年女性的办公室。我们都认为这个言词证据客观性方面存在问题——200万元的现金体积有多大?重量有多重?我们进行了数据上的援用。在诉讼的过程当中,控方就进行补正,改变了证人证言,变成什么了?是200万元分成了两次送达、每次各100万元,送的人又变成了驾驶员。我简单地引用这个案例,是想说明现在言词证据的客观性问题,是我们当前需要解决的一个重要问题,但是在目前的机制下真不好解决。为什么?证人不出庭。申请证人出庭呢?反正我最近办理的几个案件,申请证人出庭都没被批准。证人不出庭的情况下,如何去审查证言或者口供的客观性?

我们的证明模式是印证的证明模式。在这种模式下,供述与证言,或者是与其他的证据能够具有映射性,它才有可能被认定为案件事实。之前我在办涉毒案件的过程当中,检索了相关的案例,尤其是最高人民法院复核的案例,涉及的言词证据这部分。我关注到一些被核准了死刑的被告人,其中事实认定的部分,法院的判决文书上记载是"曾供认"。我认为"曾供认",至少从实务角度上来讲、从辩护的角度上来讲,是不敢轻信的。"曾供认"也表明多数笔录上可能是没有供认。如果让我谈我对言词证据、对客观性的看法,我认为,我国能够采用直接言词的这一天,一定是我们对证据客观性的审查实现历史性跨越的一天。

第二个认识是龙老师所讲的合法性的问题。合法性的问题在实务当中,结合我个人的经验体会来谈,常用的是《刑诉法解释》。我把《刑诉法解释》进行了一个简单的归类。我认为《刑诉法解释》对于证据提出了四种类型——当然我不是说是法定证据的8种形式,这是证据采信的层面上的问题。第一种是瑕疵证据,第二种是非法证据,第三种是不得采信的证据,第四种是不得作为定案根据的证据。结合龙老师前面所讲的"三性""两力""不得作为定案根据"这个体系。在实务当中,就我个人的体会,往往就是以"三性"为基础,然后就以《刑事诉讼法》的相关条文再用《刑诉法解释》来进行相应的质证。比如《刑事诉讼法》的第90条、第95条、第113条,它谈的是什么?谈的是瑕疵证据的问题。第71条、第74条、第114条等10多个条文,谈的是什么?谈的是不得采信证据的问题。

最后,我想谈龙老师所讲到的证据群的完整性问题。这个在实务当中也经常出现,涉及证据移交的问题。当事人会表示在侦查或者调查环节的时候做了10多次笔录。但是,侦查、调查程序终结后,移送审查时,我们去阅了全部的卷,发现笔录就6次。这种情况怎么处理?当时工作人员跟我们强调"其他的笔录陈述了不一样的事实"。这在实务当中也难以处理,一是当事人没有具体的线索能够反映出哪天哪时做了笔录;二是提出了也未必能够调取。现在侦查和调查机关做得也比较完美,移送的6次笔录,全部都是编了顺序、是连贯着的。

结合我个人办案实践,完整性的问题,也是呈现出来的一个真问题。

总之，今天晚上的分享对我个人的启发很大，我很有收获。谢谢主持人！

主持人：叶　青

谢谢胡主任！胡主任结合自己办案的亲身经历，对言词证据的客观性问题，对如何审查判断言词证据的客观性，对龙老师前面讲的关于证据群的完整性问题特别有感触，也把概念和案例做了很好的结合，与我们分享。谢谢胡主任！

龙老师您作为主讲人，有什么还需要和上述四位与谈人再做一些互动的吗？

主讲人：龙宗智

谢谢叶校长！时间已经比较晚了，但大家与谈的意见，我不表态不太合适。我简单说几句吧。我想谈一下这几位老师、主任的与谈对我的启发，对有些地方我也想作下解释。

首先是保生教授，他提的一些问题其实和我的观点比较一致。不过他对相关性特别予以强调。我的观点是："相关性是根本属性"是从证据的意义上来讲，但是从司法的意义上讲，客观性最重要。这一点我和顾永忠教授是一致的。只要有实践经验，这一点可以说没有什么争议，而且从立法也好，比较研究也好，这一点都十分清楚，因为司法正义就是对事实真相的寻求。但是保生教授也提了一些问题，比如普遍性的解释问题。

英美法系国家和大陆法系国家都讲法律相关性和逻辑相关性。逻辑相关性、自然相关性主要是经验判断；法律相关性则由法律来确定，比如品格证据、惯习证据，或者是特定行为、事后补救行为证据等，这就涉及相关性规则——作为一种合法性问题来处理，所以就导致了一个问题：合法性其实既包括了相关性，也包括了客观行为，因为合法性问题，比如传闻证据规则、意见证据规则等证据排除问题,都涉及客观性保障问题,当然还有一些其他证据保障,比如正当程序保障、其他国家机密问题或者是亲属关系利益,但这就没有体现出"一枝独秀价值"。

对于保生教授提到的这个问题,我想讲两点。第一是合法性中的客观性。因为在大陆法系国家或者英美法系国家讲可采性、客观性、合法性,其实都包括客观性和相关性的保障问题,由此产生一定程度的竞合。在合法性问题上,虽然相关性、合法性存在竞合,但是合法性不代替相关性,相关性不代替客观性。因为一般意义上的相关性是自然相关性或者逻辑相关性,也包括最低限度相关性。它不是法律规则,而是一个经验判断问题。客观性问题是一个事实判断问题,但有些也属于规则问题,又可以作为规则问题纳入合法性。它可以属于非规则问题,比如证据方法基本可信度,为什么警犬鉴别不能作为证据,为什么测谎仪现在不能作为证据?因为它不具备基本的可信度和可靠性,或者客观性。还有一些证据内容的客观性,也是要根据案件事实来进行判断,根据经验法则、证据印证、综合证据来判断客观性。所以虽然合法性中有客观性、相关性,但是代替不了一般的客观性标准和相关性标准,因为这是两个不同的范围。

但是也说明这中间有一定的竞合,而且证据能力、可采性问题,不仅有合法性,还有最低限度的相关性,也就是我们所说的英美法中的自然相关性、逻辑相关性。另外还有一个初步审查的客观性,也即基本可信度的最低限度——不管是证据方法的基本可信度,还是证据内容的基本可信度——你不能把明显伪造的东西送到法庭作为证据调查材料。所以我在这一点把这个问题进一步说明,"不是'一性'带'三性'",我下一步准备就这个问题再做一个完整的论证,写一篇论文。保生教授提及的这个问题对我是一个提示。要把区别性和符合性、竞合性的关系说清楚,否则别人也会有疑问。

其次,顾永忠教授给我提的问题,我觉得还是很有意义的。他赞同单一的证据属性,既要有单一证据审查,也要有证据体系、证据群的审查。但是他提的证据群的属性,比如充分性属性能不能说是证据属性这一问题,因为证据属性一般指的还是单一证据的属性。我觉得顾永忠教授的观点对我也是一个提示,我也深受启发。前面我讲的三个类型,就是"联动模式"或者"模具"。我讲的都是单一证据问题。

单一证据审查到了整体性证据审查阶段,把充分性问题作为证据审查的一个标准,但这不好说是被审查证据的属性。要注意这个区分,这对我也有启示。顾永忠教授也讲到这一点,学界和实务界称它为综合质证问题、整体主义的证据审查问题、充分性审查问题,但在目前的证据实践中缺乏空间。因为司法解释中也未明确规定这个问题。

这是一个实践问题,但对我们的启发是什么呢？在制度、规范、理论上,包括教材上,是不是应该把这个问题适当突出一些？现在证据审查讲"三性""两力",讲的都是证据单一审查问题。为什么不讲证据整体主义、证据体系的审查？证据体系审查也是事实认定的一个关键性环节。印证问题或者排除合理怀疑问题都需要审查证据体系。当然现有司法解释里面其实也有一部分内容涉及,但是法庭程序对证据调查程序问题没有说得太明确和清楚,那应当在这个问题上作出进一步规制,也让律师在法庭上有更大的质证空间,而不是说两句就被打住。

闵老师主张另外一种理论。闵老师虽然今天讲得也不多,但是她对这个问题,也做了认真研究和思考,很多的观点我觉得很有意义,对我有启发。闵老师讲到了研究这些问题的目的,是要提升理论品格。那么怎么在证据要素的研究上提升理论品格？这是我要注意的一个问题。今天我的讲座比较注重实践,我完全是以规范、实践的操作为基础,提出操作中存在的问题从而做一些理论概括。那么怎么来塑造一种理论体系从而提升理论品格？这就涉及理论模型的选取。在这三个体系,三个概念体系、三个方法体系之间的融合方面,能不能达到有实践合理性、实践可用性以及理论合理性的模式。这三个体系之间,能不能形成中国特色的证据审查方法体系,在此基础上是否建立一个理论模型、理论体系？还要做哪些事？解决哪些问题？三个体系的协调性问题、相互的关系问题以及与实践的应用问题,不能搞得太复杂、太烦琐,不然就没办法操作。虽然我也提出可以层次性地处理，用一步一步的三步审查法。其实实践中经常用平面的方式，大家即兴一审查就解决了问题。所以这两种路径也都是可以使用的，但是有没有一种选择？哪一种比较合理？在哪一种情况下应该用哪一种方法？这是需要进一步注意的、解决的问题。

最后胡主任主要谈到了一些实践的问题，没有提过多理论上的分析意见。当然我们也要注意，对实践中提炼的问题进行理论的提升。现在有些问题我们也能观察到，比如言词证据的客观性问题。刚才顾永忠教授谈到，客观证据本身也有客观性问题，因为貌似客观但可能实际上不客观。言词证据的客观性是当前中国刑事证据法中最为突出的问题——我也认为这是一个比较突出的问题——而且这个问题没有解决得太好，特别是在一些类型化的案件中，比如职务犯罪案件的办理中，客观性证据的作用比较弱。我曾专门写过一篇《论贿赂犯罪证据的客观化审查机制》（发表在《中国检察官》2017年第11期），现在这个问题确实比较突出。这个问题背后也有一些其他的制度问题，当前还不太好解决。

当然这些犯罪案件有证明的难度，但是在一定的制度背景下，要尽量实现它的客观性，使证据客观化。这是目前非常突出的一个问题。理论界、实务界要为言词证据的客观性去奋争，要努力实现证据的客观化审查，包括直接言词原则、证人出庭等。

刚才胡主任也提到一些合法性的问题，我觉得和我的观点差不多，就是要找到请求权的基础。胡主任说我们要在司法解释里面去找，哪些属于非法证据，哪些属于哪一类证据。我今天只是做了一个归类，表明证据基本要素欠缺或者非法证据、瑕疵证据等，但还有违反证据规则问题，禁止使用的证据，像品格证据、传闻证据，这些在我国都没有很正式、很规范的建立。当然目前已有一些意见规则等。

胡主任在这个方面和我的看法比较一致的还有：第一要注意法律效果，没有法律效果的规则都没有意义。第二要有请求权基础，要有法律规范，要提出一个明确的规范、做一个适当的表达，这是我们理论上的要求，也是实践中操作需要注意的问题。

今天我的回应就到这里。谢谢大家,谢谢主持人。

主持人:叶 青

再次感谢主讲人龙宗智教授的回应。今晚我们围绕着《证据要素分析与实践应用》这一主题,该主题实际上非常有理论研究价值和实践应用价值。在龙宗智教授的主讲下,在四位与谈人,张保生教授、顾永忠教授、闵春雷教授和来自律师界的胡主任补强商榷、互相启发,交流分享中,不知不觉度过了三个半小时。此时此刻一直在虚拟教研室平台上的听者——我们的老师、同学、同行,我们实务界的朋友们,一定感受到了主讲人和与谈人精彩的思想力量和碰撞的火花。我想大家一定会很过瘾,也一定会认同今天晚上的这一场讲座的价值。大家可以收获很多启发,有很多受益,这是一份精神大餐。

同一个现象或者问题会因不同的认识理念、分析工具、知识积累或者不同主体案件的观察,得出不同的结论、表达,甚至是概念。这就是思想的力量,也是学术研究的魅力所在——百家争鸣,流派纷呈。我想,今天龙宗智教授所讲的三个要素的体系,证据的基本要素、结构要素、价值要素,这三者构成的这样一个体系,是否可以认为是中国特色的证据审查方式体系,这一问题也值得我们进一步地去思考、去研究。

所有的诉讼过程,实际上都能让我们透过实践中的观察,在理论上进行总结。可以认为,整个诉讼活动实质上是收集、审查、判断、运用证据,认定案件事实的过程。因此,没有证据,就没有诉讼。因此,证据是诉讼的灵魂和基础。为了保证全面、客观、合法地收集、审查、判断、运用证据,证据三要素的理论是来构建、制定保障我们证据收集、审查、判断、运用规则的基础和支撑。因此今天的讲座主题是非常重要的、非常有价值的。欢迎虚拟教研室讲座平台上的各位和有志于证据法学研究的同人,都来参与到这个主题,进一步深入研究这个主题,来贡献我们的思想力量。

最后要再次感谢今天使这场讲座如此成功、作出重要贡献的主讲人龙宗智教授和四位与谈专家学者——张保生教授、顾永忠教授、闵春雷教授和胡昌松主任。以及感谢所有关心、支持虚拟教研室的所有同人、朋友、老师和同学。最后也再次感谢主办单位——孙长永教授的团队和所有的协办单位对本次讲座的成功举办所给予的支持。

好,讲座就到这里,再一次感谢大家。祝大家晚安,也欢迎大家有机会到华东政法大学来进行学术交流访问。再见。

图书在版编目(CIP)数据

刑诉青年说：全国青年刑诉学者在线系列公开课. 第一季 / 孙长永主编. — 北京：北京大学出版社，2024.6
ISBN 978-7-301-34783-6

Ⅰ. ①刑⋯ Ⅱ. ①孙⋯ Ⅲ. ①刑事诉讼法—研究—中国 Ⅳ. ①D925.204

中国国家版本馆 CIP 数据核字(2024)第 024589 号

书　　　名	刑诉青年说：全国青年刑诉学者在线系列公开课（第一季） XINGSU QINGNIANSHUO: QUANGUO QINGNIAN XINGSUXUEZHE ZAIXIAN XILIE GONGKAIKE （DI YI JI）
著作责任者	孙长永　主编
责任编辑	孙　辉　方尔埼
标准书号	ISBN 978-7-301-34783-6
出版发行	北京大学出版社
地　　　址	北京市海淀区成府路 205 号　100871
网　　　址	http://www.pup.cn　http://www.yandayuanzhao.com
电子邮箱	编辑部 yandayuanzhao@pup.cn　总编室 zpup@pup.cn
新浪微博	@北京大学出版社　@北大出版社燕大元照法律图书
电　　　话	邮购部 010-62752015　发行部 010-62750672 编辑部 010-62117788
印　刷　者	三河市北燕印装有限公司
经　销　者	新华书店
	650 毫米×980 毫米　16 开本　32.25 印张　469 千字 2024 年 6 月第 1 版　2024 年 6 月第 1 次印刷
定　　　价	118.00 元

未经许可，不得以任何方式复制或抄袭本书之部分或全部内容。
版权所有，侵权必究
举报电话：010-62752024　电子邮箱：fd@pup.cn
图书如有印装质量问题，请与出版部联系，电话：010-62756370